·毛泽东谈文论史全编·

顾 问：龙新民 郑欣淼 陈 晋 阎晓宏

评说中国古代十大谋臣

MAOZEDONG PINGSHUO ZHONGGUO
GUDAI SHIDA MOUCHEN

毕桂发 主 编

毕国民 副主编

中国文史出版社

图书在版编目（CIP）数据

毛泽东评说中国古代十大谋臣 / 毕桂发主编 . —— 北京：中国文史出版社，2023.12

（毛泽东谈文论史全编）

ISBN 978-7-5205-4560-0

Ⅰ . ①毛… Ⅱ . ①毕… Ⅲ . ①毛泽东著作研究②政治人物 - 人物评论 - 中国 - 古代

Ⅳ . ① A841.692 ② K827=2

中国国家版本馆 CIP 数据核字 (2023) 第 244738 号

责任编辑：窦忠如
特约编辑：王德俊　窦广利　赵增越　张幼平　邓文华　张永俊

出版发行：中国文史出版社

社　　址：北京市海淀区西八里庄路 69 号院　邮编：100142

电　　话：010-81136606　81136602　81136603（发行部）

传　　真：010-81136655

印　　装：廊坊市海涛印刷有限公司

经　　销：全国新华书店

开　　本：787 毫米 × 1092 毫米　1/16

印　　张：23.5

字　　数：349 千字

版　　次：2024 年 1 月北京第 1 版

印　　次：2024 年 8 月第 3 次印刷

定　　价：78.00 元

总　序

2023 年 12 月 26 日，是中国人民的伟大领袖毛泽东同志诞辰 130 周年。经过多年酝酿策划和组织编撰，我们于今年正式出版发行《毛泽东谈文论史全编》（以下简称《全编》）以示隆重纪念。

十年前，习近平总书记在纪念毛泽东同志诞辰 120 周年座谈会上的重要讲话中指出："毛泽东同志是伟大的马克思主义者，是伟大的无产阶级革命家、战略家、理论家，是马克思主义中国化的伟大开拓者，是近代以来中国伟大的爱国者和民族英雄，是党的第一代领导核心，是领导中国人民彻底改变自己命运和国家面貌的一代伟人。"同时，毛泽东同志又是世所公认的伟大的文学家、史学家、诗人和作家。在深入学习贯彻党的二十大精神、纪念毛泽东同志诞辰 130 周年的重要时间节点上，组织编撰出版这一大型项目图书，为人们缅怀毛泽东同志的丰功伟绩，学习毛泽东同志的伟人品格、政治智慧和文化思想，提供了一套非常重要的文化历史资料；对于弘扬中华优秀传统文化，学习贯彻党的二十大报告中关于"推进文化自信自强，铸就社会主义文化新辉煌"的重要精神，具有十分宝贵的启示和积极的意义。

在组织编撰这部大型项目图书的过程中，我们坚持以习近平新时代中国特色社会主义思想为指导，认真学习党中央关于历史问题的三个决议精神，特别是十九届六中全会通过的《中共中央关于党的百年奋斗重大成就和历史经验的决议》精神，对全部书稿的政治观点和思想内容进行了认真把关，使其符合三个决议精神，也符合习近平总书记十年来有关论述毛泽东同志历史功绩和毛泽东思想指导地位的重要讲话精神，以及关于学习党史国史和弘扬中华传统文化的重要讲话精神。

《全编》计 27 种 40 册 1500 万字。编撰者耗费数十年心血收集、整理、阐析、赏评，把毛泽东在各个时期的文章、诗词、书信、讲话、谈话中引用、化用、批注、圈阅、点评、编选的古今人物和文史作品，把毛泽东传记、年谱、回忆录中提及或引用和评点的古今人物和文史作品，即使片言只语、寸缣尺楮也收集入册，希望能够集散为专、分门别类，尽量避免遗珠之憾，力求内容全面系统、表述科学客观。

　　这部《全编》有以下几个特点：

　　资料齐全。毛泽东同志一生酷爱读书，可以说是博览群书、通古贯今。他曾说："饭可以一日不吃，觉可以一日不睡，书不可以一日不读。"他熟读《二十四史》《资治通鉴》等中国历代著名历史著作，熟读中国历代优秀的诗词文学作品，且不动笔墨不读书，读书时做了大量批注和圈画，还常常在自己的文章、诗词、讲话、谈话中引经据典、巧妙运用，真可谓博学约取、学以致用。这就给我们留下了浩如烟海的珍贵史料。在编著这部《全编》时，我们想最大限度地收集、整理、汇编其所涵盖的各个方面的文献史料，力争做到文献可靠、史料精准，可读性、知识性和趣味性兼具，使其成为研究毛泽东思想特别是毛泽东文化思想的重要资料。

　　分类精细。毛泽东同志喜欢中国古代文学，阅读、圈评了大量各类体式的文学作品，他的诗词创作尤为脍炙人口。因此，收录《全编》中关于毛泽东同志的文史资料，浩瀚如海，编撰者都进行了认真严格的划分整理，将其分三辑，文学类就有两辑，所占分量最大。比如，编撰者将其细分为评点名诗、名词、散曲、辞赋、小说、散文、戏曲的"毛泽东同志评点中国传统文化赏析"7 种 19 册，以及《跟着毛泽东学诗词》《毛泽东诗话》《周世钊论毛泽东诗词》《毛泽东致周世钊书信手迹》与毛泽东读唐诗、宋词、元曲、古文等的"毛泽东与中国诗词曲赋"8 种 9 册。

　　评述允当。在这部《全编》中，编撰者将每篇作品分为毛泽东评点、人物、事件评述或毛泽东评点、原文和赏析，力求评述或赏析允妥、适当，即深刻理解毛泽东原文含义，紧扣毛泽东的评点，不作过多发挥，文字力求简明生动。同时，编撰者注重史料收集整理的文献性，兼顾知识性和趣味性，这就使得这部大型项目图书兼具很强的可读性。

这部《全编》还有一个最突出的重要特点，那就是比较集中地梳理和呈现了毛泽东同志的历史自信和文化自信。习近平总书记在纪念毛泽东同志诞辰 120 周年座谈会上的讲话中明确指出，毛泽东同志"是马克思主义中国化的伟大开拓者，是近代以来中国的爱国者和民族英雄"。这个评价反映在毛泽东同志学习和运用、继承和发展中华优秀传统文化方面，鲜明地体现为他的历史自信和文化自信。因此，我们认为这部《全编》的编撰出版，有益于读者更深入体会党的二十大报告论述的"坚持和发展马克思主义，必须同中华优秀传统文化相结合"的重大论断。在这部《全编》中，有关毛泽东圈阅、评点历史人物和文史作品的材料，就很具体地体现了他作为"马克思主义中国化的伟大开拓者"，是如何运用马克思主义的世界观和方法论，去激活中华优秀传统文化的；又是如何通过继承、运用和发挥中华优秀传统文化，为坚持和发展马克思主义提供深厚滋养的。

　　《全编》除了引用毛泽东同志的相关评点外，主要篇幅是介绍、叙述和评论毛泽东同志评点的对象即历史人物和文史作品，所引毛泽东的评点内容都出自公开的出版物并注明出处。从目前已出版的各类关于毛泽东同志的书籍来看，这是目前更加全面系统反映伟人毛泽东同志的一部大型丛书，但每册又可独立成书，以满足不同读者的阅读喜好与多样需求。当然，限于编撰者的水平和时间，这部《全编》的体例编排和文字表述等方面还有改进和完善空间，恳请专家学者和广大读者朋友不吝批评指正。

《毛泽东谈文论史全编》编委会

2023 年 12 月 18 日

目　录

"司马懿是个了不起的人物"

"识时务之俊杰"康延孝

朱升"九字国策定江山"

『姜子牙可是了不得的人哟』

一、贵族出身

姜尚，字子牙，号飞熊，也称吕尚。商朝末年人，其始祖四岳伯夷佐大禹治水有功而被封于吕地，因此得吕氏。周文王倾商、武王克殷的首席谋主、最高军事统帅与西周的开国元勋，齐文化的创始人，亦是中国古代的一位影响久远的、杰出的韬略家、军事家与政治家。历代典籍都公认他的历史地位，儒、道、法、兵、纵横诸家皆追他为本家人物，被尊为"百家宗师"。

1927 年 10 月，秋收起义的红军行至遂川大汾圩（xū）附近，毛泽东遇到张宗逊，当他得知张系陕西渭南堰头村人时，就立即说："你是姜太公的老乡呀。姜太公钓鱼于渭水嘛。"（《张宗逊回忆录》，解放军出版社 1992 年版，第 107 页）一次行军途中，他应战士要求，讲了姜太公钓鱼的故事："姜太公当年在陕西渭水上钓鱼，他用的是无饵的直钩钓鱼，还唱着'鱼儿，鱼儿，愿者上钩……'后来嘛，他还是辅佐周武王取得了天下，建立了周朝。"（刘恩营:《从井冈山走进中南海——陈士榘老将军回忆毛泽东》，中共中央党校出版社 1993 年版，第 91 页）1954 年春，他在浙江杭州玉皇山参观玉观音时，谈起姜尚的故事，说"姜子牙可是了不得的人哟"，"智勇韬略，远谋深虑。八十岁被周文王拜为丞相，辅佐文王为兴周大业作出了卓越贡献"。（李约翰等:《省委书记们》，中央文献出版社 1994 年版，第 88 页）

（一）出身于贵族

《史记·齐太公世家》载："太公望吕尚者，东海上人。其先祖尝为四岳，佐禹平水土甚有功。虞夏之际封于吕，或封于申，姓姜氏。夏商之时，申、吕或封枝庶子孙，或为庶人，尚其后苗裔也。本姓姜氏，从其封姓，故曰吕尚。"

其大意是说，太公望吕尚，是东海（泛指江苏、山东一带沿海，非今之东海）边上的人。其先祖曾做四岳（传说尧、舜时代掌管四时、主持方岳巡守的官长）的官职，辅佐夏、禹治理水土有大功。舜、禹时被封在吕（在今河南南阳西），有的被封在申（居今山西陕西之间），姓姜。夏、商两代，吕、申有的封给旁支子孙，也有的后代沦为平民，吕尚就是其远代后裔。吕尚本姓姜，因为以其封地之名为姓，所以叫作吕尚。

姜尚，史称"太公望"，史书皆称吕尚、吕望，俗称姜太公、姜子牙，为炎帝之后。本为姜姓，因其先祖伯夷为尧帝四岳，在舜帝时为秩宗，典朕三礼，佐大禹平水土功劳很大，为禹帝的股肱重臣，受封为吕侯，被赐姓姜，封于吕地，并建立诸侯国吕国，为吕氏始祖，后世从其封氏（根据先秦及之前胙土命氏男子称氏的规定）。享齐国祀者必吕氏，故史记云：盖太公之卒百有余年子丁公吕伋立；……二十六年康公卒，吕氏遂绝其祀。

姜子牙遇见姬昌时已经七十几岁了，依然精神矍铄。史料记载他生于公元前 1156 年，死于公元前 1017 年，寿至 139 岁，先后辅佐了六位周王，受封为齐侯。

（二）元始天尊赠给他"三样法宝"

1939 年 7 月 7 日，华北联大举行开学典礼，校长成仿吾请毛泽东作报告。毛泽东在演讲中说："当年姜子牙下昆仑山，元始天尊赠了他杏黄旗、四不象和打神鞭三样法宝。现在你们出发上前线，我也赠给你们三样法宝，这就是：统一战线、武装斗争、党的建设。"在这里，毛泽东引用《封神演义》中关于姜子牙的神话故事，借题发挥，十分精练地将中国革命取得成功的根本经验概括成"三件法宝"，给人的印象十分深刻。毛泽东这番演讲，对即将奔赴抗日前线的师生们有很大启发，他们从毛泽东的讲话中获得了思想，也获得了力量。

明许仲琳《封神演义》第三十八回《四圣西岐会子牙》写道：

　　且将三事权依允，二上昆仑走一遭。话说子牙同众将进城，入相府升殿坐下。只见武成王也跪下曰："请丞相将我父子，解送桂芳行营，免累武王。"子牙急忙扶起曰："黄将军！方三件事，乃权宜暂允他。非有他意，彼骑的俱是怪兽，众将未战，先自落马；挫动锐气，故此将计就计，且进城再作区处。"黄将军谢了子牙，众将散讫。子牙乃香汤沐浴，吩咐武吉、哪吒防守。子牙借土遁二上昆仑，往玉虚宫而来。有诗为证：

> 道术传来按五行，不登雾彩最轻盈；
> 须臾飞过扶桑径，咫尺行来至玉京。

　　且说子牙到了玉虚宫，不敢擅入，候白鹤童子出来。子牙曰："白鹤童子通报一声。"白鹤童子至碧游床跪而言曰："启老爷！师叔姜尚，在宫外候法旨。"元始吩咐进来。子牙进宫，倒身下拜。元始曰："九龙岛王魔等四人在西岐伐你，他骑的四兽，你未曾知道。此物乃万兽朝苍之时，种种各别，龙生九种，色相不同。白鹤童子，你往桃花园里，牵我的坐骑来。"白鹤童子往桃花园内，牵了四不象来。怎得见？有诗为证：

> 鳞头豹尾体如龙，足踏祥光至九重；
> 四海九州随意遍，三山五岳刹时逢。

　　童子把四不象牵至，元始曰："姜尚也是你四十年修行之功，与吾代理封神。吾今把此兽与你，骑往西岐，好会三山五岳之中，奇异之物。"又命南极仙翁取一木鞭，长三尺五寸六分，有二十六节，每一节有四道符印，共八十四道符印，名曰："打神鞭。"姜子牙跪而接受，又拜恳曰："望老师大发慈悲。"元始曰："你此一去，往北海过，还有一人等你。吾今将此中央戊己之（旗）付你，旗内有简，临迫之际，当看此简，便知端的。"子牙叩首，辞别出玉虚宫。南极仙翁送子牙至麒麟崖。子牙上了四不像，把头上角一拍，那兽一道红光起去，铃声响亮，往西岐来。正行之间，那四不像飘飘落在一座山上，那山近连海岛，怎见得好山？千峰排戟，万仞开屏；日映岚光明返照，雨收黛色冷含烟。缠老树，雀聒危；奇花瑶草，修竹乔松。幽鸟啼声近，滔滔海浪鸣；重重壑芝兰绕，处处崖苔藓生。起伏峦头龙脉好，必有高人隐姓名。

《封神演义》第三十八回"姜子牙二下昆仑"中说姜子牙上昆仑山玉虚宫，拜见元始天尊。天尊为助他伐纣兴周，赠他三件法宝：一是"四不象"神兽一匹，骑之可"三山五岳霎时逢"，二是"打神鞭"一根，可打各路妖魔鬼怪；三是"中央戊己之旗付你，旗内有简"，简上有妙计，观简可逢凶化吉。

1939 年 12 月 9 日，毛泽东在延安各界集会纪念"一二九"运动四周年大会上发表了《一二九运动的伟大意义》的讲话，指出："大家懂得了帝国主义战争的性质是非正义的掠夺性的，懂得了日本帝国主义的阴谋诡计，懂得了投降派、顽固派的阴谋狠毒，懂得了民主宪政。他们认识清楚，要进步，要民主，要参政，而这民主宪政的真正实现还需要大家起来奋斗。只有全国青年学生、工人、农民一同起来作斗争，才能把这个事情搞成功。现在的人是聪明了，不容易被欺骗了。大家都光起眼睛看着：什么人不开放民主？什么人要分裂？什么人要投降？什么人要倒退？《封神演义》里有一个申公豹，是姜子牙的不肖师弟，他脸向后长，眼睛朝后看。现在在抗战阵营中，就隐藏有这么一群'申公豹'，一批专门倒退的人，他们拖住中国要倒退。……现在大多数人……不准他们倒退，要坚持进步。这一群'申公豹'，看他们怎样收场！"（《毛泽东文集》第二卷，中央文献出版社 1993 年版，第 256—257 页）

《封神演义》第三十七回"姜子牙一上昆仑"写道：姜子牙手捧"封神榜"，行至麒麟崖，才驾土遁，就听到有人叫他。连叫几次，姜子牙回头看时，原是师弟申公豹。（其时申公豹与姜子牙正好对立，申公豹保商纣王，姜子牙保周武王）。申公豹想骗姜子牙烧毁手中的"封神榜"，便对姜子牙说："你不过五行之术，移山倒海而已。我能将自己首级（头颅）取下，遨游天空，再入项上，还复能言。你有何道术，敢保周灭纣，不如依我烧了'封神榜'，同上朝歌（商都）。"姜子牙为其所惑，认为此术绝不可能，就说："你头到空中，复能依旧，我便把'封神榜'烧了，同你往朝歌（保纣灭周）。"申公豹便将头割下，抛向空中，盘盘旋旋，一会儿只见一些黑影。这一切被尾随保护姜子牙的南极仙翁看见，怕子牙上当，烧了"封神榜"，忙唤童子化成一只白鹤，飞上天空，把申公豹的头叼走。仙翁告诉子牙：申公豹使用的小幻术，要诱你上当，现在他的头只消一时三刻不得返回，他就死了。姜子牙慈悲为怀，求仙翁饶他一命，仙翁便命童子将申公豹的头送回，不意落掉了，把脸朝着脊背。

毛泽东说："从鸦片战争起，中国人民已有一百年的反帝反黑暗势力斗争的经验，再加上共产党十八年的斗争经验，什么事情还会办不到呢？这样看来，中国的事情比以前是更加好办了。我们一定要抗战到最后胜利，打倒日本帝国主义，创造出一个民主共和国！现在虽然还有帝国主义者和'申公豹'们不断地阻碍我们这样做，但是不要紧的，我们现在是聪明了，是有力量了。我们已不是昨天的我们，而是今天的我们了。帝国主义者、'申公豹'们，是你们滚蛋的时候了！"（同前，第 257 页）

1949 年 8 月 2 日，美国原驻华大使司徒雷登悄然离开南京。18 日，毛泽东为新华社写了评论《别了，司徒雷登》，为这位"无可奈何花落去"的美国老爷送行。毛泽东在《别了，司徒雷登》一文中指出："美国人在北平，在天津，在上海，都撒了些救济粉，看一看什么人愿意弯腰拾起来。太公钓鱼，愿者上钩。嗟来之食，吃下去肚子要痛的。"（《毛泽东选集》第四卷，人民出版社 1991 年版，第 1495 页）

相传姜太公逃离商朝后，想投奔西伯侯姬昌（后来称周文王），又怕主动投靠，身价不高，就在附近的渭水之滨住下来，用一种无饵的直钩在水面三尺上钓鱼说："负命者上钩来！"

毛泽东用这个典故指出：美帝国主义在中国的施舍，是一种圈套，谁要去弯腰拾起来，谁就会"上钩"，就得跟着帝国主义走。毛泽东借古喻今，揭露了所谓"美援"的虚伪性和美帝国主义者对华政策的本质，真是一针见血。

（三）坎坷经历

《史记·齐太公世家》载："吕尚盖尝穷困，年老矣。"这是说，吕尚曾经穷困，年老了。

相传姜尚的先世为贵族，后来家道中落，至姜尚时已沦为贫民。为维持生计，姜尚年轻时曾在商都朝歌（今河南淇县）宰牛卖肉，又到孟津（今河南洛阳孟津区东北）做过卖酒生意。他虽贫寒，但胸怀大志，勤苦学习，始终不倦地研究、探讨治国兴邦之道，以期有朝一日能够大展宏图，为国效力。直到暮年，终于遇到了施展才华之机。

到了元朝时期，民间对姜子牙增加了一些神话传说。到明代万历年间，许仲琳创作了小说《封神演义》，从此，姜子牙由人变成了神，并且为民间广为信奉。

《封神演义》第十五回《昆仑山子牙下山》写道：

子牙拜辞天尊，又辞众位道友。随带行囊出玉虚宫。有南极仙翁送子牙在麒麟崖吩咐曰："子牙！前途保重！"子牙别了南极仙翁，自己暗思："我上无伯叔兄嫂，下无弟妹子侄，叫我往哪里去？我似失林飞鸟，无一枝可栖。"忽然想起朝歌有一结义仁兄宋异人，不若去投他罢。子牙借土遁前来，早至朝歌，离南门三十五里，至宋家庄。子牙看门庭依旧绿柳长存，子牙叹曰："我离此四十载，不觉风光依旧，人面不同。"子牙到了门前，对看门的问曰："你员外在家否？"管门人问曰："你是谁？"子牙曰："你只说故人姜子牙相访。"庄童去报员外："外边有一故人姜子牙相访。"宋异人正算账，听见子牙来，忙忙走出庄来；二人携手相换，至于草堂，各施礼坐下。异人曰："贤弟如何数十年不通音讯？常时渴慕，今日相逢，幸甚！幸甚！"子牙曰："自别仁兄，实指望出世超凡，奈何缘浅分薄，未遂其志。今到高庄，得会仁兄，乃尚之幸。"异人忙吩咐收拾饭盒，又问曰："是斋是荤？"子牙曰："既出家岂有饮酒吃荤之理？弟是吃斋。"宋异人曰："酒乃瑶池玉液，洞府琼浆，就是神仙，也赴蟠桃会，酒吃些儿无妨。"子牙曰："仁兄见教，小弟领命。"二人欢饮。异人曰："贤弟上昆仑山多少年了？"子牙曰："不觉四十载。"异人叹曰："好快！贤弟在山可曾学什么？"子牙曰："怎么不学，不然，所作何事？"异人曰："学什么道术？"子牙曰："挑水浇松，种桃烧火，煽炉炼丹。"异人笑曰："此乃仆之役，何足挂齿？今贤弟既回来，不若寻些学业，何必出家？就在我家同住，不必又往别处去，我与你相知，非比别人。"子牙曰："正是。"异人曰："古云：'不孝有三，无后为大。'贤弟也是我与你相处一场，明日与你议一门亲，生下一男半女，也不失姜姓之后。"子牙摇手曰："仁兄此事且再议。"二人谈话至晚，子牙就在宋家庄住下。话说宋异人次日早起，骑了驴儿，往马家庄上来讲亲。异人到庄，有庄童报与马员外曰："有宋员外来拜。"马员外大喜，迎出门来，便问："员外是哪阵风儿刮将来？"异人曰："小侄特来与令爱议亲。"马员外大悦，施体坐下，茶罢；员外问曰："贤契将小女说与何人？"异人曰："此乃东海许州人氏，姓姜名尚字子牙，外号飞熊，与小侄契交通家，因此上这一门亲正好。"马员外曰："贤契主亲，定无差池。"宋异人取白金四锭，以为聘资；马员外收了，忙设酒席，款待异人，抵暮而去。且说子牙起来，一日不见宋异人，问庄童曰："你员外哪里去了？"庄童曰："早晨出门，想必讨账去了。"不一时，异人下了牲口，子牙看见，迎门接曰："长兄哪里回来？"异人曰："恭喜！贤弟！"子牙问曰："小弟喜从何至？"异人曰："今日与你议亲，正是：'相逢千里，会合姻缘。'"子牙曰："今日时辰不好。"异人曰："阴阳无忌，吉人天相。"子牙曰："是哪家女子？"异人曰："马洪之女，才貌双全，正好配贤弟；这女子今年六十八岁，尚是黄花女儿。"异人治酒与子牙贺喜，二人饮罢，异人曰："可择一吉辰娶亲。"子牙谢曰："承兄看顾，此德怎忘？"乃择选良时吉日，迎娶马氏。宋异人又排设酒席，邀庄前庄后邻舍，四门亲友，庆贺迎亲。其日马氏过门，洞房花烛，成就夫妻。正是天缘遇合，不是偶然。有诗曰：

"离却昆仑到帝邦，子牙今日娶妻房；六十八岁黄花女，七十有二做新郎。"

话说子牙成亲之后，终日思慕昆仑，只虑大道不成，心中不悦，哪里有心情与马氏暮乐朝欢。马氏不知子牙心事，只说子牙无用之物。不觉过了俩月，马氏便问子牙曰："宋伯伯是你姑表弟兄？"子牙曰："宋兄是我结义弟兄。"马氏曰："原来如此。便是亲生弟兄，也没有不散的筵席。今宋伯伯在，我夫妻可以安闲自在；倘异日不在，我和你如何处？常言道：'人生天地间，以营运为主。'我劝你做些生意，以防我夫妻后事。"子牙曰："贤妻说的是。"马氏曰："你会做些什么生意？"子牙曰："我生三十二岁，在昆仑学道，不识什么世务生意，只会编笊。"马氏曰："说是这个生意也好；况后园又有竹子，砍些篾编成笊，往朝城赏些钱钞，大小都是生意。"子牙依其言，劈了篾子，编了一担笊，挑到朝歌来卖。从早至年，卖到未申初，也卖不得一个；子牙见天色至申时，还要挑着赶三十五里路；腹内又饥了，只得奔回。一去一来，共七十里路，子牙把肩头都压肿了。回到门前，马氏看时，一担去还是一担来，正待问时；只见子牙指马氏曰："娘子你不贤，恐怕我在家闲着，叫我卖笊，朝歌城必定不用笊。如何卖了一日，一个也卖不得，倒把肩头压肿了？"马氏曰："笊天下通用之物，不说你不会卖，反来假抱怨。"夫妻二人语去言来，犯颜嘶嚷。宋异人听得子牙夫妇吵嚷，忙来问子牙曰："贤弟为何事，夫妻相争？"子牙把卖笊说了一遍。异人曰："不要说是你夫妻二人，就有三四十口，我也养得起；你们何必如此？"马氏曰："伯伯虽是只等好意，但我夫妻日后也要着落，难道靠人一世吗？"宋异人曰："弟妇之言也是，何必做这个生意？我家仓里麦子生芽，可叫后生磨些面：贤弟可挑去货卖，却不强于编笊？"子牙把笋担收拾，后生支起磨来，磨了一担干面。子牙次日挑着，进朝歌货卖，从四门都走到了，也卖不得一担。腹内又饿，担子又重！只得出南门，肩头又痛，子牙歇下了担儿，靠着城脚坐一坐，小憩片刻，自思运蹇时乖，作诗一首：

"四八昆仑访道去，岂知缘浅不能全？红尘黯黯难睁眼，浮世纷纷怎脱肩？借得一枝栖止处，金枷玉锁又来缠；何时得遂平生志，静坐溪头学老禅。"

话说子牙生了一会，方才起身，只见一个人叫卖面的站着。子牙说："发利市的来了。"卸了担子，只见那人走到面前，子牙问曰："要多少面？"那人曰："买一文钱的。"子牙又不好不卖，只得低头搓面；不想子牙不是人挑担子的人。把扁担抛在地旁，绳子撒在地下。此时因纣王无道，反了东南四百诸侯，报来甚是紧接；武成玉日日操练人马，因放散营炮响，惊了一骑溜，奔走如飞。子牙曲着腰搓面，不曾提防后面有人大叫曰："卖面的，马来了！"子牙忙侧身，马已到了。担上绳子撒在地下，马来得急，绳子套在那马蹄子上，把一箩面拖了五六丈远，面都泼在地上；被一阵狂风，将面刮个干净。子牙急抢面时，浑身都是面裹了。买面的人见这等模样，就去了。子牙只得回去，一路嗟叹，来到庄前。马氏见子牙空箩回来，大喜道："朝歌城干面，倒好卖？"子牙到了马氏跟前，把箩担一丢，骂曰："都是你这贱人多事！"马氏曰："干面卖得干净是好事，反来骂我？"子牙曰："一担面挑到河里，何尝卖得？至下午才卖一文钱。"马氏曰："空箩回来，想必都赊去了？"子牙气冲冲地曰："因被马溜，把绳子绊住脚，把一担面带泼了一地；天降狂风一阵，把面都吹去了。却不是你这贱人惹的事？"马氏听说，把子牙劈脸一口啐道："不是你无用，反来怨我！真是饭囊衣架，唯知饮食之徒。"子牙大怒："贱人女流，焉敢啐侮丈夫？"二人揪扭一堆，宋异人同妻孙氏来劝："叔叔却为何事，与婶婶争竞？"子牙把卖面的事，说了一遍。异人笑曰："担把面能值几何？你夫妻就这等起来，贤弟同我来。"子牙同异人往书房中坐下。子牙曰："承兄雅爱，提携小弟，时乖运蹇，做事无成，实为有愧。"异人曰："人以运为主，花逢时发。古语有云：'黄河尚有澄清日，岂可人无得运时？'贤弟不必如此，我有许多伙计，朝歌城有三五十座酒饭店，俱是我的。待我邀众友来，你会他们一会，每店让你开一日，周而复始，轮转作生涯，岂不是好？"子牙作谢道："多承仁兄抬举。"异人随将南门张家酒饭店，与子牙开张。朝歌南门乃是第一个所在，近教场镔路通衢，人烟凑积，大是热闹。其日做手多宰猪羊，蒸了点心，收拾酒饮齐整，子牙掌柜坐在里面。一则子牙乃万神总领，二则年庚不利，从早晨到巳时，鬼也不上门；及至午时，倾盆大雨，黄飞虎不曾操演。天气炎热，猪羊肴馔，被这阵暑气一蒸，登时臭了，点心馊了，酒都酸了；子牙坐得没趣，叫众伙计："你们把酒肴都吃了吧，再过一时可惜了！"子牙作诗曰：

"皇天生我出尘寰，虚度风光困世间；鹏翅有时腾万里，也须飞过九重山。"

当时子牙至晚回来，异人曰："贤弟今日生意如何？"子牙曰："愧见仁兄！今日折了许多本钱，分文也不曾卖得下来。"异人叹曰："贤弟不必恼，守时候命，方为君子。总来折我不多，再做去处，别寻道路。"异人怕子牙着恼，兑五十两银子，叫后生同子牙走集场贩卖牛马猪羊，难道活东西也会臭了。子牙收拾去卖猪羊，非止一日；那日贩卖许多猪羊，赶往朝歌来卖。此时因纣王失政，妲己残害生灵，奸臣当道，豺狼满朝，故此天心不顺，旱涝不均，朝歌半年不曾下雨。天子百姓祈祷，禁了屠沽，告示晓谕军民人等，各门张挂。子牙失于打点，把牛马猪羊往城里赶，被看城门役叫声："违禁犯法拿了！"子牙听见，就抽身跑了。牛马牲口，俱被入官，子牙只得束手归来。异人见子牙慌慌张张，面如土色，急问子牙曰："贤弟为何如此？"子牙长吁叹曰："屡蒙仁兄厚德，件件生意俱做不着，致有亏折；今贩猪羊，又失打点。不知天子祈雨，断了屠沽，违禁进城，猪羊牛马入官，本钱尽绝，使姜尚愧身无地，奈何奈何！"宋异人笑曰："几两银子入官罢了，何必恼他？贤弟我携一壶酒，与你散散闷怀，到我后花园去。"子牙来时将至，后花园先收五路神。不知后事如何？且看下回分解。

第十六回接着写道：

话说异人与子牙来到后花园散闷，子牙自不曾到此处，看了一回。子牙曰："仁兄这一块空地，怎的不造五间楼？"异人曰："造五间楼

『姜子牙可是了不得的人哟』

怎说？"子牙曰："小弟无恩可报；此处若造一楼，按风水有三十六条玉带，金带有一升芝麻之数。"异人曰：贤弟也知风水？"子牙曰："小弟颇知一二。"异人曰："不瞒贤弟说，也此处起造七八次，造起来就烧了，故此我也无心起造他。"子牙曰："小弟择一吉辰，仁兄只管起造，上梁那日，仁兄只是款待匠人，我在此替你压此邪气，自然无事。"异人信子牙之言，择日兴工破土，起造楼房，那日子时上梁，异人在前堂待匠，子牙在亭子里坐定等候，看何怪异。不一时狂风大作，走石飞沙，播土扬尘，火光影里见些妖魅，脸分五色，狞狞怪异。怎见得？

狂风大作，恶火飞腾；烟绕处黑雾朦胧，火起处红光滔滔。脸分五色，赤白黑紫共青黄；巨口獠牙，吐放霞光千万道。风遑火势，嗯喇喇走万道金蛇；火烧烟迷，黑漫漫堕千重云雾。山红土赤，霎时间万物齐崩；地黑天黄，一会家千门尽倒。正是，妖氛烈火冲霄汉，光显龙冈怪物凶。

话说子牙在牡丹亭里，见风火影中五个精灵作怪，子牙忙披发仗剑，用手一指，把剑一挥，喝声："孽畜不落，更待何时！"再把手一放，雷鸣空中，把五个妖物慌忙跪倒，口称："上仙！小畜不知上仙驾临，望乞大德，余生施放。"子牙喝道："好孽畜！火毁楼房数次，凶心不息；今日罪恶贯盈，当受诛戮。"道罢，提剑上前就斩妖怪。众怪哀告曰："上仙！道心无处不慈悲，小畜得道多年，一时冒渎天威，望乞怜救；今一旦诛戮，可怜我等多年功行，付于流水。"拜伏在地，苦苦哀告。子牙曰："你既欲生，不许在此扰害万民；你五畜受吾符命，径往西岐山，久后搬泥运土，听候所使；有功之日，自然得其正果。"五妖叩头，径往西岐山去了。不说子牙压星收妖，且说那日上梁吉日，三更子时，前堂异人待客，马氏同姆姆孙氏，往后花园暗暗看子牙做的事。来到后园，只听见子牙吩咐妖怪。马氏对孙氏曰："大娘！你听听子牙自己说话，这样人一生不长进，说鬼话的人，怎得有升腾的日子？"马氏气将起来，走到子牙面前，问子牙曰："你在这里与谁讲话？"子牙曰："你女人家不知道，方才压妖。"马氏曰："自己说鬼话，压什么妖？"子牙曰："说与你也不知道。"马氏正在园中与子牙分辩，子牙曰："你哪里晓得什么，我善能识风水与阴阳。"马氏曰："你可会算命？"子牙曰："命理最精，只是无处开一命馆。"正言之间，宋异人见马氏、孙氏与子牙说话。异人曰："贤弟方才雷响，你可曾见些什么？"子牙把收妖之事，说了一遍。异人谢曰："贤弟只等道术，不枉修行一番。"孙氏曰："叔叔会算命，却无处开一命馆，不知那所在有便房，把一间与叔叔开命馆也好。"异人曰："你要多少房子？朝歌南门最热闹，叫后生收拾一间房子，与子牙去开命馆，这个何难？"却说安童将南门房子，不日收拾齐整，贴几副对联：左边是"只言玄妙一区理"，右边是"不说寻常半句虚"。里边又有一对联云："一张铁口，诚破人间凶与吉；两只怪眼，善观世上败和与。"上席又一联云："袖里乾坤大，壶中日月长。"子牙选吉日开馆，不觉光阴燃指，四五个月，不见算命挂帖的来。

只见那日有一樵子姓刘名乾，挑着一担柴往南门外；忽然看见一命馆，刘乾歇下柴担，念对联念到"袖里乾坤大，壶中日月长"。刘乾原是朝歌破落户，走进命馆来，看见子牙伏案而卧。刘乾把桌子一扑，子牙吓了一跳，揉擦目看时，那一人身长丈五，眼露凶光。子牙曰："兄起课是相命？"那人道："先生上姓？"子牙曰，"在下姓姜名尚字子牙，别号飞熊。"刘乾曰："且问先生'袖里乾坤大，壶中日月长。'这对联怎么讲？"子牙曰："袖里乾坤大，乃知过去未来，包罗万象；壶中日月长，有长生不死之术。"刘乾曰："先生口出大言，既知过去未来，想课是极准的了。你与我起一课，如准二十文青蚨；如不准打几拳头，还不许你在此开馆。"子牙暗想：几个月全无生意，今日撞着这一个又是拨嘴的人。子牙曰："你取下一封帖来。"刘乾取下一个卦帖儿，递与子牙，子牙曰："此卦要你依我才准。"刘乾曰："必定依你。"子牙曰："我写四句在帖儿上，只管去。"上面写着："一直往南走，柳荫一老叟，青蚨一百二十文，四个点心两碗酒。"刘乾看罢："此卦不准，我卖柴二十余年，哪个与我点心酒吃？论起来你的课不准。"子牙曰："你去，包你准。"刘乾担着柴径往南走，果见柳树下站立一老者，叫曰："柴来！"刘乾暗想好课，果应其言。老者曰："这柴要多少钱？"刘乾答曰："要一百文，少付二十文，拗他一拗。"老者曰："看看好柴干的好，捆子大，就是一百文也罢；劳你替我拿拿进来。"刘乾把柴拿在门里，落下柴叶来；刘乾爱干净，取扫帚把地下扫得光光的，方才将扁担绳子收拾停当等钱。老者出来看见地下干净："今日小勤谨。"刘乾曰："老丈是我扫的。"老者曰："老哥！今日是我小儿毕姻，遇着你这好人，又卖得好柴。"老者说罢，往里边去，只见一个孩子捧着四个点心，一壶酒，一个碗："员外与你吃。"刘乾叹曰："姜先生真乃神仙也。我把这酒满满地斟一碗，那一碗浅些，也不算他准。"刘乾斟满一碗，再斟第二碗，一样不差。刘乾吃了酒，见老者出来，刘乾曰："多谢员外。"老者拿两封钱出来，先递一百文与刘乾曰："这是你的柴钱。"又将二十大钱，递与刘乾曰："今日是我小儿喜辰，这是与你做喜钱，买酒吃。"就把刘乾惊喜无地，想朝歌城出神仙了，拿着扁担，径往姜子牙命馆来。早晨有人听见刘乾言语不好，众人曰："姜先生！这刘乾不是好惹的；卦如果不准，你去吧。"子牙曰："不妨。"众人都在这里闲站，等刘乾来，不一时，只见刘乾如飞而至。子牙问曰："卦准不准？"刘乾大呼曰："姜先生真神仙也，好准课；朝歌城中有此高人，万民有福，都知趋吉避凶。"子牙曰："课既准了，取谢仪来。"刘乾曰："二十文其实难为你，轻了。"口里只管念，只不见拿出钱来。子牙曰："课不准，兄便说闲话；课既准，可就送我课钱。如何开口说？"刘乾曰："就把一百二十文都送你，也不为多，姜先生不要急，等我来。"刘乾站在檐前，只见南门那边来了一个人，腰束皮挺带，身穿布衫，行走如飞。刘乾赶上去一把扯住那人，那人曰："你扯我怎的？"刘乾曰："不为别事，扯你算个命儿。"那人曰，"我有紧急公文要走路，我不算命。"刘乾曰："此位先生课命准的，好该照愿他一命；况举医荐卜，乃是好情。"那人曰："兄真个好笑，我不算命也由我。"刘乾怒道："你算也不算！"那人道："我不算！"刘乾曰："你既不算，我与你跳河，把命赔你。"一把拽住那人，就往河里跑。众人曰："那朋友，刘大哥分上算个命罢。"那人说："我无甚事，怎得算命？"刘乾道："算若不准，我替你出钱；若准，你还要买酒请我。"那人无法，见刘乾凶得紧，只得进子牙命馆来。那人是个公差，有紧急公事，等不得算八字，看个卦罢。扯下一个帖儿来，与子牙看，子牙曰："此卦做什么用？"那人曰："催钱粮。"子牙曰："卦帖批与你去自验。此卦逢于艮，钱粮不必问，等候你多时，一百零三锭。"那人接了卦帖问曰："先生一课该几个钱？"刘乾曰："这课与众不同，五钱一课。"那人曰："你又不是先生，你怎么定价？"刘乾曰："不准包回换，五钱一课，还是好了你。"那人心忙意急，恐误了公事，只得称五钱银子去了。刘乾辞谢子牙，子牙曰："承兄照愿。"众人在子牙命馆门首，看那催钱粮的如何。过了一时辰，那人押钱粮到子牙命馆门前曰："姜先生乃神仙出世，果是一百零三锭，真不负五钱一课。"子牙从此时来，轰动了朝歌军民人等，俱来算命看课。五钱一命，子牙收得起的银子，马氏喜，异人遂心。不觉光阴似箭，日月如梭，半年以后，远近闻名，都来推算，不在话下。

《封神演义》是小说，当然就有很多演绎和想象，总之，姜子牙年纪很大了，还没有娶上妻子，幸亏有一个好朋友宋异人，为他娶了妻子，又帮他找谋生门路，他先后编笊，卖不出，卖面又被马趄撒，开酒店，酒酸肉臭，算卦又惹出火烧琵琶精，与妲己结怨，被陷害捉拿逃往西岐投奔西伯姬昌去了，大体上是合理的。

二、助周灭商，终成大业

（一）渭水垂钓

"我们对于只要不是坚决的反动分子，而愿意革命并和我们合作的，就来者不拒，'姜太公钓鱼，愿者上钩'。姜太公他发表宣言：你愿来就来，不愿来的就拉倒。人家了解得很清楚，钓鱼都可以发宣言，我们也可以发表一个宣言。"（《毛泽东文集》第三卷，人民出版社 1996 年版，第 329 页）

"美国人在北平，在天津，在上海，都洒了些救济粉，看一看什么人愿意弯腰拾起来。太公钓鱼，愿者上钩。嗟来之食，吃下去肚子要痛的。"（《别了，司徒雷登》，《毛泽东选集》第四卷，人民出版社 1991 年版，第 1495 页）

《史记·齐太公世家》载："吕尚盖尝穷困，年老矣，以渔钓奸周西伯。西伯将出猎，卜之，曰：'所获非龙非罴，非虎非罴；所获霸王之辅。'于是周西伯猎，果遇太公于渭之阳，与语大说，曰：'自吾先君太公曰"当有圣人适周，周以兴。"子真是邪？吾太公望子久矣。'故号之曰'太公望'，载与俱归，立为师。或曰，太公博闻，尝事纣。纣无道，去之。游说诸侯，无所遇，而卒西归周西伯。或曰，吕尚处士，隐海滨。周西伯拘羑里，散宜生、闳夭素知而招吕尚。吕尚亦曰：'吾闻西伯贤，又善养老，盍往焉'。三人者为西伯求美女奇物，献之于纣，以赎西伯。西伯得以出，反国。言吕尚所以事周虽异，然要之为文武师。"

这段话大意是说，吕尚曾经穷困，年老时，借到渭水之滨的兹泉钓鱼的机会求见周西伯（即周文王）。西伯在出外狩猎之前，占卜一卦，卦辞说："所得猎物非龙非罴（chī，吃，通"螭"，无角之龙），非虎非熊；所得乃是成就霸王之业的辅臣。"西伯于是出猎，果然在渭河北岸遇到太公，与太公谈论后西伯大喜，说："自从我国先君太公就说：'定有圣人来周，周会因此兴旺。'说的就是您吧？我们太公盼望您已经很久了。"因此称吕尚为"太公望"，二人一同乘车而归，尊为太师。

有人说，太公博学多闻，曾为商纣做事。商纣无道，太公就离开了，四处游说列国诸侯，未得知遇之君，最终西行投靠周西伯。有人说，吕尚乃一处士（有才德而隐居不做官的士人），隐居海滨。周西伯被囚禁在羑（yǒu，有，在今河南省安阳市汤阴县北4.5公里的羑里城遗址）时，西伯之臣散宜生（西周开国功臣，与闳夭、太颠等同西伯姬昌。西伯被纣囚禁，他与闳夭等设计用美色重赂，营救西伯脱险；后又佐武王灭商。封地在今陕西凤翔西南大散关附近，为通往巴、蜀的要道）、闳（hóng，宏）夭（西周开国功臣，西伯昌的"四友"之一）久闻吕尚之名而召请他。吕尚也认为"听说西伯贤德，又一贯尊重关心老年人，何不前往？"此三人为了营救西伯，寻找美女奇宝，献给纣王，以赎取西伯。西伯因此得以被释，返回周国。虽然吕尚归周的传说各异，但大抵都认为他是文王、武王之师。

吕尚自幼天资聪颖，勤奋好学，志向远大。相传他年少时，曾拜名师学习治国之道、强国之术。因此，到了青年时期，吕尚已经满腹经纶，能文能武，有"天下奇才"之誉。但他家境贫寒，又不善营生，直到30岁还没成家。后离家西上，到殷都朝歌谋求出路，靠友人资助，做过屠宰卖肉的生意，不赚钱，后又在殷王宫谋了个下大夫的职位，这使他近距离地观察纣王，看到纣王荒淫无道，料其必然亡国，于是便西行到周都附近的渭水之滨，想投靠西伯侯姬昌（即后来的周文王）。

吕尚有心投靠，但又不愿屈尊，就隐居下来。他听说姬昌常到渭水河畔游猎，便整日坐在渭水河边的一块大石头上垂钓。吕尚钓鱼的方法很独特，鱼钩是直的，没有鱼饵，距离水面有3尺多高，还口中念念有词地说："快上钩啊！愿上钩的快上来呀！不要命的上钩来吧！"他还编些歌谣让人传唱。这就是所谓"太公钓鱼，愿者上钩"的典故。

一天姬昌带着散宜生、南宫适等人来到渭水之滨游玩，听到渔夫正在唱一首歌，歌的大意是商朝将要灭亡，乾坤必定更替和隐者避世逍遥。姬昌大为惊奇，命南宫适叫来渔夫询问，才知是一个在磻溪垂钓的老头编的。西伯立即前往寻找，但吕尚已经躲起来了，他还要考验一下姬昌是否有诚意。散宜生意识到了这一点，提醒姬昌，应该另择吉日专程拜访才是，姬昌认为言之有理。回宫后，令文武大臣留在宫中，斋戒沐浴3天，到第4天，抬着礼品，前往磻溪聘请吕尚。姬昌准备出去打猎，占了个卦，卦辞说："得到的不是龙不是螭，不是虎不是熊，得到的是霸王的辅佐。"于是姬昌去打猎，果然在渭水北边遇到太公，和他交谈，大为高兴，说："自从我的先代君主太公说'一定有圣人到周国来，周国将靠着他兴盛'。您就是这个人吧？我太公期盼您很久啦。"所以称他为"太公望"。吕尚见姬昌确实是谦虚待人、礼贤下士的君王，也就没有推辞。姬昌非常高兴，立即迎吕尚上车。姬昌和他坐车一同回去，任命他做统率军队的长官。这一年，吕尚已经80岁了。

《封神演义》第二十四回《渭水文王聘子牙》有详细描述：

话说武吉来到溪边，见子牙独坐垂杨之下，将鱼竿漂浮绿波之上，自己作歌取乐。武吉走至子牙之后，款款叫曰："姜老爷！"子牙回首，看见武吉，子牙曰："你是那一日在此的樵夫！"武吉答曰："正是！"子牙道："你那一日可曾打死人吗？"武吉慌忙跪泣告曰："小人乃山中蠢子，执斧愚夫，哪知深奥？肉眼凡夫，不识老爷高明隐达之士。前日一语冒犯尊颜，老爷乃大人之辈，不是我等小人，望姜老爷切勿记怀，大开仁慈，广施恻隐，只当普济群生。那日别了老爷，行至南门，正遇文王驾至。挑柴闪躲，不知塌了尖担，果然打死门军王相。此时文王定罪，将命抵命。小人因思老母无依，终久必成沟壑之鬼，蒙上大夫散宜生老爷为小人启奏文王，权放归冢，置办母事完备，不日去抵王相之命。以此思之，母子之命依旧不保。今日特来叩见姜老爷，万望怜救毫末余生，得全母子之命。小人结草衔环，犬马相报，绝不敢有负大德！"子牙曰："'数定难移'。你打死了人，宜当偿命。我怎么救得你？"武吉哀哭拜求曰："老爷恩施，昆虫草木，无处不发慈悲，倘救得母子之命，没齿难忘！"子牙见武吉来意虔诚，亦且此人后必有贵，子牙曰："你要我救你，你拜吾为师，我方救你。"武吉听言，随即下拜。子牙曰："你既为吾弟子，我不得不救你。如今你速回到家，在你床前，随你多长，挖一坑堑，深四尺。你至黄昏时候，睡在坑内；叫你母亲于你头前点一盏灯，脚后点一盏灯。或米也可，或饭也可，抓两把撒在你身上，放上些乱草。睡过一夜起来，只管去做生意，再无事了。"武吉听了，领师之命，回到家中，挖坑行事。有诗为证，诗曰：

文王先天数，子牙善厌星。不因武吉事，焉能陟帝廷。磻溪生将相，周室产天丁。大造原相定，须教数合冥。

话说武吉回到家中，满面喜容。母说："我儿，你去求姜老爷，此事如何？"武吉对母亲一一说了一遍。母亲大喜，随命武吉挖坑点灯。不题。

且说子牙三更时分，披发仗剑，踏罡布斗，掏诀结印，随与武吉厌星。次早，武吉来见子牙，口称："师父"，下拜。子牙曰："既拜吾为师，早晚听吾教训。打柴之事，非汝长策。早起挑柴货卖，到中时来讲谈兵法。方今纣王无道，天下反乱四百镇诸侯。"武吉曰："老师父，反了那四百镇诸侯？"子牙曰："反了东伯侯姜文焕，领兵四十万，大战游魂关；南伯侯鄂顺反了，领三十万人马，攻打三山关。我前日仰观天象，见西岐不久刀兵四起，杂乱发生。此是用武之秋，上心学艺，若能得功出仕，便是天子之臣，岂是打柴了事。古语有云：'将相本无种，男儿当自强。'又曰：'学成文武艺，货与帝王家。'也是你拜我一场。"武吉听了师父之言，早晚上心，不离子牙，精学武艺，讲习六韬。不表。

话说散宜生一日想起武吉之事，一去半载不来。宜生入内庭见文王，启奏曰："武吉打死王相，臣因见彼有老母在家，无人养侍，奏过主公，放武吉回家，办其母棺木日费之用即来；岂意彼竟欺灭国法，今经半载，不来领罪，此必狡猾之民。大王可演先天数以验真实。"文王曰："善。"随取金钱，占演凶吉。文王点首叹曰："武吉亦非猾民，因惧刑自投万丈深潭而死。若论正法，亦非斗殴杀人，乃是误伤人民，罪不该死。彼反惧法身死，如武吉深为可悯！"叹息良久，君臣各退。

正是捻指光阴似箭，果然岁月如流。文王一日与文武闲居无事，见春和景媚，柳舒花放，桃李争妍，韶光正茂。文王曰："三春景色繁华，万物发舒，襟怀爽畅，孤同诸子、众卿，往南郊寻青踏翠，共乐山水之欢，以效寻芳之乐。"散宜生前启曰："主公，昔日造灵台，夜兆飞熊，主西岐得栋梁之才，主君有贤辅之佐。况今春光清爽，花柳争妍，一则围幸于南郊，二则访遗贤于山泽。臣等随使，南宫适、辛甲保驾，正尧舜与民同乐之意。"文王大悦，随传旨："次早南郊围幸行乐。"次日，南宫适领五百家将出南郊，布一围场，众武士披执，同文王出城，行至南郊，怎见得好春光景致：

和风飘动，百蕊争荣：桃红似火，柳嫩成金。萌芽初出土，百草已排新，芳草绵绵铺锦绣，娇花袅袅斗春风。林内清奇鸟韵，树外氤氲烟笼。听黄鹂、杜宇唤春回，遍访游人行乐；絮飘花落，溶溶归棹，又添水面文章。见几个牧童短笛骑牛背；见几个田下锄人运手忙；见几个摘桑拎着桑篮走；见几个采茶歌罢入茶筐。一段青，一段红，春光富贵；一园花，一园柳，花柳争妍。无限春光观不尽，溪边春水戏鸳鸯。

人人贪恋春三月，留恋春光却动心。劝君休错三春景，一寸光阴一寸金。

话说文王同众文武出郊外行乐，共享三春之景。行至一山，见有围场，布成罗网。文王一见许多家将披坚执锐，手执扫杆钢叉，黄鹰猎犬，雄威万状。怎见得：

烈烈旌旗似火，辉辉造盖遮天。锦衣绣袄驾黄鹰，花帽征衣牵猎犬。粉青毡笠，打洒朱缨。粉青毡笠，一池荷叶舞清风；打洒朱缨，开放桃花浮水面。只见：赶獐猎犬，钻天鹞子带红缨；捉兔黄鹰，拖帽金彪双凤翅。黄鹰飞去，空中咬坠玉天鹅；恶犬来时，就地拖翻梅花鹿。青锦白吉，锦豹花彪。青锦白吉，遇长杆血溅满身红；锦豹花彪，逢利刃血淋出土赤。野鸡着箭，穿住二翅怎能飞；鹧鸪遭叉，扑地翎毛难展挣。大弓射去，青装白鹿怎逃生；药箭来时，练雀斑鸠难回避。旌旗招展乱纵横，鼓响锣鸣声呐喊。打围人个个心猛，与猎将各个欢欣。登崖赛过搜山虎，跳涧犹如出海龙。火炮钢叉连地滚，窝弓伏弩傍空行。长天听有天鹅叫，开笼又放海东青。

　　话说文王见这样个光景，忙问："上大夫，此是一个围场，为何设于此山？"宜生马上欠身答曰："今日千岁游春行乐，共幸春光。南将军已设此围场，侯主公打猎行幸，以畅心情，亦不枉行乐一番，君臣共乐。"文王听说，正色曰："大夫之言差矣！昔伏羲黄帝不用茹毛，而称至圣。当时有首相名曰风后，进茹毛与伏羲；伏羲曰：'此鲜食皆百兽之肉，吾人饥而食其肉，渴而饮其血，以之为滋养之道；不知吾欲其生，忍令彼死，此心何忍。朕今不食禽兽之肉，宁食百草之粟。各全生命以养天和，无伤无害，岂不为美。'伏羲居洪荒之世，无百谷之美，倘不茹毛鲜食；况如今五谷可以养生，肥甘足以悦口，孤与卿踏青行乐，以赏此韶华风景，今欲骋孤等之乐，追麋逐鹿，较强比胜；骋英雄于猎物之间，禽兽何辜，而遭此杀戮之惨！且当此之时，阳春乍启，正万物生育之时，而行此肃杀之政，此仁人所痛心者也。古人当生不蹶，体天地好生之仁。孤与卿等何蹈此不仁之事哉。速命南宫适，将围场去了！"众将传旨，文王曰："孤与众卿，在马上欢饮行乐。"观望来往士女纷纭，踏青紫陌，斗草芳丛，或携酒而乐溪边，或讴歌而行绿圃，君臣马上，欣然而叹曰："正是君正臣贤，士民怡乐。"宜生马上欠背答曰："主公，西岐之地胜似尧天。"君臣正迤逦行乐，只见那边一伙渔人作歌而来：

　　"忆昔成汤扫桀时，十一征兮自葛始。堂堂正大应天人，义一举民安止。今经六百有余年，祝网恩波将歇息。悬肉为林酒作池，鹿台积血高千尺。内荒于色外荒禽，嘈嘈四海沸呻吟。我曹本是沧海客，洗耳不听亡国音。日逐洪涛歌浩浩，夜观星斗垂孤钓。孤钓不如天地宽，白头俯仰天地老。"

　　文王听渔人歌罢，对散宜生曰："此歌韵度清奇，其中必定有大贤隐于此地。"文王命辛甲："与孤把作歌贤人请来相见。"辛甲领旨，将坐下马一磕，向前厉声言曰："内中有贤人，请出来见吾千岁！"那些渔人齐齐跪下，答曰："吾等都是'闲'人。"辛甲曰："你们为何都是贤人？"渔人曰："我等早晨出户捕鱼，这时节回来无事，故此我等俱是'闲'人。"不一时，文王马到。辛甲向前启曰："此乃俱是渔人，非贤人也。"文王曰："孤听作歌，韵度清奇，内中定有大贤。"众渔人曰："此歌非小人所作。离此三十五里，有一磻溪，溪中有一老人，时常作此歌，我们耳边听得熟了，故此随口唱出此歌，实非小民所作。"文王曰："诸位请回。"众渔人叩头去了。

文王马上想歌中之味，好个"洗耳不听亡国音。"旁有大夫散宜生欠背言曰："'洗耳不听亡国音'者何也？"昌曰："大夫不知吗？"宜生曰："臣愚不知深意。"昌曰："此一句乃尧王访舜天子故事。昔尧有德，乃生不肖之男；后尧王恐失民望，私行访察，欲要让位。一日行至山僻幽静之乡，见一人倚溪临水，将一小瓢儿在水中转。尧王问曰：'公为何将此瓢在水中转？'其人笑曰：'吾看破世情，却了名利，去了家私，弃了妻子，离爱欲是非之门，抛红尘之径，避处深林，齑盐蔬食，怡乐林泉，以终天年，平生之愿足矣。'尧王听罢大喜，'此人眼空一世，亡富贵之荣，远是非之境，真乃仁杰也。孤将此帝位正该让他。'王曰：'贤者，吾非他人，朕乃帝尧。今见大贤有德，欲将天子之位让尔，可否？'其人听罢，将小瓢拿起，一脚踏得粉碎，两只手掩住耳朵，飞跑至溪边洗耳。正洗之间，又有一人牵一只牛来吃水。其人曰：'那君子，牛来吃水了。'那人只管洗耳。其人又曰：'此耳有多少秽污，只管洗！'那人洗完，方开口答曰：'方才帝尧让位于我，把我双耳都污了，故此洗了一会，有误此牛吃水。'其人听了，把牛牵至上流而饮，那人曰：'为甚事便走？'其人曰：'水被你洗污了，如何又污吾牛口？'当时高洁之士如此。此一句乃是'洗耳不闻亡国音'。"众官在马上俱听文王谈讲先朝兴废，后国遗踪。君臣马上传杯共享，与民同乐。见了些桃红李白，鸭绿鹅黄，莺声嘹呖，紫燕呢喃，风吹不管游人醉，独有三春景色新。君臣正行，见一起樵夫作歌而来：

"凤非乏兮麟非无，但嗟世治有隆污。龙兴云出虎生风，世人慢惜寻贤路。君不见耕莘野夫，心乐尧舜与黎锄。不遇成汤三使聘，怀抱经纶学左徒。又不见一傅岩子，萧萧笠甘寒楚。当年不入高宗梦，霖雨终身藏版土。古来贤达辱而荣，岂特吾人终水浒。且横牧笛歌清昼，慢叱黎牛耕白云。王侯富贵斜晖下，仰天一笑俟明君。"

文王同文武马上听的歌声甚是奇异，内中必有大贤。命辛甲："请贤者相见。"辛甲领命，拍马前来，见一伙樵人，言曰："你们内中可有贤者？请出来与吾大王相见。"众人放下担儿，俱言："内中并无贤者。"不一时文王马至。辛甲回复曰："内无贤士。"文王曰："歌韵清奇，内中岂无贤士？"中有一人曰："此歌非吾所作。前边十里，地名磻溪，其中有一老叟，朝暮垂竿，小民等打柴回来，磻溪少歇，朝夕听唱此歌，众人听得熟了，故此随口唱出。不知大王驾临，有失回避，乃子民之罪也。"王曰："既无贤士，尔等暂退。"众皆去了，文王在马上只管思念。又行了一路，与文武把盏，兴不能尽。春光明媚，花柳芳妍，红绿交加，妆点春色。

正行之间，只见一人挑着一担柴唱歌而来：

"春水悠悠春草奇，金鱼未遇隐磻溪。世人不识高贤志，只作溪边老钓矶。"

文王听得歌声，嗟叹曰："奇哉！此中必有大贤。"宜生在马上看那挑柴的好像猎民武吉。宜生曰："主公，方才作歌者像似打死王相的武吉。"王曰："大夫差矣！武吉已死万丈深潭之中。前演先天，岂有武吉还在之理。"宜生看得实了，随命辛免曰："你是不是拿来。"辛免走马向前。武吉见是文王驾至，回避不及，把柴歇下，跪在尘埃。辛免看时，果然是武吉。辛免回见文王，启曰："果是武吉。"文王闻言，满面通红，见吉大声喝曰："匹夫！怎敢欺孤太甚！"随对宜生曰："大夫，这等狡猾逆民，须当加等勘问。杀伤人民，躲重投轻，罪与杀人等。今非谓武吉逃躲，则先天数竟有差错，何以传世。"武吉泣拜在地，奏曰："吉乃守法奉公之民，不敢狂悖。只因误伤人命，前去问一老叟。离此间三里，地名磻溪，此人乃东海许州人氏，姓姜，名尚，字子牙，道号飞熊，叫小人拜他为师，传与小人：回家挖一坑，叫小人睡在里面，用草盖在身上，头前点一盏灯，脚后点一盏灯，草上用米一把撒在上面，睡到天明，只管打柴，再不妨事。千

「姜子牙可是了不得的人哟」

岁爷，'蝼蚁尚且贪生，岂有人不惜命。'"只见宜生马上欠身贺曰："恭喜大王！武吉今言此人，道号飞熊，正应灵台之兆。昔日商高宗夜梦飞熊而得傅说；今日大王梦飞熊，应得子牙。今大王行乐，正应求贤。望大王宣赦武吉无罪，令武吉往前林请贤士相见。"武吉叩头，飞奔林中去了。且说文王君臣将至林前，不敢惊动贤士，离数箭之地，文王下马，同宜生步行入林。

且说武吉赶进林来，不见师父，心下着慌，又见文王进林。宜生问曰："贤士在否？"武吉答曰："方才在此，这会儿不见了。"文王曰："贤士可有别居？"武吉道："前边有一草舍。"武吉引文王驾至门首。文王以手抚门，犹恐造次。只见里面来一小童开门。文王笑脸问曰："老师在否？"童曰："不在了。同道友闲行。"文王问曰："甚时回来？"童子答曰："不定。或就来，或一二日，或三五日，萍梗浮踪，逢山遇水，或师或友，便谈玄论道，故无定期。"宜生在旁曰："臣启主公：求贤聘杰，礼当虔诚。今日来意未诚，宜其远避。昔上古神农拜常桑，轩辕拜老彭，黄帝拜风后，汤拜伊尹，须当沐浴斋戒，择吉日迎聘，方是敬五，萍梗浮踪，逢山遇水，或师或友，便谈玄论道，故无定期。"宜生在旁曰："臣启主公：求贤聘杰，礼当虔诚。今日来意未诚，宜其远避。昔上古神农拜常桑，轩辕拜老彭，黄帝拜风后，汤拜伊尹，须当沐浴斋戒，择吉日迎聘，方是敬贤之礼。主公且暂请驾回。"文王曰："大夫之言是也。命武吉随驾入朝。"文王行至溪边，见光景稀奇，林木幽旷。乃作诗曰：

"宰割山河布远猷，大贤抱负可同谋，此来不见垂竿叟，天下人愁几日休。"

又见绿荫之下，坐石之旁，鱼竿漂在水面，不见子牙，心中甚是悒怏。复吟诗曰："求贤远出到溪头，不见贤人只见钩，一竹青丝垂绿柳，满江红日水空流。"

文王犹恋恋不舍，宜生复劝，文王方随众文武回朝。抵暮，进西岐，俱到殿前，文王传旨，令百官："俱不必各归府第，都在殿廷宿斋三日，同去迎请大贤。"内有大将军南宫适进曰："磻溪钩叟恐是虚名，大王未知真实，而以隆礼迎请，倘言过其实，不过费主公一片真诚，竟为愚夫所弄。依臣愚见，主公亦不必如此费心，待臣明日自去请来。如果才副其名，主公再以隆礼加之未晚。如果虚名，可叱而不用，又何必主公斋宿而后请见哉。"宜生在旁厉声言曰："将军！此事不是如此说！方今天下荒荒，四海鼎沸，贤人君子多隐岩谷。今飞熊应兆，上天垂象，特赐大贤助我皇基，是西岐之福泽也。此时自当学古人求贤，破拘挛之习，岂得如近日欲贤人之自售哉。将军切不可说如是之言，使诸臣懈怠！"文王闻言大悦，曰："大夫之言，正合孤意。"于是百官俱在殿廷歇宿三日，然后聘请子牙。后有诗曰：

"西岐城中鼓乐喧，文王聘请太公贤。周家从此皇基固，九五为尊八百年。"

文王从散宜生之言，斋宿三日。至第四日，沐浴整衣，极其精诚，文王端坐銮舆，扛抬聘礼。文王摆列车马成行，前往磻溪，来迎子牙。封武吉为武德将军。笙簧满道，竟出西岐，不知惊动多少人民，扶老携幼来看迎贤。但见：

屈分五采，戈戟锵锵，笙簧拂道，如鹤泪鸾鸣，画鼓咚咚一似雷声滚滚，对子马人人喜悦，金吾士个个欢欣。文在东宽袍大袖，武在西贯甲披坚。毛公遂、周公旦、召公、毕公、荣公，五贤佐主，伯达、伯、叔夜、叔夏等，八俊相随。城衔氤氲香满道，郭外瑞彩结成祥；圣主驾临西土地，不负五凤鸣岐山。万民齐享升平日，宇宙雍熙八百年；飞熊预兆兴周室，感得文王聘大贤。文王带领文武出郭，径往溪而来。行至三十五里，早至林下。文王传旨："士卒暂在林下扎住，不必声扬，恐惊动贤士。"文王下马，同散宜生步行入得林来；只见子牙背坐溪边，文王悄悄地行至跟前，立于子牙之后，子牙明知驾临。故作歌曰：

"西风起兮白云飞，岁已暮兮将焉依？五凤鸣兮真主现，垂钓竿兮知我稀。"

子牙作毕，文王曰："贤士快乐否？"子牙回头看见文王，忙弃竿一旁，俯伏叩地曰："子民不知驾临，有失迎候，望贤王恕尚之罪。"

25

「姜子牙可是了不得的人哟」

文王忙扶住拜言曰："久慕先生，前顾未遇；昌知不恭，今特斋戒，专诚拜谒。得睹先生尊颜，实昌之幸也。"命宜生扶贤士起来，子牙躬身而立；文王笑容携子牙至茅舍之中，子牙再拜，文王回拜。文王曰："久仰高明，未得相见；今幸接丰标，聆教诲，昌实三生之幸矣。"子牙拜而言曰："尚乃老朽菲才，不堪顾问；文不足安邦，武不足定暴，荷蒙贤王枉顾，实辱銮舆，有负圣意。"宜生在旁曰："先生不必过谦，吾君臣沐裕虔，特申微忱，专心聘请：今天下纷纷，定而又乱，当今天子远贤近佞，荒淫酒色，绫虐生民，诸侯变乱，民不聊生。吾主昼夜思维，不安枕席；久慕先生大德，侧隐溪岩，特具小聘，先生不弃，共佐明主，吾主幸甚一生民幸甚日先生何苦隐胸中之奇谋，忍生民之涂炭日何不一展绪馀，哀此茕，出水火而置之升平？此先生覆载之德，不世之仁也。"宜生将聘礼摆开，子牙看了，速命童儿收讫；宜生将銮舆推过，请子牙登舆。子牙跪而告曰："老臣荷蒙洪恩，以礼相聘；尚已感激匪浅，怎敢乘坐銮舆。越名僭分？这个断然不敢。"文王曰："孤预先设此，特迓先生，必然乘坐，不负素心。"子牙再三不敢，推阻数次，绝不敢坐，宜生见子牙坚意不从，乃对文王曰："贤者既不乘舆，望主公从贤者之请。可将大王逍遥马请乘，主公乘舆。"王曰："若是如此，有失孤数日之虔诚也。"彼此又推让数番，文正乃乘舆，子牙乘马。欢声载道，士马轩昂。时值喜吉之辰，子牙来时，年已八十。有诗叹曰：

"渭水溪头一钓竿，鬓霜皎皎白于纨；胸横星斗冲霄汉，气吐虹霓扫日寒。养老来归西伯宇，避危拼弃旧王冠；自从梦入飞能后，八百余年享奠安。"

话说文王聘子牙进了西岐，万民争看，无不欣悦。子牙至朝门下马，文王升殿，子牙朝贺毕，文王封子牙为右灵生丞相，子牙谢恩。偏殿设宴，百官相贺对饮。其时君臣有辅，龙虎有依。子牙相国有方，安民有法，件件有条，行行有款。西岐起造相府，此时有报传进五关，泛水关首将韩荣，具疏往朝歌，言姜尚相周。不知子牙后事如何？且看下回分解。

（三）助周灭商

《史记·齐太公世家》记载："周西伯昌之脱羑里归，与吕尚阴谋修德以倾商政，其事多兵权与奇计，故后世之言兵及周之阴权皆宗太公为本谋。周西伯政平，及断虞芮之讼，而诗人称西伯受命曰文王。伐崇密须、犬夷，大作丰邑。天下三分，其二归周者，太公之谋计居多。

"文王崩，武王即位。九年，欲修文王业，东伐以观诸侯集否。师行，师尚父左杖黄钺，右把白旄以誓，曰：'苍兕苍兕，总尔众庶，与尔舟楫，后至者斩！'遂至盟津。诸侯不期而会者八百诸侯。诸侯皆曰：'纣可伐也。'武王曰：'未可。'还师，与太公作此《太誓》。

"居二年，纣杀王子比干，囚箕子。武王将伐纣，卜，龟兆不吉，风雨暴至。群公尽惧，唯太公强之劝武王，武王于是遂行。十一年正月甲子，誓于牧野，伐商纣。纣师败绩。纣反走，登鹿台，遂追斩纣。明日，武王立于社，群公奉明水，卫康叔封布采席，师尚父牵牲，史佚策祝，以告神讨纣之罪。散鹿台之钱，发钜桥之粟，以赈贫民。封比干墓，释箕子囚。迁九鼎，修周政，与天下更始。师尚父谋居多。"

这几段话是说，西伯侯姬昌从羑里脱身回来，跟吕尚暗中谋划施行德政去推翻商朝政权，这些事大都是用兵的权谋和奇妙的计策，所以后世谈论用兵以及周王朝使用的权术都推崇太公是主要策划者。西伯为政公正持平，所以裁决了虞、芮两国的争端之后，世人称道西伯是承受了上天的旨意为文王。他征讨崇国、密须、犬夷，大规模建设丰邑（在今陕西西安西北沣河以西）。当时天下之所以有三分之二归附了周，多是出于太公的谋划。

西伯去世，武王姬发登位。九年（前1029），武王想继承文王的事业，向东征讨商纣，试探诸侯是不是听从号令。军队出发时，师尚父左手拿着黄金为饰的大斧，右手握着白牦牛尾为饰的军旗誓师，说："苍兕呐苍兕，集合你们的部队，交给你们船只，迟到的就要斩首！"于是到了盟津（在今河南孟津东北、孟州西南）。诸侯事先没有约定而到会的就有八百个。诸侯都说："可以征伐纣王了。"武王说："还不行。"于是带领军队回来，与太公一道写了这篇《泰誓》。

《古文尚书·泰誓》原文如下：

惟十有一年，武王伐殷。一月戊午，师渡孟津，作《泰誓》三篇。

周书·泰誓上

惟十有三年春，大会于孟津。

王曰："嗟！我友邦冢君越我御事庶士，明听誓。惟天地万物父母，惟人万物之灵。亶聪明，作元后，元后作民父母。今商王受，弗敬上天，降灾下民。沈湎冒色，敢行暴虐，罪人以族，官人以世，惟宫室、台榭、陂池、侈服，以残害于尔万姓。焚炙忠良，刳剔孕妇。皇天震怒，命我文考，肃将天威，大勋未集。肆予小子发，以尔友邦冢君，观政于商。惟受罔有悛心，乃夷居，弗事上帝神祇，遗厥先宗庙弗祀。牺牲粢盛，既于凶盗。乃曰：'吾有民有命！'罔惩其侮。天佑下民，作之君，作之师，惟其克相上帝，宠绥四方。有罪无罪，予曷敢有越厥志？同力，度德；同德，度义。受有臣亿万，惟亿万心；予有臣三千，惟一心。商罪贯盈，天命诛之。予弗顺天，厥罪惟钧。予小子夙夜祇惧，受命文考，类于上帝，宜于冢土，以尔有众，底天之罚。天矜于民，民之所欲，天必从之。尔尚弼予一人，永清四海，时哉弗可失！"

周书·泰誓中

惟戊午，王次于河朔，群后以师毕会。王乃徇师而誓曰："呜呼！西土有众，咸听朕言。我闻吉人为善，惟日不足。凶人为不善，亦惟日不足。今商王受，力行无度，播弃犁老，昵比罪人。淫酗肆虐，臣下化之，朋家作仇，胁权相灭。无辜吁天，秽德彰闻。惟天惠民，惟辟奉天。有夏桀弗克若天，流毒下国。天乃佑命成汤，降黜夏命。惟受罪浮于桀。剥丧元良，贼虐谏辅。谓己有天命，谓敬不足行，谓祭无益，谓暴无伤。厥监惟不远，在彼夏王。天其以予乂民，朕梦协朕卜，袭于休祥，戎商必克。受有亿兆夷人，离心离德。予有乱臣十人，同心同德。虽有周亲，不如仁人。天视自我民视，天听自我民听。百姓有过，在予一人，今朕必往。我武维扬，侵于之疆，取彼凶残。我伐用张，于汤有光。勖哉夫子！罔或无畏，宁执非敌。百姓懔懔，若崩厥角。呜呼！乃一德一心，立定厥功，惟克永世。”

周书·泰誓下

时厥明，王乃大巡六师，明誓众士。

王曰：“呜呼！我西土君子。天有显道，厥类惟彰。今商王受，狎侮五常，荒怠弗敬。自绝于天，结怨于民。斫朝涉之胫，剖贤人之心，作威杀戮，毒痛四海。崇信奸回，放黜师保，屏弃典刑，囚奴正士，郊社不修，宗庙不享，作奇技淫巧以悦妇人。上帝弗顺，祝降时丧。尔其孜孜，奉予一人，恭行天罚。古人有言曰：‘抚我则后，虐我则仇。’独夫受洪惟作威，乃汝世仇。树德务滋，除恶务本，肆予小子诞以尔众士，殄歼乃仇。尔众士其尚迪果毅，以登乃辟。功多有厚赏，不迪有显戮。呜呼！惟我文考若日月之照临，光于四方，显于西土。惟我有周诞受多方。予克受，非予武，惟朕文考无罪；受克予，非朕文考有罪，惟予小子无良。”

译成现代汉语大意是：

泰誓上

周武王十三年春天，诸侯大会于河南孟津。

武王说：“啊！我的友邦大君和我的治事大臣、众士们，请清楚地听取我的誓言。天地是万物的父母，人是万物中的灵秀。真聪明的人就做大君，大君做人民的父母。现在商王纣不尊敬上天，降祸灾给下民。他嗜酒贪色，敢于施行暴虐，用灭族的严刑惩罚人，凭世袭的方法任用人。宫室呀，台榭呀，陂池呀，奢侈的衣服呀，他用这些东西来残害你们万姓人民。他烧杀忠良，解剖孕妇。皇天动了怒，命令我的先考文王严肃进行上天的惩罚，可惜大功没有完成。从前小子我姬发和你们友邦大君到商邦考察政治，看到了商纣没有悔改的心，他

「姜子牙可是了不得的人哟」

竟然傲慢不恭，不祭祀上帝神祇，遗弃他的祖先宗庙而不祭祀。牺牲和粢盛等祭物，也被凶恶盗窃的人吃尽了。他却说：'我有人民有天命！'不改变他侮慢的心意。

"上天帮助下民，为人民建立君主和师长，应当能够辅助上帝，爱护和安定天下。对待有罪和无罪的人，我怎么敢违反上天的意志呢？力量相同就衡量德，德相同就衡量义。商纣有臣亿万，是亿万条心，我有臣子三千，只是一条心。商纣的罪恶，像穿物的串子已经穿满了，上天命令我讨伐他；我如果不顺从上天，我的罪恶就会跟商纣相等。

"我小子早夜敬慎忧惧。在文考庙接受了伐商的命令，我又祭告上帝，祭祀大社，于是率领你们众位，进行上天的惩罚。上天怜悯人民，人民的愿望，上天一定会依从的。你们辅助我吧！要使四海之内永远清明。时机啊，不可失去呀！"

泰誓中

一月二十八日戊午，周武王驻兵在黄河之北，诸侯率领他们的军队都会合了。武王于是巡视军队并且告诫他们。武王说："啊！西方各位诸侯，请都听我的话。我听说好人做好事，整天地做还是时间不够；坏人做坏事，也是整天地做还是时间不够。现在商王纣，力行不合法度的事，放弃年老的大臣，亲近有罪的人，过度嗜酒，放肆暴虐。臣下也受到他的影响，各结朋党，互为仇敌；挟持权柄，互相诛杀。无罪的人呼天告冤，秽恶的行为公开传闻。

"上天惠爱人民，君主遵奉上天。夏桀不能顺从天意，流毒于天下。上天于是佑助和命令成汤，使他降下废黜夏桀的命令。纣的罪恶超过了夏桀，他伤害善良的大臣，杀戮谏争的辅佐，说自己有天命，说敬天不值得实行，说祭祀没有益处，说暴虐没有害处。他的鉴戒并不远，就在夏桀身上。上天该使我治理人民，我的梦符合我的卜兆，吉庆重叠出现，讨伐商国一定会胜利。商纣有亿兆平民，都离心离德；我有拨乱的大臣十人，都同心同德。纣虽有至亲的臣子，比不上我周家的仁人。

"上天的看法，出自我们人民的看法，上天的听闻，出自我们人民的听闻。老百姓有所责难于我，我一定要依从民意前往讨伐。

　　"我们的武力要发扬，要攻到商国的疆土上，捉到那些残暴之徒；我们的讨伐要进行，这个事业比成汤的还辉煌呀！

　　"努力吧！将士们。不可出现不威武的情况，宁愿你们保持没有对手的思想。百姓危惧不安，他们向我们叩头求助，额角响得就像山崩一样呀！啊！你们要一心一德建功立业，就能够长久安定人民。"

　　泰誓下

　　时在戊午的明天，周武王大规模巡视六军，明告众将士。王说："啊！我们西方的将士。上天有明显的常理，它的法则应当显扬。现在商王纣轻慢五常，荒废怠惰无所敬畏，自己弃绝于上天，结怨于人民。斫掉冬天清晨涉水者的脚胫，剖开贤人的心，作威作恶，杀戮无罪的人，毒害天下。崇信奸邪的人，逐退师保大臣，废除常刑，囚禁和奴役正士。祭天祭社的大礼不举行，宗庙也不享祀。造作奇技荒淫新巧的事物来取悦妇人。上帝不依，断然降下这种丧亡的诛罚。你们要努力帮助我，奉行上天的惩罚！

　　"古人有言说：'抚爱我的就是君主，虐待我的就是仇敌。'独夫商纣大行威虐，是你们的大仇。建立美德务求滋长，去掉邪恶务求除根，所以我小子率领你们众将上去歼灭你们的仇人。你们众将士要用果敢坚毅的精神来成就你们的君主！功劳多的将有重赏，不用命的将有明显的惩罚。

　　"啊！我文考文王的明德，像日月的照临一样，光辉普及四方，显著表现在西土，因此我们周国特别被众方诸侯所亲近。这次如果我战胜了纣，不是我勇武，是因为我的文考没有过失；如果纣战胜了我，不是我的文考有过失，是因为我这小子不好。"

　　又过两年，商纣杀死王子比干，囚禁了箕子。武王又将征伐商纣，占卜一卦，龟兆显示不吉利，风雨突至。群臣恐惧，只有太公强劝武王进

「姜子牙可是了不得的人呦」

军，武王于是出兵。十一年正月甲子日，在牧野誓师，进伐商纣。

这段话意思是：过了两年，纣王杀死王叔比干，囚禁箕子。武王将要征伐纣王，用龟甲占卜，兆辞不吉利，暴风雨降临。大臣们都很恐惧，只有太公坚决劝说武王伐纣，于是武王出兵了。十一年（前1027）一月二十八日，在牧野（今河南淇县西南）誓师，讨伐商纣。誓词被称为《牧誓》。

《古文尚书·牧誓》原文如下：

武王戎车三百两，虎贲三百人，与受战于牧野，作《牧誓》。

时甲子昧爽，王朝至于商郊牧野，乃誓。

王左杖黄钺，右秉白旄以麾，曰："逖矣，西土之人！"

王曰："嗟！我友邦冢君御事，司徒、司邓、司空，亚旅、师氏，千夫长、百夫长，及庸，蜀、羌、髳、微、卢、彭、濮人。称尔戈，比尔干，立尔矛，予其誓。"

王曰："古人有言曰：'牝鸡无晨；牝鸡之晨，惟家之索。'今商王受惟妇言是用，昏弃厥肆祀弗答，昏弃厥遗王父母弟不迪，乃惟四方之多罪逋逃，是崇是长，是信是使，是以为大夫卿士。俾暴虐于百姓，以奸宄于商邑。今予发惟恭行天之罚。今日之事，不愆于六步、七步，乃止齐焉。勖哉夫子！不愆于四伐、五伐、六伐、七伐，乃止齐焉。勖哉夫子！尚桓桓如虎、如貔、如熊、如罴，于商郊弗迓克奔，以役西土，勖哉夫子！尔所弗勖，其于尔躬有戮！"

译成现代汉语大意是：

在甲子日的黎明时刻，周武王率领军队来到商国都城郊外的牧野（今河南省淇县西南），于是誓师。武王左手拿着黄色大斧，右手拿着白色旄牛尾指挥，说："远劳了，西方的人们！"

武王说："啊！我们友邦的国君和办事的大臣，司徒、司马、司空，亚旅、师氏，千夫长、百夫长，以及庸、蜀、羌、髳、微、卢、彭、濮的人们，举起你们的戈，排列好你们的盾，竖起你们的矛，我要宣誓了。"

武王说："古人有话说：'母鸡没有早晨啼叫的；如果母鸡在早晨啼叫，这个人家就会衰落。'现在商王纣只是听信妇人的话，轻视对祖宗的祭祀不问，轻视并遗弃他的同祖的兄弟不用，竟然只对四方重罪逃亡的人，这样推崇，这样尊敬，这样信任，这样使用，用他们做大夫、卿士的官。使他们残暴对待老百姓，在商国作乱。现在，我姬发奉行老天的惩罚。今天的战事，行军时，不超过六步、七步，就要停下来整齐一下。将士们，要努力啊！刺击时，不超过四次、五次、六次、七次，就要停下来整齐一下。努力吧，将士们！希望你们威武雄壮，像虎、貔、熊、罴一样，前往商都的郊外。不要禁止能够跑来投降的人，以便帮助我们周国。努力吧，将士们！你们如果不努力，就会对你们自身有所惩罚！"

商纣军队彻底崩溃。商纣回身逃跑，登上鹿台（古台名，别称南单之台，殷纣王贮藏珠玉钱帛的地方，故址在今河南省汤阴县朝歌镇南），于是被追杀。

第二天，武王立于社坛之上，群臣手捧明水，卫康叔封铺好彩席，师尚父牵来祭祀之牲，史佚（yì，义）按照策书祈祷，向神祇禀告讨伐罪恶商纣之事。散发商纣积聚在鹿台（古台名，别称南单之台，殷纣王贮藏珠玉钱帛的地方，故址在今河南省汤阴县朝歌镇南）的钱币，发放商纣囤积在钜桥（商纣王时之粮仓名。仓址在今河北省曲周县东北）的粮食，用以赈济贫民。培筑加高比干（子姓，沫邑，今河南淇县）人，商朝帝王太丁的次子，帝乙的弟弟，帝辛的叔叔，官少师（丞相）神灵）之墓（位于今河南省卫辉市东北 7.5 公里比干庙村处），释放被囚禁的箕子（名胥余，因封国于箕，今山西晋中太谷区东北），爵为子，故称箕子；箕子率五千商朝遗民东迁至今朝鲜半岛北部，联合土著居民建立的"箕氏侯国"，被认定都在大同江流域今平壤；箕子陵是朝鲜古代陵墓，位于平壤乙密台下。把象征天下最高权力的九鼎（相传，夏朝初年，夏王大禹划分天下为九州，令九州州牧贡献青铜，铸造九鼎，象征九州，将全国九州的名山大川、奇异之物镌刻于九鼎之身，以一鼎象征一州，并将九鼎集中于夏王朝都城）迁往周国，修治周朝政务，与天下之人共同开始创造新时代。上述诸事多半是采用师尚父的谋议。

1945年春，在延安王家坪，雷英夫第一次去见毛泽东。毛泽东问："听说你是洛阳人？"雷英夫说："我在洛阳读过书，做过工，但我不是洛阳人，我是孟津人。"毛泽东又说："孟津离洛阳不远，也属于洛阳，孟津人也算洛阳人。"停顿了一下，他又说："你说你是孟津人，那我问你：'周武王到过孟津几次？'"雷英夫一时语塞，稍停一下，说："主席，我才疏学浅，这个我真不知道。"毛泽东说："武王到孟津去过两次，一次是公元前1029年，这是第一次去。各路诸侯齐集孟津，商量伐纣，大家基本都同意。武王很能干，看到决战的条件不够成熟，虽然商纣内部腐败了，但没有烂透，还不到马上垮台的时候，他的兵力也比武王强大得多。武王看地形时发现，过黄河的准备工作还没搞好。争取人心还需要多做一做工作。直到快要出兵了，伯夷、叔齐不是仍然反对出兵，结果出走了吗？所以武王下决心收兵，回去做准备。做了哪些准备呢？有文有武，有精神有物质。他是很讲究师出有名的。要造舆论，统一思想，搞统一战线。他还要广揽人才，积聚粮草，打造兵甲，准备舟楫，并用四十多条船架起了黄河大桥，用了两年时间作充分准备。这样，到了公元前1027年，武王又从潼关出兵到孟津，政治上发宣言，军事上搞突然袭击，集中兵力打歼灭战，在朝歌南的牧野一仗打败了商纣。"（毕桂发：《毛泽东读诗评诗用诗》，中央文献出版社2010年版，第503页）

（四）治理封国

《史记·齐太公世家》记载："于是武王已平商而王天下，封师尚父于齐营丘。东就国，道宿行迟。逆旅之人曰：'吾闻时难得而易失。客寝甚安，殆非就国者也。'太公闻之，夜衣而行，犁明至国。莱侯来伐，与之争营丘。营丘边莱。莱人，夷也，会纣之乱而周初定，未能集远方，是以与太公争国。

"太公至国，修政，因其俗，简其礼，通商工之业，便鱼盐之利，而人民多归齐，齐为大国。及周成王少时，管蔡作乱，淮夷畔周，乃使召康公命太公曰：'东至海，西至河，南至穆陵，北至无棣，五侯九伯，实得征之。'齐由此得征伐，为大国。都营丘。

"盖太公之卒百有余年，子丁公吕伋（jí，及）立。丁立卒，子乙公得立。乙公卒，子癸公慈母立、癸公卒，子哀公不辰立。"

这几段话大意是说，此时武王已平定商纣，成为天下之王，就把齐国营丘（古邑名，在今山东省淄博市临淄区齐故城北 8 公里处）封赏给师尚父。师尚父东去自己的封国，边行边住，速度很慢。客舍中的人说他：

"我听说时机难得而易失。这位客人睡得这样安逸，恐怕不是去封国就任的吧。"太公听了此言，连夜穿衣上路，黎明就到达齐国。正遇莱侯带兵来攻，想与太公争夺营丘。营丘毗邻莱国。莱人是夷族，趁商纣之乱而周朝刚刚安定，无力平定远方，因此和太公争夺国土。

太公到齐国后，修明政事，顺其风俗，简化礼仪，开放工商之业，发展渔业、盐业优势，因而人民多归附齐国，齐成为大国。到周成王年幼即位之时，管（叔）蔡（叔。周武王姬旦的弟弟）叛乱，淮夷（小国，其地今淮甸，在江淮地区。创造相当高的地方文化，与建都中原的夏商周历代王朝都有交往，或友好顺从，或武装反抗）也背叛周朝，成王派召（shào，绍）康公命令太公说："东至大海，西至黄河，南至穆陵（穆陵关在今湖北麻城北面），北至无棣（山东省滨州市，位于中国山东省最北部，地处沿海），此间五等诸侯，各地官守，如有罪愆，命你讨伐。"齐因此可以征讨各国，形成大国，定都营丘。

太公死时一百余岁，其子丁公吕伋（jí，及）继位。丁公死，其子乙公得继位。乙公死，其子癸公慈母继位。癸公死，其子哀公不辰继位。

周王朝定鼎，武王封赏功臣谋士，师尚父姜太公凭着在兴周灭纣中的首功被封于齐，太公封齐，是武王与太公靖边安周的重大决策之一。当时，齐国地方国林立，势力强盛，其中实力强大者不下十余国，如莱国，杞国、谭国、蒲姑国、奄国，还有熊国、夷维等国，这些地方邦国世居东夷，繁衍生息，根深蒂固，又因他们的居地犬牙交错，而且广交天下，形成了宽缓阔达、尚武崇仁、重地自信的民族性格。殷商曾多次征讨，均未能臣服他们。由于他们不附中原已久，周朝建立以后，他们也仍然因疑忌周王朝的征讨而与周对立不附，这样周王朝的东部边境就难以安宁。因此，让一个熟知东夷地理风土、人情，且又智谋权变之人去镇守东方，那是再好不过了，而太公姜尚出身东夷，熟悉当地方国情况，而且又老谋深算、机智权变，正符合这一要求。况且太公佐武王伐纣兴周，为西周三公首辅大臣、功盖天下，正可以封齐以奖其功，武威慑诸夷以靖边患。

公元前1051年，也就是武王二年，八十八岁的姜尚以兴周灭纣的首功被封于齐，侯爵，都营丘。领封之后，太公带领文武百官，携家人侍从，车乘辎重，浩浩荡荡，东行就国。他们昼行夜宿，走了好几天还没进入齐地境内。这天他们住旅馆不久，就听店主人说："有道是机会难得易失，这些人行动不紧不慢，哪像个赴国建都的样子。"太公听了这话中有话，预料前途可能有阻碍，遂即命令一行人，夜衣西行，黎明至国。到达营丘才知，果然已有外患发生，来人听说太公来营丘建都，很快发兵来争。太公先礼后兵，一场大战，击败莱侯，占领营丘，建都称王。

太公建都营丘后，又遇到了内部"顽民"的阻扰，一个是《春秋繁露》记载的"诛司寇营汤以定齐国"事件，司寇营汤，巧言令色，对太公的政令缓办慢行，对百姓暴虐滥杀无辜。但口才很好，能言善辩，且阳奉阴违，祸乱百姓，满口"仁义"。太公劝说他，不听从，太公令人把营汤斩首，以正政令。《韩非子·右经》又载：太公封齐时，当地有被时人称为"贤人"的居士狂矞、华士兄弟，他们扬言："我们不为天子臣，不做诸侯官，自己耕种粮食吃，自己掘井饮水，自食其力，不求名不求利。"太公入齐后听说此二人有贤名，三次登门拜访，想让他们为国家效力，但二人闭门不见，拒绝聘用。太公为了政令畅通，下令处罚他们。消息传到周公那里，周公派人传话给太公："听说二人有贤名，处罚贤人恐怕会造成不好的影响。"太公对此回答说："他们宣扬不为天子臣，不为诸侯做事，不为国家尽任何义务，这是贤人的行为吗？如果所有的人都像他们那样，国家的法令政策就无法实行，那么，国还像国吗？这样的人不但不是贤人，而是害群之马，害群之马不除，怎能使群马为我所用？"于是太公下令诛狂矞、华士兄弟，全齐再无违反命令法规之事发生，局面迅速安定。五个月的时间即向周公"报政"，即汇报封齐定国后的安定局面，使周公十分惊讶，在这样一个民族关系复杂土著人性格难驯的地域，在这么短的时间能使大片疆域安定，确实是一个奇迹。据记载，齐国初封面积已达500里。《晏子春秋·内篇杂下》称："昔吾先君太公，受之营丘，为地五百里。"《毛诗正义》曰："按大司徒职制，诸侯之封疆五百里，齐虽侯爵，以大功而作太师，当与上公同地等，故知取上公地也。"对此五百里封地，五个月使之安定，周公还问："退莱罚逆之后，你又是如何做的？"太公回答说："尊贤尚功，因俗简礼，凡是有德有能的人，不管民族同异，愿为齐出力的，均安排合适的位置，让他们发挥应有的作用；对东夷传统礼俗，允许沿袭使用，若有改变，也是向利于民的方向发展。所以很快就得到士民们的拥护，实现了朝野归心。"周公听了太公的话，感慨地说："为政简易，便民顺情行政，人民自然乐于接受并为之效力，鲁国的后代恐怕要面北朝齐了。"

太公安定了大局之后，立即着手大规模的经济建设，营丘经济自然地理条件并不好，《史记·货殖列传》载："太公望封于营丘，地潟卤而人民寡。"《盐铁论》则说："昔太公封营丘，辟草莱而居焉。"这样恶劣的自然条件，对经济的发展不利。太公以其超人的谋略智慧，结合当地实际，确立了务实求功的基本指导思想，制定了三大基本国策："举贤尚功""因俗简礼""通商工之业，使渔盐之利。"

举贤尚功，就是选拔有才德，有建树人，给爵位授实权，让他们在国家建设中发挥应有的作用。对通过考核符合选贤标准的人，不分亲疏，均用其所长，并督创实绩，最大限度地发挥他们的积极性和创造性。事实证明，太公这条"举贤尚功"的用人路线，是他超越时代的先进思想的表现，他突破西周"尊尊亲亲"的正统思想束缚，举贤任能不计亲疏，唯才是举，从而为后来"齐日大至于霸"的业绩，奠定了坚实的政治基础。

因俗简礼，就是因东夷土著之俗，简化西周的繁礼，以适应当地的民情。齐地是中国早期开发区，伏羲、炎帝、蚩尤、共工均曾居于此，所以这里虽是农业滞后但都是制造舟车、冶铸兵器的肇始之地，这里有尚武重仁的传统，蕴藏着全面发展的无穷潜力。太公深知，要发挥这一优势，就要调动广大士民的积极性。因此，太公采取了"敬其众，合其亲，因其明，顺其常"（《文韬·文韬》）的策略，要求官吏们对民要："利而勿害，成而勿败，生而勿杀，与而勿夺，乐而勿苦，喜而勿怒""与民同忧、同乐、同好、同恶"（同上）以争取民心，激发士民的生产积极性。对于周礼，既保持了它的权威性，又简化了一些烦琐程序，从齐地民俗的特点出发，两相结合，创造了既让齐民乐于接受、又不太悖于周礼的新制，从而调动了齐民兴齐建国最大的积极性，开改革开放的先河。

通商工之业，便渔盐之利。太公封齐之初，营丘一带原是一片荒凉的草莱之地，虽然齐无膏壤千里，但也有自己的优势，营丘西境有盛产高含量的优质铁矿石的商山，因出铁矿著名又叫铁山、迤东有煤山，储铜矿丰富。北境靠清河临济水，两水入海处构成了天然的鱼盐产区，地潟卤宜种桑麻，纺织品早已知名，从而构成了齐民发达的丝麻纺织业。太公依此制定了有利于发挥这些优势的经济政策，即：通商工之业，便鱼盐之利。实行农、工、商并举。他在注重发展麦、黍、稻生产的同时，又大力发展桑麻种植，舟车兵器制造，劝女工极技巧。《论衡》说："齐女世刺绣，恒女无不能"。说明当时已有规模可观的纺织、刺绣手工业。据《子牙子》《六韬》载，当时已有铁矛、飞钩、锤、戟、斧、刀、耒耜等铁器的制造。与开发矿业，冶铁相匹配的，就是煮盐捕捞、向河海求利，盐是人的生活必需品，市场广阔，因而很快成了齐国的支柱产业。河海之利进一步带来了经济的发展。农业、工业的发展，带来了商业的繁荣。

太公把"通末业"作为富强民国的根本保障之一。"末"即指工商业，这里特指商业。太公一方面重视了自然资源的开发，发展桑蚕丝织，发展鱼盐捕捞，积累了大批的商品资源。另一方面，重商业贸易，必使齐国货物遍利天下，"冠带衣覆天下"，发展与各国的通商贸易，以实现财蓄货殖，富民强国的目标。在一个不长的时间里，使一个"地薄人稀"的荒僻之地变成"世为强国"的大齐。

到了周成王幼年登天子位，管叔、蔡叔叛乱，淮河一带少数民族反叛周朝，于是成王派召康公授命太公说："东到海滨，西到黄河，南到穆陵，北至无棣。五等诸侯，九州长官，你都可以征讨他们。"齐国从此得到征伐大权，成为大国，建都营丘。

（五）平定三监及武庚叛乱

武王灭商之后，以商旧都封给纣子武庚，并以殷都以东为卫，由武王弟管叔监之；殷都以西为鄘，以武王弟蔡叔监之；殷都以北为邶，由武王弟霍叔监之，总称三监。设置三监的本意是让他们监督武庚的。

武王病逝后，年仅13岁的成王姬诵即位，周公摄政。吕尚与周公一起辅佐成王。谁知周公摄政引起其兄弟和成王的猜疑，为表忠心，周公离开王都，吕尚实际上成了首辅大臣。在吕尚的努力下，成王终于召回周公，这便引起了三监勾结武庚叛乱。

三监联合武庚叛周后，吕尚和周公制定了平叛军事计划。公元前1023年，东征开始。大军到达洛邑（今河南洛阳）后，绕过管国和蔡国，兵分两路：一路由周公率领，直取武庚盘踞的殷故都朝歌；一路由吕尚率领，绕到殷都东方，切断徐戎（今山东临沂）、淮夷（今江苏、安徽北部一带）等国与武庚的联系，断其后援，却与增援武庚的东夷部队遇，形势十分危急。吕尚一面命令部队全力抵抗，一面派人速报周公。周公率军赶到，两人合兵一处，与夷人展开激战。

正在不分胜负之时，飞廉率领夷人来援，吕尚、周公见不能取胜，便商定离间飞廉与夷人关系的策略。商纣王时期，飞廉是商朝重臣，飞廉、恶来父子俩都是后来秦国国君的先祖。《水经注》称飞廉以善于行走而为纣王效力，周武王击败了纣王，飞廉殉国自杀，天帝为他的忠诚感动，用石棺掩埋他，并使他成为风神。于是吕尚命令周军趁月夜，撤到易守难攻的地方安营扎寨，一面派兵筹备粮草，一面派能言善辩之士到夷人中去游

『姜子牙可是了不得的人哟』

说。几个月后，一些夷人首领带领本部人马离开飞廉，飞廉手下将士越来越少。

吕尚见时机成熟，与周公一起率军发起进攻，飞廉率殷人旧部东逃到海边，全部被歼，飞廉被杀。为绝后患，吕尚与周公两人又率领大军，荡平了东方所有叛国，还把南至淮河流域、北至辽东、东至东海的广阔土地纳入了周朝版图。

三、军事韬略

相传吕尚东归后，总结自己平生所学及心得，写成《六韬》。《六韬》由文韬、武韬、龙韬、虎韬、豹韬、权韬六部分组成，以周文王、武王与吕尚对话的形式写成。前两韬侧重于阐述战略问题，后四韬多论述作战指导的若干重要原则和战术问题，亦称《太公兵法》。因此，吕尚被誉为"兵家鼻祖"。司马迁在《史记·齐太公世家》中评价说："故后世之言兵及周亡殷皆宗太公为本谋。"

姜太公作为著名的军事家，他的军事著作在《汉书·艺文志》道家类中著录有《太公》237篇，《谋》81篇，《言》71篇，《兵》85篇。姜太公著述的《六韬》虽可能非太公自著，但也反映了他的军事思想。姜尚是中国古代第一个军师型的军事家，其军事韬略在中国战争史上占有重要地位，对后世用兵起了深远的影响。

姜子牙是一位满腹韬略的贤臣和非凡的政治家、军事家，一直受历代统治者崇尚，在《诗经》等唐朝以前的许多史料及文学作品中颂文颇多。唐太宗即位后，外夷相侵，内患未除，政局动乱，国家面临着百乱待治、百废待兴的情况，为了达到"安人理国"的目的，便自称他是姜子牙的化身，在磻溪建立太公庙，他用这一举动告诉人们，他要像周文王访贤并重用姜子牙那样的贤臣良将，他后来果然得到了一大批治世理国的人才，终于实现了"贞观之治"。唐玄宗为求国内安宁，需要像姜子牙那样披肝沥胆、呕心沥血、忠贞不二、勤勉事主的人才，便于开元十九年（731）敕令天下诸州各建一所太公庙，并要求以张良配享，在春秋仲秋月上戊日祭祀。每当发兵出师或各将领及文武举人应诏，都要先去太公庙拜谒。开元二十七年（739）追谥姜子牙为"武成王"，成为中华民族"武"圣人。宋神宗熙宁五年（1072）为抵御外寇入侵，下令要求各军事将领必读《太公兵法》。司马迁在《史记》中说："周西伯昌之脱羑里，与吕尚阴谋修

『姜子牙可是了不得的人哟』

41

德以倾商政，其事多兵权与奇计，故后世之言兵及周之阴权皆宗太公为本谋。"这就确立了姜子牙是中华民族创立韬略理论开山鼻祖的地位。1972年从山东临沂银雀山汉武帝初年的墓葬发掘出的《六韬》残简，来校勘存世的各种《六韬》版本和本注，说明了《六韬》一书，在汉武帝以前就流行开了，否定了《六韬》是古人伪托吕尚所著的怀疑，进一步证实了姜子牙在军事理论上的著述是真实的。他在军事理论方面，在政治、经济斗争的策略思想方面，都为子孙后代留下了丰富的遗产，人们称他是兵家权谋思想的始祖。中国古代的兵论、兵法、兵书、战策、战术等一整套的军事理论学说，就其最早发端、形成体系、构成学说来说，都始自齐国，源自太公，所以说太公为兵家宗师、齐国兵圣、中国武祖是当之无愧的。可以说，没有太公理论及其所建立的齐国兵家，则不会有如此博大精深、智谋高超、理论完整、源远流长、绵延不断、影响巨大的中国兵学理论学说。中国古今著名的军事家孙武、鬼谷子、黄石公、诸葛亮等都学习吸收了太公《六韬》的精华，太公的文韬武略被当今世界上的政治、经济、管理、军事、科技等各个领域所借鉴。

《六韬》又称《太公六韬》《太公兵法》，旧题周初太公望（即吕尚，姜子牙）所著，普遍认为是后人依托，作者已不可考，现在一般认为此书成于战国时期。全书以太公与文王、武王对话的方式编成。此书在《汉书·艺文志》诸子略兵家类中不见著录，但在"道家"列《太公》太公望二百三十七篇"，其中《谋》八十一篇，《言》七十一篇，《兵》八十五篇"，儒家类著录有《周史六韬》六篇。下注："惠襄之间，或曰周显王时，或曰孔子问焉。"唐人颜师古注："即今之《六韬》也。盖言取天下及军旅之事，弢字与韬字同也。"《隋书·经籍志》明确记载："《太公六韬》五卷，周文王师姜望撰。"但从南宋开始，《六韬》一直被怀疑为伪书，特别是清代，更被确定为伪书。然而，1972年4月，在山东临沂银雀山西汉古墓中，发现了大批竹简，其中就有《六韬》的五十多枚，这就证明《六韬》至少在西汉时已广泛流传了，对它的怀疑与否定也不攻自破了。

《六韬》是一部集先秦军事思想之大成的著作，通过周文王、武王与吕望对话的形式，论述治国、治军和指导战争的理论、原则，对后代的军事思想有很大的影响，被誉为兵家权谋类的始祖。司马迁《史记·齐太公世家》称："后世之言兵及周之阴权。皆宗太公为本谋。"北宋神宗元丰年间，《六韬》被列为《武经七书》之一，为武学必读之书。《六韬》在16世纪传入日本，18世纪传入欧洲，现今已翻译成日、法、朝、越、英、俄文等多种文字。

今存版本有：1972年山东临沂银雀山汉墓竹简残本、1973年河北定县（今河北定州市）八角廊汉墓竹简残本、敦煌遗书残本、《群书治要》摘要本、《四库全书》本、《续古逸丛书》影宋《武经七书》本、1935年中华学艺社影宋刻《武经七书》本、丁氏八千卷楼藏刘寅《武经七书直解》影印本。

今本《六韬》共分六卷：文韬——论治国用人的韬略；武韬——讲用兵的韬略；龙韬——论军事组织；虎韬——论战争环境以及武器与布阵；豹韬——论战术；犬韬——论军队的指挥训练。

我们且看《武韬》：

　　武王问太公曰："予欲立功，有三疑：恐力不能攻强、离亲、散众，为之奈何？"

　　太公曰："因之，慎谋，用财。夫攻强必养之使强，益之使张，太强必折，太张必缺。攻强以强，离亲以亲，散众以众。

　　"凡谋之道，周密为宝。设之以事，玩之以利，争心必起。欲离其亲，因其所爱，与其宠人，与之所欲，示之所利。因以疏之，无使得志。彼贪利甚喜，遗疑乃止。

　　"凡攻之道，必先塞其明而后攻其强，毁其大，除民之害，淫之以色，啖之以利，养之以味，娱之以乐。

　　"既离其亲，必使远民，勿使知谋，扶而纳之，莫觉其意，然后可成。

　　"惠施于民，必无爱财，民如牛马，数食之，从而爱之。心以启智，智以启财，财以启众，众以启贤，贤之有启，以王天下。"

译成现代汉语大意是：

武王问太公说："我想建功立业，但有三点疑虑：恐怕自己的力量不足以进攻强敌，恐怕不能离间敌君的亲信，恐怕不能瓦解敌国的军队。您看该怎么办呢？"

太公回答说："首先是因势利导，其次是慎用计谋，再次是使用钱财。进攻强敌，一定要怂恿他，使其恃强骄横；放任他，使其猖狂自大。敌人过于强横。必遭挫折；过于狂妄，必致失误。要进攻强大的敌人，必先助长它的强暴；要离间敌人的亲信，必先收买敌人的心腹；要瓦解敌人的军队，必先争取敌国的民心。

"运用计谋，以周密最为重要。许诺给敌人一些好处，给予敌人一些利益，敌人内部必然发生争夺。要想离间敌国君臣，应根据他们的爱好，给予他所宠爱的佞臣一些好处，送给他们所想得到的东西，许给他们丰厚的利益，使他们疏远君主，让他们不能有所作为。他们因为得到我们给予的好处而非常高兴，就不会对我们的图谋产生疑虑了。

"一般进攻强大敌人的方法是，首先蒙蔽敌国君主的耳目，然后再进攻他强大的军队，摧毁他庞大的国家，以解除民众的痛苦。而蒙蔽敌君耳目的方法是：用女色腐蚀他，用厚利引诱他，用美味娇养他，用淫乐迷乱他。

"既已离间了他的亲信，还须使他疏远自己的民众。不要让他识破我们的计谋，引诱他进入我的圈套，而他还没有觉察我的意图，然后就可以成就大事了。

"恩惠施于民众，不要吝惜财物。民众如同牛马，经常喂养他们，他们就会顺从并亲近自己。心灵可以产生智慧，智慧可以产生财富，财富可以养育民众，民众中可以涌现贤才。大批贤才涌现，就可以辅佐君主统治天下。"

本篇论述了攻强、离亲、散众的策略：攻强以强，离亲以亲，散众以众。具体说来，就是因之、慎谋、用财。因之，就是因势利导，对强敌

"养之使强，益之使张"，助长敌人的气焰，这样，最终敌人就会"太强必折，太张必缺"。慎谋就是谨慎谋划，离间敌君亲信。用财就是舍得使用财物，收买敌国臣民。这样就能够达到攻强、离亲、散众的目的。

再看《虎韬》：

　　武王问太公曰："王者举兵，三军器用，攻守之具，科品众寡，岂有法乎？"

　　太公曰："大哉！王之问也。夫攻守之具，各有科品，此兵之大威也。"

　　武王曰："愿闻之。"

　　太公曰："凡用兵之大数，将甲士万人，法用武冲大扶胥三十六乘，材十强弩矛戟为翼，一车二十四人推之。以八尺车轮，车上立旗鼓。兵法谓之震骇，陷坚阵，败强敌。武翼大橹矛戟扶胥七十二具，材士强弩矛戟为翼。以五尺车轮，绞车连弩自副，陷坚阵，败强敌。

　　提翼小橹扶胥一百四十四具，绞车连弩自副，以鹿车轮，陷坚阵，败强敌。

　　大黄参连弩大扶胥三十六乘，材士强弩矛戟为翼。飞凫、电影自副。飞凫赤茎白羽，以铜为首；电影青茎赤羽，以铁为首。昼则以绛缟，长六尺，广六寸，为光耀；夜则以白缟，长六尺，广六寸，为流星。陷坚阵，败步骑。

　　大扶胥冲车三十六乘，螳螂武士共载，可以击纵横，可以败敌。

　　辎车骑寇，一名电车，兵法谓之电击。陷坚陈，败步骑。

　　寇夜来前，矛戟扶胥轻车一百六千乘。螳螂武士三人共载，兵法谓之霆击，陷坚陈，败步骑。

　　方首铁棓维盼，重十二斤，柄长五尺以上，千二百枚，一名天棓。大柯斧，刃长八寸，重八斤，柄长五尺以上，千二百枚，一名天钺。方首铁槌，重八斤，柄长五尺以上；千二百枚，一名天槌。败步骑群寇。

　　飞钩长八寸，钩芒长四寸，柄长六尺以上，千二百枚，以投其众。

三军拒守，木螳螂剑刃扶胥，广二丈，百二十具，一名行马。平易地，以步兵败车骑。

木蒺藜，去地二尺五寸，百二十具。败步骑，要穷寇，遮走北。

轴旋短冲矛戟扶胥百二十具，黄帝所以败蚩尤。败步骑，要穷寇，遮走北。

狭路微径，张铁蒺藜，芒高四寸，广八寸；长六尺以上，千二百具，败步骑。

突命来前促战，白刃接，涨地罗，铺两镞蒺藜，参连织女，芒间相去二寸，万二千具。旷野草中，方胸铤矛，千二百具，张铤矛法，高一尺五寸。败步骑，要穷寇，遮走北。

狭路微径地陷，铁械锁参连，百二十具。败步骑，要穷寇，遮走北。

垒门拒守，矛戟小橹十二具，绞车连弩自副。三军拒守，天罗虎落锁连，一部广一丈五尺，高八尺，百二十具。虎落剑刃扶胥，广一丈五尺，高八尺，五百二十具。

渡沟堑飞桥，一间广一丈五尺，长二丈以上，着转关辘轳，八具，以环利通索张之。渡大水，飞江广一丈五尺，长二丈以上，八具，以环利通索张之。天浮铁螳螂，矩内圆外，径四尺以上，环络自副，三十二具。以天浮张飞江，济大海，谓之天潢，一名天舡。

山林野居，结虎落柴营，环利铁锁，长二丈以上，千二百枚。环利大通索大四寸，长四丈以上，六百枚。环利中通索大二寸，长四丈以上，三百枚。环利小徽缧长二丈以上，万二千枚。

天雨盖重车上板，结枲鉏铻，广四尺，长四丈以上，车一具，以铁杙张之。

伐木大斧，重八斤，柄长三尺以上，三百枚。棨镢刃，广六寸，柄长五尺以上，三百枚。铜筑固为垂，长五尺以上，三百枚。鹰爪方胸铁耙，柄长七尺以上，三百枚。方胸铁叉，柄长七尺以上，三百枚。方胸两枝铁叉，柄长七尺以上，三百枚。

芟草木大镰，柄长七尺以上，三百枚。大橹刃，重八斤，柄长六尺，三百枚。委环铁杙，长三尺以上，三百枚。椓杙大锤，重五斤，柄长二尺以上，百二十具。

甲士万人，强弩六千，戟盾二千，矛盾二千。修正攻具，砥砺兵器巧手三百人。此举兵军用之大数也。"

武王曰："允哉！"

译成现代汉语大意是：

武王问太公说："君王兴兵作战，军队的武器装备和攻守器械，其种类的区分和数量的多少，难道有一定的标准吗？"

太公答道："您问的确是一个大问题啊！攻守器械的种类和数量，各有不同，这是关系到军队威力强弱的大问题。"

武王说："我想听听详细内容。"

太公说："凡是用兵作战，武器装备有个大概的标准。统率甲士万人，所需武器装备的标准是：名为武冲大扶胥的战车三十六辆，以有技能而勇猛的武士使用强弩、矛、戟在两旁护卫，每车用二十四人推行。其车轮的高度为八尺，车上竖旗立鼓。兵法上把这种战车叫作震骇，可用它攻破坚阵，击败强敌。

"名为武翼大橹矛戟扶胥的战车七十二辆，以有技能而勇猛的武士使用强弩、矛、戟为两翼护卫。其车轮高五尺，并附设用绞车发射的连弩，可用它攻破坚阵，击败强敌。

"名为提翼小橹扶胥的战车一百四十辆，附设用绞车发射的连弩。这种车装有独轮，可用它攻破坚阵，击败强敌。

"名为大黄参连弯大扶肯的战车三十六辆。以有技能而勇猛的武士使用强弩、矛、戟在两旁护卫，附设称作'飞凫'和'电影'的两种旗帜。飞凫用红色的竿、白色的羽，用铜做旗竿头；电影用青色的竿、红色的羽，用铁做旗竿头。白天用大红色的绢做旗子，其长六尺，宽六寸，名叫光耀；夜间用白色的绢作旗子，其长六尺，宽六寸，名叫流星。这种战车可用来攻破坚阵，击败强敌。

"名为大扶胥冲车的战车三十六辆，车上载乘称作螳螂的武士，可以用来纵横冲击，击败强敌。

"名为辎车寇骑的战车，也叫电车。兵法上称为电击。可以用来攻破坚阵，击败敌人步骑。

"敌人乘黑夜前来突袭，宜用名为矛戟扶胥轻车的战车一百六十辆，每车上载乘称作螳螂的武士三人。兵法上称为霆击，可用来攻破坚阵，击败敌人步骑。

"名为方首铁棓维盼的铁棒，重十二斤，柄长五尺以上，共置一千二百把，这种武器也叫天棓。名为大柯斧的长柄斧，刃长八寸，重八斤，柄长五尺以上，共置一千二百把，这种武器也叫天钺。方首铁槌，重八斤，柄长五尺以上，共一千二百把，也叫天槌。这些武器都可以用来击败敌人的步骑。

"飞钩，长八寸，钩尖长四寸，柄长六尺以上，共一千二百枚，可以用来投掷钩伤敌人。

"军队防守时，应使用一种名为木螳螂剑刃扶胥的战具，每具宽两丈，共一百二十具，也叫行马。在平坦开阔的地形上，步兵可以用它来阻碍敌车骑的行动。

"木蒺藜，设置时要高于地面二尺五寸，共一百二十具，可以用来阻碍敌步骑行动，拦阻势穷力竭的敌人，截堵撤退逃跑的敌人。

"名为轴旋短冲矛戟扶胥的战车一百二十辆，黄帝曾用以打败蚩尤。可以用来击败敌人的步骑，拦阻势穷力竭的敌人，截堵撤退逃跑的敌人。

"在隘路、小道上，可以布设铁蒺藜。铁蒺藜刺长四寸，宽八寸，每具长六尺以上，共一千二百具，可用来阻碍敌人步骑行动。

"敌人趁着黑夜突然前来逼战，白刃相接，这时应张设地罗，布置两镞蒺藜和名为参连织女的障碍物，每具芒尖相距二寸，共一万二千具。在旷野深草地区作战，应设置名为方胸铤矛的障碍物共一千二百具。布设铤矛的方法，是使它高出地面一尺五寸。以上这些器具，可以用来击败敌人步骑，拦阻势穷力竭的敌人，截堵撤退逃跑的敌人。

"在隘路、小道和低洼的地形上，可以张设名为铁械锁参连的障碍物，共一百二十具。可以用来击败敌人的步骑，阻碍势穷力竭的敌人，截堵撒退逃跑的敌人。

"守卫营门，用矛、戟、小橹十二具，并附设绞车连弩。军队进行守御时，应设置名为天罗虎落锁连的障碍物，每部宽一丈五尺，高八尺。共一百二十具。并设置名为虎落剑刃扶胥的战车，每部宽一丈五尺，高八尺，共五百二十具。

"渡越沟堑，要设置飞桥，每间宽为一丈五尺，长两丈以上，飞桥上装备转关辘轳，共八具，用铁环和长绳架设。横渡江河，要使用名为飞江的浮桥，宽一丈五尺，长两丈以上，共八具，用铁环和长绳把它们连接起来。名为天浮的渡水器材有叫作铁螳螂的铁锚，内呈圆形，外径四尺以上，并用铁环和绳索连接，共三十二具。用天浮架设飞江，可以横渡大河。这种渡河工具叫作天潢，也叫天舡。

"军队在山林旷野地区扎营，应用木材结成名叫虎落柴营的栅寨。用铁环长绳锁连，每条长两丈以上，共需一千二百条。带铁环的粗大绳索，铁环大四寸，绳长四丈以上，共六百条。带铁环的中等绳索，铁环大两寸，绳长四丈以上，共三百条；小号绳索，每条长两丈以上，共一万二千条。

"天下雨时，辎重车要盖与车顶板，板上契刻齿槽，使它与车子吻合，每副木板宽四尺，长四丈以上，每辆车配置一副并用名为铁杙的钉子加以固定。

"砍伐树木用的大斧，重八斤，柄长三尺以上，共三百把；名为桑镰的大锄，刃宽六寸，柄长五尺以上，共三百把；名叫铜筑固的大锤，长五尺以上，共三百把；名为鹰爪方胸的铁耙，柄长七尺以上，共三百把；名为方胸铁叉的叉竿，柄长七尺以上，共三百把。

"剪除草本用的大镰，柄长七尺以上，共三百把；名为大橹刃的割草工具，重八斤，柄长六尺，共三百把；带环的铁橛，长三尺以上，共三百个；钉橛用的大铁锤，重五斤，柄长二尺以上，共一百二十把。

"军队万人，需要装备强弩六千张，戟和大盾两千套，矛和盾两千套，以及修理作战器具和制造兵器的能工巧匠共三百人。以上就是

49

兴兵作战按一万人计算所需要的装备器材的大致数目。"

武王说:"的确是这样!"

本篇首先指出了"王者举兵,三军器用,攻守之具","各有科品,此兵伐之大威也。"接着,以出兵万人为例,详细罗列了陷坚阵、败强敌所需兵器的种类、数量、编配和运用;陷坚阵、败步骑所需兵器的种类、数量、编配和运用;败步骑、要穷寇遮走北所需兵器的种类、数量、编配和运用;军队据守、越堑、渡河结营等所需兵器的种类、数量、编配和运用。最后总结指出甲士万人,需要强弩六千,戟盾二千,矛盾二千,同时还需要配备整治维修各种器材的工匠三百人,"此举兵军用之大数也"。

《六韬》内容甚多,见解精辟,为后世兵家所遵循,兹不列举。

周初分封,姜子牙被封为齐国君主,他治国有方,创建了泱泱大国,遗风犹存,累世相续,为后来的齐桓公"九合诸侯,一匡天下成为五霸之首"而奠定了基础。

总之,吕尚在辅佐周文王、武王及成王兴周灭商以及巩固新生的周政权上,功勋卓著,不愧为中国历史上著名的政治家、军事家和谋略家。灭商后,他被封在齐地,建立了诸侯中的第一个大国——齐国。民间流传的"太公钓鱼,愿者上钩"的俗语,实际上是一种待价而沽或以利诱人上钩的做法。毛泽东曾在新中国建立前夕,利用这种说法,揭露当时美国政府对新中国一些"民主个人主义者"的利诱。早在1939年7月7日,毛泽东在给华北联合大学的学生讲话时,还借用《封神演义》中元始天尊在姜子牙下山时赠给他杏黄旗、四不像和打神鞭"三件法宝"的故事,说明姜子牙的本领之大,从而阐明了我们党的"统一战线、武装斗争和党的建设"三大政策,给人以深刻教育。此外,毛泽东读《新唐书·马周传》时,还将马周与吕望(尚)、傅说作了比较,他认为,唐代这位政治家比吕望、傅说要高明得多,这应该说是一种非常独到的看法。

『鬼谷先生』办『中国第一军校』

　　鬼谷子，姓王名诩（或利），又名王禅，道号玄微子，春秋末战国初时人。祖籍河南鹤壁市淇县云梦山山下王庄村（著名的王庄龙山文化遗址处），著名思想家、道家代表人物、兵法集大成者、纵横家的鼻祖。他精通百家学问，鬼谷子常入山采药修道。因隐居清溪鬼谷，故自称鬼谷先生。他通天彻地，人不能及。一曰数学，日星象纬，在其掌中，占往察来，言无不验；二曰兵学，六韬三略，变化无穷，布阵行兵，鬼神不测；三曰言学，广记多闻，明理审势，出词吐辩，万口莫当；四曰出世，修身养性，祛病延年，服食导引，平地飞升。两千多年来，兵法家尊他为圣人，纵横家尊他为始祖，算命占卜的尊他为祖师爷，谋略家尊他为谋圣，道教尊他为王禅老祖。鬼谷子的主要著作有《鬼谷子》及《本经阴符七术》。

一、奇特经历

（一）鬼谷子实有其人

最早记载鬼谷子的是司马迁的《史记》。《史记·苏秦列传》中说："苏秦者，东周洛阳人也。东事师子齐，而习之于鬼谷先生。"《史记·张仪列传》："张仪者，魏人也。始尝与苏秦俱事鬼谷先生，学术，苏秦自以不及张仪。"卷末太史公曰："要之，此两人真倾危之士哉！"

意谓：总而言之，这两个人是真正险诈的人。

鬼谷子是中国历史上战国时期的显赫人物，是"诸子百家"之一，纵横家的鼻祖，也是位卓有成就的教育家。

鬼谷子乃非凡人，他招徒弟不挑剔，是人就招，但不是每个都能学会，况且学他术的人都只是学他的一部分，而不是他的全部。

鬼谷子常年隐居云梦山鬼谷并在此教徒授艺。张仪、苏秦、孙膑、庞涓、毛遂、徐福等都是他的弟子。鬼谷子的高徒中，徐福拜师在孙膑、庞涓、苏秦、张仪、毛遂之后。

孙膑、庞涓主修兵法，兼通武术、奇门八卦。他们的时代，大概在秦始皇高祖父秦孝公的时代。

张仪、苏秦主修纵横术（游说、外交）。他们出山略在秦惠王时代和秦始皇的曾祖父秦昭王时代。

毛遂、徐福是鬼谷子先生晚期的徒弟。毛遂大约在秦始皇父亲庄襄王时代（吕不韦掌权），毛遂曾自荐使楚，在楚王与平原君会盟时劫持过楚王。徐福是鬼谷子先生的关门弟子。学辟谷、气功、修仙，兼通武术。他出山的时候，是在秦始皇登基前后、李斯在秦国为相的时代。

鬼谷子先生这些徒弟出山时间大约从公元前280年到公元前230年，

前后跨度达四五十年。

最有名的徒弟，还有要离、黄石、李牧、魏缭、韩非子、范蠡等，也都是了不得的人物。

按明人冯梦龙《东周列国志》里的说法：孙子是鬼谷子的好友，不是师徒关系！或许鬼谷子是自修成大才的呢！

鬼谷子既有政治家的六韬三略，又擅长外交家的纵横之术，更兼有阴阳家的祖宗衣钵，预言家的江湖神算，所以世人称鬼谷子是一位奇才、全才。他著有《鬼谷子》一书，又叫作《捭阖策》。1973年，长沙马王堆出土帛书，其中的《战国纵横家书》，记载苏秦、张仪均为鬼谷子学生，但张仪比苏秦年长约30年。

由于正史中对鬼谷子记载甚少，再加上他有奇才异能，所以后来便有传说加以附会。这些传说当然不可信以为真，但却可当有趣故事读之，故附列如下。

（二）神话传说

村夫庆隆和东海龙女的儿子

相传，鬼谷子是村夫庆隆和东海龙女的儿子。庆隆和龙女虽被东海龙王压死在云梦山中，化作一道山岭和龙泉，但阴魂不散，要借体繁衍，为后人造福。

霞瑞降世

两千多年前，朝歌（zhāo gē，原叫沬乡，又改为沬邑，是古地名，在今河南淇县城）城南王庄王员外的夫人怀孕三年之久而不分娩。

初春一天之夜，突然狂风骤起，电闪雷鸣，大雨如注。人们都为这不正常的天象说长道短，蓦地从空中飞来一个火球，直飞到王夫人床前，正反各转三圈，变作一条小花蛇，慢悠悠钻入王夫人的被窝，随之听得婴儿的呱呱哭泣。

家人掀开被窝，王夫人生下一个满头红发，容貌丑陋的丫头。王员外十分沮丧，长叹一声，拂袖而去。

王夫人见老爷如此烦恼，也暗暗抽泣。正在这时，小女婴突然坐起，拉着王夫人的手细声细语地说："妈妈，别难过，我会变美丽的。"话音刚落，这女婴就倒下咽了气，王夫人又捋脖子，口中又不住喊叫："儿呀，快醒醒，娘不嫌你长得丑。快醒醒吧！"拍了一次又一次，捋了一遍又一遍，眼泪哭干了，嗓子喊哑了，整整折腾了一个夜晚。

黎明时分，只听女婴哇地一声苏醒过来。王夫人喜出望外，定睛一看，小女满头黑发，唇红齿白，十分可爱。王夫人忙让丫鬟请来老爷。王员外一见大吃一惊，心中不住思忖：三年不坠，火球助催，紫气东来，丑女变美，是大富大贵之兆，王家的好气数。想着想着，不禁大笑不止，走到床前说："夫人，晨曦吉辰，迎霞聚瑞，我看女儿必有大富大贵，咱就取名霞瑞，你看如何？"夫人点头称是。

误吞珠子

岁月流逝，转眼十八个冬春过去，霞瑞姑娘身居闺房，学习针线，攻读诗文。她越长越俊俏，白皙的杏仁脸上嵌着一双水灵灵的大眼睛，两个酒窝之间夹着一个樱桃小嘴，令人喜爱。但她性格倔强，不拘于旧礼，善于言谈，又讲直话，对于父母的话也不是百依百顺。她日渐厌恶闺中生活，常常在丫鬟小云陪伴下到花园嬉戏。有时还背着父母到田间去问农桑。

这一年朝歌奇旱，河溪断流，水井干枯，大地龟裂，五谷不收。王员外家一块三顷地的谷子，只留下一棵禾苗，但长势却十分喜人，谷秆如芦苇，叶子赛高粱，谷穗像狼尾，沉甸甸，金灿灿，微风吹拂，点头摇曳，而且还散发出喷喷香味。

霞瑞姑娘听说自家地里长了这棵奇谷，就让家奴收来，放到绣楼，顿时闺房之内香气四溢，使人陶醉。姑娘对丫鬟说："如此好的谷子，要好好保存起来，来年多种一些。"丫鬟把谷穗放在手中揉搓着变成了一颗熠熠透明的珠子，而且香味更加浓郁。姑娘接过珠子，正想闻一下，这珠子一下钻进口中，欲吐出，又溜进喉咙。霞瑞咽下珠子不久，顿觉腹内舒畅，筋骨酥软，浑身困乏，一头倒下就睡着了。

下下之策

一个月之后，姑娘不思饭食，身体渐渐消瘦。主仆二人都不知何故。快嘴的丫鬟告诉了夫人，王夫人见女儿如此消瘦，心疼万分，问明情由，忙着请名医调理。连吃两个月草药，仍不见效，却见女儿的肚子一天天大起来。

王员外得知消息，恰似五雷轰顶，把夫人叫到客厅，怒气冲天地说："你养的好女儿，竟如此伤风败俗，我乃赫赫大户，叫我如何做人？"夫人忙赔笑脸："老爷息怒，家丑不可外扬，你要想个两全之策才是呀！"两人如此这般商量半天，决定把女儿连夜赶出家门，免得事后别人说三道四。

离开家门

霞瑞姑娘，蒙冤受屈，在丫鬟陪同下，毅然离开家门。

路漫漫何处奔走，天苍苍哪里安身？姑娘看看丫鬟，丫鬟望望姑娘，两人心如火焚，悲困交加。姑娘紧咬嘴唇："云妹，我们走，走到天涯海角，让天下人知道我王霞瑞是清白之人。"主仆二人离开王家庄，朝着北斗星的方向走去。

真相大白

两个弱小女子，哪里经过这样的风霜。尤其是霞瑞姑娘，腹中已有三月的婴儿，行走更是艰难，双脚都磨出了血泡，走走歇歇，歇歇走走。一天中午，她们走到黄河边，又饥，又渴，寸步不想挪动，就坐在河边歇息。刚一坐下，就进入梦乡。

待她们一觉醒来，面前站着一位和善可亲的老太太，篮子里盛着热腾腾的白蒸馍，没等她们开口，老太太就把馍送到她们手中。二人连个"谢"字都没来得及说，就狼吞虎咽地吃起来。老太太坐下来问道："两位女子如何这样狼狈，你们要到哪里去？"霞瑞摇摇头，没说话，直爽的小云把姑娘的隐情一五一十讲了出来。老太太启唇一笑："这就是了。你们既然对我讲了真话，我也把真话告诉你们。我乃西天老母，在这里等候多时，专门来点化你们。霞瑞姑娘，你虽是母亲所生，但不是你母亲的骨血，而是东海龙王女儿的化身。你和庆隆相爱，情真意切，虽未遂愿，上天有眼，来世相逢。你所吞食的珠子正是庆隆的精髓。腹中婴儿就是你和庆隆的后代。"霞瑞和小云双膝跪地，连连叩头，感谢西天老母的指点。快嘴的小云又问："既是这样，请问老母，我们主仆该到哪里存身才好？"老母没有正面回答，信口念了小诗一首让小云琢磨："朝曦昊天似血染，歌舞升平谁人欢？云海滚滚来天半，梦境滋滋润丹田。"

小云半天没有品出味道，原来这是首藏头诗。霞瑞把四句诗的头四个字一连，即为"朝歌云梦"。虽说知道了老母指点的去处，但又不愿到云梦隐身，于是又恳求说："再求老母点化，那里离我家乡太近，鉴于父母盛怒，眼下我实在不能从命。"老母思忖片刻："也罢。你们可先到临漳（河北省邯郸市临漳县）谷子村寄身，日后再作道理。"主仆二人连声道谢，抬头却不见了老母。

鬼谷子降世

不一日，她们来到谷子村，却见一村妇在村头迎接。村妇像接闺女似的把她们接入家中。从此，她们老少三个女性组成了一个家庭，朝朝暮暮，形影不离，勤快的小云，把村妇和姑娘照料得十分如意。转眼六个月过去了。冬去春来，夏天又到了。

一天，姑娘正在院里给未来的孩子做衣服，顿觉腹内疼痛难忍，村妇和小云忙把姑娘扶进屋，让她躺在床上，一眨眼村妇变成了老母模样，慈祥地说："霞瑞姑娘，我们该走了，不到云梦山，你的孩子不会出生的。"说话间，只听一声巨响，狂风骤起，老母忙让小云也上到床上，闭上眼睛。

那床慢悠悠飘了起来，不知不觉来到云梦上空，左转三圈右转三圈，悠然地落到地上。姑娘睁眼一看，好像来到人间仙境。峰峦叠翠，林木葱郁，云雾漾漾，气象万千，泉水潺潺，百鸟齐鸣，野花争妍斗艳，主仆看得眼花缭乱。西天老母把她们带到水帘洞口："姑娘请进，这就是你的安身之处。"举目一看，青山参天，野藤漫漫，野花芬芳，蝶飞燕舞，串串晶莹的水珠从洞口滴落，恰似一幅珠帘悬于洞口，顿觉心旷神怡，正要向西天老母说声谢谢，却不见了她的踪影。她们二人漫步向洞中走去，只见洞顶琳琅满目的钟乳石千姿百态，景象奇特。洞的尽头有一水潭，清澈见底，小云舀了一瓢水，递予姑娘，这水甘甜可口，姑娘一饮而尽，顿觉清爽。霞瑞对这个安身之地十分满意，主仆二人拍手称好。正值暑日，知了声声，真所谓"鸣蝉噪林愈静"。正当她俩欣赏这幽静的环境时，霞瑞又觉腹内疼痛，小云忙搀扶姑娘回到洞内，姑娘一阵头晕目眩，腹中的婴儿就呱呱坠地了。一看是个白胖的男孩，霞瑞、小云喜出望外，热泪盈眶。满月之后，霞瑞把小云叫到跟前甜甜地问道："云妹，这孩子该姓什么，叫什么呢？""我说就姓你的姓，孩子降生时知了叫得正欢，取名叫蝉如何？"霞瑞一听十分高兴："小云，你说到我心坎上了。不过，我因吞食奇谷而生子，就叫鬼谷子吧！"因此后人有叫他鬼谷子的，也有叫他王蝉的。

洞府真仙

传说鬼谷子本是道教的洞府真仙，位居第四座左位第十三人。被尊为玄微真人，又号玄微子。

洞府就是洞天，是神仙住的名山圣境，又称洞天福地。传说有"十大洞天""三十六小洞天"和"七十二福地"。《道藏》中有一部专写洞天福地的书叫作《洞天福地岳读名山记》。浙江杭州余杭区境内的"洞霄宫"就是三十六小洞天和七十二福地之一，被称为"大涤洞天"。元代的邓牧专有《洞霄图志》六卷，记叙该宫胜景。

真仙又称真人，只有得道成仙后方可称为真人。庄子称老君为"博大真人"；唐玄宗称庄子为"南华真人"，称文子为"通玄真人"，称列子为"冲虚真人"，称庚桑子为"洞虚真人"；宋代道士张伯瑞被称为"紫阳真人";元太祖封丘处机为"长春真人"。

玄微真人鬼谷子住在鬼谷洞天,是为了在凡间度几位仙人去洞天。无奈苏、张、孙、庞诸弟子皆尘缘未尽,凡心未了。鬼谷子只好在暗中关注弟子,不时助正抑邪。

相传鬼谷子有隐形藏体之术,混天移地之法;会脱胎换骨,超脱生死;撒豆为兵,斩草为马;揣情摩意,纵横捭阖。

"鬼谷井"由来

鬼谷子晚年归隐云梦山,一则聚徒讲学,二则孝敬老母。一日,王霞瑞把鬼谷子叫到跟前,语重心长地说:"娘为你饱受人间疾苦,如今为娘两鬓斑白,风烛残年,娘无他求,我死后,只求你把我葬在九龙聚会的地方。儿若想娘,就在我墓旁挖一口井,从井水中可以看到为娘的身影。"话刚说完,就谢世归天了。

鬼谷子悲恸不已,眼含热泪在九龙聚会之处安葬了母亲。为早日再见慈母的尊容,便率弟子在母亲墓旁挖井不止。整整挖了九九八十一日,方才把井凿成。果然井水中映出了他母亲的容颜。朝看母亲十八九,暮观老母鬓如霜。从此鬼谷子朝朝暮暮都跑到井边瞻仰母亲的遗容。斗转星移,天长日久,鬼谷子又发现了此井的一个奥秘,根据井中的水位升降,可以洞察天气阴晴变化。井水上升,天阴有雨,井水下降,则无雨天晴,因此这口井又被称为"井中洞天"。

此井是鬼谷子为怀念其母而凿,故曰"鬼谷井"。

(三)无师自通

1. 夜识无字天书

相传,鬼谷子的师父升仙而去时,曾留下一卷竹简,简上书"天书"二字。打开看时,从头至尾竟无一字,鬼谷子一时心中纳闷。与师父相依为命九年时光，感情日笃，今天师父突然离去，一时觉得无着无落，心中空空荡荡的，无心茶饭，钻进自己的洞室倒头便睡。可又如何睡得着，辗转反侧，老是想着那卷无字天书竹简，直折腾到天黑，那竹简仍在眼前铺开卷起，卷起铺开，百思不得其解。索性爬将起来，点着松明火把，借着灯光一看，吓得他跳了起来，竹简上竟闪出道道金光，一行行蝌蚪文闪闪发光，鬼谷子叹道："莫非这就是世传'金书'"。

鬼谷子师父是谁，有人认为是老子，但老子是春秋时人，孔子曾问礼于他。而鬼谷子的弟子苏秦、张仪、孙膑、庞涓等都是战国人。所以，鬼谷子也许就是无师自通的智者。

2. 纵横家书

鬼谷子一时兴致倍增，一口气读将下去，从头至尾背之成诵。原来上面录着一部纵横家书，共十三篇。

读完这十三篇，鬼谷子不禁拍案叫绝，平素与真人辩论从未有主动之时，原来真人有如此金书，不知者怎可与之争强。不禁想起与师父一起生活研习的时光，一股股暖流，一阵阵的心酸，不时又加几分孤寂。于是，熄了明火，钻进被窝睡去。夜间少不得梦见金书在手、游说天下。

3. 兵　法

第二天醒来觉得十分困顿，但还是放心不下金书，又打开金书想细细推敲，不料书中又一字皆无。鬼谷子从头翻至书尾还是一字不见，更觉此书乃师父至宝，要十分珍重，走进内洞将其摊在卧榻之上。然后走出洞门照师父所嘱练功，作法，一日三餐虽不香甜，倒也好打发日子。不觉日落偏西，黑夜又至，鬼谷子走入内洞上榻休息，只见金书闪着金光，字迹依稀可见，鬼谷子越觉奇了，原来月光从天窗射进来照在金书上，至此鬼谷子发现这金书原属阴性，见日则不显，在月光，灯光下才显其缕缕金文，真乃旷世奇书。

鬼谷子走出内洞，到石桌边，掌上烛明火把，又读将起来。

发现书中内容与昨日有所不同，昨天读的本是纵横之言，如今怎么成了兵法？于是把竹简细细翻一遍，还是兵法，并无纵横之术。这书更加奇了。于是一口气读将下去，仍然是十三篇。

《鬼谷子》的这十三篇兵法与后世所传《孙子兵法》十三篇，一文一武互为表里，相辅相成，鬼谷子所传为文兵法，而孙武所传为武兵法。鬼谷子主张以圆略致强兵，孙子则主张以方略而致全胜。两部兵法都主张不战而屈人之兵。

4. 发现奥秘

鬼谷子发现了金书的奥秘：每夜读一遍，则每夜可得一书。

第三夜得的是致富奇书，里面讲些养殖方法、贸易原则，讲"将欲取之必先予之"，讲"世无可抵则深隐以待时"。此法由鬼谷子传给计然、范蠡（即陶朱公）及吕不韦、白圭等人。

第四夜读到的是《养性修真大法》，里面主要讲述《本经阴符七术》，讲盛神靠五气，神为之长，心为之术。五气要靠志、思、神、德等精神因素。这四者不衰，静和养气才能成为真人。鬼谷子以此秘诀传茅濛、徐福，以后又传陶宏景诸人。

第五夜读到推命相面术，里面讲天武经、命数、面相及人生祸福，此法亦由鬼谷子传给茅濛，以后又传给司马季主、李虚中等人。

第六夜、第七夜……，鬼谷子每夜必读一遍，每次一部新书，天上人间、治国安邦、仕途经济、天文地理、星命术数、丹药养生，无所不有，取之不尽、用之不竭。鬼谷子视为珍宝，爱不释手。

（四）授徒事迹

鬼谷子春秋时期卫国人（今河南鹤壁市淇县），相传鬼谷先生，早期授课的地方位于今河南汝阳县城关镇云梦村（又名鬼谷故里）。村中有一石洞贯穿整座山，前后连接，传说为鬼谷先生的住所，洞中原有石凳、石筷，不过由于缺乏管理已经被当地的人给毁得差不多了。原国防部副部长伍修权题字"天下第一军校"，旨在对鬼谷老先生教育出杰出的军事家孙膑、庞涓、苏秦、张仪、毛遂等致以崇高的敬意。

鬼谷子为纵横家之鼻祖（其实也是兵家的著名代表人物之一），苏秦与张仪为其最杰出的两个弟子（见西汉刘向《战国策》）。另有孙膑与庞涓亦为其弟子之说（见明吴门啸客《孙庞演义》）。他通天彻地，兼顾数家学问，人不能及。一是神学：日星象纬，占卜八卦，预算世故，十分精确；二是兵学，六韬三略，变化无穷，布阵行军，鬼神莫测；三是游学，广记多闻，明理审势，出口成章，万人难当；四是出世学，修身养性，祛病延寿，学究精深。下面是他授徒的几则故事。

1. 斩草为马，撒豆为兵

过了一段时间，鬼谷子见孙膑、庞涓的基本功已扎实。他将二人叫到身边："你二人已经有了一些基础，今天，我教你们排兵布阵。"孙膑和庞涓相对视了一下，面露难色。鬼谷子看出了他们的心思，就说："你们是不是想说：没有兵将，如何排兵布阵。"

"正是。"

"你们看，"鬼谷子指着桌上说，"这不是兵将吗？"

孙膑和庞涓往桌上看去，见只有一碗绿豆，心里觉得好笑，可又不敢笑。鬼谷子知道二人的小心思，于是带着二人来到演兵岭上，手抓一把豆，口中念念有词，说了声"疾"！随手将豆撒了出去，说来也怪，这些绿豆一落地，都变成了活的兵将，并且分成了赤、皂两队人马。演兵岭上顿时人声鼎沸，战马嘶鸣，三人站在高台上。孙膑和庞涓都看呆了，连先生叫他们都没有听见。鬼谷子命孙膑为赤军帅，庞涓为皂军帅，各领己军与对方交战，鬼谷子在一旁指导。有时鬼谷子为赤方帅，孙、庞为皂方帅。经过多次演练，孙膑和庞涓的本领大长。

稍事休息，鬼谷子又教起布阵来。鬼谷子说："布阵之要诀在于进可攻，退可守，攻守兼备。攻则摧枯拉朽，守则固若金汤。先看此阵。"说着，鬼谷子随手一挥，兵将排列出一阵，蜿蜒起伏，犹如长蛇一般。鬼谷子说："此阵以其象形而名，叫长蛇阵。如常山之蛇，击首则尾至，击尾则首至，击中则首尾俱至。其他阵法，大致如此。你二人可细心研读兵法，将书中所言，与实际运用结合，融会贯通，方能得其真谛。"

"弟子记下了。"

"好，你们练吧。"

孙膑、庞涓在鬼谷子的指点下，在演兵岭摆开了各种阵法。有风后握奇阵、黄帝八卦阵、周易师卦阵、鬼谷子的颠倒八门阵。斩草为马，撒豆为兵，云梦山演兵岭成了孙、庞斗智斗勇的战场。

2. 墨泼天书崖

相传，云梦山中的天书崖，原来是一方字迹清晰、洋洋数万言的天书。白天藏在崖壁右上方的藏书阁内，晚上层铺在石崖上，专供有心人阅读。

花果山中的白猿猴，听说云梦山上有此宝书，想来领略一下天书的真谛。一天深夜，它来到天书崖，站在崖下一块巨石之上，抬头上望，洋洋一片，一时使它眼花缭乱，抓耳挠腮，无从下手。心想：天书这么大，在这里阅读，劳神费力何时读完，不如把天书带回洞府，细心阅读，好不自在。它左右环顾，没有发现人迹，于是一个筋斗跃进藏书阁，慌慌张张找了一遍，却不见天书的踪迹。挠挠腮帮，定睛四顾，发现天书崖下一池碧水，清莹如镜，一轮明月映在池中，像一个洁白的玉盘，贪玩的白猿，顿生奇心，想捞出水中的月亮玩一玩。把盗书的事却忘得一干二净，于是伸直双臂，纵身一跳，欲去池中捞月。

鬼谷子在水帘洞中闭目打坐，突感心血涌动，掐指一算，忙把孙膑、庞涓叫到跟前说："花果山上的白猿前来盗取天书。此白猿并非等闲之辈，天书若被它盗走，天下就不会安宁。为了匡世济民，天书不仅不能让其盗走，而且看也不许它看。趁它欲去池中捞月嬉戏，你们多备神墨，泼上天书崖，将真迹匿盖，好好看守。我再施个定身法，将它定在壁上。"

孙庞两师兄弟，遵照师傅的安排，速赶到天书崖，见白猿正向池中跳跃，他们二话没说，手持神墨，一股脑儿泼向天书崖。从此，天书崖上只留下斑斑墨迹，一个字也看不到了。于是就成了无字天书。

时至今日，天书崖上仍然保留着当年的墨迹，而白猿猴却被永远钉在天书崖上，始终没有跳入水中。后人评说：

白猿盗天书似水中捞月，
孙庞泼神墨如釜底抽薪。

二、学术思想

（一）谋略的理论

《鬼谷子》

《鬼谷子》一书是其后学者根据其言论整理而成，被完整地保留在道家的经典《道藏》中。内容十分丰富，涉及政治、军事、外交等领域，主要讲述有关谋略的理论。

《鬼谷子》，又名《捭阖策》，据传是由鬼谷先生后学者根据先生言论整理而成，该书是一部纵横家书，侧重讲一些权谋策略及言谈辩论技巧。有捭阖、反应、内揵、抵巇、飞箝等诸篇，共十四篇，其中第十三《转丸》、第十四篇《却乱》已佚。

第一篇《捭阖》大意是说：与人辩论，要先抑制一下对方的势头，诱使对手反驳，以试探对方实力。有时也可以信口开河，以让对方放松警惕，倾吐衷肠；有时专听对方陈说，以考察其诚意。要反驳别人就要抓牢证据，要不让人抓到证据，就要滴水不漏。对付对手有时要开放，有时要封锁，能把放开与封锁灵活运用就可以滔滔不绝，变化多端。只有这样才可以说人，可以说家，可以说国，可以说天下。

第二篇《反应》大意是说：与人辩论，要运用反复的手法。反过去可以知其过去，复回来可知其现今。如果反反复复地试探，没有摸不到的底细。有时可以运用反辞来试探对手，要想听到声音就先沉默，要想张开，就先关闭；要想升高，就先下降；要想夺取，就先给予。

第三篇《内揵》大意是说：要掌握进退的诀窍，这个诀窍就是抓住君主的爱好，只要抓住了就可以随心所欲，独往独来。如能顺着君主的情绪去引导或提出建议，就能随机应变，说服君主。

第四篇《抵巇》大意说：凡事都不是铁板一块，都是有裂痕的。在辩论中要能利用别人的裂痕，同时，还要防止自己一方的裂痕。秋毫一样的裂痕，可以发展为泰山那样大。所以当裂痕小时要补住，大点时要切断裂缝，当大到不可收拾时就干脆将其打破，裂痕也就消灭了。

第五篇《飞箝》大意说：与人雄辩要设法钩出对方的意图，用飞扬之法套出对方的真话，再用钳子钳住，使其不得缩回，只好被牵着走。这样就可纵可横，可南可北，可东可西，可反可复。

第六篇《忤合》大意说：要想说服他人，必先衡量一下自己的才能长短，比较优劣，自身才智不如他人，就不可能战胜他人。

第七篇《揣篇》大意说：要游说天下人君，必须会揣测诸侯真情，当人极度兴奋时，就无法隐瞒真情，当人极度恐惧时也无法隐瞒真情。在这时才能有效地游说和说服人。

第八篇《摩篇》大意说：善于摩意的人就像钓鱼一样不动声色，让鱼自动上钩，"摩"的目的就是刺激对方，让他不由自主地上你的钩。把事情办成功，使人不知不觉。

第九篇《权篇》大意说：要游说人主，就要量天下之权，要比较各诸侯国的地形、谋略、财货、宾客、天时、安危，然后才能去游说。

第十篇《谋篇》大意说：要做大事，就要有一个向导，就像指南针一样，游说的向导是谋略，要先策划好，再按照策划的目的去游说。

第十一篇《决篇》大意说：耳朵要善于听，眼睛要善于看，用天下之耳听，则无不闻；以天下之目看，则无不明；以天下之心虑，则无不知，只有对事情了如指掌，才能言无不验，言无不听。

第十二篇《符言》大意说：游说要先解疑，解疑的好办法是让对方道出实情。

第十三篇《转丸》大意是：游说要靠巧辞，要对什么人说什么话，说什么话就要采用什么办法和说辞。不要简单直言，要研究讲话的对象，讲究讲话的技巧。

《本经·阴符》七术

《本经》，本，本源、根本；经，经典，这里指基本经典。《阴符》阴，暗；符，符契。这里指客观事实与主观谋划暗合。"七术"指盛神、养志、实意、分威、散势、转圆、损兑。

持枢·全篇

持枢，持，掌管、执掌；枢，本指户枢。洞察事物生成发展的根本原则，以便采取能适应的行动。

中经·全篇

中经，中，内心；经，经营、治理。中经，指以内心去经营外物。

南朝梁刘勰《文心雕龙·诸子》曰："逮及七国为政，俊乂蠭起，孟轲膺儒以磬折，庄周述道以翱翔，墨翟执俭确之教，尹文课名实之符，野老治国于地利，驺子养政于天文，申商刀锯以制理，鬼谷唇吻以策勋……"

又曰："研夫孟荀所述，理懿而辞雅；管晏属篇，事核而言练；列御寇之书，气伟而采奇；邹子之说，心奢而辞壮；墨翟随巢，意显而语质；尸佼尉缭，术通而文钝；鹖冠绵绵，亟发深言；鬼谷眇眇，每环奥义。……"

其大意是说，到了战国七雄，凭借武力征伐，那时杰出人才纷纷出现。孟子信奉儒家学说，对它极为尊崇，庄子阐述道家学说，想象逍遥世外，墨子执行勤俭刻苦的教训，尹文考核名称和实际是否符合，农家主张在耕种中治理国家，驺子结合自然界的变化来谈论政治，申子商子主张用严刑峻法来治理国家，鬼谷子主张用口舌辩论来建立功勋。……

又说，研究孟子、荀子的论述，理论精美，文辞雅正；管子晏子的文篇，事实可靠，语言简练；列子一书，气势壮盛而文采奇丽；邹子的说法，内容夸大而文辞有力；墨子、随巢子，意思显豁，语言质朴；尸子、尉缭子，道理讲得很通畅，文辞却比较钝拙；鹖冠子含义深远，常常说出深刻的话；鬼谷子意义玄妙，往往回绕着深奥的意义来阐述。……

鬼谷子的主要著作有《鬼谷子》及《本经阴符七术》。《鬼谷子》侧重于权谋策略及言谈辩论技巧，而《本经阴符七术》则集中于养神蓄锐之道，用以修心修身。《本经阴符七术》之前三篇说明如何充实意志，涵养精神。后四篇讨论如何将内在的精神运用于外，如何以内在的心神去处理外在的事物。鬼谷子为纵横家之鼻祖，苏秦与张仪为其最杰出的两个弟子（见《战国策》），另有孙膑与庞涓亦为其弟子之说（见《孙庞演义》）。

纵横家所崇尚的是权谋策略及言谈辩论之技巧，其指导思想与儒家所推崇之仁义道德大相径庭。因此，历来学者对《鬼谷子》一书推崇者甚少，而讥诋者极多。其实外交战术之得益与否，关系国家之安危兴衰；而生意谈判与竞争之策略是否得当，则关系到经济上之成败得失。即使在日常生活中，言谈技巧也关系到一人之处世为人之得体与否。当年苏秦凭其三寸不烂之舌，合纵六国，配六国相印，统领六国共同抗秦，显赫一时。张仪凭其谋略与游说技巧，将六国合纵土崩瓦解，为秦国立下不朽功劳。所谓"智用于众人之所不能知，而能用于众人之所不能，"潜谋于无形，常胜于不争不费，此为《鬼谷子》之精髓所在。《孙子兵法》侧重于总体战略，而《鬼谷子》则专于具体技巧，两者可说是相辅相成。

鬼谷子核心思想：潜谋于无形，常胜于不争不费。

《鬼谷子》作为纵横家游说经验的总结，其价值是不言自明的，《隋书》中说："纵横者，所以明辩说、善辞令，以通上下之志也""佞人为之，则便辞利口，倾危变诈，至于贼害忠信，覆邦乱家。"历代虽然存在着对纵横之学的偏见和歧视，但我们不能因为某种事物能用于坏的方面就否定其自身价值。

明代杜光庭《求异记》记载，鬼谷子生于轩辕时期，历经夏商周三代。按它的意思，鬼谷子在公元前两千多年前就生活在黄帝时代，直至周朝末年，寿命达一千多年之久，这更为鬼谷子增添了一丝神秘。在史书中对鬼谷子本人记载内容不多，但知名人物孙膑、庞涓、苏秦、张仪、毛遂等都是鬼谷子的弟子。依据他的弟子活动的时期作推理，他应该是战国时期人。

（二）贡献与影响

《鬼谷子》一书，一直为中国古代军事家、政治家和外交家所研究，现又成为当代商家的必备之书。它所揭示的智谋权术的各类表现形式，被广泛运用于内政、外交、战争、经贸及公关等领域，其思想深受世人尊敬，享誉海内外。然而，就是这一本赫赫有名的书籍，因为所崇尚的是谋略，权术及言谈，辩论之技巧，其思想与儒家所推崇的仁义道德大相径庭，因此，历来被视为洪水猛兽，更有禁而毁之者，私下却时而习之，乐此不疲。

鬼谷子生于战国时期，比老子、孔子稍晚。鬼谷子生平博学多艺，既通晓自然宇宙地理，又会算术阴阳八卦！是中国乃至世界公认的人类有史以来培养奇才伟人最多的祖师级人物！我们都说孔子门人三千，但真正有名可查的只有七十二贤人。其中为人所熟知者屈指可数，而真正有所大作为抑或大贡献者也不过二三。然而鬼谷子的徒弟，在战国时期，屡屡登上历史的舞台，左右着历史的方向，把握着时代的命脉，成为新世纪的弄潮儿！如：庞涓、孙膑、苏秦、张仪、商鞅、毛遂、甘茂、乐毅、范雎、蔡泽、邹忌、郦食其、司马错、蒯通、黄石、公孙衍、李牧、魏僚、李斯、徐福等一干记与不记名弟子，竟对中国历史的发展起到了推波助澜的作用！孙膑、庞涓、苏秦、张仪、毛遂为鬼谷五大弟子已有史可查，至于后来东渡寻仙的徐福，据传则成了日本的第一位天皇：神武天皇。如今日本民间遍立庙堂朝拜，不少日本人甚至公开声称自己就是徐福后代，并留有家传徐氏族谱可供阅览，但此事未有考古发现及相关文献，因此还有待考证！

三、五大弟子

（一）苏　秦

毛泽东早在 1915 年 7 月写给友人的信中说："苏张纵横，其舌未敝也，离朱巧察，其目不眯也。凡此用而弥盛者，所在多有，搅神之说，不足信矣。"（《毛泽东早期文稿》，湖南人民出版社 1990 年版，第 13 页）

信中的苏张，就是指战国时期的纵横家苏秦和张仪。苏秦任齐相时约楚、燕、赵、韩、魏五国攻秦，史称合纵；张仪任秦相游说各国服从秦国，瓦解齐楚联盟，史称连横。离朱，相传是黄帝时人。《慎子》："离朱之明，察秋毫之末于百步之外。"

毛泽东在 1960 年 12 月 25 日同部分亲属和身边工作人员的谈话说：

"像今天我们在一起吃饭一样，大家团结得很好，这就好。你们整风，检查一下，批评一下，大家还是团结在一块。这就叫作从团结的愿望出发，经过批评或者斗争，使问题得到解决，在新的基础上达到新的团结。批评就是帮助，对人是有好处的。

"从前有张仪和苏秦两个人，都是鬼谷先生的学生。鬼谷是个地方，出了一个先生，所以叫作鬼谷先生。后来苏秦在赵国当了宰相，地方就在邯郸。邯郸这个地方，你们到过没有？张仪在楚国做个小官。楚相丢了一块宝石，怀疑是张仪偷的，把他狠狠打了一顿，满嘴的牙都被打掉了。那个时候，大概还不会安假牙吧！张仪回到家里，叫老婆看看他嘴里的舌子还在不在。他老婆说：舌子还在。他说：那就不要紧了。他跑到邯郸找苏秦，一去就住进'招待所'，大概是现在北京饭店之类的住所，好几天没有见到苏秦的面。后来，苏秦请他吃饭。张仪到了苏秦的衙门，看到摆了酒席，排场大得很，苏秦坐在当中高处，请了各国使节，也有契尔沃年科

（当时苏联驻华大使）。席面当然比我们今天吃得丰盛得多。但是却把张仪安排坐在下面角上，盛了点仆人吃的饭食给他吃。这下子张仪的气可就大了，无非是破口大骂苏秦你这个王八蛋等等。回到'北京饭店'，满肚子的气，'北京饭店'的'经理'看他这个样子，就问他：张先生脸色不痛快，有什么生气的事吧？他说：当然有气！就把当年与苏秦是同学，今天苏秦如此这般对待他说了一遍，并且骂苏秦此人简直无情无义，是王八蛋。这位'经理'说：这样看来，你在赵国待不住了。张仪说：当然待不下去了，马上走。'经理'问他：你到哪里去呢？他说：这倒还没有想好，不管他，走了再说。'经理'说：看来只有到秦国去。张仪一想也对，就此动身。'经理'陪他走到秦国，一路花费大概相当于现在的三四十万人民币吧！到了秦国，他们为了见秦王，就走走门路，行些贿赂和送些衣服，一花又花了四五十万人民币。以后，张仪当上了秦国的宰相，'北京饭店'的'经理'就向他告辞回国，并问他今后怎么打算。张仪一提起苏秦还是咬牙切齿，并说过了两年一定要出兵攻打赵国。'经理'见他这样说，就告诉他，赵国宰相苏秦是个好人，当时苏秦所以要气他，是故意的，怕他在赵国安居下来，不想上进，做不了大事。苏秦知道张仪是个人才，能做大事，如果在赵国依靠苏秦，他也只是当个'科长'什么的就算到顶了。策划张仪到秦国来，和给他一切花销，都是苏秦主使的。张仪一听，这才恍然大悟。'经理'又说：苏秦只希望你当了秦国宰相，十五年内不要出兵攻打赵国。张仪听后表示：只要苏秦活着，我就决不出兵攻打赵国。

"这是一个故事。你们看，苏秦对张仪是好意还是恶意？我们之间，进行批评帮助都是好意。就是明明知道某些批评是恶意也要听下去，不要紧嘛！人就是要压，像榨油一样，你不压，是出不了油的。人没有压力是不会进步的。"（毛泽东1960年12月25日同部分亲属和身边工作人员的谈话《人没有压力是不会进步的》，《党的文献》，1993年第4期）

这两段文字说明毛泽东对苏秦、张仪这两个历史人物终生不忘，十分注意。

『鬼谷先生』办『中国第一军校』

1. 发奋读书

苏秦（前？—约前284），字季子，东周洛阳乘轩里（今河南洛阳东）人，战国时期著名谋士、纵横家。

所谓纵横家，是指战国时期一批从事政治活动的谋士。他们以审察时势、陈明利害的方法，以"合纵""连横"的主张，游说列国君主，对当时形势有一定影响，其代表人物是苏秦、张仪。苏秦主张合纵，合山东六国之力以抗秦。张仪主张连横，说六国以事秦。当时谋士一般分为合纵、连横两派，《汉书·艺文志》列为"九流"之一。后因称凭辩才进行政治活动者为"纵横家"。明冯梦龙在《智囊》中用"故子贡一出，存鲁、乱齐、破吴、强晋而霸越，十年之中，五国各有变"一句来概括子贡的一系列活动之后，随即发表评论说：子贡的所作所为，"直是纵横之祖，全不似圣贤门风。"毛泽东读到这里，批注道："什么圣贤门风，儒术伪耳。孟轲、韩非、叔孙通辈，都是纵横家。"（《读冯梦龙〈智囊〉》卷十九《语智部·辩才·子贡》批语，《毛泽东读文史古籍批语集》，中央文献出版社1993年版，第65页）孟轲被后世儒家尊为"亚圣"，但也曾游说于齐、梁之间；韩非是"儒家的左派"荀子的学生，曾先游说韩王，后来又跑到秦国为秦王政（即后来的秦始皇）出谋划策；叔孙通是秦末汉初大儒，先在秦朝任博士，接着成为项羽的部属，最后归附刘邦，汉朝建立时又与儒生共立朝仪。在毛泽东看来，这些人的所作所为也都不符合儒家的宗旨，他们与孔门弟子子贡一样都是凭辩才进行政治活动的谋士，其实都是属于纵横家。

苏秦曾经往东到齐国去求师，相传苏秦和张仪曾一起向鬼谷（鬼谷，地名，在今河南淇县）先生学习。鬼谷先生又称鬼谷子，战国时纵横家之祖。楚人，姓名籍贯不详。因其所居号称鬼谷子或鬼谷先生。著《鬼谷子》一卷。

苏秦到外地游历了几年，遇到了严重的困难，只得回家。兄、嫂、弟、妹、妻子、侍妾都暗地嘲笑他，苏秦感到惭愧，暗自伤心，于是关上门整天不出来，拿出自己的藏书全部阅读了一遍，说道："一个读书人本来已虚心接受书本知识，却不能用它去谋取荣华富贵，尽管这样的知识很多，学了它又有什么用呢！"于是他更加发奋图强，刻苦读书，"读书欲睡，引锥自刺其股"。旧时童蒙读物《三字经》中说："头悬梁，锥刺股，彼不教，自勤苦。"其中的"锥刺骨"，就是指的苏秦。苏秦到秦国求仕，遭商鞅猜忌，回家为骨肉所贱，乃将太公《六韬》《阴符》兵法之书，昼夜攻读。至更深夜静，昏迷闭眼，引锥自刺其大腿，清醒后再读，留下了"锥刺股"的美名。他找到了《周书·阴符》，埋头攻读它。读了一年，他从中找出了许多揣摩国君心意的诀窍，说道："凭着这点本事，可以游说当代的国君了。"他游说周显王，显王的近臣们向来熟悉苏秦，都瞧不起他，周显王也因此不信任他。

2. 合纵抗秦，佩六国相印

战国中期以后，秦国的势力日益强大，秦与东方各国的关系越来越紧张。面对这种形势，于是便产生了连横和合纵的政治活动。所谓横，是指以赵、魏、韩为主，东联齐或西联秦；所谓纵，是指以魏、赵、韩为主，北连燕，南联楚。有人主张东方各国进行南北向的联合共同抗秦，这叫合纵；也有人主张东方各国分别与秦进行东西向的联合，实际上是向秦国屈服，这叫连横。在战国时期从事合纵、连横的政治活动家，被称为纵横家。苏秦、张仪就是纵横家的代表人物，公孙弘在纵横家中也享有盛誉。毛泽东认为有些儒家也是纵横家，他举出的例子是孔子的得意门生子贡以及大儒孟轲、韩非和叔孙通。

于是苏秦往西到了秦国，正值秦孝公去世。他便游说秦惠王道："秦国是一个四方都有要塞的国家，有华山倚靠，有渭河流贯。东面有函谷关（在今河南灵宝东北）和黄河，西面有汉中，南面有巴郡和蜀郡，北面有代郡（今河北蔚县东北）和马邑（今山西朔州区），这真算得是天然的府库。仗着秦国人民的众多和军事上的严格训练，足够吞并天下，建立帝王事业，以求长治久安。"秦惠王说："好比鸟的羽毛还没有长好，不可能高飞。我国的政治还没有走上正轨，谈不上兼并天下。"当时，秦国刚诛杀了商鞅，憎恨游说的人，因而不肯任用苏秦。

于是苏秦又去东方，到了赵国。这时，赵肃侯任用他的弟弟公子成为相，称为奉阳君。奉阳君不喜欢苏秦。

苏秦又周游到了燕国。过了一年多的时间，才见到了燕文侯。他游说燕文侯道："燕国东有朝鲜和辽东，北有林胡和楼烦，西有云中和九原，南有滹沱河和易水，国土纵横两千多里，武装士兵几十万，战车六百辆，战马六千匹，粮食可以供给好几年。南有碣石、雁门的肥沃土地，北有枣子和栗子的收益，人民即使不耕种田地，光靠枣子和栗子的收入就够了。这是人们所说的天然府库呢！安居乐业，没有战争，看不到覆灭军队和斩杀将领的情景，这种和平境况没有比燕国更好的了。大王明白为什么会是这样的吗？"

燕文侯说："您的话虽然说得有理，但我的国家弱小，西边逼近强大的赵国，南边靠近齐国，齐国和赵国都是强国。现在您坚决要求合纵而让燕国获得安全，我愿意率领全国民众听从您的安排。"

当时燕文侯供给苏秦车马和金银布帛，让他到赵国去。奉阳君已经死去，苏秦就趁机劝说赵肃侯道："天下的公卿大臣和一般官吏，一直到普通士人，都想为您效力，听从您的教诲，为时已经很久了。尽管如此，但奉阳君嫉妒贤能，而您又不大理事，因此宾客和游说之士，没有敢于亲自在您面前尽心效力的。现在奉阳君去世了，您才又能够跟士人百姓亲近起来，所以我才敢于向您陈述我的某些愚昧的意见。

"我私下替您考虑，没有比安定人民，求得平安无事，并且用不着去劳累人民更重要了。安定人民的根本大计，就在于择邦交。邦交选择恰当，人民就能安定；邦交选择不当，那么人民就终身不能安定。

"大王如果与秦国相交，那么秦国一定会去削弱韩国和魏国；如果与齐国相交，那么齐国也一定会去削弱楚国和魏国。魏国被削弱，免不了割让河外；韩国被削弱，免不了献出宜阳（今河南宜阳）。献出宜阳，那么上郡就会濒于绝境；割让河外，那么通上郡（今陕西绥德）的道路就会被阻塞。楚国被削弱，那么赵国就失去了支援。这三方面的对策，不能不深思熟虑。

"秦兵攻取轵道，那么南阳就危险；夺取南阳，包围周都，那么，赵国就要拿起武器自卫；据有卫国，取得卷城，那么齐国一定向秦国称臣。秦国的贪欲既已从山东各国得到一定的满足，那么一定会发兵进攻赵国。秦军渡过黄河，越过漳河，占据番吾（今河北磁县），那么秦、赵两国的军队就一定要在邯郸（今河北邯郸西南）城下交战了。这是我所替您忧虑的。

"我私自根据天下的地图来推算现在的情势，各国的土地五倍于秦国，估计各国的士兵十倍于秦国。假如六个国家结成一个整体，合力向西攻打秦国，秦国一定会被打败的。可现在您却向西任事秦国，对秦国称臣。打败别人和被别人打败，让别人向自己称臣和自己向别人称臣，这两者难道可以同日而语吗！

"那些主张连横的人，都想割让各国的土地给秦国。秦国成就了霸业，就会把楼台亭阁建筑得更高大，把宫殿房屋修饰得更华美；整天听取竽瑟的美妙音乐，前有楼台、宫阙、大车，后有苗条艳丽的美女。各国遭受秦国的祸害，他们却不分担各国的忧患。所以说，那些主张连横的人，时刻凭借秦国的权势恐吓各国，以求割让土地。所以，我希望大王仔细地考虑这个问题。

"我听说贤明的君主必能决断疑难，摒弃谗言，屏绝流言的来路，杜绝结党营私的门道，所以能够推尊主上、开拓国土、增强兵力的谋臣才得以把一片忠心向君主倾诉。因此我私下替大王谋划，不如用合纵联盟统一韩、魏、齐、楚、燕、赵六国，去对抗秦国。号召天下的将领和卿相在洹水边上聚会，互相交换人质，宰杀白马，举行盟誓，共同订立盟约说：'如果秦国攻打楚国，那么齐国、魏国就各派出精锐部队援助楚国；韩国就断绝秦国运输粮草的道路，赵军便渡过漳河，燕军便守卫常山北面的地带。秦国如果攻打韩国、魏国，那么楚军就截断秦军的后路，齐国就派出精锐部队援助韩国、魏国，赵军渡过漳河，燕军守卫云中。秦国如果进攻齐国，那么楚军就截断秦军的后路，韩军守卫成皋（今河南荥阳西汜水镇），魏军阻塞秦军进攻齐国的通道，赵军渡过漳河，通过博关（在今山东茌平西北），燕国派出精锐部队援助齐国。秦国如果攻打燕国，那么赵军就守卫常山，楚国驻军武关（在今陕西商南丹江上），齐军渡过渤海，韩国、魏国都派出精锐部队援助燕国。秦国如果攻打赵国，那么韩国就驻军宜阳，楚国驻军武关，魏国驻军河外，齐军渡过清河，燕国便派出精锐部队援助赵国。各国有不按照盟约办事的，便用五国的军队共同讨伐它。'六国合

「鬼谷先生」办「中国第一军校」

纵联盟，共同对抗秦国，那么秦军一定不敢走出函谷关（在今河南灵宝东北）来危害山东各国了。这样，您的霸主的事业就成功了。"

赵肃侯说："我年纪轻，管理国家大事的时间很短，还没有听到过使国家得以长治久安的谋略。现在像您这样一位尊贵的客人有一份好心意保全天下，安定各国，我愿意诚恳地率领全国民众，听从您的安排。"于是资助车子一百辆，加上黄金一千镒，白璧一百双，锦绣一千匹，让苏秦用这些去游说各国。

这时，周天子赠送祭祀文王、武王的祭肉给秦惠王。秦惠王派犀首公孙衍进攻魏国、活捉魏国将领龙贾，攻占了魏国的雕阴（今陕西甘泉南），并且打算向东方用兵。苏秦担心秦军会打到赵国来，便用计激怒张仪，使他投奔秦国。

苏秦游说韩宣王道："韩国北面有巩邑、成皋这样坚固的城池，西面有宜阳、商阪（在今陕西商洛商州区东南）这样的要塞，东面有宛邑（今河南南阳）、穰邑（今河南邓州市）和洧水（今河南境内的双洎河），南面有陉山（在今河南新郑西南），土地纵横九百多里，武装力量有好几十万人，普天下的强弓劲弩都从韩国出产。溪子、少府、时力、距来等弩箭都能射到六百步以外。韩国士兵跳起脚来蹬放弩箭，能连续发射百来次，中途不需要停歇，远的可以让箭镞射穿胸部，近的可以让箭头射穿心房。韩国士兵的剑和戟都从冥山、棠溪、墨阳、合赙、邓师、宛冯、龙渊、太阿等地出产，都能在陆地斩杀牛马，在水上截击天鹅和大雁，与敌人交战时能斩断坚固的铠甲铁衣。从皮革制造的臂衣到系在盾牌上的绶带，没有一样不齐备。凭着韩国士兵的勇敢，披上坚固的铠甲，踏着强劲的弩弓，佩戴锋利的宝剑，一个人抵挡一百个敌兵，是不在话下的。凭着韩国兵力的强大和大王的贤明，却向西侍奉秦国，拱手屈服，使国家蒙受耻辱以致被天下人笑话，没有比这更大的了。所以我希望大王仔细地考虑一下这个问题。"

于是，韩王一下子变了脸色，挥动手臂，睁大眼睛，按住宝剑，抬头望着天空，长长地呼了口气说："我尽管没有出息，但决不能向秦国屈服。今天您用赵王的教导来晓谕我，我愿意让我的国家听从您。"

苏秦又游说魏襄王道:"大王的国土,南面有鸿沟、陈地、汝南、许地、郾地、昆阳、召陵、舞阳、新都、新郪,东面有淮河、颍河、煮枣、无胥,西面有长城为界,北面有河外、卷地、衍地、酸枣,国土纵横千里。地方名义上虽然狭小,但是田地房屋十分密集,连放牧牲畜的地方也没有了。人马众多,车马成群,日夜奔驰,络绎不绝,轰轰隆隆,那声势好像有三军奔行那样众多。我私下估量您国家的力量不会小于楚国。然而那些主张连横的人,想引诱您伙同像虎狼一样凶恶的秦国来侵吞天下,一旦秦国加害于您的国家,他们都不肯为您分担忧患。仗着强大的秦国的势力,从内部劫持别国的君主,罪过没有比这严重的了。魏国是天下的强国;大王是天下的贤明国王。现在您竟有意投向西方,侍奉秦国,自称是秦国东方的属国,为它建筑帝王的行宫,接受它的服饰制度;春秋季节给秦国献礼助祭,我私下替您感到羞耻。"

《周书》说:'开始像一根绵绵的丝线,不及早斩断,等到蔓延开了,该怎么办呢?毫厘大小的时候不及早砍伐,等到生长大了,就得使用斧头了。事前不考虑成熟,事后就会有大祸降临,准备拿它怎么办呢?大王如果能够听从我的意见,使六国合纵相亲,专心并力,统一意志,就一定不会有遭受强秦侵犯的祸患。所以敝国赵王派我来提出不成熟的策略,奉上明确的公约,全依赖大王的指示去号召大家。"

魏王说:"我不贤能,以前没有听到过您高明的指教。现在您用赵王的指示来启导我,我愿意率领我国民众跟从您。"

苏秦接着向东方进发,游说齐宣王道:"齐国南面有泰山,东面有琅琊山,西面有清河,北面有渤海,这称得上是个四面都有天险的国家。齐国的土地纵横两千多里,武装士兵几十万人,粮食堆积得像山丘一样。三军的精锐,相当于五国的士兵,进攻时像刀锋、箭头一样不可抵挡,战斗时像雷霆一样力量万钧,撤退时像风雨一样很快消散。即使有军事行动,也没有离开泰山,越过清河,渡过渤海。临淄(今山东淄博东北)有七万户人家,我私下估计,每户不少于三个男子,三七二十一万,不需等待从远处的县邑征集兵员,仅仅临淄的士兵本来就有二十一万了。临淄十分富饶和殷实,这里的人民没有不吹竽鼓瑟、弹琴击筑、斗鸡走狗和下棋踢球的。临淄的街道上，车辆轮轴相撞击，人多拥挤得肩擦着肩，把衣襟连接起来，就成了一辆帷帐，举起衣袖能连成一大块幕布，众人用手抹汗，洒下去像下雨一般。家家殷实，人人富足，大家志向高远，意气昂扬。凭着大王的贤明和齐国的富强，天下没有谁能够对抗。现在您却投向西方，侍奉秦国，我私下真替您感到羞愧。

"况且韩国、魏国之所以十分畏惧秦国，是因为它们和秦国边境相接，国界相连。两国军队一出动，就要正面交锋，不要超过十天，胜败存亡的趋势就决定了。如果韩国、魏国战胜了秦国，那么自己的兵力也要损失一半，四边的国境就无力守卫；如果打仗不能取胜，那么国家的危亡就会随后到来。这就是韩国、魏国把跟秦国作战看得很重要，把向秦国称臣看得很随便的原因。如果秦国进攻齐国，那就不是这样了。秦军背靠着韩国和魏国的土地，要穿过卫国阳晋（今山东鄄城西南）的通道，经过亢父（今山东济宁西南）的险要，战车不能并排走，骑兵不能齐头进，只用一百人守住险要之处，一千人也不敢通过。秦军虽然想要深入，就像狼一样，时时要回顾后路，不敢径直前进，恐怕韩国、魏国从背后暗算它。所以它恐惧疑虑，只能虚张声势地吓唬别人。它虽然骄横自大，却不敢冒失前进，那么秦国不能危害齐国的道理也就很明白了。

"如果不深刻地估计到秦国本来拿齐国没有办法这种现实情况，却要投向西方，任事秦国，这是您的臣子们在谋略上的失误。现在大王如果能够听从我的劝告，就能既不蒙受向秦国称臣的丑名，而又有使国家日益强大的实效，我因此希望大王稍许留心考虑一下这个问题。"

齐王说："我不聪明，居住在偏僻遥远的地方，守着大海。这里是一个道路阻绝、地处东隅的国家，因此我从没有听到过前人多余的教诲。今天您用赵王的指示晓谕我，我愿意诚恳地率领全国人民跟从您。"

苏秦于是前往西南去游说楚威王道："楚国是天下的强国，大王是天下贤明的国王。楚国西面有黔中、巫郡，东面有夏州、海阳，南面有洞庭、苍梧，北面有陉塞、郇阳。国土纵横五千多里，武装部队上百万人，战车千辆，战马万匹，粮食可以支持十年。这是建立霸主事业的资本。凭着楚国的强大和大王的贤明，天下没有谁能抵挡。现在您竟要投向西方任事秦国，那么其他国王没有不倒向西方，跑到章台宫（今陕西西安东北）之下去朝拜秦王的了。

"秦国是一个像虎狼一样强暴的国家，怀有吞并天下的野心。秦国是天下共同的仇敌。那些主张连横的人，都想分割各国的土地奉献给秦国，这叫作供养仇人和孝敬敌人。大凡做人家的臣子，割让他的国君的土地去对外交结强暴得像虎狼一样的秦国，从而侵略别国；当自己的国家突然遭到秦国侵犯时，却不顾及这方的祸害。在外仗着强大秦国的权势，从内部劫持自己的国君，要求割让土地给秦国，背叛自己的国家和不忠于国君，罪过没有比这更严重的了。所以，如果合纵相亲，那么各国就会割让土地来任事楚国；连横成功，那么楚国就要割让土地去任事秦国。这两种策略的高下，相差很远啦。这二者，大王站到哪一方面呢？所以敝国赵王派我来进献不成熟的计谋，奉上明确的公约，全赖大王晓谕众人。"

楚王说："我国西面和秦国接界，秦国抱有夺取巴、蜀和吞并汉中的野心。秦国是像虎狼一样的国家，是不可亲近的。韩国、魏国经常遭受秦国侵略的威胁，不能跟它们谋划大事。如果跟它们谋划大事，恐怕它们背叛我们去讨好秦国。这样，计划尚未实行，国家早已面临危险了。我自己估计，拿楚国去抵挡秦国，不一定能取得胜利；在朝廷内与群臣商议，他们也不可信赖。我躺在床上睡不安稳；吃东西也感觉不到甜美的滋味，心神摇摇晃晃地像悬挂着的旌旗那样，无所依靠。现在您要统一天下，团结各国，保全处于危亡境地的国家，我愿意以国家跟随您。"

到此，六国南北合纵成功，并力同心。苏秦做了合纵联盟的盟长，同时担任了六国的相国。

苏秦北上向赵王复命，中途经过洛阳，带着大量的车辆马匹和行装，各国都派了很多使者护送，那气派简直让人怀疑是帝王出行呢。周显王听到这情况感到惊恐，便清扫道路，派人到郊外慰劳他。苏秦的兄弟、妻子和嫂子，斜着眼不敢抬头看他，都俯伏在地上，侍候他用饭。苏秦笑着对他的嫂子说："你怎么先前那么傲慢，而现在却这么恭敬呢？"嫂子弯曲着身子匍匐而进，把脸贴着地面谢罪说："因为现在小叔地位尊贵，钱财多。"苏秦深有感叹道："同样是我这么一个人，富贵了，亲戚就敬畏我；

贫贱时，就简慢我。何况是其他一般的人呢？假如我当初在洛阳近郊有良田两顷，我难道能够佩上六国的相印吗？"当时他便挥散千金给族人和朋友。当初，苏秦到燕国去，借过别人一百钱做路费，等到取得了富贵，就用一百金（一百万钱）去偿还他，并且尽可能地报答了所有曾经给他好处的人。他的随从人员中唯独有一个人没有得到赏赐，便走上前去主动申说。苏秦说："我并不是忘记了您。您当初跟随我到燕国去，在易水之上，您再三要离开我，那时我处境困难，因此我深深地埋怨您。所以，我把您放在最后。您现在可以得到赏赐了。"

苏秦约定六国合纵联盟之后，回到赵国，赵肃侯封他为武安君。苏秦把合纵盟约送到秦国，于是秦军不敢窥伺函谷关以外的国家达十五年之久。

3. 反间失败被杀

后来，秦国派犀首欺骗齐国和魏国，和它们联合进攻赵国，想要破坏合纵盟约。齐国、魏国进攻赵国，赵王便责备苏秦。苏秦害怕了，请求出使燕国，说一定要报复齐国。苏秦离开赵国以后，合纵盟约就瓦解了。

苏秦会见齐王，拜了两拜，俯伏表示庆贺，抬头表示慰问。齐王说："为什么庆贺和慰问相继来得这么快？"苏秦说："我听说饥饿的人之所以饥饿而不吃有毒的乌头的缘故，是在于它越能充饥饱肚就越跟饿死同样有害呢。现在燕国虽然弱小，但燕王是秦王的小女婿。大王贪图十个城池的利益，却长期和强大的秦国结仇。如果让弱小的燕国做先锋，而强大的秦国跟在它后面做掩护，从而招引天下的精兵来攻击您，您的这种做法是吃乌头充饥一般的事。"齐王听了，害怕得脸色都变了，说道："情况既然如此，该怎么办呢？"苏秦说："我听说古时候那些善于控制事态发展的人，能够使灾祸变为幸福，利用失败的机会取得成功。大王如果能听从我的计策，就应该归还燕国的十座城池。燕国平白收回十个城池，一定会高兴；秦王知道您是为了他的缘故而归还燕国的十座城池，也一定会高兴。这叫作抛弃仇敌，取得磐石般牢固的朋友。燕国、秦国都任事齐国，那么大王对天下发号施令，也就没有谁敢不服从。这就是说，大王只需空口表示依附秦国，却能用十座城池的代价取得天下。这是霸主的事业呢。"齐王说："好。"于是便归还了燕国的十座城池。

燕易王的母亲是文侯的夫人，与苏秦私通。燕易王知道这件事，却对苏秦越发优待。苏秦害怕被杀，就劝说燕易王道："我留在燕国，不能使燕国提高地位，如果到了齐国，那么燕国一定能提高地位。"易王说："一切随先生自己行动吧。"当时苏秦假装得罪了燕易王而逃奔到齐国，齐宣王用他做客卿。

齐宣王去世，湣（mǐn，闵）王继位。苏秦劝说湣王隆重地安葬宣王，用以表明自己的孝道；高高地筑起宫室，大大地开辟园林，用以表示自己的得志，其实是企图使齐国破落、凋敝下去，从而有利于燕国。燕易王去世，燕哙登位做了国王。后来，齐国的大夫中有许多人与苏秦争夺国王的宠信，因而派人暗杀苏秦，苏秦没有死，带着致命伤逃跑了。齐湣王派人捉拿凶手，没有抓到。苏秦快要死了，便对齐湣王说："我快要死了。请您在街市上把我五马分尸示众，宣言'苏秦为了燕国要在齐国作乱'，这样，那杀害我的凶手一定能够抓到。"当时齐湣王便按照他的话办理，那刺杀苏秦的人果然自己露面了，齐湣王因而把他杀了。燕国听到这个情况，说道："齐国替苏先生报仇，做法也够残忍的啦！"

总之，苏秦主张合纵，并说服燕、赵、韩、魏、齐、楚六国联合抗秦，使秦兵不敢东出函谷关，对抑制秦国东扩起到了重要作用。但受苏秦影响最大的是燕国和齐国。在促使燕国由败转胜、由弱变强，以及使齐国由胜转败、由强变弱的过程中，苏秦起了重要的作用。所以一种说法是，苏秦是燕昭王的亲信，奉命入齐，从事反间活动，使齐国"西劳于宋，南罢（疲）于楚"，以防止齐国谋燕，并为攻齐复仇做准备。齐湣王末年，苏秦被任命为相国。秦昭王与齐湣王并称东西帝。苏秦劝齐湣王取消帝号，合纵攻秦，迫使秦废帝号，归还一部分魏韩地，后因反间活动暴露，被车裂而死。

（二）张 仪

1. 游楚受辱

张仪（前？—前310），魏国人，魏国贵族后代，战国时纵横家的代表人物。最初他曾与苏秦一起跟着鬼谷先生学游说之术，苏秦自认为才学比不上张仪。

张仪在学业完成以后，便去游说诸侯。一次，他在楚相那里赴宴饮酒，席散后，楚相发现自己身上佩戴的玉璧不见了，相府的幕客们都认为是张仪偷去的，说："张仪这人，既贫穷，品德又不好，偷相国玉璧的，一定是他！"于是大家捉住张仪，打了他几百竹板。张仪还是不承认，大家只好把他释放了。张仪的妻子叹气说："唉！你如果不去读书游说，又怎会遭到这般侮辱呢？"张仪对妻子说："你看看我的舌头还在吗？"妻子禁不住笑着回答："舌头当然还在喽。"张仪说："这就够了。"

2. 游赵受苏秦奚落

当时，苏秦已经说服赵王答应加入合纵盟约，与同盟各国结好相帮，但他又担心各国诸侯在秦的进攻下背弃盟约，从而招致盟约的失败。他考虑再三，找不到一个能派往秦国为他工作的合适人选，于是他派人去悄悄地劝说张仪："你以前就与苏秦相好，现在他已经当权，你何不到他那里去，以谋求实现你的志愿？"张仪于是前往赵国，递上名帖，请求拜见苏秦。苏秦却先已告诫手下人不替张仪禀报，又设法稳住他好几天，然后才接见他，叫他坐在堂下，赏给他丫鬟仆人所吃的饭食，并一再奚落张仪说："像你那么有才能的人，竟自己弄得穷困潦倒到这种地步。我难道不能够荐举你而使你富贵吗，只是因为你不值得收留啊！"苏秦拒绝了张仪，并赶他离去。

3. 任秦国相

苏秦在张仪离去后，告诉自己的门客说："张仪是天下贤士，我恐怕比不上他。现在我侥幸地先受到重用，但要说能够掌握秦国大权的人，只有张仪可以。然而他眼下贫穷，没有进用的机会。我怕他满足于小利而不再求进取，所以叫他来当面侮辱他，以此来激发他的意志。请你为我暗中帮助他吧。"苏秦禀报赵王以后，拿出钱财车马，派人一路上暗暗跟随张仪，与张仪宿于同一个旅舍，逐渐接近了他，供给他车马钱财，凡张仪有所需用，都取出来供给他，但并不告诉他是谁给的。张仪终于得以会见秦惠文王（前356—前311，一称秦惠王，嬴姓，赵氏，名驷，秦孝公之子，战国时期秦国国君，前337—前311在位）。秦惠文王任用张仪为客卿，与他共商攻打各国诸侯的大计。苏秦的门客这才向张仪告辞，张仪说："我靠你的帮助才得以显贵，正准备报答你的恩德，为什么你却要离开我呢？"门客回答说："我并不了解你，了解你的正是苏先生啊！苏先生担心秦国攻打赵国而破坏他的合纵盟约，认为只有你能掌握秦国的大权，所以故意激怒你，然后派我暗中供给你的用费，这都是苏先生的安排。现在你在秦国已经得到重用，请让我回赵国回复苏先生。"张仪说："唉！这些计谋都是我研习过的，而我竟未能发现，我比不上苏先生是明白无疑的了！我刚刚被任用，怎么可能图谋攻打赵国呢？请你为我答谢苏先生，只要他当权，我怎么敢打赵国呢？况且苏先生当政，我张仪哪有这个能力呢？"张仪做了秦国的相国后，写文书警告楚相说："过去我跟随你饮酒，并未盗窃你的玉璧，可你却抽打了我。你好好守住你的国家，我回头将要盗取你的城池！"

这时苴（jū居）国（今陕西汉中一带）和蜀国相互攻打，两国都向秦国告急求援。秦惠文王打算派兵攻蜀，又考虑到蜀道险要、狭窄，难以到达，韩国又恰巧乘机入侵；想先攻韩会趁后攻蜀，又担心不能取胜；想先打蜀，又担心韩国会趁秦国久战疲惫乘机偷袭。秦惠文王犹豫不决。

司马错，生卒年不详，夏阳即今陕西韩城人，史学家司马迁八世祖，战国时期秦国著名将领，历仕秦惠文王、秦武王、秦昭襄王三朝。司马错学属纵横家）与张仪在秦惠文王面前展开了争论，司马错主张攻蜀，张仪说："不如攻韩。"秦惠王说："请让我听一听你们各自的理由。"

张仪说："亲近魏国，结好楚国，派兵前往三川（今河南西北部），阻断什谷（今河南巩义市东北）的入口，挡住屯留（今山西长治屯留区境）的道路，让魏兵卡断去韩国南阳（今河南济源一带）的道路，让楚国迫近南郑（今陕西汉中东），我们则攻打新城（今河南伊川西南）、宜阳（今河南宜阳西），从而兵临西周、东周的郊外，声讨周君的罪过，占领楚、魏的地盘。周君自知局势无法挽救，必然会献出九鼎、宝器。有了九鼎，掌握着天下的地图和户籍，挟持天子向天下发号施令，天下诸侯谁敢不听？这正是称王天下的事业啊！而眼下的蜀国，不过是西部偏远的国家，也是戎狄之类。我们去攻打它，损军劳民，达不到名扬天下的目的，取得了他们的地盘，收不到什么实际利益。我听说过这样一句话：争名的要到朝廷，争利的应去市集。现今的三川、周室就正是天下的朝廷和市集啊，大王您不去争夺，反倒去争夺戎狄那样的落后地区，这距离称王的事业太遥远了。"

司马错说："不是这样。我听说过：想要使国家富强的人，必须扩充他的国土；想要军队强大的人，必须使百姓富裕；想要称王，必须推行他的德政。这三个凭借具备，王业也就实现了。目前大王的国土狭小，百姓贫穷，所以我希望先从容易的事做起。蜀是西方偏远的国家，也是戎狄的领袖，它像夏桀、商纣那样因国君残暴而发生祸乱。用秦国的军队去攻蜀，就好比让豺狼去驱赶羊群一样。夺得蜀的土地，可以扩展疆土，取得蜀的财富，可使百姓富裕而军备充足，不用损伤多少人而蜀国就可以臣服了。我们灭掉了一个蜀国，但天下的人并不认为我们暴虐；占有西方的资源，天下的人并不认为我们贪婪。这样不仅一举名利双收，而且还可获得禁暴止乱的美名。现在如果攻打韩国，劫持周天子，名誉很坏，而且不一定能得到实利，还会落个不义的名声，攻打天下人都不愿意攻打的国家，这是危险的。周王室料到将失去九鼎，韩国料到将要失去三川，两国势必要协力齐心，依赖齐、赵两国，与楚、魏取得和解，周把九鼎送给楚国，韩将土地割与魏国，大王是不可能禁止的。这就是我所说的危险所在啊。还不如攻打蜀国万无一失。"

秦惠文王对司马错说："好，我愿意听你的意见。"终于起兵攻蜀，十月，攻占了蜀国。平定蜀国后，贬谪蜀王，改称为"侯"，并派陈庄担任蜀的相国。蜀归秦以后，秦因此更加强大富裕，对各国诸侯也更看不起了。

秦惠文王十年（前328），惠王派公子华与张仪率兵围困魏国的蒲阳（今山西隰县），守军投降。张仪建议秦把蒲阳交还魏国，并派公子繇到魏国做人质。张仪劝告魏王说："秦王对待魏国非常仁厚，魏国总不能够没有表示吧。"魏国便把上郡（今陕西西北部和内蒙古鄂托克旗一带）、少梁（今陕西韩城南）献给了秦国，作为对秦惠文王的答谢。秦惠文王便任张仪为相国，并将少梁改为夏阳。

张仪做了四年秦的相国，帮助秦惠文王称王。又过了一年，张仪担任将军，领兵攻取了陕邑（今河南三门峡陕州区），在上郡修筑要塞。

第二年（前319），齐兵又打来了，在观津（今河北武邑东南）战败了魏兵。秦军又准备攻打魏国，先打败了韩申差（战国时期韩国将领，曾与秦国将领嬴疾在浊泽交战，兵败被俘）率领的军队，斩首八万，使各国诸侯为之惊恐。

魏襄王（前356—公元前311，一称秦惠王，嬴姓，赵氏，名驷，秦孝公之子，战国时期秦国国君，前337—前311年在位）于是背弃合纵盟约，通过张仪，请求与秦结好。张仪回秦后，重新担任相国。三年后，魏又背叛秦国，加入合纵。秦国就出兵攻魏，夺取了魏的曲沃城。第二年，魏又归附秦国。

秦国想攻打齐国，然而齐、楚缔结了合纵盟约，于是张仪前往楚国出任相国。楚怀王（前374—前296，芈姓，熊氏，名槐，楚威王之子，楚顷襄王之父，战国时期楚国国君，前328—前299年在位）听说张仪来，腾出上等的宾馆，亲自到宾馆安排他的住宿，说："这是个偏僻鄙陋的国家，您用什么来指教我呢？"张仪对楚王说："大王如果真要听从我的意见，就和齐国断交解除盟约，我请秦王献出商、於一带六百里的土地，让秦国的女子作为服侍大王的侍妾，永远结为兄弟国家，这样向北可以削弱齐国，而西方的秦国也就得好处，没有比这更好的策略了。"楚王非常高兴地应允了他。虽有大臣陈轸坚决反对，但楚王不听，就把相印授给了张仪，还馈赠了大量的财物。于是就和齐国断绝了关系，废除了盟约，派了一位将军跟着张仪到秦国去接受土地。

张仪到达秦国后，假装上车时没有拉稳绳子而从车上掉下来，三个月没有上朝。楚怀王听说此事后，说："张仪是因为我与齐国绝交还不够坚决吧？"便派勇士前往宋国，借宋国的符节进入齐境，大骂齐王。齐王大怒，折断符节，投靠秦国。秦国与齐恢复邦交后，张仪才上朝，对楚国的使臣说："我有六里封地，愿意献给你们大王。"使臣说："我受楚王之命，来接受商、於之地六百里，没有听说是六里。"使臣回国报告楚怀王，怀王大怒，发兵攻秦。陈轸说："我可以讲话了吗？攻打秦国，不如反过来割地贿赂秦国，再与秦国联合攻齐，这样我们割送给秦国的土地，可从齐国取得补偿，大王的国家还可以生存。"怀王不听，终于发兵，派将军屈匄（gài 丐）攻打秦国。秦国与齐国共同攻打楚国，杀掉楚兵八万，杀了屈匄，接着攻取了楚国的丹阳、汉中等地（今陕西、河南丹江以北地区）。楚国又增兵袭击秦国，在蓝田（今陕西蓝田西）与秦军大战，楚军大败，这时楚国割让两城，同秦国议和。

4. 夺取楚汉中地

秦国要挟楚国，想用武关以外的土地换取楚国的黔中（今湖北、湖南、四川、贵州交界一带）。楚王说："我不愿意交换土地，希望在得到张仪之后，奉献黔中地区。"秦惠文王想派遣张仪赴楚，但不忍说出口来。张仪自己请求到楚国去。秦惠文王说："楚王恨你背弃了奉送商、於之地（今河南淅川县西南）的诺言，会对你甘心吗？"张仪说："秦强楚弱，我与楚国的靳尚相好，靳尚（？—前311，战国楚臣。郢人，即今湖北江陵纪南城人）侍奉楚王的夫人郑袖（战国时期楚怀王的宠妃。郑袖姿色艳美、性格聪慧，但善妒狡黠、阴险恶毒、极有心计，深得楚怀王的宠爱），郑袖说的话楚王都要听从。况且我是捧着大王的符节出使，楚国怎敢杀害我呢。即便杀了我，而为秦得到黔中地区（今湖南沅陵一带），也是我最大的心愿。"张仪于是出使楚国。楚怀王等张仪一到，就把他囚禁起来，准备杀掉。靳尚对郑袖说："你知道你也会被楚王鄙弃吗？"郑袖问道："为什么呢？"靳尚说："秦王很喜爱张仪，很不愿让张仪出使到楚国受到杀害。打算用上庸所属的六县（今湖北房县、竹山一带）送给楚国，把美女嫁到楚国，用秦宫中能歌善舞的女子作为陪嫁。楚王看重土地，尊重秦国，秦国的美女肯定会得宠，而夫人就会受到冷落了。还不如说情释放张仪。"郑袖于是日夜向怀王进言说："做臣子的各自为他的君主效劳。现在土地还没有交给秦国，秦国就派遣张仪前来，这是非常尊敬大王。大王不以礼相待，反而要杀掉张仪，秦王必然大怒，进攻楚国。请让我们母子二人都迁居到江南去，以免被秦兵像鱼肉一样宰割。"怀王后悔了，赦免了张仪，仍像过去那样隆重地接待他。

张仪获释后，还没有离开楚国，听说苏秦已死，便向楚王游说："秦国的土地占有天下一半，兵力足以抵挡周围的国家，据有险要，有黄河围绕，四周都有要塞可以坚守。拥有雄兵一百多万，战车千辆，战马万匹，粮食堆积如山。法令严明，士卒又甘愿临难赴死，国君明智威严，将帅有谋有勇，不出兵则已，一出兵就会占据险峻的常山（即恒山，今河北曲阳西），折断天下的脊梁，天下凡是归降在后的国家必然先遭灭亡。再说合纵的国家与秦争斗，无异于驱赶羊群进攻猛虎，虎与羊之间谁不能抵敌是十分明白的。现在大王不亲附猛虎，却亲附一群羊，我私下认为大王的主意错了。"

张仪离开楚国，便借这个机会前往韩国，游说韩王说："韩国地势险恶，处于山区，生长的粮食，不是豆类就是麦子，老百姓大都吃的是豆子饭、豆叶汤。一年没有收成，人们连糟糠都吃不饱。韩国方圆不到九百里，没法储存两年的粮食。估计大王的军队，全部不足三十万，其中还要包括杂役人员在内。除了守卫边界堡垒的士兵，可供调动的最多不过二十万罢了。秦国的军队有一百多万，战车千辆，战马万匹，勇猛的士兵飞奔前进，不穿戴盔甲，双手捧着腮颊，持戟冲锋的，多得数不清。秦军战马精良，士兵众多，马的前蹄飞腾，后蹄踢地腾空而起，前后两蹄相距两丈多的，不可胜数。山东六国的军队披着铁甲，戴着头盔去决战，秦军脱掉盔甲，袒臂赤足来迎敌，个个左手提着人头，右手挟着捉住的俘虏。秦国的士兵与山东六国的士兵相比，好比勇士孟贲与胆小鬼一样；用重力相压，好比力士乌获对婴孩一样。用孟贲、乌获那样的勇士去攻打不肯降服的弱国，无异于把千钧重力直接压在鸟卵上，一定没有能够幸存的。"

韩王听从了张仪的策略。张仪回秦作了汇报，秦惠文王赏赐给他五座城邑，封他为武信君，又派遣张仪出使东方，劝齐湣王（约公元前323—公元前284年，妫姓，田氏，名地，一作遂，齐宣王之子，战国时期齐国第六任国君，公元前301—公元前284年在位）说："天下的强国没有能超过齐国的，齐国的大臣百姓全都富裕安乐。但是为大王出谋划策的人，全都是行一时之计，不顾及百世的利益。主张合纵的人向大王作宣传，必定会说'齐王西面有强盛的赵国，南面有韩国和梁国。齐国是个滨海的国家，地广人多，军强兵勇，即使有一百个秦国，对齐国也无可奈何。'大王赞赏这种说法，但没有考虑它的实际。那些主张合纵的人拉帮结派，没有人不吹嘘合纵的好处。我听说，齐国与鲁国三次交战，鲁国三次获胜，但随之而来的却是国家的危亡，虽然有战胜的名声，但带来的是亡国的现实。这是什么原因呢？齐国强大而鲁国弱小啊。现在的秦国与齐国，好比齐国与鲁国一样。秦、赵两国在黄河、漳水边上交战，赵军两战两胜；在番吾（今河北磁县）城下交战，赵军又两次胜过秦军。这四次战役以后，赵国阵亡的士兵有好几十万，才保存了邯郸（今河北邯郸西南），虽然赵国有战胜的名声，然而国家已残破了。这是什么原因呢？秦国强而赵国弱啊。"

5. 入魏为相

秦武王元年（前310年），大臣们日夜不停地诽谤张仪，齐国又派使臣责备张仪。张仪害怕被杀，便趁机对秦武王说："我有一条笨拙的计策，愿意献给大王。"秦王问："怎样的计划？"张仪回答说："为秦的利益着想，要东方有了大变，大王才可以多割得土地。现在听说齐王非常恨我，凡是我所在的地方，齐王必定会发兵攻打它。因此我希望让我这个不成才的人前往梁国，齐就必会兴师进攻梁国。梁和齐的军队纠缠在城下不能脱身，大王便利用这个机会攻打韩国，进入三川（今河南黄河以南，灵宝以东的伊、洛河流域），出兵函谷关（今河南灵宝东北）而不进行征讨，用来威胁周室。这样周室必然会献出祭品。挟持周天子，掌握天下的地图和户籍，这是称霸的大业啊。"秦武王认为张仪说得对，就准备了三十辆兵车，载上张仪前往梁国。齐国果然兴师攻打梁国。梁哀王害怕了。张仪说："大王不要忧虑，请让我使齐国停止用兵。"张仪派家臣冯喜前往楚国，作为楚国的使者前往齐国，对齐王说："大王十分憎恨张仪，虽然如此，大王为了让张仪在秦国安身，也做得够周到的了。"齐王说："我憎恨张仪，张仪走到哪里，我就要兴兵讨伐到哪里，怎么说让张仪有安身之处呢？"冯喜回答说："这正是使张仪有安身之处呢。张仪离开秦国时，本来就与秦王相约，说是'为大王着想，东方有了大变乱，大王才可以割得更多的土地。现在齐王非常恨我，凡我所在之处，齐王必定兴兵讨伐。因此我希望让我这个不成才的人前往梁国，齐王必定会兴兵伐梁。齐、梁两军纠缠在城下不能脱身，大王乘机攻打韩国，进军三川，出兵函谷关，却并不进攻，以此来威胁周室，周室必定会献出祭器。挟持周天子，掌握天下的地区和户籍，这是称霸的大业啊。'秦王认为说得对，所以用三十辆兵车送他入梁。现在张仪到了梁国，大王果然出兵攻梁，对内消耗国力，对外攻打盟邦，广树敌人来包围自己，而使张仪在秦王那里获得信任。这就是我所说的'让张仪安身'啊。"齐王说："你说得对。"就派人撤军。张仪在魏做了一年相国，死于魏国。

6. 张仪是纵横家

毛泽东在读冯梦龙《智囊》卷十九《语智部·辩才·子贡》一文时批注道："什么圣贤门风，儒术伪耳。孟轲、韩非、叔孙通辈，都是纵横家。"子贡是孔门高足，而孟轲、韩非、叔孙通是公认的大儒，但在毛泽东看来，子贡可以说是纵横家的鼻祖，孟轲、韩非、叔孙通是纵横家，所以说"儒术伪耳"。

所谓纵横家，是指战国时期一批从事政治活动的谋士，以审察时势、陈述利害的方法，以"合纵""连横"的主张，游说列国君主，对当时的形势有一定的影响，其代表人物是苏秦、张仪、公孙衍。苏秦主张合纵，张仪主张连横。战国时弱国联合对抗强国，称为合纵。随从强国去进攻其他弱国，称为连横。在战国后期，秦最强大，合纵就是指齐、楚、燕、赵、韩、魏等国联合抗秦，连横就是指这些国家中的某几国跟从秦国进攻其他国家。一说南北为纵，六国地连南北，故六国联合抗秦为谓之合纵；东西为横，秦地偏西，六国居东，故六国服从秦国谓之连横。当时的谋士一般分为合纵、连横两派，《汉书·艺文志》列为"九流"之一。后因称凭辩才进行政治活动的人为"纵横家"。

张仪主"连横"之说，秦惠文王十年（前328年）起任秦相四年，后来任秦将军。他执政时迫使魏献地给秦，游说各国服从秦国，瓦解齐楚联盟，夺取楚国的汉中，功勋卓著。《战国策》中记载张仪的事迹不少，司马迁撰张仪本传，多用其中材料。《史记·张仪列传》叙述了苏秦、张仪二人的关系，揭示了张仪走向成功的原因是苏秦的故意刺激。苏秦用计使张仪到秦国去，是有其政治目的的，即他深知张仪必有大成，到秦国必然受到重用而执掌国柄，凭他与张仪的关系及他对张仪有恩，将来必有利于三晋之地，特别是赵国。毛泽东的一大段评述，不仅生动地讲清了《张仪列传》中的有关内容，并从而引申出一个做人的道理……人没有压力是不会进步的。从张仪发迹前的处境来看，他受到的压力，一是在楚国被怀疑偷盗楚相玉璧而挨打受辱；二是投奔老同学苏秦时受到的怠慢和羞辱。毛泽东从苏秦、张仪的关系中发挥出这个看法，是顺理成章的，其中无疑也包含了自己的人生体验。毛泽东的这番话，是在1960年12月26日他67岁生日的前一天，同部亲属和工作人员聚餐时说的，参加的人有十几个。他的目的，显然是借这个故事来教育亲属和工作人员要自强自立，又要互相帮助，共同进步，为此就必须正确对待批评和自我批评。毛泽东讲这段话，正值"大跃进"错误暴露之时，因而强调批评与自我批评。

（三）孙膑

孙膑和庞涓又是两个鬼谷子的有名弟子。

毛泽东对孙膑非常欣赏，一生中，在他的著作与谈话中多次赞扬孙膑，称赞他"攻魏救赵，因败魏军，千古高手"。

1929 年 11 月 4 日，毛泽东在江西宁冈柏露村会议上，面临三万多敌军对井冈山收紧包围的紧急情况，提出了对策。他建议："留一部分人守山，另一部分人出击。出击可以把包围井冈山的敌人吸引过去。此计名唤围魏救赵。"他介绍说，齐国并不派兵去邯郸，却反过来围攻魏都大梁，结果，魏兵不得不回兵救援，赵国都城也就因此解围。毛泽东的对策，得到了大家的赞成。（盛巽昌：《毛泽东眼中的历史人物》，上海辞书出版社 2005年版，第 47 页）

在《抗日游击战争的战略问题》中说："在反围攻的作战计划中，我之主力一般是位于内线的。但在兵力优裕的条件下，使用次要力量（例如县和区的游击队，以至从主力中分出一部分）于外线，在那里破坏敌之交通，钳制敌之增援部队，是必要的。如果敌在根据地内久踞不去，我可以倒置地使用上述方法，即以一部留在根据地内围困该敌，而用主力进攻敌所从来之一带地方，在那里大肆活动，引致久踞之敌撤退出去打我主力；这就是'围魏救赵'的办法。"（《毛泽东选集》，第二卷，人民出版社 1991 年版，第 429 页）

"所谓以弱当强，就是以少数兵力佯攻敌诸路大军。所谓以强当弱，就是集中绝对优势兵力，以五六倍于敌一路之兵力，四面包围，聚而歼之。自古能军无出李世民之右者，其次则朱元璋耳。攻魏救赵，因败魏军，千古高手。"（《读〈智囊〉卷二十二〈兵智都·制胜·孙膑〉批语》，《毛泽东读文史古籍批语集》，中央文献出版社 1993 年版，第 65—66 页）

1. 驷马法

孙膑（约前 378—前 310 年），战国时齐国谋士、军事家。他生长在齐国的阿（今山东阳谷东北）、鄄（今山东鄄城北旧城）一带，是孙武的后代，约生活在孙武去世一百多年之后。

孙膑曾经和魏国庞涓一起学习兵法。后来庞涓在魏国做事，当了魏惠王的将军。他知道自己的本事比不上孙膑，就暗地里差人请孙膑到魏国来。孙膑来后，庞涓看到他的能力在自己之上，心里非常嫉妒，便捏造罪名，把孙膑判了去掉膝盖骨的刑罚，还在他脸上刺了字，想使他从此再也不能出头露面。

后来，齐国派使者到魏国来，孙膑以犯人的身份，偷偷地去见使者，向他游说。齐国使者认为孙膑是个了不起的奇才，就暗地把他载在车子里带回了齐国。齐国的大将田忌非常赏识孙膑的才能，用上宾的礼节来款待他。

孙膑教齐国大将田忌赛马的故事，在我国几乎家喻户晓，妇孺皆知。

孙膑的赛马之法，明冯梦龙在其《智囊·兵智部·制胜》中是这样叙述的：

> 孙子同齐使之齐，客田忌所。忌数与齐诸公子逐射。孙子见其马足不甚相远，马有上中下，乃谓忌曰："君第重射，臣能令君胜。"忌然之，与王及诸公子逐射千金。及临质，孙子曰："今以君之下驷与彼上驷，取君上驷与彼中驷，取君中驷与彼下驷。"既驰三辈毕，而田忌一不胜而再胜，卒得五千金。

这段话的大意是说，田忌常常跟齐国的皇族公子们赛马，下的赌注很大。孙膑留心观察，看到这些马的足力相差得并不太多，大抵可分为上、中、下三等。于是孙膑对田忌说："您尽管把赌注下得大些，我有办法保您取胜。"田忌十分相信孙膑，跟齐王和王族公子们赛马的时候，一下子就下了千金的赌注。到了比赛开始，孙膑才告诉田忌说："现在用您的下等马与他们的上等马比赛，用您的上等马与他们的中等马比赛，用您的中等马与他们的下等马比赛。"等到三场赛完，田忌输了一次，赢了两次，结果赢得齐王和王族公子的许多钱财。田忌因此把孙膑推荐给齐威王。威王向他请教兵法，非常敬重，就尊他为军师。

冯梦龙接着写道：

唐太宗曰："自少经略四方，颇知用兵之要，每观敌阵，则知其强弱，常以吾弱当其强，强当其弱。彼乘吾弱，奔逐不过数百步；吾乘其弱，必出其阵后反而击之，无不溃败。"盖用孙子之术也。宋高宗问吴璘以胜敌之术，璘曰："弱者出战，强者继之。"高宗亦曰："此孙膑驷马之法。"

驷，即马。孙膑教田忌赛马的方法，被称为"驷马之法"，并引用了唐太宗"以吾弱当其强，强当其弱"的话。毛泽东读了冯梦龙在《智囊》中对孙膑"驷马之法"的描写后，写了前面我们引述的那些评语，对"以弱当强""以强当弱"的问题，结合他自己的军事实践，作了科学的阐释，并指出，这种作战方法在中国的古代军事家中以李世民、朱元璋两位马上皇帝运用得最好，说明了这种方法的普遍意义和永久的生命力，直到今天，它的精神还与现实生活密切相关，给人不少启发。比如两军交战、体育竞赛、商战等等，都要求制订巧妙对策来战胜对方，谋求发展。

2. 围魏救赵

周显王十六年（前353），魏国出兵攻打赵国，并且包围了赵国都城邯郸（今河北邯郸西南）。赵国派使者向齐国求救。齐威王答应后，想要派孙膑担任主将。孙膑推辞说："我是受过刑的人，做主将不适当。"于是，威王以田忌做主将，以孙膑做军师，率军救援赵国。

田忌打算率军直趋赵国。孙膑说："要解开乱丝，可不能去生拉硬扯；要劝解人们的斗殴，可不能自己也参加进去。我们这次去率兵救赵，如果避实击虚，敌人看到形势不利，有了顾忌，自然就会使赵国解围。现在，魏国在攻打赵国，他们的精锐部队必定都在前线，国内防守一定空虚。我看您还是统率大军直捣魏国首城大梁，截断魏兵的交通线，攻击他们防务空虚的地区，魏军知道了，就一定会放弃攻赵，赶回去救自己的国都。这样，我们既救了赵国，又使魏国军队疲于奔命，才是一举两得。"田忌采用了孙膑的计策，挥军直趋魏国，威慑大梁（今河南开封）。魏军果然撤围回军，救援本国，在桂陵（今河南长垣西）与齐军展开战斗，被打得大败。

齐魏两国，都是当时的强国，双方多次交战，围魏救赵是其中最大的一次战争。当时，田忌采用孙膑提出的作战方案，"批亢捣虚"，不直接去邯郸攻打魏军，因为那里是魏军主力。而采取引兵直攻魏都大梁，迫使魏军弃赵回救。齐军在桂陵设伏，乘魏军回师途中长途跋涉、疲惫不堪之际大败魏军，赵国之围也随之而解。

齐军之所以能打败魏军，在于孙膑根据战争的特点，找出了敌军运动的规律，制订了正确的战略战术：避开魏军锋芒，袭击它既是要害又防备空虚的国都大梁，迫使它回军自救，从而使魏军丧失了战争的主动权，陷入被动挨打的地步。齐军则合理地使用兵力，在桂陵设下埋伏，以逸待劳，完全掌握了战争的主动权，赢得了战争的胜利。冯梦龙在其《智囊》中，也记述了孙膑"攻魏救赵"的故事：

魏伐赵，赵急，请救于齐。齐威王欲将孙膑，膑以刑余辞。乃将田忌而孙子为师，居辎车中，坐为计谋。田忌欲引兵救赵，孙子曰："夫解纷者不控卷，救斗者不搏戟。批亢捣虚，形格势禁，则自为解耳。今梁赵相攻，轻兵锐卒必尽于外，老弱罢（pí，通疲）于内。君不若引兵疾走大梁，冲其方虚。彼必释赵而自救，是我一举解赵之困，而收敝于魏也。"忌从之，魏果去邯郸，与齐战于桂陵，大破梁军。

毛泽东读到这里，批注道："攻魏救赵，因败魏军，千古高手。"

毛泽东对于孙膑"攻魏救赵"给予了高度评价。当战争的硝烟早已消失，毛泽东于晚年再在《智囊》中读到对这一战役的描写时，仍然由衷地称赞孙膑这位古代杰出的军事家是驾驭战争的"千古高手"。实际上，毛泽东在指导中国革命战争中，大大发展了这种战法。早在井冈山时期，毛泽东就巧用围魏救赵的方法，解除了敌人的围困。1938 年 5 月，毛泽东在《抗日游击战争的战略问题》一文中，对在内线作战时，采取战役和战斗的外线作战作了阐述，并说"这就是'围魏救赵'的办法"。解放战争中，刘邓大军千里跃进大别山，陈谢大军挺进豫西，实现人民解放军由内线防御向外线进攻的战略转变，则是对"围魏救赵"战法的杰出运用与发挥。

3. 马陵道擒杀庞涓

孙膑还有一个杰作，那就是智擒庞涓。事情是这样的：

周显王二十六年（前 343），魏国联合赵国攻打韩国。韩国忙向齐国求救。齐国又派田忌等率军救援，齐军直趋魏都城大梁（今河南开封）。魏国主将庞涓听到这个消息，立刻把军队从韩国撤回来，不料齐军已经越过齐国边界，西行进入魏国国境了。当时，孙膑对田忌说："魏国的军队一向强悍勇敢，轻视齐国，以为齐国军队怯懦，不敢战斗，善于用兵的人就要利用敌人这种错觉，引诱他们中计。兵法上说得好：乘胜追赶敌人，如果超过百里，就会因为给养路线太长，使上将有受挫折的危险，如果超过五十里，因为前后不能接应，也只有一半军队能够赶上。现在我军进入魏国境内，可用减灶之计。第一天造十万个锅灶，第二天减少为五万个，第三天又减少为三万个，让敌人以为我们的军队天天在减少。"田忌又采用了孙膑的计策。

庞涓跟踪齐军3天，发现齐军的锅灶天天在减少，兴奋之情溢于言表，对部将说："我一向知道齐军怯懦，不敢战斗，现在他们进入我国国境才3天，逃跑的士兵已经超过半数了。"于是，他不用步兵，只统率一支精锐轻骑，一天走两天的路程，全力追赶齐军。

孙膑估计庞涓的行程，应当在这天傍晚赶到马陵（今河北大名东南）了。马陵，两旁是山，道路狭窄，地势险要，可以埋伏军队。孙膑就叫人在一棵大树的树干上削去树皮，露出白木，在上面写了一行字："庞涓死于此树之下。"又命齐军中的射箭能手，分头埋伏在两旁的山林里，与他们约定说："到夜间，看见火光一闪，就一齐放箭。"

这天夜里，庞涓果然来到了那棵大树下面，隐隐约约地看见树干上露出白木，还有一行字，就命人点起火把它照亮。人们还没读完这行字，齐军就万箭齐发，魏军不及防备，乱成一团，顿时溃散。庞涓知道自己的知识智谋不如孙膑，失败已成定局，就拔剑自杀了。临死叹道："今番倒成就了孙膑这小子的声名！"庞涓一死，齐军乘胜把魏军彻底打垮，并俘虏了魏太子申。庞涓嫉贤妒能，阴险毒辣，又骄傲自大，目中无人，终于身败名裂，落下个可耻的下场。而孙膑因此名满天下，他著的兵法也在世上流传开来。

（四）庞　涓

庞涓（？—前341），战国初期魏国名将，也是整个战国时期最具文韬武略的将军。曾率领魏武卒横行天下，北拔邯郸，西围定阳。差点将赵国南面领土纳入魏国版图，桂陵之后尽数收回河西失地，又南取楚地千里，促使魏国称霸诸侯。其人智勇双全，爱兵如子，但对魏王过于忠心，且为人有恻隐之心，最终败于孙膑之手。他的人生起落成了魏惠王霸权盛衰的标志，他的死为魏国的霸权敲响了丧钟，魏武卒也从此退出了历史舞台。

根据20世纪70年代出土的《孙膑兵法》，庞涓曾经于公元前354年桂陵之战中被俘，而10年之后的马陵之战的统帅很可能是魏太子申而不是庞涓。

1. 求学拜师

孙膑和庞涓是同学，两人均拜化外仙人鬼谷子为师父，一同学习兵法。

同学期间，两人情谊甚厚，并结拜为兄弟，孙膑年稍长，为兄，庞涓为弟。

一天，当听到魏国国君魏惠王以优厚待遇招求天下贤才时，庞涓耐不住深山学艺的艰苦与寂寞，决定下山，谋求富贵。

孙膑则觉得自己学业尚未精熟，还想进一步深造；另外，他也舍不得离开师父，就表示先不出山。

于是庞涓一个人先走了。临行，他对孙膑说：“我们弟兄有八拜之交，情同手足。这一去，如果我能获得魏国重用，一定迎回孙兄，共同建功立业，也不枉来一回人世。”

两人紧握双手，久久不愿分开。最后，两人洒泪而别。

2. 得志魏国

庞涓到了魏国，见到魏惠王。魏惠王问以治国安邦、统兵打仗之策。庞涓也确实有些本事，他倾尽胸中所有，滔滔不绝地讲了很长时间，并保证说："若用我为大将，则六国就可以在我的掌握之中，我可以随心所欲统兵横行天下，战必胜，攻必克，魏国必成为霸主，最终兼并其余六国！"

魏惠王听了，很兴奋，便任命他为上将军、执掌魏国兵权。庞涓上任不久，便侵入魏国周围的诸侯小国，每战必胜，每攻必克。于是宋、鲁、卫、郑的国君纷纷去到魏国朝贺，表示归属。不仅如此，他还打败了当时已非常强大的齐国军队！这一仗更提高了他的声威与地位，魏国君臣百姓，都十分尊重、崇拜他。而庞涓自己，也认为取得了盖世奇功，不时向人夸耀，大有普天之下舍我其谁的气势！

这期间，孙膑却仍在山中跟随鬼谷子学习。他原来就比庞涓学得扎实，加上鬼谷子见他为人诚挚正派，况且正是一代兵圣孙武的嫡系后人，就把孙武所著的《孙子兵法十三篇》传授予他。孙膑认真学习了《孙子兵法》后，才能更远远超过庞涓了。

日子一天天过去了……

突然有一天，山下来了个魏国大臣，说是代表魏王迎回孙膑下山。孙膑以为是庞涓以魏王名义请他共创大业，很高兴两人的情谊并没有失去。但他顾恋自己的师父，仍不肯下山。鬼谷子已推算出孙膑日后虽能飞黄腾达，却命中注定有此一劫，因此明知此行是祸不是福，也只得鼓励他下山，并暗中给予孙膑一个锦囊，要他在万不得已时才可打开。

孙膑最听老师的话，于是就随魏国使臣下山。

3. 孙膑下山

其实，请孙膑到了魏国，并非出于庞涓的推荐，而是一个了解孙膑才能的人向魏王讲述后，魏王自己决定的。

第二天，两人上朝。魏王对孙膑很敬重，"听人说先生独得孙武子秘传兵法，才能非凡。我盼您来，几乎到了如饥似渴的程度。今天您终于来到敝国，我太高兴啦！"接着问庞涓："我想封孙膑先生为副军师，与卿同掌兵权，卿以为如何？"

庞涓最忌讳的就是这种情况，乍听之下，暗自咬牙，表面上却说："臣与孙膑，同窗结义，孙膑是臣的兄长，怎么能屈居副职，在我之下？不如

「鬼谷先生」办「中国第一军校」

先拜为客卿，待建立功绩、获得国人尊敬后，直接封为军师。那时，我愿让位，甘居其下。"

魏王听罢，很满意庞涓的处世为人，便同意了。

其实，这不过是庞涓防范孙膑与他争权的计谋。客卿者，半为宾客，半为臣属，不算真正的魏臣，自然没有实权，只空享一种较高的礼遇而已。

从此孙膑与庞涓朝夕相处。两人论谈兵法，庞涓时时因学识粗浅而无话可答，而孙膑却诚心诚意为他讲解介绍。庞涓知是孙膑学过《孙子兵法》所致，就故意叹气自责："愚弟当年也经先生传授，但近年忙于政务，几乎遗忘了。能不能把《孙子兵法》借我复习一遍？"

"此书经先生讲解后，只让我看了三天，就收了回去，并无手本在此。"孙膑诚恳地说。

"吾兄还能全部忆出吗？"庞涓问。

"基本能背下来。"

庞涓心中大喜，巴不得让孙膑马上就背给他听，但一时又不好开口硬逼。

有一天，魏王要试验一下孙膑的才能，就在演武场，让孙、庞二人演示阵法。庞涓之阵，孙膑一眼就能看懂，并指出如何攻破。而孙膑排成一阵，庞涓却茫然不识。为怕失面子，忙偷偷问孙膑，孙膑一五一十告诉了他。庞涓听罢，赶忙走到魏王面前讲一番。待孙膑布置完毕来到魏王前，所答自然与刚才庞涓所说一样。

"两卿才能并称杰出，真是魏国大幸！"魏王于是以为两人才能不分高下，十分高兴。

4. 加害孙膑

庞涓经过此事后，更有了一种危机感。于是下定决心要除掉孙膑，否则，日后必然屈居其下！他心生一计，便在一次私下聚谈时，问："吾兄宗族都在齐国，现在我们二人已在魏国为官。为什么不把兄长家属也接来一起享福呢？"

孙膑一听，掉下泪来："天灾战乱，我家亲属宗族早消亡殆尽了。当年，我只是由叔叔和两个堂兄孙平、孙卓带到外地流浪。后来我被留在一人家当佣工，叔叔、堂兄也不知去向了！再后来我单身从师鬼谷先生，已多年没跟故乡、亲人联络，连仅有的叔叔、堂兄怕也已不在人间了吧！"

"那么，兄长就不想念故乡吗？"庞涓追问道。

"人非草木，孰能忘本？只是现在既已做了魏臣，这事就不必提了。"孙膑有些伤感地说。孙膑是齐国人，而齐魏两国一直敌对，所以孙膑只有忍隐思乡之情。

"兄长说得有理，大丈夫随地立功，又何必非在故土？"庞涓假意安慰说。

半年之后，孙膑早把这次谈话忘了。

有一天，忽然有个山东口音的汉子来找他。一问之下，得知那人叫丁乙，是齐国人，有孙膑堂兄孙平的书信带来。孙膑忙接过信。信中以孙平口气，讲述了兄弟情谊，告诉了叔叔已去世。堂兄两人已回到齐国，希望孙膑也回到故乡，把几近消亡的孙氏家庭重新建立起来。信中语气恳切、情感深重，热切盼望孙膑早日返齐。

孙膑看罢，不觉流下泪来。然后热情招待传信人丁乙，并写了回信请他带回去。信中讲，"自己十分思念故乡，但目前已成为魏国臣子，不能很快回去。待为魏国建立了功勋，年老后，一定与两堂兄在齐地故乡相聚，欢度晚年。"

不料，那丁乙根本不是齐国人，而是庞涓的心腹家人。

庞涓骗到孙膑回信，就仿其笔迹，在关键处涂改了几句："仕魏乃不得已、碍于情面。不久一定回国，为齐王效力！"然后将此信交给魏王，并进谗言道："孙膑久有背魏向齐之心，近日又私通齐国使者。臣为忠于大王，忍痛割舍兄弟之情，现截取孙膑家信一封，请大王过目。"

魏王看罢书信，很是气恼，问道："你看该怎么处理？"

"孙膑才能不低于我，若放他归齐，将对魏国霸业不利。所以……"庞涓没说下去，也不用说下去。

"杀掉他？"魏王一语道破。

"我与他毕竟是同学、兄弟，还是让我再劝劝他。要同意留下来，最好，若不想留，仍要归齐与我国为敌，请大王把他送到我府中，让我把他软禁起来，使他不能为他国所用即可。这也算是让臣尽了做兄弟的情义。您看怎么样？"庞涓一副为朋友尽情尽义的神色。

魏王虽气恼孙膑，但在庞涓请求下，还是同意了。

庞涓当晚便问孙膑，"听说兄长接到了家书？"

孙膑对朋友毫不隐瞒，"是，信中要我回乡。可我怎能辜负魏王及兄弟待我的深情？于是我辞了。"

"兄长真的不想念故乡？"

"久别故乡，怎能不想？只目前不能回去。"孙膑叹道。

庞涓深表同情，说道："兄长不如请魏惠王准一两个月的假期，让兄长回乡扫扫亲人之墓，然后再归来？"

"恐怕魏惠王会怀疑我去而不归，不会答应的。"孙膑心有所动。

"兄长明天试试看。我在旁边为兄长再说几句。以兄长为人品行，魏惠王会相信的！"庞涓道。孙膑说："全仗贤弟促成了！一旦扫墓归来，我一定全身心报效魏王，再无他意！"孙膑很感动。

于是庞涓辞别孙膑，当夜就入见魏王，"臣奉大王之命劝他回心转意。但他不但不改，反怨恨大王。他明天还要当面以请假之名，要求回齐国！唉，我真是爱莫能助了！"庞涓一脸无可奈何。

第二天，孙膑上朝，很奇怪没见到庞涓，因为昨晚说好一起见魏王的。还以为他因事耽搁，就先对魏王讲出要请假回齐之事。不料话刚一开口，魏惠王就大发雷霆，不容他解释半句，就令武士把他抓起来，押到军师府问罪！

见到孙膑被捆绑进军师府，庞涓装作一怔，问押解官员道："我因事耽误一会儿，正要上朝。这，这是怎么回事？！"

押解官员宣布魏惠王命令："孙膑私通齐使，要叛魏投齐，请军师问罪！"

庞涓大惊失色，忙对孙膑说道，"不要着急，我去魏惠王面前替你求情去！"说罢，急匆匆离家上朝。

见得魏惠王，庞涓道："孙膑虽有私通齐使之罪，但罪不至死。以臣愚见，不如让他成为不能行走、面有罪记的废人。这样，既成全我们弟兄的情分，又无后患，您看怎么样？"

"就照你意思办吧……"魏王对孙膑相当失望，无奈点头道。

庞涓回府，流下泪来，对孙膑说道："大王盛怒，判兄死罪。我力争苦求，才免于一死。但要受刖刑及黥面。"说罢，哽咽不已。

孙膑叹了一口气："总算保住了性命，这全赖贤弟救助愚兄了！以后我定要报答的。"

庞涓于是掩面跑出大厅。不一会儿，来了行刑的刽子手，把孙膑绑起来按在地上，用尖刀剜剔下孙膑的两个膝盖骨。孙膑惨叫一声，立刻昏了过去，在他昏迷中，脸上被人用黑墨刺了'私通敌国'四字。

这时，庞涓泪流满面走进来，亲自为孙膑上药、包裹，把他抱进卧室，百般抚慰，无微不至地照料。

一个月之后，孙膑伤口基本愈合，但再不能走路，只能盘腿坐在床上。

此时，庞涓对孙膑更是关心体贴，一日三餐，极其丰盛。倒使孙膑很过意不去，总想尽自己所能为庞涓做点什么。开始庞涓什么也不让他干，后来孙膑再三要求，他才说："兄坐于床间，就把鬼谷先生所传的《孙子兵法》十三篇及注释讲解写出来吧，这也是对后世有益的善事，也可因此使吾兄扬名于万代千秋呢！"

孙膑知道庞涓也想全面学习这十三篇兵法，就高兴地答应了。于是从那天起，夜以继日地在木简上写起来，日复一日，忘食废寝，以致人都劳累得变了形。

5. 孙膑装疯

一个照顾孙膑起居的小男孩被孙膑的精神所感动，便对庞涓一贴身卫士讲，是否求庞将军让孙先生休息几天，那个卫士道，"你知道什么！庞将军只等孙膑写完兵书，就要饿死他呢！还会让他休息？"

小男孩一听，大吃一惊，表面却不以为意地点点头，只哦了一声。他偷偷把这消息告诉孙膑后，孙膑犹如被一盆凉水从头浇下，孙膑身心一下子凉透了！但此刻自己双脚已废，又被软禁于庞涓府中，颇感无能为力。

情急之下想起了先生临行前交给自己的锦囊。

偷偷打开锦囊一看，顿时明白。

"原来如此！原来如此啊！"

原来锦囊中仅有竹简一片，上书两字："装疯"。

第二天，正要继续写书的孙膑，当着小孩儿及两个卫士的面，他忽然大叫一声，昏倒在地，大呕大吐，两眼翻白，四肢乱颤。过了一会儿，醒过来，却神态恍惚，无端发怒，鼓起眼睛大骂："你们为什么要用毒药害我？！"口中骂着，双手乱舞，推翻了书案桌椅，扫掉了烛台文具，接着，抓起花费心血好不容易写成的部分孙子兵法，全部扔到火盆里。立时，烈焰升起。孙膑又把身子扑向火焰，头发胡子都烧着了。

人们慌忙把他救起，他仍神志不清地又哭又骂。而那些书简则已化成灰烬，抢救不及。

小男孩见状急忙向庞涓报告。

庞涓急匆匆跑来，只见孙膑满脸污秽，脏不忍睹；又趴在地上，忽而磕头求饶，忽而哈哈大笑，完全一副疯癫状态。见庞涓进来，孙膑爬上前，紧揪住他的衣服，连连磕头道，"鬼谷子先生救我！鬼谷子先生救我！！"

"我是庞涓，你别认错了！"庞涓一惊之下踢开了他。

"鬼谷先生！鬼谷先生，我要回山！救我回山！"孙膑又扑上来揪住庞涓，满嘴白沫地大叫。

庞涓使劲甩开他脏兮兮的痉挛的手，心里疑惑。仔细打量孙膑半天，又问侍卫及男孩："谁对他说什么了没有？"

侍卫及男孩连连摇头。

庞涓深出一口气，紧绷的一根弦，终于得以放松。

然而，庞涓终是疑心病晚期，他心里放松了，对孙膑的管制却不放松。

庞涓仍怀疑孙膑是装疯，就命令把他拽到猪圈里。孙膑浑身污秽不堪，披头散发，全然不觉地在猪圈泥水中滚倒，直怔怔瞪着两眼，又哭又笑，又叫又闹。

庞涓又派人在夜晚、四周别无他人时，悄悄送食物给孙膑，加以说道，"我是庞府下人，深知先生冤屈，实在同情您。请您悄悄吃点东西，

102

别让庞将军知道！"

孙膑既已知晓庞涓为人，心知是计。遂一把打翻食物，狰狞起面孔，厉声大骂："你又要毒死我吗？！"

来人气急，就捡起猪粪、泥块给他。孙膑接过来就往嘴里塞，似毫无感觉的模样。

于是来人回报庞涓："孙膑是真疯了，他居然把食物当毒药，却把猪粪当食物⋯"

庞涓这时才有些相信，从此任孙膑满身粪水地到处乱爬，有时睡在街上，有时躺在马棚、猪圈里。也不管白天还是黑夜，孙膑困了就睡，醒了就又哭又笑、又骂又唱。庞涓终于放下心来，但仍命令：无论孙膑在什么地方，当天必须向他报告。

庞涓这时，真正知道孙膑是装疯避祸的只有一个人，就是当初了解孙膑的才能与智谋、向魏王推荐孙膑的人。这个人，就是赫赫有名的墨子。

6. 孙膑脱身

墨子（前468—前376），名翟（dí），华夏族，滕国人，墨家学派的创始人，也是战国时期著名的思想家、教育家、科学家、军事家，把孙膑的境遇告诉了齐国大将田忌，又讲述了孙膑的杰出才能。田忌把情况报告了齐威王，齐威王要他无论用什么方法，也要把孙膑救出来，为齐国效力。

于是，田忌派人到魏国，乘庞涓的疏忽，在一个夜晚，先用一人扮作疯了的孙膑把真孙膑换出来，脱离庞涓的监视，然后快马加鞭迅速载着孙膑逃出了魏国。直到此时，假孙膑才突然失踪。

庞涓发现时，却为时已晚。

孙膑到了齐国，齐威王对他十分敬重。田忌对他更是礼遇有加。

后来，因为一件小事，孙膑表现出了他高人一等的智谋，令齐国君臣叹服不已。

原来，齐国君臣间常以赛马赌输赢为戏。田忌因自己的马总不及齐威王的马，经常赛输。有一次，他无意中对孙膑说起此事。孙膑就让田忌带他到现场观看一次比赛，看完后，他对田忌说道："君明日再与威王赛马，可下大赌注，我保您赢。"

田忌对孙膑十分信任，当即与齐威王约定赛马，并下注千金。比赛那天，因为听说赌注高达千金，围观者人山人海，数以千计。

这时，齐威王的骏马被带了上来，耀武扬威，十分剽悍。田忌有些不安，虽是十分信任孙膑，却也忍不住问道："先生有什么办法，使我一定取胜呢？"

孙膑道："我国最好的马，自然都集中在大王身边。我已看过比赛，知赛马共分三个等级，而每一级的马，都是您的比齐威王稍逊一筹。若按等级比赛，您自然三场皆输。我们可以这样安排：以您第三等的马与大王一等的马比赛，必然大输。但接下来，以您的一等马与大王的二等马、以您的二等马与大王的三等马去赛，就可保证胜利。因此从总结果看，二比一，您不就获胜了吗？！"

田忌一拍额头："我怎么就不会动脑筋呢？！"于是按孙膑的话去做，果然赢了齐威王千金。

这虽是一件小事，却足以体现孙膑的聪明智谋。

7. 围魏救赵

《史记》卷六五《孙子吴起列传》载：战国中期，七雄并立，征战频繁。周显王十五年（前354），赵国在齐国支持下，迫使归服于魏的卫国向赵屈服。魏惠王派将军庞涓率兵8万攻卫伐赵，围困赵国首都邯郸（今河北邯郸）。次年，赵向齐求救，齐威王知孙膑有大将之才，要拜他为主将。孙膑道："我是残疾人，当大将会令敌人耻笑。还是请田忌为将，才好。"

于是齐以田忌为主将，孙膑为军师，不公开身份，只暗中协助田忌，为他出谋划策，领兵8万救赵。田忌企图率军赴赵进攻魏军主力以解赵围，但孙膑认为，魏国长期攻赵，主力消耗于外，老弱疲惫于内，齐军应乘魏国内防务空虚，直趋大梁，迫使魏军回师自救，并于归途截击，以达到既援救赵又打击魏的目的。

田忌采纳孙膑围魏救赵的计谋，以一部兵力南下，联合宋、卫军围攻位于大梁东南的魏邑襄陵（今河南睢县），显示齐军已攻魏救赵，坚定赵国抗魏的决心；主力则进至大梁东面的军事重镇平陵（今山东定陶东北）附近。由于平陵本不易攻取，且齐军有粮道被断绝的危险，魏军因此产生齐军指挥无能的错觉，齐军由此成功隐蔽了尔后进军大梁的企图。

齐军将主力隐蔽，派不懂军事的齐城、高唐二都邑大夫率师一部攻平陵城，结果兵败战死，更使庞涓认为齐军战斗力弱，不以为虑。等到邯郸城破，魏军也实力大损。田忌、孙膑就派轻车锐卒直扑大梁，主力则分路跟进，造成兵力单薄的假象，庞涓果然中计，撤离邯郸。田忌、孙膑判定魏军回师必经桂陵，即率主力先期到达该地。魏军进至桂陵，突遭齐军截击，仓皇应战，终致惨败，使之死伤两万余人，庞涓被擒。

围魏救赵，原指战国时齐军用围攻魏国的方法，迫使魏国撤回攻赵部队而使赵国得救。后指袭击敌人后方的据点以迫使进攻之敌撤退的战术。围魏救赵是三十六计中相当精彩的一种智谋，它的精彩之处在于以逆向思维的方式，以表面看来舍近求远的方法，绕开问题的表面现象，从事物的本源上去解决问题，从而取得一招制胜的神奇效果。

毛泽东十分赞赏此战法，在长期的革命战争中多次运用。

8. 马陵之战

桂陵之战后，魏国虽元气大伤，但经过几年的休整后，魏国逐渐开始恢复对外进攻。公元前341年，魏国再次发兵进攻韩国，韩国向齐国求援。齐威王采用孙膑"深结韩之亲而晚承魏之弊"的主张，与韩结好却不急于发兵。待韩军五战五败，魏军也实力大损时，才于次年以田忌为主将，孙膑为军师，发兵救韩。

韩国得到齐国答应救援的允诺，人心振奋，竭尽全力抵抗魏军进攻，但结果仍然是五战皆败，只好再次向齐告急。齐威王抓住魏、韩皆疲的时机，任命田忌为主将，田婴为副将率领齐军直趋大梁。孙膑在齐军中的角色，一如桂陵之战时那样：充任军师，居中调度。

魏国眼见胜利在望之际，又是齐国从中作梗，其恼怒愤懑自不必多说。于是决定放过韩国，转将兵锋指向齐军。其含义不言而喻：好好教训一下齐国，省得它日后再跟自己捣乱。魏惠王待攻韩的魏军撤回后，即命太子申为上将军，庞涓为将，率雄师 10 万之众，气势汹汹扑向齐军，企图同齐军一决胜负。

齐国这时才出兵，派田忌、田婴、田盼为将军，孙膑为军师，前去援救韩国，仍用老办法，直袭魏国都城。庞涓听说，急忙放弃韩国，回兵国中。魏国集中了全部兵力，抵御齐国军队。

孙膑对田忌说："魏、赵、韩那些地方的士兵向来剽悍勇猛，看不起齐国，齐国士兵的名声也确实不佳。善于指挥作战的将军必须因势利导，扬长避短。《孙武兵法》说：'从一百里外去奔袭会损失上将军，从五十里外去奔袭只有一半军队能到达。'"于是便命令齐国军队进入魏国地界后，做饭修造十万个灶，第二天减为五万个灶，第三天再减为二万个灶。庞涓率兵追击齐军三天，见此情况，大笑着说："我早就知道齐兵胆小，进入我国三天，士兵已逃散一多半了。"于是丢掉步兵，亲率轻兵精锐日夜兼程追击齐军。孙膑估计魏军的行程当晚将到达马陵（今山东郯城马陵山）。

马陵这个地方道路狭窄而多险隘，可以伏下重兵，孙膑便派人刮去一棵大树的树皮，在白树干上书写六个大字："庞涓死此树下！"再从齐国军队中挑选万名优秀射箭手夹道埋伏，约定天黑后一见有火把亮光就万箭齐发。

果然，庞涓在夜里赶到那棵树下，看见白树干上隐约有字，便令人举火照看，还未读完，两边箭如飞蝗，一齐射下，魏军大乱，溃不成军。庞涓也身中一箭，周围士兵都来保护他，但齐军万箭齐发，士兵都被射死。庞涓欲上马，但因箭伤太重无法上马。孙膑坐马车来看庞涓，令左右射杀庞涓，庞涓身中数箭，身负重伤，倒在血泊中。庞涓自知无力回天，怒视孙膑说："我后悔当时没有杀你，反倒让你这小子成名了！"遂拔剑自刎。庞涓死后，魏军无心再战，齐军乘势大破魏军，俘虏了太子申。

以害人始，以害己终。捣鬼有效，但毕竟有限，这就是孙膑与庞涓故事给后人的启示。

齐魏马陵之战是《孙子兵法》和《孙膑兵法》的具体运用，闪烁着孙膑军事思想的光辉。作为中国古代军事史上的一个著名战例，齐魏马陵之战知名度高，传播范围广，影响大，不仅有极高的军事研究价值，而且对新时期政治、经济、文化、外交都有重要的借鉴意义。

（五）毛 遂

毛遂（前285—前228），战国时期赵国人，今河北省邯郸市鸡泽县
毛官营村人，身为赵公子平原君赵胜的门客，居平原君处三年未得崭露锋
芒。公元前257年，他自荐出使楚国，促成楚、赵合纵，声威大震，并获
得了"三寸之舌，强于百万之师"的美誉，其事迹见于西汉司马迁所著
《史记·平原君虞卿列传》。

1. 毛遂自荐

公元前260年，赵王中了秦的反间之计，以只能纸上谈兵的赵括代替
廉颇守卫重地长平，使得赵四十万大军被困长平，最后全部为秦白起坑
杀，精锐丧失殆尽。次年，秦乘胜围攻赵都城邯郸。邯郸震动，赵王急召
平原君商议退敌救国之策。平原君道："为今之计，只有求救于诸侯。魏
与在下有姻亲关系。关系素善，求之则发救兵。楚乃大国，且路途遥远，
唯有以'合纵'之策促其发兵，臣愿亲往。"赵王依之。

平原君乃战国四君子之一，此四君子皆以礼贤下士闻名于世。平原君
有门客三千，毛遂位居末列。平原君回至府中，急招门客，言明使楚合纵
之事，并欲选拔二十人随同前往。平原君道："此次合纵定约之事，关系到
邯郸得失，赵之存亡，干系甚大，故势在必得。倘若和谈不能成功，则须
以武力相威胁，迫使楚王歃血为盟。故所选二十人必是文武俱全之士。诸
位皆当今贤士，且事情紧急，二十人便出自各位当中了。"然三千人中，
能文者不能武，能武者又不能文，最后只选得十九人，最后一人竟无从可
得。平原君不禁慨叹："想我赵胜相士数十年。门下宾客三千，不料挑选
二十人竟如此难！"

正值此时，毛遂于下座挺身而起，道："毛遂不才，愿往。"平原君见

毛遂面生，又不曾听左右提起过毛遂，便有意试探："先生居胜之门下几时了？"毛遂答道："已有三年"，平原君遂生轻视之意："贤主处于世间，恰似尖锥处于囊中，其锋芒亦现，今先生居此已有三年，却未曾听左右提起过，可见先生文不成、武不就，且出使楚国乃关系赵国存亡之大计，先生恐怕不能胜任，还是留下吧。"毛遂并无退怯之意，立刻答道："君子言之有理。贤士处世当展其才德，然欲逞才能须有表现机会，君子以贤达仁义、礼贤下士闻名于世，然君子若无赵公子之名分，地位安能显其贤达乎？毛遂之所以未能崭露锋芒是因无处于囊中的机会，否则，早已脱颖而出，不单单是只露锋芒的问题了。"平原君对毛遂之对答深感奇异，且事紧急，便同意毛遂同行。其余十九人虽听了毛遂适才的一番言论，仍不以为意，皆以为毛遂只不过徒逞口舌罢了，彼此目视而笑。十九人皆自以为学富五车，一路之上常是高谈阔论，毛遂不言则已，言必惊人，总能一语中的。到了楚国时，十九人皆已折服。

2. 约楚合纵

楚国已至。平原君不敢怠慢，第二日一早，太阳刚刚升起，便上朝与楚考烈王商议合纵之事。楚王道："合纵之事，当初先由赵国发起，后张仪游说各国，联盟未能牢固。当年先是（楚）怀王为纵约长，率诸侯伐秦而不克；后又由齐缗王任纵约长，而列国皆背信弃义，合纵又败。时至今日，各国皆以约纵为讳，六国合纵联盟只不过一盘散沙，无济于事。况且秦国今日之强六国皆不能敌，唯有诸国各自安保方为上策。再者，秦楚新近通好。楚若与赵合纵，岂不是背信弃义，自惹刀兵之苦，代赵受怨吗？合纵之事还是算了吧！"平原君从容对答，陈说利害，但楚王终因惧怕强秦，犹豫不决。

毛遂等二十人于朝下等候，眼见日上中天，约纵仍未成功。十九人便对毛遂道。"先生上。"

毛遂亦不答话，按剑拾级而上，昂首走上朝来。对平原君说："合纵之事，只要言明利害，三言五语便可解决，却为何自日出谈至日中，仍未商定？"

楚王见有人竟敢按剑直闯朝堂，且出言不逊，不觉怒起心头，但又不明此人底细，且慑于毛遂之威严，便转身先问平原君道："此是何人？"

平原君道："此乃胜之门客毛遂。"

楚王便高声叱喝道："大胆狂徒，本王与你家主人谈话会纵之事，岂有你说话之地，还不退下？"

毛遂毫无惧色，按剑直前，说道："合纵乃天下之事，天下人皆可议之，况在我家主人面前，你叱者何来？仗你人多势众罢了。然如今你我相距仅十步之遥，你的性命便握于毛遂手中，还逞得什么威风！当年商汤凭借七十里之地而王天下，周文王仅凭百里地，却使天下诸侯臣服，又有哪一个凭借了势众人多呢？"

楚王脸色稍和，问道："先生有何话说？"

毛遂道："先前，楚西有黔中、巫郡，东有夏州、海阳，南有洞庭、苍梧、北有陉塞、郇阳，地方五千里，带甲百万，车千乘，骑万匹，此乃霸王之资，天下诸侯哪个能当？然一泱泱大国竟为一乳臭未干之竖子白起率区区之数万人连连挫败，一战丢鄢、邓等五城，郢都划为秦郡，再战而烧夷陵，三战则为秦兵毁先王之宗庙，辱没先人，此乃百世之仇怨，赵国都为之羞愧，可大王却偏安于一隅，但求苟安，不求报仇复地，怎对得起列祖列宗在天之灵呢？合纵之事，对楚实是有百益而无一害。想那秦国久存虎狼之心，并吞天下之意早已昭然若揭，赵亡，楚亦不会长久。想当年，苏秦首倡合纵，六国结为兄弟，至秦十五年不敢东进一步。今秦虽围邯郸年余，二十万精兵日夜进攻，却未能损邯郸毫厘。且魏素交好与赵，必遣救兵，若楚赵合纵成功，联合魏、韩，灭秦精锐于邯郸城下，乘势西进，则楚可报先仇，收复失地，重振楚威，如此百利而无一害之事却犹犹豫豫不能定夺，到底为了何故？"言罢，毛遂双手按定佩剑，怒目而视楚王。

楚王立刻连连称是，道："就依先生，就依先生。"

毛遂问："主意拿定了吗？"

楚王道："定矣！定矣！"

毛遂便呼楚王左右："取鸡狗马血来！"左右取铜盘至。毛遂双手托住铜盘，跪献楚王道："大王当献血为盟，正式合纵之约，大王先饮，我家主人次之，毛遂再次。"于是于朝堂之上歃血定盟，合纵事成。

毛遂左手托定铜盘，右手招呼朝下十九人道："诸位就于朝下共同歃血吧！你们这些庸碌之辈，所谓'因人成事'者，不就是这样吗？"

平原君回至赵国，感叹道："我一向自以为能够识得天下贤士豪杰，不会看错怠慢一人。可毛先生居门下三年，竟未能识得其才。毛先生于楚朝堂之上，唇枪舌剑，豪气冲天，不独促成约纵，且不失赵之尊严，大长赵之威风，使赵重于九鼎之吕，毛先生以三寸之舌，而强于百万之师。胜再不敢以能相天下之士自居了。"遂待毛遂为上客。

有一首诗评道：

> 櫓樯空大随人转，称锤虽小压千斤。
> 利锥不与囊中处，文武纷纷十九人。

合纵已成，楚王遣春申君黄歇率兵八万往救邯郸。魏信陵君亦窃得兵符，夺晋鄙十万军来救赵国。秦二十万大军围邯郸已有两年，仍不能克，长平之战，秦兵亦损失过半，国内空虚，且救兵已至。秦昭王虽欲强攻，但迫于形势亦只得息战而退。邯郸围解，终于避免了又一"杀人盈城"惨象的发生。

山东滕州市官桥镇有毛遂墓，河北亦有毛遂墓。《永年县志》中记载："在城西南五里的大堤内有毛遂墓。"

商鞅是『利国福民伟大之政治家』

商鞅（约前390—前338），姬姓，名鞅，卫国人，本是卫国国君的本族公子，故又称卫鞅或公孙鞅。后在秦，受封商地，因称商鞅。战国时思想家、谋略家。

一、"执政者治具费苦心也"

（一）商鞅其人

商鞅是卫国公室的庶出公子，他的祖先本来是姬姓。他年少时喜好刑名之学，事奉魏国相国公叔痤（cuó错）当中庶子（家臣）。

公叔痤（？—公元前361），战国时期魏国大臣。公叔痤在田文死后，担任魏国相国，并娶魏国公主为妻。

公叔痤有知人之明，但为国家利益考虑得相对少一些，为自身的利益考虑得多一些。他排挤吴起，是出于保全相位的需要，并不是不知道吴起对魏国的重要性。荐举公孙鞅，是直到病重才提出。太史公司马迁于此特著一笔，"公叔座知其贤，未及进"，很有深意。若过早地推荐公孙鞅，可能会取代他的职位，而在临终时郑重托付，博得荐贤之名，对自身利益也没有什么影响。假如从人才流失的角度来论魏国的成败，公叔痤应负一定责任。

公叔痤知道他有才干，还没有来得及向魏王推荐。适逢公叔痤病重，魏惠王亲自前往探视病情，说："您的病倘若有个三长两短，国家将怎么办？"

公叔痤说："我的中庶子公孙鞅，年纪虽轻，却身怀奇才，希望大王把全部国政交付给他。"

魏王沉默不语。

魏王将要离去，公叔痤屏退旁人，说道："大王如果不起用公孙鞅，就一定要杀掉他，别让他走出国境。"

魏王一口应承后离去。

公叔痤召见商鞅告诉他："今日大王询问可以担任相国的人选，我推荐了你，看大王的表情不赞成我的意见。我理应先国君后臣子，便对大王说如果不任用公孙鞅，就该杀掉他。大王应承了我。你可以赶紧离开了，不然将要被逮捕。"

商鞅说："大王他既然不采纳您的话任用我，又怎么能采纳您的话杀我呢？"结果没有离去。

魏惠王离开公叔痤后，便对身边的人说："公叔痤病得很重，令人悲伤啊！他想让我把国政交付给公孙鞅，岂不荒唐呀！"

公叔痤死后，公孙鞅听说秦孝公在国内下令寻求贤才，准备重建秦缪公（秦穆公）的霸业，向东方要收复被魏国侵占的土地，于是就西行进入秦国，通过秦孝公的宠臣景监来求见孝公。

景监年龄小于秦孝公一岁，做过副将。六国联盟预谋进攻、瓜分秦国时，景监作为密探为秦孝公探听到这一珍贵的消息，精疲力竭地返回秦国报之秦孝公。孝公对其十分赏识，命他亲去内乱魏国以保国安，其间遇到大名鼎鼎的公孙鞅，后称商鞅。景监成功完成使命，使秦国度过危险期，后被任命为上大夫。曾为公孙鞅三劝秦孝公，成功为商鞅变法铺路。后为商鞅左右手，以辅内政，一直忠心耿耿，为国为民。

家室：他有一妻乃亡友之女，名为令狐。史书记载，景监为孝公宠臣，或嬖人。

（二）三次求见卫孝公

秦孝公会见公孙鞅，谈论很长时间政事，孝公常常打瞌睡，没有听。

事后孝公对景监发脾气说："你的那位来客只不过是个狂妄之徒罢了，哪配任用呢！"

景监因此责备公孙鞅。公孙鞅说："我用理想的五帝治国之道劝说孝公，他不能理会呀。"

五日之后，商鞅又要求孝公接见自己。公孙鞅又进见孝公，谈得比前次更多，然而又没有中孝公的意。

谈完后，孝公又责备景监，景监也又责备公孙鞅一顿。公孙鞅说："我用为王之道劝说孝公，而他听不进。请求再一次召见我。"

公孙鞅再一次进见秦孝公，孝公觉得好但仍没有采纳他的建议。

谈完后公孙鞅就走了。

孝公对景监说："你的那位来客很好，我可以同他交谈了。"

公孙鞅说："我用王霸之道劝说孝公，他的意思像要采用了。如果再召见我，我知道该说什么了。"

公孙鞅果然又进见秦孝公。秦孝公与他交谈，不知不觉膝盖在坐席上直往前挪动，一连交谈了好几天还不满足。

景监对公孙鞅说："你用什么话打动了我们国君的心思？我们国君高兴得很哪。"

公孙鞅说："我用帝王之道，达到夏、商、周三代盛世来劝说国君，可国君说：'时间太长，我没法等待。况且贤能的君主，都在自身就扬名天下，哪里能默默无闻地等待几十年、几百年来成就帝王之业呢？'因此我就用强国之术向国君陈述，国君大为高兴。但这样就难以同殷、周的德治相比拟了。"

于是，秦孝公任用公孙鞅实行变法。

二、"商鞅之法，良法也"

（一）与保守派的斗争

公孙鞅入秦之时，秦国还很落后。秦晚之春秋才立国，又偏处西陲，民众袭用戎狄习俗，"父子无别，同室而居"，贵族身亡，以活人殉葬，一人犯罪，诛及三族。中原各国，鄙视秦国，不让它参加"会盟"。

会盟是古代诸侯间会面和结盟的仪式。春秋时期，一些较小的诸侯国为了抵御大国侵略，联合作战，一些较大的国家利用自己的实力和影响，胁迫其他小国加入自己的阵线，都曾会盟。如"召陵之盟""葵丘之盟""践土之盟"。《左传·昭公三年》："令诸侯三岁而聘，五岁而朝，有时而会，不协而盟。"《史纪·齐太公世家赞》："桓公之盛，修善政，以为诸侯会盟称伯，不亦宜乎！"

秦国长期内乱，战备不修，魏国乘虚而入，夺取了肥沃的河西之地（今陕西省关中东部黄河洛河之间的地区，大致包括今大荔县、合阳县，韩城市）。面对如此严重的内外形势，秦孝公从公元前361年继位伊始，就下令"求贤"，公开承认"诸侯卑秦，丑莫大焉"，并且诚心表示，"宾客群臣有能出奇计强秦者，吾且尊官，与之分土"。可见，就现实而言，秦国有变法的需要，秦孝公有变法的想法。否则，秦国有可能亡于战国其他强势对手之下。

另外，当时形势瞬息万变，楚国有吴起变法，魏国有李悝改革。当别国大踏步前进时，弱小的秦国也需要短期而有实效的强国之策。所以，公孙鞅的"帝道""王道""霸道"三道的治国之策中的"霸道"，内蕴严厉的法家思想，正合孝公之意，两人"语数日不厌"。经过这次长谈，秦孝公决定任用公孙鞅，实行变法，以图富强。

公孙鞅根据李悝的《法经》，调查了秦国的情况，于公元前 359 年提出了变法的设想，可是遇到的阻力很大。秦孝公犹豫不决，便召集廷议。《商君书·更法》记叙了商鞅在秦孝公面前，与甘龙、杜挚就变法问题展开的一场辩论。其原文如下：

孝公平画，公孙鞅、甘龙、杜挚三大夫御於君，虑世事之变，讨正法之本，求使民之道。

君曰："代立不忘社稷，君之道也；错法务明主长，臣之行也。今吾欲变法以治，更礼以教百姓，恐天下之议我也。"

公孙鞅曰："臣闻之：'疑行无成，疑事无功'，君亟定变法之虑，殆无顾天下之议之也。且夫有高人之行者，固见负於世；有独知之虑者，必见訾於民。语曰：'愚者暗於成事，知者见於未萌。民不可与虑始，而可与乐成。'郭偃之法曰：'论至德者，不和於俗；成大功者，不谋於众。'法者，所以爱民也；礼者，所以便事也。是以圣人苟可以强国，不法其故；苟可以利民，不循其礼。"

孝公曰："善。"

甘龙曰："不然。臣闻之：'圣人不易民而教，知者不变法而治。'因民而教者，不劳而功成；据法而治者，吏习而民安。今若变法，不循秦国之故，更礼以教民，臣恐天下之议君，愿孰察之。"

公孙鞅曰："子之所言，世俗之言也。夫常人安於故习，学者溺於所闻。此两者所以居官守法，非所与论於法之外也。三代不同礼而王，五霸不同法而霸。故知者作法，而愚者制焉；贤者更礼，而不肖者拘焉。拘礼之人，不足与言事；制法之人，不足与论变。君无疑矣。"

杜挚曰："臣闻之：'利不百，不变法；功不十，不易器。'臣闻法古无过，循礼无邪。君其图之。"

公孙鞅曰："前世不同教，何古之法？帝王不相复，何礼之循？伏羲神农教而不诛，黄帝尧舜诛而不怒，及至文武，各当时而立法，因事而制礼。礼法以时而定，制令各顺其宜，兵甲器备各便其用。臣故曰：'治世不一道，便国不必法古。'汤武之王也，不循古而兴；殷夏之灭也，不易礼而亡。然则反古者未可必非，循礼者未足多是也。君无疑矣。"

孝公曰："善。吾闻穷巷多怪，曲学多辨。愚者之笑，智者哀焉；狂夫之乐，贤者忧焉。拘世以议，寡人不之疑矣。"

于是遂出垦草令。

译文是这样的：

秦孝公同大臣研讨强国大计，公孙鞅、甘龙、杜挚三位大夫侍奉在孝公的面前，他们分析社会形势的变化，探讨整顿法制的根本原则，寻求统治人民的方法。

秦孝公说："接替先君位置做国君后不能忘记国家，这是国君应当奉行的原则。实施变法务必显示出国君的权威，这是做臣子的行动原则。现在我想要通过变更法度来治理国家，改变礼制用来教化百姓，却又害怕天下的人非议我。"

公孙鞅说："我听过这样一句话：行动迟疑一定不会有什么成就，办事犹豫不决就不会有功效。国君应当尽快下定变法的决心，不要顾虑天下人怎么议论您。何况具有超出普通人的高明人，本来就会被世俗社会所非议，有独到见解的人也一定遭到平常人的嘲笑。俗语说：'愚笨的人在办成事情之后还不明白，有智慧的人对那些还没有显露萌芽的事情就能先预测到。'百姓，不可以同他们讨论开始创新，却能够同他们一起欢庆事业的成功。郭偃的法书上说：'讲究崇高道德的人，不去附和那些世俗的偏见。成就大事业的人不去同民众商量。'法度，是用来爱护百姓的。礼制，是为了方便办事的。所以圣明的人治理国家，如果能够使国家富强，就不必去沿用旧有的法度。如果能够使百姓得到益处，就不必去遵循旧的礼制。"

孝公说："好！"

甘龙说："不对，臣也听说这样一句话：'圣明的人不去改变百姓的旧习俗来施行教化，有智慧的人不改变旧有的法度来治理国家。'

顺应百姓旧有的习俗来实施教化的，不用费什么辛苦就能成就功业；根据旧有的法度来治理国家的人，官吏熟悉礼法，百姓也安乐。现在如果改变法度，不遵循秦国旧有的法制，要更改礼制教化百姓，臣担心天下人要非议国君了。希望国君认真考虑这样的事。"

公孙鞅说："您所说的这些话，正是社会上俗人说的话。平庸的人守旧的习俗，读死书的人局限在他们听说过的事情上。这两种人，只能用来安置在官位上守法，却不能同他们在旧有法度之外讨论变革法制的事。夏、商、周这三个朝代礼制不相同却都能称王于天下，春秋五霸各自的法制不同，却能先后称霸诸侯。所以有智慧的人能创制法度，而愚蠢的人只能受法度的约束。贤能的人变革礼制，而没有才能的只能受礼制的束缚。受旧的礼制制约的人，不能够同他商讨国家大事。被旧法限制的人，不能同他讨论变法。国君不要迟疑不定了。"

杜挚说："臣听说过这样的话：'如果没有百倍的利益不要改变法度，如果没有十倍的功效不要更换使用工具。'臣听说效法古代法制没有什么过错，遵循旧的礼制不会有偏差。国君应该对这件事仔细思考。"

公孙鞅说："以前的朝代政教各不相同，应该去效法哪个朝代的古法呢？古代帝王的法度不相互因袭，又有什么礼制可以遵循呢？伏羲、神农教化不实行诛杀，黄帝、尧、舜虽然实行诛杀但却不过分，等到了周文王和周武王的时代，他们各自顺应时势而建立法度，根据国家的具体情况制定礼制，礼制和法度都要根据时势来制定，法制、命令都要顺应当时的社会事宜，兵器、铠甲、器具、装备的制造都要方便使用。所以臣说：'治理国家不一定用一种方式，只要对国家有利就不一定非要效法古代。'商汤、周武王称王于天下，并不是因为他们遵循古代法度才兴旺，殷朝和夏朝的灭亡，也不是因为他们更改旧的礼制才覆亡的。既然如此，违反旧的法度的人，不一定就应当遭责难；遵循旧的礼制的人，不一定值得肯定。国君对变法的事就不要迟疑了。"

孝公说："好。我听说从偏僻小巷走出来的人爱少见多怪，学识浅陋的人多喜欢诡辩，愚昧的人所讥笑的事，正是聪明人所感到悲哀的事。狂妄的人高兴的事，正是有才能的人所担忧的。那些拘泥于世俗偏见的议论言辞，我不再因它们而疑惑了。"

于是，孝公颁布了关于开垦荒地的命令。

当时，商鞅针对甘龙、杜挚等人反对变法的议论，提出了"治世不一道，便国不法古"的主张。他还用古代帝王"不循古而兴，不易礼而亡"的事实，说明当时必须实行变法才能强国利民的道理。这场辩论坚定了秦孝公实行变法的决心。此后，经过商鞅变法，秦国的奴隶制度被废除，封建经济得到发展，军队的战斗力也得到进一步的加强。这是一篇集中反映商鞅变法思想的代表作，也是儒法斗争的史料之一。

这场辩论之后，秦孝公任用商鞅为左庶长，终于决定变法。

（二）变法经过

商鞅从公元前356年至前350年，大规模地推行过两次变法。

商鞅第一次变法在公元前356年，而不是公元前359年，杨宽《战国史》185页有这样一段说明："《史记·秦本纪》说：秦孝公三年'卫鞅说孝公变法修刑……孝公善之。甘龙、杜挚等弗然，相与争之，卒用鞅法，百姓苦之。居三年，百姓便之，乃拜为左庶长。'据此，秦孝公三年已'用鞅法'，六年因'百姓便之'，提升卫鞅为左庶长。但是《史记·商君列传》说：孝公'以卫鞅为左庶长，卒定变法之令'。据此则下令变法，应在秦孝公六年（前356）卫鞅任左庶长之后。两说相较，当以后说为是。《战国策·秦策》一说：'商君治秦，法令至行……孝公行之十八年，疾且不起，欲传商君，辞不受。'《韩非子·和氏篇》又说：商君之法，'孝公行之，主以尊安，国以富强，八年而薨，商君车裂于秦。'王先谦《集解》认为'八'上脱'十'字，是对的。从秦孝公六年（前356）卫鞅'为左庶长，卒定变法之令'以后，到二十四年孝公去世，首尾19年，以整年来计，正是18年。"据此，商鞅第一次变法应在公元前356年。

公元前340年，卫鞅设计生擒魏将公子印，大破魏军，迫使魏国交还过去夺走的河西之地。魏惠王说："寡人恨不用公叔痤之言也。"商鞅因此大功，受封于商（今陕西商洛商州区东南商洛镇）15个邑，号为商君。

商鞅第二次变法开始于公元前350年。

（三）商鞅变法的内容

商鞅变法涉及内容很多，主要分为政治和经济两个方面：

1. 政治方面

（1）废除旧的"世卿世禄"制，鼓励宗室贵族建立军功。

商鞅对政治的改革是以彻底废除旧的"世卿世禄"制、建立新的封建专制主义中央集权制为重点。他在这方面的贡献远远超过李悝和吴起。主要内容有如下：奖励军功，制定二十级爵。商鞅的新法全国人民都要服兵役。《商君书·画策》说："民勇者战胜，民不勇者战败。能壹民于战者民勇；不能壹民于战者民不勇。圣王见王之致于兵也，故举国而责之于兵也。"

制定二十级爵的做法，意味着废除旧世卿世禄制，今后根据人们的军功大小授予爵位，官吏从有军功爵的人中选用。《商君书·去强》说："兴兵而伐，则武爵武任，必胜。"怎么授予官爵呢?《商君书·境内》规定："能得甲首一者，赏爵一级，益田一顷，益宅九亩，一除（给予）庶子一人，乃得入兵官之吏。"

商鞅新法对于作战不力的惩罚也非常厉害。《商君书·境内》规定："其战也，五人来（束）薄（簿）为伍，一人羽（当作兆，读为逃）而轻（读为到）其四人，能人得一首则复。五人一屯长。百人一将。其战，百将屯长不得首，斩；得三十首以上，盈论，百将屯长赐爵一级。"意思是说，战士五人编为一伍，记在名册上，在作战时，一个战士逃跑，其他四个战士都要被判刑；如果四个人中有人能够得到敌人一颗头，则恢复他的原来身份。五人设置一个"屯长"，一百个人设置一个"将"。在战争中，百人的将官，五人的屯长，没有得到敌人的头，就要砍他们的头；获得敌人的首级三十颗以上的，就达到朝廷规定的数目，"百将"和"屯长"都赏赐爵位一级。

商鞅新法还规定："有军功者，各以率受上爵，为私斗争，各以轻重被刑"，奖励军功而禁止私斗。私斗，并不是一般人打架，而是指"邑斗"。邑是指一般的城镇，被奴隶主所占有。奴隶主之间为争夺土地、财产，经常发生争斗。

商鞅新法规定二十级爵：一级曰公士，二级曰上造，第十九级曰关内侯，二十级曰彻侯。各级爵位均规定有占田宅、奴婢的数量标准和衣服等次。又制定了"奖励军功，严惩私斗"的办法。奖励军功的做法是：将卒在战争中斩敌首一个，授爵一级，可为五十石之官；斩敌首二个，授爵二级，可为百石之官。宗室贵族无军功的，不得授爵位。有功劳的，可享受荣华富贵；无功劳的，虽家富，不得铺张。严惩私斗的做法是：为私斗的，各以情节轻重，处以刑罚。

（2）实行郡县制。

我国夏、商、周三代奴隶社会，都是诸侯割据的局面。夏、商、周已有了分封制，但不可详考。以周代而言，在分封、等级、世袭三个制度下，天子有天下（指当时的中国），诸侯有国，大夫有邑。他们各有土地、人民、军队，各掌握其管辖地区的政权和军权。由上级分封统治下级似乎是统一而分治的。但实际上，天子的直接统治地区是"王畿"，等于一个大国，他的力量并不能完全地掌控诸侯，是一种分裂割据的局面。

春秋战国时期，出现了一些郡、县等新的地方区域划分形式，秦国在秦孝公以前也曾设过县，但未形成制度。商鞅变法才在秦国废除分封制，建立了分县制度。《史记·商君列传》说："集小都乡邑聚为县，设令、丞，凡三十一县。"《汉书·百官公卿表》也说："县令长皆秦官，掌治其县，皆有丞、尉。"县设县令、县丞、县尉等官吏。县丞管民政，县尉掌军事，县令兼总两者，直属于朝廷。全国政权、兵权集中于朝廷，也就建立了中央集权、君主专制的封建统治。商鞅通过县的设立，把领主对领邑的政治特权收归中央，削弱了豪门贵族在地方上的权力。

实行县制制，废除分封制，以县为地方政区单位。分全国为四十一县，县设令以主县政，设丞以副县令，设尉以掌军事。县下辖若干都乡邑聚。后来秦在新占地区设郡，郡的范围较大，又有边防军管性质，因之郡的长官称守。后来郡内形势稳定，转向以民政管理为主，于是郡下设若干县，形成秦的郡县制度。

商鞅还废除"世袭世禄制"，鼓励宗室贵族建立军功。《史记·商君列传》记载，秦国规定："宗室非有军功论，论不得为属籍。则尊卑爵秩等级，各以差次名田宅，臣妾衣服以家次。有功者显荣，无功者虽富无所芬华。"这就是说，秦君的本族没有军功，不准在宗室名册上登记，取消宗室的资格，不得以血缘关系取得爵禄。明确尊贵卑贱的爵位俸禄等级，各按等级班次占用田地宅第，奴婢、妻妾衣着服饰也按各家的爵禄等级赏用。有战功的人显赫尊荣，没有战功的人尽管富裕也不光彩。这是依军功大小定贵族身份之高低，沉重地打击了奴隶主旧贵族。

（3）实行什伍制度制，实行连坐法。

秦之都乡邑聚原来都是自然形成的大小居民点。《史纪·秦始皇本纪》："献公五年，为户籍相伍。"这是商鞅变法前十五年，是奴隶制度下的户口编制。商鞅为了加强封建专制统治，另编制居民户籍，并创立了互相监视、连坐的法律。《史记·商君列传》："令民为什伍，而相牧（纠）司（伺）连坐，不告奸者腰斩，告奸者与斩首同赏，匿（隐藏）奸者与降敌同罚。"这就是说，商鞅新法的户口编制规定：居民以五家为"伍"，十家为"什"，按照编制，登记编入户籍，责令互相纠察、互相监视。告发奸人，予以重赏；不告发奸人，加重处罚；隐藏奸人，惩罚更重。而且同什伍中，一人有罪，他人连带有罪，名叫连坐。告发奸人的与斩敌一样受赏，隐藏奸人的与投降敌人一样受罚。

以上是讲平民百姓。商鞅新法中也规定官吏也要告奸。《商君书·赏刑》说："守法守职之吏，有不行王法者，罪死不赦，刑及三族。周官之人，知而讦之上者，自免于罪，无贵贱，尸袭其官长之官爵田禄。故曰：'重刑，连其罪，则民不敢试。民不敢试，故无刑也'。"意思是说，掌握法律、担任职务的官吏中，有人不执行君王的命令，就是死罪，决不赦免，并且加刑于他的三族。他周围的官吏，有人晓得他的罪行，向上级揭发出来，自己就免于罪，而且无论贵贱，便接替那个长官的官爵、土地和俸禄。所以说，加重赏罚，一人有罪，别人连坐，人们就不敢尝试了。人们不敢尝试，就可以不用刑法了。

商鞅新法比较严苛，主要表现在连坐法上。《史记·商君列传》载："令民为什伍，而相牧司连坐。"唐司马贞《索隐》："一家有罪而九家连举发，若不纠举，则十家连坐。"所以，连坐就是旧时一人犯法，其家属、亲友、邻里等连带受处罚的一种苛法。

（4）制定秦律，"燔诗书而明法令"。

当时商鞅变法，放弃儒家以仁治国的思想，采用法家思想，以严刑峻法管理国家，有功者重赏，有过者则重罚。商鞅的所作所为，是为了排除复古思想的干扰。

《商君书·靳令》说："六虱，曰礼、乐；曰《诗》《书》；曰修善、曰孝悌；曰诚信、曰贞廉；曰仁、义；曰非兵、曰羞战。国有十二者，上无使农战，必贫至削。十二者成群，此谓君之治不胜其臣，官之治不胜其民，此谓六虱胜其政也。十二者诚朴必削。是兴国不用十二者，故其国多力，而天下莫能犯也。"

这段话的大意是说，六种虱害危害国家的事情：是礼制和音乐；是《诗》和《书》；是行善和孝悌；是诚信和贞廉；是仁和义；是非兵和羞战。国中有着十二种有害的东西，国君就没法使人们从事农耕和作战，国家必定贫穷以至削弱。从事这十二项活动的人成群，这就叫国君的政治战不胜群臣，官吏的政治战不胜人民。这就叫六种虱害战胜了政治。这十二项扎下根，国家必然削弱。兴旺的国家不要这十二项，所以国力强大，天下各国都不敢侵犯。

商鞅把儒家礼、乐、《诗》《书》等，比作对国家有害的虱子。这样看来，他主张烧毁《诗》《书》等儒家经典文献便有可能了。然而，商鞅制定"燔诗书"的文化高压政策，不仅极端压制人们的思想，而且对于我国文化也是一种摧残。

2. 经济方面：

商鞅对经济的改革是以废除"井田制"、实行土地私有制为重点的。这是战国时期各国中唯一用国家的政治和法令手段在全国范围内改变土地所有制的事例。主要内容如下：

（1）废井田，开阡陌。

秦国的土地原来是西周王朝的直接统治区，即所谓"王畿"。这个地区西周时期确实存在着井田制。井田是一方土地划成井（囲）字，分成九个方块，每块一百亩。一井田之内，有纵横的小道，纵的称"阡"，横的称"陌"。井田与井田之间有较宽的田界，叫"封疆"。

奴隶社会里，奴隶主占有土地，奴隶没有土地，少数自耕农民有少量土地。所以，井田制有两层含义：第一，奴隶主指定奴隶分担各块田的耕作，便于监督，防止奴隶怠工；第二，正中间一块田为公田，周围八块田为中小奴隶主的私田。公田的收获上交王侯大夫，作为地税；私田的收获物归中小奴隶主所有。这是体现奴隶社会低税制度的一种办法。

战国时期，井田制开始崩溃。《史记·六国年表》载："秦简公七年，初租禾。"这件事早于商鞅变法四十九年。租禾是奴隶主贵族抽取中小奴隶主和自耕奴禾稼的十分之几作为地税，把中间那块公田也交给中小奴隶主和自耕奴了。这是地税制度的一次改革。

商鞅推行的是"废井田，开阡陌封疆"。《战国策·秦策三》记蔡泽说："商君决裂阡陌。"《史记·商君列传》也记载商鞅"为田开阡陌封疆，而赋税平"。《汉书·食货志》记董仲舒说："秦用商鞅之法，改帝王之制，除井田，民得买卖。"又记："秦孝公用商鞅，制辕田，开仟佰（阡陌）。"（《地理志》）《左传·僖公十五年》记载："晋于是乎作爰田。"《国语·晋语》"爰田"作"辕田"。"爰""辕"均当读为"换"。换田就是用钱买田，也就是平民可以买土地了。综上所述，商鞅在土地改革方面主要有三点：

第一，废除井田，把阡陌封疆都开垦成田；

第二，土地"民得买卖"，这是由奴隶社会的土地不准买卖的官有制，转变为封建社会的土地可以买卖的私有制；

第三，"訾粟而赋"，朝廷计算土地所有者的粮谷的多少来征收地税。

这三项改革合在一起就是摧毁奴隶主剥削农业奴隶的旧制度，建立地主阶级剥削农民的新制度。这样就破坏了奴隶主的生产关系，促进了封建经济的发展。

（2）重农抑商，奖励耕织。

商鞅推行重农抑商的政策来发展国家的经济。《算地》说："故圣人之为国也，入令民以属农（归附于农），出令民以计战……富强之功可坐而至也。"《商君书·慎法》中说到相反的情况："彼民不归其力于耕，即食屈（缺乏）于内。不归其节于外战，则兵弱于外。入则食屈于内，出则兵弱于外，虽有地万里，带甲百万，与独立平原一贯也（一个人站在平原上，不能自卫）。"

商鞅的重农抑商政策是建立在封建生产关系基础之上的，是用赏罚来推行的。其办法有三：

第一，以解放奴隶为赏，以贬为奴隶为罚。司马迁《史记·商君列传》："大小僇（努）力本业，耕织致粟帛多者复其身（除去奴隶籍，恢复其庶民身份）。"意思是说，奴隶努力务农，则升为庶民，庶民不努力务农，则贬为奴隶。第二，使民识粮谷捐官爵的办法。《商君书·靳令》："民有余粮，使民以粟出（捐）官爵。官爵必以其力，则农不怠。"《商君书·去强》又说："按兵而农，粟爵（捐爵）粟任（捐官）则国富。"第三，提高粮食价格。《商君书·外内》说："食贵则田者利，田者利则事者众。"所以，"欲农富其国者，境内之食必贵"。

总之，凡努力耕织、生产粮食和布粟多的，可免除本人徭役和赋税。以农业为"本业"，以工商为"末业"。因弃本求末，凡从事末业（工商）及因懒惰而贫穷的，全家没入官府，罚为官奴婢。另外，还招徕无地农民到秦国开荒。为鼓励小农经济，还规定了一户有两个儿子，到成人年龄必须分家，独立谋生，否则，要出双倍赋税。

（3）统一度量衡。

商鞅变法前，秦国各地度量衡并不统一。为了保证国家赋税收入，制造标准的度量衡器，要求在全国推行。

统一斗、桶、权、衡、丈、尺，并颁行了标准度量衡器，全国都要严格执行，不得违犯。如今传世之"商鞅量"，上有铭文记有秦孝公"十八年""大良造鞅"监造，"爰积十六尊（寸）五分尊（寸）之一为升"。知此量为"升"。一标准尺约合今0.23公尺，一标准升约合今0.2公升。由这件量器及其铭文可知，当时统一度量衡一事十分严格。

（四）商鞅徙木立信

商鞅起草了一个改革的法令，但是怕老百姓不信任他，不按照新法令去做。商鞅就先叫人在都城的南门竖了一根三丈高的木头，下命令说："谁能把这根木头扛到北门去的，就赏十两金子。"

不一会，南门口围了一大堆人，大家议论纷纷。有的说："这根木头谁都拿得动，哪儿用得着十两赏金？"有的说："这大概是左庶长成心开玩笑吧。"大伙儿你瞧我，我瞧你，就是没有一个敢上去扛木头的。商鞅知道老百姓还不相信他下的命令，就把赏金提到五十两。没有想到赏金越高，看热闹的人越觉得不近情理，仍旧没人敢去扛。正在大伙儿议论纷纷的时候，人群中有一个人跑出来，说："我来试试。"他说着，真的把木头扛起来就走，一直搬到北门。商鞅立刻派人传出话来，赏给扛木头的人五十两黄澄澄的金子，一分也没少。这件事立即传了开去，一下子轰动了秦国。

《史记·商君列传》原文是：

> 令既具，未布。恐民之不信己，乃立三丈之木于国都市南门，募民有能徙之北门者，予十金。民怪之，莫敢徙。复曰："能徙者，予五十金。"有一人徙之，辄予五十金，以明不欺。卒下令。

译成现代汉语大意是：

> 商鞅变法的条令已准备就绪，还没公布，担心百姓不相信自己，于是在国都集市的南门竖起一根三丈高的木头，招募有能把这根木头

搬到北门的人赏十两银子。百姓对此感到奇怪，不敢去搬。又说"能搬木头的人赏五十两银子"，有一个人搬了木头，就给了他五十两银子，用来表明没有欺骗（百姓）。最后颁布了那法令。

老百姓说："左庶长的命令不含糊。"商鞅知道，他的命令已经起了作用，就把他起草的新法令公布了出去。新法令赏罚分明，规定官职的大小和爵位的高低以打仗立功为标准。贵族没有军功的就没有爵位；多生产粮食和布帛的，免除官差；凡是为了做买卖和因为懒惰而贫穷的，连同妻子儿女都罚做官府的奴婢。

秦国自从商鞅变法以后，农业生产增加了，军事力量也强大了。不久，秦国进攻魏国的西部，从河西打到河东，把魏国的都城安邑也打了下来。

其实在商鞅树木立威之前，吴起也采用过同样的手段。在吴起人西河郡长官时，把一根木头立在城南，规定谁能推倒木头就封他做长大夫的官。结果真有人这样做了，做的人也被封了官。商鞅的做法流传下来而吴起的则没有。

（五）毛泽东对商鞅徙木立信论的评论

毛泽东在上中学时曾写过一篇《商鞅徙木立信论》：

吾读史至商鞅徙木立信一事，而叹吾国国民之愚也，而叹执政者之煞费苦心也，而叹数千年来民智之不开、国几蹈于沦亡之惨也。谓予不信，请罄其说。

法令者，代谋幸福之具也。法令而善，其幸福吾民也必多，吾民方恐其不布此法令，或布而恐其不生效力，必竭全力以保障之，维持之，务使达到完善之目的而止。政府国民互相倚系，安有不信之理？法令而不善，则不惟无幸福之可言，且有危害之足惧，吾民又必竭全力以阻止此法令。虽欲吾信，又安有信之之理？乃若商鞅之与秦民，适成此比例之反对，抑又何哉？

商鞅之法良法也。今试一披吾国四千余年之记载，而求其利国福民伟大之政治家，商鞅不首屈一指乎？鞅当孝公之世，中原最鼎沸，战事正殷。举国疲劳，不堪言状。于是而欲战胜诸国，统一中原，不綦难哉？于是而变法之令出，其法惩奸宄以保人民之权利，务耕织以增进国民之富力，尚军功以树国威，孥贫怠以绝消耗。此诚我国从来未有之大政策，民何惮而不信？乃必徙木以立信者，吾于是知执政者之具费苦心也，吾于是知吾国国民之愚也，吾于是知数千年来民智黑暗、国几蹈于沦亡之惨境有由来也。

虽然，非常之原，黎民惧焉。民是此民矣，法是彼法矣，吾又何怪焉？吾特恐此徙木立信一事，若令彼东西各国文明国民闻之，当必捧腹而笑，嗷舌而讥矣。呜呼！吾欲无言。

译成现代汉语大意是：

我读历史书籍知道了商鞅变法时"徙木立信"这件事。不禁感叹我国国民的愚昧，同时也感叹这位执政者的良苦用心，更感叹几千年来民众心智的闭锁和中华民族几乎沦亡的悲惨。不要以为我夸大其词，容我说个明白。

国家的法令和政策的出发点，应当是为人民谋幸福。如果法令和政策是好的，就能够多多地造福于民，人民唯恐你没有这种法令和政策，唯恐国家的好政策不能发生效力。那么人民必然竭尽全力来保障和维护它。一定要让它实现完善的目标。政府和人民群众紧紧地互相依靠，法令和政策怎么会是没有信用呢？如果法令和政策不好，那就不光是不能造福于民，而且危害人民。人民就必然竭尽全力来阻挠你的法令和政策，即便我愿意相信你，可根据在哪里呢？就拿商鞅那时候他与民众的关系来说，明明二者的利害是一致的，却恰恰出现了相反的情况，这又是为什么呢？

商鞅变法是正确的。我国上下四千多年来，商鞅是第一位追求利国福民的伟大政治家。商鞅处在秦孝公时代，正是中原地区最混乱的时候，战争不绝。举国疲劳，不堪言状。在这种形势下企图战胜诸国，统一中原，岂不困难得很吗？于是他变法图新，制定了四大政策，一是惩治贪官污吏以保护人民的利益，二是发展生产以提高国家的实力和人民的富裕，三是鼓舞军队多打胜仗树立国家的国威，四是把那些游手好闲的人、由于懒惰不务正业而致贫困的人及其妻子儿女收为奴隶，以此杜绝人力和物力等资源的流失。这是我国史无前例的新政德政，还怕不能取信于民吗？哪想到商鞅竟想出徙木立信这样的办法来解决政府诚信的问题，我从中理解了这位执政者是多么煞费苦心。我从中明白了数千年来民众心智的闭锁蒙昧和民族几乎沦亡，是有根源的。

不过话说回来，根本的原因在于人民对政府的恐惧心理。人民的希望和国家的政策，总是对立的。这能怪罪人民吗？我真担心这徙木立信的事情，要是被世界文明国家的人们听说了，一定捧腹大笑，尖锐嘲讽我们。唉唉唉，我不想再说下去了。

1912 年春，毛泽东以第一名考入湖南省立高等中学学习。同年 6 月，学校举行了一次作文大赛，毛泽东这篇论说文夺得头名。

作为班主任和国文老师的柳潜，翻出来的头一个便是毛泽东的卷子。举贤不避亲的柳潜，写毕评语后破例给了 100 分。柳潜的同事看了，也一致认为毛泽东"才气过人，前途不可限量"，没有任何疑义。

这是青年毛泽东早期求学生涯中留下的第一篇完整的文章，现保存于中央档案馆。柳潜对毛泽东的这篇文章极为赏识，全文 413 字。在文题上方写下"传观"两字，并破例给该文记了 100 分，柳潜除了通篇多处打圈外，还写了六条眉批和篇末总评，作文尾批 65 字，眉批五处 76 字，共计 141 字。他称此文"实切社会立论，目光如炬，落墨大方……"说作者"有法律知识，具哲理思想，借题发挥，纯以唱叹之笔出之，是为压题法，至推论商君之法为从来未有之大政策，言之凿凿，绝无浮烟涨墨绕其笔端，是有功于社会文字"。"历观生作，练成一色文字，自是伟大之器，再加功候，吾不知其所至！"文章论述部分的空白处，也留有多条红笔批注，如："精理名言，得未曾有。逆折而入，笔力挺拔"；"力能扛鼎，积理宏富"等等。

毛泽东的《商鞅徙木立信论》是迄今为止发现的他一生中最早的文稿，不难想象，柳潜批阅时的快慰与喜不自胜，对这篇见解独到、文笔一流的作文，除了赞美、推崇与激励，竟还有超出尊重的敬畏。

然而，这篇作文在今天却可能会遇到麻烦。除了与800字的高考要求明显不符，容易引发疑义的还有"报笔"。

"报笔"说的是报上文章的笔锋，此处指新闻评论笔锋。当日的代表人物是梁启超。梁启超嗅觉灵敏、立论锋利、思想广博、议论新颖，行文流利畅达，文思如涌，极富鼓动性。怀揣忧国忧民的政治情怀，想用笔惊醒国人睡梦的梁启超，笔锋无数次打动过毛泽东。

清朝秀才出身的柳潜并不泥古，不喜欢弟子读那些内容老化、与时代脱节的文章，也不让弟子只在"统编"教材里使劲，柳潜有意引导毛泽东学习梁启超的文风。作文比赛前一个时期，毛泽东遵循师命，几乎每天都要交给柳潜一件强化训练的习作。想必这些训练同样得益于"报笔"之深锐观察，同样深受梁启超的影响。解放后，毛泽东曾向老师符定一打听柳涤庵（柳潜）的下落，得知"此人早已谢世，子孙后代情况不明"，毛泽东深感遗憾："可惜了。袁大胡子不喜欢的梁启超式的新闻记者的手笔，是我向柳涤庵老师学来的。那篇《商鞅徙木立信论》，他给了我100分。"

"报笔"是一种引领，是时代变革的先声，是社会风向的潮涌浪卷。为文终是为人。毛泽东终成文章大家，与其胸襟、抱负、个性及才情等莫不相关。而在其中，柳潜激赏的"报笔"磨砺，对毛泽东无疑起到了巨大的导向作用。

一位普通国文教师，只教了毛泽东几个月的书，但毛泽东却记了他几十年。

柳潜（1878—1930），字钧湄，号涤庵，湖南省湘阴县三塘乡岳云村人，是清朝末年的一名秀才。他早年酷爱读书，学识渊博，颇有才华；青

商鞅是『利国福民伟大之政治家』

壮年以后目睹官场腐败，遂放弃仕途，以教书为业，被湖南全省公立高等中学校（后改名省立第一中学）首任校长符定一聘请为国文教师。直到1924年，《校志》中仍有柳潜的名字。后来柳潜因生活困顿，曾先后在福建和长沙等地做过几年幕僚，后又返回学校从事教师职业，但终因积劳成疾，贫病交加，于1930年在长沙去世，终年52岁。

柳潜与毛泽东的师生之缘源于1912年春，时年19岁的毛泽东以"名列榜首"的优异成绩，考入刚成立的湖南全省公立高等中学校普通科一班，柳潜任毛泽东的国文教师兼班主任。十分爱才的柳潜，对毛泽东非常器重，除在课堂上对毛泽东严格要求、细心辅导外，还利用课余时间向毛泽东传授国文、写作等方面的知识，讲析历代文章大家的代表之作，使他得到了系统的古汉语言文字的训练。在柳潜的精心培养下，毛泽东在写作方面的特长得到了发挥，他在学校一直保持着"文章魁首"的地位。

1912年6月间学校准备举行一次作文比赛，柳潜把这次作文比赛看成是对毛泽东的一次难得的锻炼机会，对他进行了充分的赛前辅导，指导和督促毛泽东全力进行论说文写作的强化训练。在参赛前的一个时期内，毛泽东几乎每天都要完成一篇文章，然后交给柳潜批阅。这样高强度、大难度的训练方法，使毛泽东的写作水平，特别是论说文的写作水平，在原有的基础上又有了很大的提高。毛泽东后来能写出一篇篇震古烁今的政论文，应该说与这段时期严格而刻苦的训练是分不开的。在这次作文比赛中，毛泽东撰写的《商鞅徙木立信论》一文，力克群英，一举夺得了比赛的第一名。

商鞅"徙木立信"的典故，见于《史记·商君列传》，记述的是公元前359年，战国时期秦国的大政治家商鞅取信于民、推行改革的故事。对这个故事，历来知道的人很多。毛泽东别开生面，联系当时的社会现实，借古讽今，大发忧国忧民的感怀，直抒"利国福民"的改革抱负，抨击当时执政者袁世凯之流："吾读史至商鞅徙木立信一事，而叹吾国国民之愚也，而叹执政者之煞费苦心也，而叹数千年来民智之不开，国几蹈于沦亡之惨也。"

柳潜对毛泽东的批语，既深刻分析了毛泽东文章的精彩之处，又由文及人，点评了毛泽东的远大志向和发展潜力，更重要的是柳潜对毛泽东

"练成一色文字，自是伟大之器"的诚挚鼓励和殷切希望，后来在毛泽东的人生轨迹中一一得到了应验，这充分证明了柳潜是一位杰出的、成功的教育家，他敏锐地发现了学生毛泽东的个性和特长，并加以正确鼓励和引导，从而在青年毛泽东身上产生了巨大的导向作用，柳潜不愧是发现毛泽东"伟大之器"的第一人。

毛泽东对他的这位给予自己莫大鼓励和栽培的老师，一直都非常感激。1936年，毛泽东在延安同美国记者埃德加·斯诺谈话中，回忆在该校读书时的情况时说："我的下一个尝试上学的地方是省立第一中学。我花一块钱报了名，参加了入学考试，发榜时名列第一。这个学校很大，有很多学生，毕业生也不少。那里的一个国文教员对我帮助很大，他因为我有文学爱好而很愿意接近我。这位教员借给我一部《御批历代通鉴辑览》，里面有乾隆皇帝的上谕和御批。"1949年10月，毛泽东邀请他的好同学周世钊，到北京中南海家中做客时，又问到柳潜，再一次强调说："柳先生对我帮助和鼓励很大"，"是位教育家"，并请周世钊回湖南后，帮助打听他这位阔别30多年的先生，并代他进行慰问。还说，如果柳先生不在人世，请周世钊打听柳先生的夫人及其后人，如有生活困难，代他进行帮助。这也是中华民族"滴水之恩，当涌泉相报"的美德在毛泽东身上的集中体现。

毛泽东与柳潜的这段师生交往的时间并不是很长，1912年7月，毛泽东就从湖南全省公立高等中学退学，进行他认为的"极有价值"的自修生活，但在这半年的时间里，柳潜对毛泽东的悉心培养和诚挚鼓励，为毛泽东走向更广阔的天地提供了坚实基础和强大动力，让毛泽东受益终身。如果说，柳潜称赞毛泽东"目光如炬""自是伟大之器"，是非常中肯的话，那么，发现毛泽东的"目光如炬""自是伟大之器"的柳潜，自身也是一个"目光如炬"的伯乐。

柳潜年仅52岁就因病去世了。2005年6月，长沙市一中经过多方查寻，在柳潜的故乡湘阴县三塘乡岳云村发现了柳潜的墓碑。柳潜怀才不遇，境遇坎坷，但柳潜以其识才的慧眼、爱才的胸怀发现和培养了毛泽东的"伟大之器"，在自己的人生中留下了光辉的一笔。

三、商鞅是"利国福民伟大之政治家"

（一）商鞅变法的意义和影响

经过商鞅的变法，秦国的旧制度被彻底废除，封建经济得到了发展，秦国逐渐成为战国七雄中实力最强的国家，为后来秦王朝统一天下奠定了坚实的基础。公元前338年，秦孝公去世，秦惠文王继位。变法侵犯了贵族们的利益，遭到他们的强烈反对。商鞅失去变法的强有力支持者，只得逃亡。最后，商鞅在秦军追捕中毙命，只落得个"车裂"的下场。但变法得以继续实行下去。

商鞅变法是中国古代一次成功的变革，他让秦国成为一个强大的国家，并且为以后秦国统一六国奠定了基础，而且确定了法治的思想。

商鞅吸取了李悝、吴起等法家在魏、楚等国实行变法的经验，结合秦国的具体情况，对法家政策作了进一步发展，后来居上，变法取得了较大的成效。他进一步破除了井田制，扩大了亩制，重农抑商，奖励一家一户男耕女织的生产，鼓励垦荒，这就促进了秦国小农经济的发展。他普遍推行了县制，制定了法律，统一了度量衡制，建成了中央集权的君主政权。他禁止私斗，奖励军功，制定二十等爵制度，这有利于加强军队战斗力。他打击反对变法的旧贵族，并且"燔《诗》《书》而明法令"，使变法令得以贯彻执行。由于这一切，秦国很快富强起来，奠定了此后秦统一全中国的基础。正如汉代王充所说的："商鞅相孝公，为秦开帝业。"（《论衡·书解篇》）

经过商鞅变法，秦国经济上，改变了旧有的生产关系，废井田开阡陌，从根本上确立了土地私有制；政治上，打击并瓦解了旧的血缘宗法制度，使封建国家机制更加健全，中央集权制度的建设从此开始；军事上，奖励军功，达到了强兵的目的，极大提高了军队的战斗力，发展成为战国后期最强大的封建国家，为秦的下一步的战略发展创造了有利的条件，为统一全国奠定了基础。

商鞅变法对此后秦国以及秦代的影响是十分深远的。湖北省云梦县出土的《秦律》就是在这个变法的基础上修订、补充而成。《秦律》也多处讲到连坐法，例如户籍登记有隐匿或不实，不但乡官要受罚，同"伍"的也要每户罚一盾，"皆迁之"（即罚戍边）。《秦律》也把镇压"盗贼"放在首要地位，并对轻罪用重刑。例如盗取一钱到二百二十钱的要"迁之"，盗取二百二十钱以上要罚作刑徒，盗牛者也要罚作刑徒，盗羊或猪的也有相当的惩处，甚至偷采别人桑叶不满一钱的也要"赀徭三旬"（即罚处徭役三十天）。对五人以上的"群盗"则追捕处罚更严。同时《秦律》还有许多对各种逃亡者追捕处罚的规定。

商鞅变法是战国时期一次较为彻底的封建化变法改革运动，顺应了封建历史发展的潮流，推动奴隶制社会向封建制社会转型，符合新兴地主阶级的利益，大大推动了社会进步和历史的发展。通过改革，秦国废除了旧的制度，创立了适应社会经济发展的新制度。改革推动了秦国社会的进步，促进了经济的发展。同时，壮大了国力，实现了富国强兵，为以后秦统一全国奠定了基础，对中国历史的发展起到了重要的作用。

但是商鞅变法中轻视教化，鼓吹轻罪重罚，在一定程度上加重了广大人民所受的剥削与压迫，在一定程度上给广大人民带来巨大的痛苦，但并未与旧的制度、文化、习俗彻底划清界限。"内行刀锯，外用甲兵"、迷信暴力而轻视教化等思想，有其明显的历史局限。

（二）法家代表

春秋战国时期，是由奴隶制过渡为封建制的时期，社会生产力得到突破性发展，社会性质发生巨变。铁器的出现，生产效率的提高，大量私田的成功开垦、地主阶级的兴起、生产关系的变革，都使这一时期成为中国历史的重要转折点。同时，社会的动荡不安，社会结构的剧烈变化，必然都导致意识形态领域的剧烈变革。不同阶级的人从维护自身的利益出发，提出各种政治主张和哲学看法，由此便形成了中国历史上著名的"百家争鸣"的局面，儒、道、墨、法等各家学派纷纷登场。儒家主张"人治""德治""仁治"；道家主张"自然""清静""无为"；墨家主张"兼爱""非攻""尚贤"；法家主张"法治""刑名"。诸子百家各有主张。这里重点阐述一下法家思想。

法家是战国时期产生和发展的以法治思想为核心的学派，是诸子百家中的一家。《汉书·艺文志》中说："法家者流，盖出于理官，信赏必罚，以辅理制。"理官是治理诉讼的官，即现在的法官。《左传·昭公十四年》："士景伯如楚，叔鱼摄理。"孔颖达疏引孔晁曰："景伯，晋理官。"《礼记·月令》说："（孟春之月）命理瞻伤、察创……决讼狱，必端平。"东汉经学大师郑玄注："理，治狱官也。有虞氏曰士，夏曰大理，周曰大司寇。"南朝梁顾野王撰《玉篇》中也提到"理，狱官也"。狱官在夏朝称为大理，在商朝称为司寇，在周朝称为大司寇。由此看来，法家是由周朝的大司寇发展而来的。近代国学大师章太炎在《检论原法》中则认为"著书定律为法家"。

法家最早的代表人物是春秋时期齐国的管仲和郑国的子产，到战国时期魏国的李悝、卫国的商鞅、郑国的申不害和赵国的慎到等人，大大发展了法家思想，韩国的韩非则集法家学说之大成。法家主张以法治代替礼治，反对奴隶主贵族特权，代表了新兴地主阶级利益。《史记·太史公自叙》说："法家不别亲疏，不殊贵贱，一断于法，则亲亲尊尊之恩绝矣。"近人胡适《四论问题与主义》说："又如法家的势力，虽然被儒家征服了，但以后的儒家，便不能不承认刑法的作用"，倒是说出了一个历史事实。

总的来说，法家主张明法重刑、君主集权、发展经济。要理解这主张的合理性与必要性，必须从当时的社会背景出发。春秋战国时期是政治经济文化发生变革的时期，社会动荡不安。为了管理国家，结束这种纷乱局面，客观上就要求权力必须集中统一。只有这样，才能使权力行使的方向与力度保持一致。但是，不同阶层的人代表的利益必然不同，即使是在同一阶层内部，也是如此，因此必须通过一种强制的方式和手段，压制一部分人的利益要求而满足另一部分人的利益要求，以实现利益要求的统一，即使这部分人只占据了社会成员的一小部分，即使有时这两部分人利益要求指向完全相反。

那么该由谁掌握这种统一的权力呢？当时等级制度森严，人们的等级观念也很严重，按当时的价值观念来说，国家君主被普遍认为是最高权力的象征。即使这种普遍性的认为并非绝对自愿，但由国家君主来掌握这种权利更容易被更多的人接受。在这种背景下，法家极力推行君主集权。

那么，法家为什么主张"尚法明刑""重其轻罪"呢？总的来说，法家是希望通过这些措施达到"以刑去刑"的目的。商鞅就认为，用重刑去治轻罪，会对百姓形成心理上的震慑作用，老百姓感到恐惧，就不敢去做违法的事了。在重刑面前，老百姓不敢以身试法，这样犯罪的人就没有了。反过来看，如果用重刑惩治重罪，用轻刑处罚轻罪，就达不到防人犯轻罪的目的，也就达不到犯人犯重罪的目的。基于这两方面的考虑，商鞅极力主张重刑。

此外，法家非常重视法律的普及和适用。《韩非子·更法》说："法者，宪令著于官府，刑罚必于民心，赏存乎慎法，而罚加乎奸令者也。"又说："法者，编著于图籍，设之于官府，而布之于百姓者也。"与以往"刑不可知，威不可测"及秘而不宣的立法原则相比，其进步性显而易见。

俗话说："时势造英雄。"春秋战国时期正处乱世，一方面各国都想在这种纷乱形势中异军突起，独霸一方；另一方面，各地贤明之士也希望乘此机会脱颖而出，实现自己的政治抱负。两者一旦结合，便会产生无穷力量，最终带来了这一时期各国的政治法治改革。秦孝公是具有雄才大略的一代君主，他希望通过变法使秦国强盛起来。商鞅，这个有明确目标的有志之士，就在此时出现在秦孝公面前。他们决定在秦国进行一次变法，这就是历史上有名的，甚至可以说改变了秦国历史的"商鞅变法"。与此同时，变法活动在各国先后展开，包括吴起在楚国的变法和李悝在魏国的变法等。而商鞅在秦国的变法可以说最成功、最彻底。

商鞅认为，历史是发展的，社会是变化的，因而统治者也要随之不断变化治国之道，正所谓"世变道，亦变"。基于这种理论，商鞅实行了一系列大刀阔斧的改革：他在变法之争时提到的"圣人苟可以强国，不法其故；苟可以利民，不循其礼"就成秦国政治的指导原则，使秦国领先于山东六国。其次，商鞅执法不避权贵、刑上大夫表明了他坚决贯彻了法家的这一主张。最后，法家还有一个共性就是，商鞅一样抱着法家"明法"的态度和精神来推行政治改革，让百姓知晓法律。

此外，此次变法改变了以往的政治体制，变宗法分封制为郡县制。由于地方官吏的任免权都掌握在国君手中，无形中又将权力高度集中于国君一身，这又一次打击了贵族的利益。

（三）商鞅之死

在历史上，每一次变法都是一场革命。革命就是要打破原有的权力和利益格局，受冲击的往往是那些统治阶级中的既得利益者。比起各国的变法来，商鞅变法最全面而彻底。

史书评价："商君治秦，法令至行，公平无私，罚不讳强大，赏不私亲近"。因此，"期年之后，道不拾遗，民不妄取，兵革强大"。用今天的话来说，商鞅变法有利于生产力的提高，有利于人民生活水平的提高，同时提高了综合国力。应该承认，商鞅变法为秦统一中国奠定了全面的基础。商鞅的变法适应历史潮流，推动了历史前进。所以，"商君死"而"法未败"，不像以后的王安石诸人，人死而法废。

在历史上，每一次变法都是一场革命。革命就是要打破原有的权力和利益格局，受冲击的往往是那些统治阶级中的既得利益者。商鞅变法的确危及秦国旧贵族的利益。变法之前，旧贵族的爵位和俸禄是世袭的，世世代代享有政治和经济特权。但商鞅奖励军功的变法规定，凡是没有建立军功的旧贵族，都要从宗室贵族的簿籍上除名，不许无功受禄。有军功的平民也可以按军功封爵受赏。过去的贵族有封地，自己就是封地中的君主。废除分封制（古人所说的封建制），改设由国君统一领导的县，削弱了贵族的权力，加强了中央集权。这些当然是贵族不能接受的。变法中一些内容也伤及部分平民的利益。如连坐制、户籍制使百姓有危机感，并且流动不便；弃农经商者妻子儿女要充为官奴；兄弟不分家须交两份税等等。当然，反对变法的首领只能是旧贵族，但这些利益受损害的百姓成为反对商鞅的社会基础。

商鞅任秦相十年，公室贵族中有很多对其怨恨不满的人。有一个名叫赵良的人，就代表贵族集团去见商鞅。这位牛人名叫赵良，出身哪一支赵氏不详，做过什么官职不知道，应该是一位闻名于当世的隐士吧。开始时，赵良劝说商鞅让位，后来又劝商鞅取消残酷的刑罚，最后威胁商鞅，说他不遵守旧制，早晚要失败的。他还凶狠地说："孝公一旦死后，秦国想收拾你的人难道还少吗？你的末日快到了！"

商鞅听说赵良这个人很贤能，便通过他人要求与赵良会面，赵良应召前往，于是，两人有了一段精彩的对话。

商鞅说："我能见到你，是由于孟兰皋的介绍，现在我想和你交个朋友，可以吗？"

赵良回答说："在下不敢奢望啊，孔子说过：'推举贤能之士，受人拥戴之士才会前来；聚集不肖之徒，即使王霸之才也会隐退。'在下不肖，所以不敢从命。在下听到过这样的说法，'不该占有的职位而占有它叫作贪位，不该享有的名声而享有它叫作贪名。'在下要是接受了您的情谊，那恐怕就是在下贪位贪名了，所以不敢从命。"

商鞅已经做了十余年的秦国执政，早已习惯了别人对他的恭敬和顺从，见赵良不卑不亢，心里有些不悦，说："您不满意我治理秦国的这种局面吗？"

赵良接着不卑不亢地回答："听取反面的意见叫作聪，自我省察叫作明，战胜自我叫作强。虞舜曾说过：'自我谦虚者让人尊重。'您不如遵循虞舜的主张去做，无须问我了。"

商鞅见赵良很不以为然，便自我表功说："当初，秦国的习俗和戎狄一样，父子不分开，男女老少同居一室。如今我改变了秦国的教化，使他们男女有别，分开居住，大造宫廷城阙，将秦国营建得像鲁国、卫国那样的礼仪之邦了。您看我治理秦国，与五羖大夫相比，谁更有才干？"

五羖大夫即百里奚，是秦穆公时期的执政官，历史上著名的政治家。

赵良没有直接回答，先巧妙地提出了一个条件："一千张羊皮比不上一块狐狸腋下的皮贵重，一千个随声附和的人比不上一个人正义直言。周武王允许臣属直言谏诤，国家就昌盛，商纣王的臣属都不敢谏言，因而灭亡。您如果不反对周武王的做法，就请允许在下直言一整天而不加怪罪，可以吗？"

商鞅说："俗话说得好，表面上动听的话好比是花朵，真实至诚的话如同果实，苦口逆耳的忠言是治病的良药，献媚奉承的奉承话则是疾病。先生果真肯竟日正义直言，那就是我的良药了。我将拜您为师，您又何必客气呢！"

赵良得到了不加怪罪的承诺，便开始滔滔不绝地说起来：

"五羖大夫本是楚国的一个地位低下的边缘人，他听说秦穆公贤明而想去拜见，却没有路费，只好把自己卖给一个秦国的客商，随之来到秦国，每天穿着粗布短衣给人家喂牛。过了一年，秦穆公知道了这件事，将他从牛嘴下面抬举到管理百姓的位置上，秦国人没有谁表示不满。

他出任秦国执政六七年，向东讨伐郑国，三次拥立晋国的君主，一次救援楚国免于祸难。在境内施行仁义教化，使巴国前来朝贡；施德政于诸侯，四方少数民族前来朝见；贤才由于看到这种情形，前来敲门投奔。

五羖大夫作为秦国执政，劳累不坐车，酷暑不打伞，走遍国内各地，不用随从的车辆，不带武装防卫，他的功名载于史册、藏于府库，他的德行施教于后世。

五羖大夫去世时，秦国不论男女都痛哭流涕，连小孩子也不唱歌谣，正在舂米的人也停下手中的活。这就是五羖大夫的德行啊！

而您得以觐见秦王，靠的是秦王宠臣景监推荐，不能认为是名正言顺吧？您身为秦国执政，不以民生为本，而大规模地营建宫阙，不能认为是建立功业吧？无端惩治太子的师父，用严刑峻法残害百姓，这是积累怨恨、聚积祸患吧？

其实，教化百姓要比命令百姓更深入人心，让百姓模仿上面人行为的成效要比命令百姓更为迅捷。而您却违情背理地建立权威，变更法度，架空国君，不能认为是懂得教化吧？

您又在商於封地南面称孤道寡，却天天用新法来约束秦国的贵族子弟。《诗经》上说：'相鼠有体，人而无礼；人而无礼，何不遄死。'从这首诗来看，不能认为您能够福寿长久吧？

公子虔闭门不出已经八年了，您又杀死祝欢而用刺字涂墨的黥刑惩处公孙贾。《诗经》上说：'得人者兴，失人者崩。'这几件事，不能认为是得人心的吧？

您一出门，后边跟着数以十计的车辆，车上都是顶盔贯甲的卫士，身强力壮的人乘车警卫，持矛操戟的人紧靠您的车子奔走跟随。这些防卫缺少一样，您必定不敢出门。《尚书》上说：'恃德者昌，恃力者亡。'您的处境就像早晨的露水很快就会消亡一样危险，还想要延年益寿吗？

您何不将商於十五邑封地交还秦国，到偏僻荒远的地方浇园自耕，劝秦王重用那些隐居山林的贤才，赡养老人，抚育孤儿，使父兄相互敬重，依功序爵，尊崇有德之士，这样才可以稍保平安。

您还要贪图商於的富有，以独揽秦国的政教为荣宠，聚集百姓的怨恨，秦王一旦薨掉而不能当朝，秦国所要拘捕您的人难道能少吗？您亡掉的日子就像抬起脚跟那样迅速到来。"

商鞅没有听从赵良的劝告，依然独揽大权，我行我素。

过了五个月，即公元前338年，秦孝公去世，太子即位，公子虔一帮人诬告商鞅要谋反，国君就派出官吏去逮捕商鞅。

商鞅逃亡到函谷关时，夜幕已经降临，城门按时关闭。当时追兵穷追不舍，而只要熬过一个晚上，次日清晨在追兵带来追杀令之前出关，商鞅就有逃亡的机会。

可命运却和商鞅开了个不大不小的玩笑。他到一家小店投宿时，客栈的人不知道他是商鞅，说："商君的法令，留宿没有通行证件的人要判罪。"商鞅喟然叹息道："哎呀，制定法令的弊端居然到了这种地步！"

商鞅离开秦国前往魏国，魏人怨恨他欺骗公子印而大败魏军，拒绝接纳。商鞅又打算到别的国家去，魏国人说，商鞅是秦国的乱臣贼子，秦国强大而他的乱臣贼子逃到魏国，不遣返是不行的。于是，魏国将商鞅送回秦国。

商鞅再次进入秦国，便直奔封地商邑，与其党羽调动邑中军队往北攻打郑邑（今陕西华县西北）。秦王派兵攻打商鞅，在郑国渑池（今河南渑池西）杀死他。秦惠王下令车裂商鞅而示众，五马分尸，说："不许再有像商鞅这样的谋反者！"于是，而后全家灭门。

商鞅变法的确实现了秦国富国强兵。《战国策·秦策三》记载蔡泽评述商鞅的政绩说："兵动而地广，兵休而国富，故秦无敌于天下，立威诸侯。"《韩非子·定法》说："故其国富而兵强。"《战国策·秦策一》叙述商鞅的政绩说："期年之后，道不拾遗，民不妄取，兵革大强，诸侯畏惧。"《史记·商君列传》这样叙述商鞅的政绩："秦民大说（悦），道不拾遗，山无盗贼，家给人足。民勇于公战，怯于私斗，乡邑大治。"这些比较古老的记载，大体上符合史实。用今天的话来说，商鞅变法有利于生产力的提高，有利于人民生活水平的提高，同时提高了综合国力。应该承认，商鞅变法在秦国建立了封建制度，使国家富强起来。商鞅虽死，秦惠王和他的子孙都继续实行商鞅的新法，所以，秦国的势力才能继续发展，后来秦始皇才能"奋六世之余烈"，吞并六国，统一华夏。商鞅变法是中国历史上一个里程碑。他摆脱了一个旧时代，开创了一个新纪元。

青年时代的毛泽东也是这种看法。他在 1913 年 10 月至 12 月的《讲堂录》还抄录了两条有关商鞅变法的话，一条是他听讲韩愈《猫相乳》时记下的："秦用商君之法，人以富，国以强，诸侯不敢抗，及七君而天下为秦。使天下为秦者，商君也。"（《毛泽东早期文稿》，中共中央文献研究室编辑组，湖南人民出版社 1990 年版，第 602 页）这段话出自《韩昌黎全集》卷十四《进士策问十三首》，毛泽东特别加以抄录，表现了他对韩愈见解的认同。

另一则出自清文学家侯方域的《谢安论》：

"夏禹勤王，手足胼胝。文王旰食，日不暇给，今四郊多垒，宜思自效，而虚谈废务，浮文妨要，恐非当世所宜。"

"秦用商鞅，二世而亡，岂清言致患也？"（同上书，第 609 页）

这条实际出自《晋书·谢安传》（刘义庆《世说新语·言语》也有类似记载）。前几句是谢安与王羲之共登冶城（今江苏南京朝天宫一带）时，王羲之看到谢安有悠闲自得、超脱尘俗的样子，便说了前一段话，尖锐地批评了当时流行的崇尚老子、庄子，空谈玄理，逃避现实斗争的风气、后几句则为谢安的答语，意思是说，秦国因为任用了商鞅，二世就灭亡了。这是不符合历史事实的。毛泽东也加以记录，想必心有同感。

1968 年 10 月，在中共八届十二中全会闭幕会上，毛泽东明确提出，不赞成郭沫若的《十批判书》崇儒反法。接着又说："但是，在范老的书上，对于法家是给了地位的。就是申不害、韩非这一派，还有商鞅、李斯、荀卿传下来的。"（《希望》1992 年新总第 1 期）这是毛泽东晚年对包括商鞅在内的法家人物的又一次肯定。

『吕不韦是大政治家』

一、吕不韦其人

吕不韦（约前292—约前235），姜姓，吕氏，名不韦。战国末年卫国濮阳人。原籍阳翟（今河南禹州），故里在城南大吕街。战国末年著名商人、政治家、思想家、秦庄襄王的主要谋士。吕不韦是阳翟的大商人，他往来于各地，以低价买进各种商品，之后再以高价卖出，所以积累起千金的家产。

在中国历史上，吕不韦论名气，比不上那些功名显赫的帝王，如秦皇、汉武，也比不上一代贤相诸葛亮。在人们的心目中，吕不韦是一个备受争议的人物，甚至用一两句话都很难把他说清楚。但是，如果把吕不韦放到他生活的战国时期去考察，就会发现，吕不韦其实是一个对中国历史的发展有贡献的人。他的一生，有闪光点，也有阴暗面，有功，也有过。

二、齐商从政

秦昭王四十年（前266），太子死了，到四十二年（前264），秦昭王把第二个儿子安国君立为太子。安国君有二十多个儿子。安国君有个最宠爱的姬妾，被立为正夫人，称作华阳夫人。华阳夫人没有儿子。安国君有个排行居中的儿子叫异人，他的母亲叫夏姬，得不到宠爱。异人被派到赵国去做人质。秦国多次攻打赵国，因而赵国对异人不以礼相待。

异人是秦王的卑贱孙子，在诸侯国做人质，车马用度都不宽裕，生活困窘，很不得意。吕不韦经商来到邯郸（今河北邯郸西南），见到异人，觉得他可怜，想道："这是件稀奇的货物，值得囤积起来。"这就是成语"奇货可居"的出典，《史记·吕不韦列传》原文是这样的："子楚，秦诸庶孽孙，质于诸侯，车乘进用不饶，居处困，不得意。吕不韦贾（gǔ）邯郸，见而怜之，曰'此奇货可居'。"奇货可居，指把货物存储起来，等待高价出售，后多比喻挟持某种技艺或把某种事物当作资本来博取权势钱财。吕不韦就是这样做的。

奇货可居，有三个必要条件。其一是，奇货的存在；其二是，必须有足量的资本，来购买"奇货"屯居；其三是，"奇货"有在合适的时候可以出售的下家。

吕不韦原本是一个贱买贵卖的商家，往返经商的结果积累家资万贯。这样具备了第二个条件。在邯郸经商的过程中发现，秦的王子异人作为在赵的人质，生活非常穷困，这样具备了第一条件。秦太子安国君宠妾华阳夫人没有孩子，第三个条件就此具备。

白手起家的吕不韦第一桶金是如何挖到的至今尚无法考证，但在尚未婚娶的年龄就成为一国首富绝对不是靠贩卖青菜、卖几个肉包子就能实现的。

吕不韦擅长贱进贵出是商业上的最起码理论，单纯靠这一点是难以发家的，他的奇货可居理论才是他发家的关键。这里至少有一点是可以肯定的，吕不韦的原始资本积累一定是靠见不得人的买卖来积累的。是否有过非法融资尚待考证，但相信那些贩卖私盐、走私珠宝的买卖少不了，因为在当时的赵国这都是奇货。

吕不韦是战国末期的卫国人，但卫国是小国，经济不发达，于是他把商品贸易发展到了赵国并且把公司总部也建在赵国。当时赵国是各诸侯国的交通要道，各国的名人云集，经济比较发达。走出国门的吕不韦，选择赵国作为自己的出口贸易国家，不但使吕不韦成了历史上开拓国际贸易的第一人，也足以看出他独到的经济眼光。

善于包装自己的吕不韦，为了把自己的商业达到顶峰与达官贵族联系密切，吕府迎来送往的大多数是赵国的高官贵人，各国的外交使节也是吕府的常客。这就使他的商业与官场有了千丝万缕的联系，在扩大了自己的知名度的同时，也为自己的商业发展提供了更多的良机。

大家都知道在古代商人的地位是比较低的。无论商人有多少金银财宝，那些高官贵族、文人学者也对他不屑一顾，认为他难登大雅之堂的。为了改变自己的地位吕不韦决定弃商从政以达到成为贵族的目的。在当时的环境下作为一个商人想达到这一步是很难的，但对于吕不韦来说却很容易，他也取得了成功，开了商人从政的先河。

三、为子楚贿立太子

吕不韦于是去看望子楚，对他进行游说道："我能使您的门第光大起来。"子楚笑道："暂且还是去光大你自己的门第吧，然后光大我的门第！"吕不韦道："您不懂呵，我的门第要等待您的门第光大了才能光大起来。"子楚明白了他话里的意思，就让吕不韦靠近自己坐下，和他秘密地深谈起来。

吕不韦道："秦王老了，安国君被立作太子。我听说安国君非常宠爱华阳夫人，华阳夫人没有儿子，能够选立太子的只有华阳夫人一个。现在你的兄弟有二十多人，你又排行中间，不受秦王宠幸，长期被留在诸侯国当人质，即使是秦王死去，安国君继位为王，你也不要指望同你长兄和早晚在秦王身边的其他兄弟争太子之位啦。"

子楚说："是这样，但该怎么办呢？"

吕不韦说："你很贫窭，又客居在此，也拿不出什么来献给亲长、结交宾客。我吕不韦虽然不富有，但愿意拿出千金来为你西去秦国游说，侍奉安国君和华阳夫人，让他们立你为太子。"

子楚于是叩头拜谢道："如果实现了您的计划，我愿意分秦国的土地和您共享。"

吕不韦于是拿出五百金送给子楚，作为日常生活和交结宾客之用；又拿出五百金买珍奇玩物，自己带着礼物西去秦国游说。

吕不韦到了秦国，先拜见华阳夫人的弟弟阳泉君，把带来的东西统统献给华阳夫人。顺便谈及子楚聪明贤能，所结交的诸侯宾客，遍及天下，常常说"我子楚把夫人看成天一般，日夜哭泣思念太子和夫人"。夫人非常高兴。

吕不韦乘机又让华阳夫人姐姐劝说华阳夫人道："我听说用美色来侍奉别人的，一旦色衰，宠爱也就随之减少。现在夫人您侍奉太子，甚被宠爱，却没有儿子，不趁这时早一点在太子的儿子中结交一个有才能而孝顺的人，立他为继承人而又像亲生儿子一样对待他，那么，丈夫在世时受到尊重，丈夫死后，自己立的儿子继位为王，最终也不会失势，这就是人们所说的一句话能得到万世的好处啊。不在容貌美丽之时树立根本，假使等到容貌衰竭，宠爱失去后，虽然想和太子说上一句话，还有可能吗？现在异人贤能，而自己也知道排行居中，按次序是不能被立为继承人的，而他的生母又不受宠爱，自己就会主动依附于夫人，夫人若真能在此时提拔他为继承人，那么夫人您一生在秦国都要受到尊宠啦。"

华阳夫人听了认为是这样，就趁太子方便的时候，委婉地谈到在赵国做人质的异人非常有才能，来往的人都称赞他。接着就哭着说："我有幸能填充后宫，但非常遗憾的是没有儿子，我希望能立异人为继承人，以便我日后有个依靠。"

安国君答应了，就和夫人刻下玉符，决定立子楚为继承人，安国君和华阳夫人都送好多礼物给异人，而请吕不韦当他的老师，因此异人的名声在诸侯中越来越大。华阳夫人认异人为子，改名子楚。为子楚作为将来的太子铺平了道路，同时也为自己成为太后奠定了基础。

这是一个三赢的举措，是子楚入主秦国的里程碑，同时也是吕不韦大贵的开始，到达这个阶段，他花费了1600金和八年时间。

四、把怀孕赵姬送子楚生嬴政

吕不韦选取了一位非常漂亮而又善于跳舞的邯郸女子同居，直到她怀了孕。子楚有一次和吕不韦一起饮酒，看到此女后非常喜欢，就站起身来向吕不韦祝酒，请求把此女赐给他。吕不韦很生气，但转念一想，已经为子楚破费了大量家产，为的借以钓取奇货，于是就献出了这个女子。此女隐瞒了自己怀孕在身，到十二个月之后，生下儿子名政。子楚就立此姬为夫人。

秦昭王五十年（前257），派王齮围攻邯郸，情况非常紧急，赵国想杀死子楚。子楚就和吕不韦密谋，拿出六百金送给守城官吏，得以脱身，逃到秦军大营，这才得以顺利回国。赵国又想杀子楚的妻子和儿子，因子楚的夫人是赵国富豪人家的女儿，才得以隐藏起来，因此母子二人竟得活命。

秦昭王五十六年（前251），昭王去世，太子安国君继位为王，华阳夫人为王后，子楚为太子。赵国也护送子楚的夫人和儿子赵政回到秦国。

安国君继秦王位，守孝一年后，加冕才三天就突发疾病去世了，谥号为孝文王。

子楚继位，他就是秦庄襄王。庄襄王尊奉为母的华阳王后为华阳太后，生母夏姬被尊称为夏太后。 庄襄王元年（前249），任命吕不韦为丞相，封为文信侯，河南洛阳十万户作为他的食邑。

庄襄王即位三年之后死去，太子嬴政继立为王，尊奉吕不韦为相邦，称他为"仲父"。秦王年纪还小，太后常常和吕不韦私通。

在那时，魏国有信陵君，楚国有春申君，赵国有平原君，齐国有孟尝君，他们都礼贤下士，结交宾客。并在这方面要争个高低上下。吕不韦认为秦国如此强大，把不如他们当成一件令人羞愧的事，所以他也招来了文人学士，给他们优厚的待遇，门下食客多达三千人。那时各诸侯国有许多才

辩之士，像荀卿那班人，著书立说，流行天下。吕不韦就命他的食客各自
将所见所闻记下，综合在一起成为八览、六论、十二纪，共二十多万言。
自己认为其中包括了天地万物古往今来的事理，所以号称《吕氏春秋》。
并将之刊布在咸阳的城门，上面悬挂着一千金的赏金，遍请诸侯各国的游
士宾客，若有人能增删一字，就给予一千金的奖励。

五、吕不韦之死

秦王政越来越大了，但太后一直淫乱不止。吕不韦唯恐事情败露，灾祸降临在自己头上，就暗地寻求了一个阴茎特别大的人嫪毐（lào ǎi）作为门客，不时让表演歌舞取乐，命嫪毐用他的阴茎穿在桐木车轮上，使之转动而行，并想办法让太后知道此事，以此事引诱她。太后听说之后，真的想在暗中占有他。

吕不韦就进献嫪毐，假装让人告发他犯下了该受宫刑的罪。吕不韦又暗中对太后说："你可以让嫪毐假装受了宫刑，就可以在供职宫中的人员中得到他。"

太后就偷偷地送给主持宫刑的官吏许多东西，假装处罚嫪毐，拔掉了他的胡须假充宦官，这就得以侍奉太后。太后暗和他通奸，特别喜爱他。后来太后怀孕在身，恐怕别人知道，假称算卦不吉，需要换一个环境来躲避一下，就迁移到雍地的宫殿中居住。嫪毐一直跟着太后，得到的赏赐非常丰厚，而太后凡事也都由嫪毐决定。嫪毐的仆人有数千人，希望做官而自愿成为嫪毐门客的，也有上千人。秦王政七年（前240），庄襄王的生母夏太后去世。孝文王后叫华阳太后，和孝文王合葬在寿陵。夏太后的儿子庄襄王葬在芷阳，所以夏太后另外单独埋葬在杜原之东，称"向东可以看到我的儿子，向西可以看到我的丈夫。在百年之后，旁边定会有个万户的城邑"。

秦王政九年（前238），有人告发嫪毐实际并不是宦官，常常和太后淫乱私通，并生下两个儿子，都把他们隐藏起来，还和太后密谋说"若是秦王死去，就立这儿子继位"。于是秦王命法官严查此事，把事情真相全部弄清，事情牵连到相国吕不韦。这年九月，把嫪毐家三族人众全部杀死，又杀太后所生的两个儿子，并把太后迁到雍地居住。

秦王政十年（前237）十月，免去了吕不韦的相邦职务。等到齐人茅焦劝说秦王，秦王这才到雍地迎接太后，使她又回归咸阳。

茅焦，生卒年月不详，齐国人。他是秦始皇统治时期最著名的一位"亢直之士"、敢谏之臣。嫪毐之乱平定后，秦始皇车裂嫪毐，捕杀两弟，并把母亲赵姬迁出咸阳，囚禁在雍。许多臣工认为这种处理方式既有悖孝道，又有损秦国形象，先后进谏，秦始皇大怒。他下令说："敢以太后事谏者，戮而杀之。"谏臣前仆后继，被处死者达二十七人之多。茅焦不顾生死，执意进谏，直至秦始皇幡然醒悟纠正错误。

此事《史记·秦始皇本纪》载：十年，相国吕不韦坐嫪毐免。桓齮为将军。齐、赵来置酒。齐人茅焦说秦王曰："秦方以天下为事，而大王有迁母太后之名，恐诸侯闻之，由此倍秦也。"秦王乃迎太后于雍而入咸阳，复居甘泉宫。又《史记·吕不韦列传》载：秦王十年十月，免相国吕不韦。及齐人茅焦说秦王，秦王乃迎太后于雍，归复咸阳，而出文信侯就国河南。汉刘向《说苑·正谏》记载如下：

秦始皇帝太后不谨，幸郎嫪毐，封以为长信侯，为生两子，毐专国事，浸益骄奢，与侍中左右贵臣俱博饮，酒醉争言而斗，瞋目大叱曰："吾乃皇帝之假父也，窭人子何敢乃与我亢！"所与斗者走行白皇帝，皇帝大怒，毐惧诛，因作乱，战咸阳宫。毐败，始皇乃取毐四肢车裂之，取其两弟囊扑杀之，取皇太后迁之于萯阳宫，下令曰："敢以太后事谏者，戮而杀之！"从蒺藜其脊肉，干四肢而积之阙下，谏而死者二十七人矣。齐客茅焦乃往上谒曰："齐客茅焦愿上谏皇帝。"皇帝使使者出问客，得无以太后事谏也，茅焦曰然，使者还白曰："果以太后事谏。"皇帝曰走往告之，若不见阙下积死人邪？使者问茅焦，茅焦曰："臣闻之天有二十八宿，今死者已有二十七人矣，臣所以来者，欲满其数耳，臣非畏死人也。"走入白之，茅焦邑子，同食者尽负其衣物行亡，使者入白之，皇帝大怒曰："是子故来犯吾禁，趣炊镬汤煮之，是安得积阙下乎！"趣召之入，皇帝按剑而坐，口正沫出，使者召之入，茅焦不肯疾行，足趣相过耳，使者趣之，茅焦曰："臣至前则死矣，君独不能忍吾须臾乎？"使者极哀之，茅焦至前再拜谒起，称曰："臣闻之，夫有生者不讳死，有国者不讳亡；讳死者不可以得生，讳亡者不可以得存。死生存亡，圣主所欲急闻也，不审陛下欲闻之不？"皇帝曰："何谓也？"茅焦对曰："陛下有狂悖之行，陛下不自知邪！"皇帝曰："何等也？愿闻之。"茅焦对曰："陛下车裂假父，有嫉妒之心；囊扑两弟，有不慈之名；迁母萯阳宫，有不孝之行；从蒺藜于谏士，有桀纣之治。今天下闻之，尽瓦解无向秦者，臣窃恐秦亡为陛下危之，所言已毕，乞行就质。"乃解衣伏质。皇帝下殿，左手接之，右手麾左右曰："赦之，先生就衣，今愿受事。"乃立焦为仲父，爵之上卿；皇帝立驾，千乘万骑，空左方自行迎太后萯阳宫，归于咸阳；太后大喜，乃大置酒待茅焦，及饮，太后曰："抗枉令直，使败更成，安秦之社稷；使妾母子复得相会者，尽茅君之力也。"

这则记于《说苑·正谏》的君臣之间纳谏、进谏的政治佳话使得茅焦名留千古。

同年，吕不韦遣出京城，前往河南的封地。又过了一年多，各诸侯国的宾客使者络绎不绝，前来问候吕不韦。秦王害怕他发动叛乱，就写信给吕不韦说："你对秦国有何功劳？秦国封你在河南，食邑十万户。你与秦王有什么血缘关系？而号称仲父。你与家属都一概迁到蜀地去居住！"吕不韦一想到自己已经被逼迫，害怕日后被杀，就喝下鸩酒自杀而死。吕不韦墓位于洛阳市东约20公里的偃师区南蔡庄大冢头村东。秦王所痛恨的吕不韦、嫪毐都已死去，就让迁徙到蜀地的嫪毐门客都回到京城。

所谓"窃国者侯"。秦孝文王去世后子楚继承王位，为秦庄襄王。吕不韦因为辅助子楚有功，封为文信侯，官拜相国，权倾朝野，只手天下。在庄襄王时吕不韦灭周，从此诸侯无主，为秦最后统一六国迈出了重大的一步。庄襄王在位三年后去世，嬴政即位，当时13岁，还没有能力处理国政，吕不韦因此把持朝政，走到了权力的顶峰。

俗话说，日中则昃。太后因为以前是吕不韦的宠妾，在庄襄王死后又和吕不韦经常私通，秽乱宫闱。虽然传言嬴政是吕不韦的孩子，但是却不能公开。淫乱太后本是对嬴政的侮辱，另外加上暴露嬴政不是王室血统而使嬴政的地位岌岌可危。吕不韦成了嬴政的心头刺。"既辱且危，死期将至"。

秦王政十九年（前229），太后去世，谥号为帝太后。与庄襄王合葬在芷阳。

六、"吕不韦是大政治家"

毛泽东在一次谈话中说："青年人打倒老年人，学问少的人打倒学问多的人，这种例子多得很。战国时期，秦国有个甘罗，是甘茂的孙子，他十二岁当丞相，他才是个'红领巾'！当时吕不韦是个大政治家，但没有主意，甘罗却有主意，他到赵国解决了一个问题。"（王子今：《毛泽东与中国史学》，中共中央党校出版社 1993 年 11 月版，第 197—198 页）

吕不韦想扩大河间一带地方，让张唐去燕国当宰相，以便形成秦、燕两国夹击赵国之势，但张唐不去，吕不韦没有办法。12 岁的甘罗把这个问题解决了，但毛泽东没有否认吕不韦是个"大政治家"。

甘罗（约公元前 256—？），战国末期下蔡（今颖上县甘罗乡）人。战国时期秦国名臣甘茂之孙，著名的少年政治家。甘罗自幼聪明过人，小小年纪便拜入秦国丞相吕不韦门下，任少庶子。甘罗幼时聪慧过人，十二岁那年，祖父甘茂因力阻秦王兴土木而招致秦王不满，秦王就令其上贡"公鸡蛋"来刁难他。翌日一早，甘罗则随满朝文武官员进了金殿。秦王一见就问："小孩子来做什么，你爷爷呢？"甘罗镇定地说："爷爷在家生孩子。"秦王拍案斥道："一派胡言，男人怎么能生孩子？"甘罗也不甘示弱地回答："既然男人不能生孩子，那公鸡怎么能下蛋呢？"秦王一听恍然大悟，称赞道："小小顽童却有宰相之才！"于是甘罗就磕头谢恩。秦王的金口玉言使"甘罗十二做宰相"的美名传遍了天下。当时，战国七雄争霸正酣，甘罗便自告奋勇出使赵国，以拆散燕赵联盟。赵王一看甘罗为一顽童，惊讶地问："秦国年长者诸多，何以派你出使呢？"甘罗回答："秦王用人，因才委任，年长者任以大事，年幼者任以小事，臣最年幼，故而来使。"他唇枪舌剑、力挫群儒，终于博得了赵王的欢心，送他百金、对璧和五座城池。秦王得知甚悦，封其为"上卿"。甘罗被封为"上卿"后，经常陪同秦王决策国家大事。

张唐，战国时期秦国将领。秦昭王时多次带兵攻魏、赵，夺取大片土地，斩杀甚众，赵人恨之入骨，曾下令能得张唐者赏百里之地。秦王政时，吕不韦为丞相，曾命其出使燕国，联合燕国共同伐赵。张唐恐遭不测，不愿前往。经甘罗劝说遂行，秦、燕联合，迫使赵献地求和。

吕不韦的功绩主要表现在：

第一，立异人为嫡嗣，稳定了秦王室。异人的爷爷秦昭王是一个执政50多年的老君王，父亲安国君是一个50多岁的老太子，安国君有20多个儿子，却迟迟没有确立嫡嗣，王室的此种状况潜伏着极大的不安因素，一旦儿子们为争夺王位发生争斗，将会导致秦国内乱，甚至使秦国形势发生逆转。吕不韦通过游说秦国，打通关节，说动了华阳夫人并由她说服了安国君，确立异人为嫡嗣。吕不韦此举虽然具有政治投机的目的，但立异人为嫡嗣稳定了秦王室，使秦王去世后王室没有发生内乱，加之吕不韦以丞相职位辅佐异人，把握朝政，使秦国在秦昭王、安国君死后没有停步，继续发展，维持了对东方六国的高压态势，加快了统一六国的步伐。从这个角度看，吕不韦对中国历史的发展是有贡献的。

第二，对外战争讲究计谋，避免硬仗、恶战。一部战国史，从始至终战争不绝，一场大战伤亡的人数往往在数十万以上。前260年，秦赵长平之战，赵国战俘竟有40万人被坑杀！此战是古往今来最惨烈的战争之一。当时吕不韦正在邯郸，亲历了战争给赵国造成的创伤。他在秦国执政后反对在战争中大规模屠杀。他提出了兴"义兵"的思想，所谓义兵，就是"兵入于敌之境，则民知所庇矣，黔首知不死矣。至于都国之郊，不虐五谷，不掘坟墓，不伐树木，不烧积聚，不焚室屋，不取六畜，得民虏而归之"。

应该说，吕不韦的战争观是进步的，他在执政中尽量避免硬碰硬的战争，以减少损失。前247年，东方五国联合抗秦，吕不韦设计将联军首领信陵君和魏王的关系搞坏，信陵君被撤职，联军遂告瓦解。

第三，组织门客编著《吕氏春秋》。这是吕不韦执政期间所做的一件大事。在先秦诸子著作中，《吕氏春秋》被列为杂家，其实，这个"杂"不是杂乱无章，而是兼收并蓄，博采众家之长，用自己的主导思想将其贯穿。这部书以黄老思想为中心，"兼儒墨，合名法"，提倡在君主集权下实行无为而治，顺其自然，无为而无不为。用这一思想治理国家对于缓和社会矛盾，使百姓获得休养生息，恢复经济发展非常有利。

吕不韦编著《吕氏春秋》既是他的治国纲领，又给即将亲政的嬴政提供了执政的借鉴。可惜，由于吕不韦个人的过失，使嬴政对这部书弃而不用，没有发挥应有的作用。《吕氏春秋》的价值逐渐为后人领悟，成为了解战国诸子思想的重要资料。

说起吕不韦的过，莫过于他在处理和赵姬的关系上不干净利落，没有一刀两断，以致一错再错，酿成大祸。本来，当年他把赵姬送给了异人，异人称王，赵姬为王后，身为丞相的吕不韦就应彻底了结与赵姬的情缘，各得其所，相安无事。哪知他对赵姬还一往情深，赵姬对他亦恋恋不舍。尤其异人死后，赵姬守寡，两人更如干柴遇烈火，甚至光天化日，肆无忌惮！这让渐渐懂事的嬴政怎么看？这让朝廷官员、民间百姓怎么看？精明的吕不韦后来也发现自己已经引火烧身，"恐觉祸及己"，主动停止了和太后的往来，但是他又推荐大阴人嫪毐，结果引狼入室，一错再错，终于招来灭顶之灾。

纵观吕不韦的一生，他没有在治国的大政方针上出现失误，是从政的高手；却在情感的小圈子里丧失理性，迷失方向，导致身败名裂，令人深思。

为什么这样说呢？至少有两方面的原因：一是吕不韦见到子楚后，觉得"奇货可居"，便展开了一系列的活动，使子楚从赵国回国，先被立为嫡子，再立为太子，最后继承王位，子楚死后，秦王政继位，而秦王政便正是他与赵姬（即太后）的私生子，可以说吕不韦算无失策，的确是一位高明的谋士。

其二是吕不韦开始虽然是政治投机，但他一旦掌权，却很有政治家的头脑和能力，在他任丞相的13年间，辅佐秦庄襄王和年少的秦王政使秦国国力日益强大，为秦灭六国奠定了坚实基础，所以，吕不韦对统一事业功不可没，毛泽东说他是一位"大政治家"实不为过。

此外，吕不韦还与门客共同编著了一部兼合"诸子百家"学说而成的

《吕氏春秋》。《史记》曾记载此书的缘起经过，吕不韦时为丞相："是时诸侯多辩士，如荀卿之徒，著书布天下。吕不韦乃使其客人人著所闻，集论以为八览、六论、十二纪，二十余万言。以为备天地万物古今之事，号曰《吕氏春秋》。""八览"是全书的开头和主要部分，故《吕氏春秋》又名《吕览》。

《吕氏春秋》想把诸子的学说统一起来，实则倾向于儒家和道家。在政治思想上赞成儒家修身、齐家、治国、平天下的理论，反对家天下，讴歌禅让，但又存在不少矛盾之处。它既主张统一，又主张分封，并反对君主专制。这种思想与秦王政的思想是对立的，这恐怕是吕不韦不能见容于秦王政的根本原因。关于《吕氏春秋》的成书时间，史学家司马迁的记载是自相矛盾的，在本传中说他写于吕不韦当丞相时，书成之后，"布咸阳市门，悬千金其上，延诸侯游士宾客有能增损一字者予千金"；而在《报任安书》和《太史公自序》中又有"不韦迁蜀，世传《吕览》"的话，似乎说是《吕氏春秋》成书于吕不韦罢相之后，才有愤可发。

毛泽东于1962年1月30日《在扩大的中央工作会议上的讲话》中说："司马迁说过：'文王拘而演周易，仲尼厄而作春秋。屈原放逐，乃赋离骚。左丘失明，厥有国语。孙子膑脚，兵法修列。不韦迁蜀，世传吕览。韩非囚秦，说难孤愤。诗三百篇，大抵圣贤发愤之所为作也。'这几句话当中，所谓文王演周易，孔子作春秋，究竟有无其事，近人已有怀疑，我们可以不去理它，让专家们去解决吧，但是司马迁是相信有其事的。文王拘，仲尼厄，则确有其事。司马迁讲的这些事情，除左丘失明一例以外，都是指当时上级领导者对他们作了错误处理的。我们过去也错误地处理过一些干部，对这些人不论是全部处理错了的，或者是部分处理错了的，都应当按照具体情况，加以甄别和平反。但是，一般地说，这种错误处理，让他们下降，或者调动工作，对他们的革命意志总是一种锻炼，而且可以从人民群众中吸取许多新知识。"（《在扩大的中央工作会议上的讲话》，《毛泽东文集》，第八卷，人民出版社1999年版，第291—292页）

毛泽东在讲话中援引司马迁《报任安书》中的"文王拘而演周易"一段话，目的是讲党内党外，都要有充分的民主生活，都要认真实行民主集中制。但他援引司马迁的这段话，说明他也同意司马迁的发愤著书说。

毛泽东对《吕氏春秋》非常熟悉，在自己的著作、讲话和谈话中经常运用。在《论联合政府》中用"流水不腐，户枢不蠹"比喻经常运动的东西不易受腐蚀，就出自《吕氏春秋·尽数》："流水不腐，户枢不蝼（lóu楼），动也。"

《吕氏春秋·勿引》中有"三军之士，视死如归"一语，毛泽东也多次引用。1950 年 2 月，毛泽东在向斯大林介绍说，在同国民党军队的战斗中，共产党的军队处境十分危险时，指挥员就号召：'不畏艰险，视死如归。"1959 年，他在一份报告的批语中也说："唐人诗云：沉舟侧畔千帆过，病树前头万木春。再接再厉，视死如归，在同地球开战中要有此种气概。"（《建国以来毛泽东文稿》，中央文献出版社 1993 年版，第八册，第 217 页）

张良『运筹帷幄，决胜千里』

一、青年张良的反秦斗争

（一）五世相韩

张良（约前 250—前 186），字子房，封为留侯，谥号文成，颍川城父（今河南郏县东三十里，又今安徽亳州东南）人。张良因暗杀秦始皇失败，为躲避追查改名换姓。张良是汉高祖刘邦的主要谋臣，汉朝的开国元勋之一，与萧何、韩信并称为汉初三杰。

关于张良的籍贯，史学界说法不一。《史记》只称"其先韩人也"，韩《后汉书》则说："张良出于城父"。目前，河南新郑、禹州、郏县，安徽亳州等都认为张良是当地人，造成很大的混乱。

近日，郑州的一些专家通过大量的文献考证，认为张良应该是新郑人。他们的根据主要有三点：其一，《史记》为证。《史记·留侯世家》记载："留侯张良者，其先韩人也。大父开地，相韩昭侯、宣惠王、襄哀王。父平，相釐王、悼惠王。悼惠王二十三年，父平卒。良年少未宦事韩。韩破，良家僮三百人，弟死不葬，悉以家财求客刺秦王，为韩报仇，以大父、父五世相韩故。"其二，《汉书》为证。《汉书》记载："良祖开地相韩 41 年，父平相韩 46 年，共连续相韩 87 年，其家当在韩都。"其三，良父卒，良年少，其出生地当在韩都。韩灭时，张良仅家僮就有 300 人，这样的大家族也只能在韩都才有。

根据以上三点，可以推断，张良出生和青少年时代均在韩都，所以，张良只能是韩都人，也就是新郑人。说张良是禹州人不足为信。

史书中出生地的记载索隐：良既历代相韩，故知其先韩人。顾氏按：《后汉书》云"张良出于城父"，正义：括地志云："城父在汝州郏城县东三十里，韩也。"

春秋时楚太子建始建城父，而后楚国在此被晋国击败，重新为郑国属地，楚国后来就将陈地的夷改为城父。战国时期两个城父并存，西城父（汉时更名为父城）属韩国，即今河南平顶山宝丰县东部及郏县东南部一带，东城父（此名沿用）属楚国，在今安徽阜阳颍上县一带。所以张良的故乡应为颍川郡城父，而非泗水郡城父。颍川城父，即汉之父城县，城在今宝丰县李庄乡古城村。然而，当时父城治下地域广阔，张良故里如不在当时的县城，则具体位置已不可考。

张良是韩国贵族，他的祖先是韩国人。祖父名叫开地，先后担任过韩昭侯、宣惠王和襄哀王的丞相。父亲张平，担任过釐（lí，离）王和悼惠王的丞相。悼惠王二十三年（前250），张平去世。张平去世二十年，秦灭亡了韩国（前230）。当时张良还年轻，没有在韩国做过官。韩国灭亡以后，张良家里的奴仆有三百人。这时，他的弟弟死了，他不用厚礼安葬，却拿出全部家财访求刺客，谋刺秦始皇，为韩国报仇。张良这样做，是因为祖父、父亲曾经做过韩国五代君主的丞相的。

张家"五世相韩"，可想而知，张良对韩国感情相当深厚。虽然父亲早逝，但张良以一个贵族子弟的身份，仍然相当幸福地度过了童年和少年。大约在张良二十岁时，秦灭韩，国破家亡的厄运突然降临。从此张良便犹如生活在地狱之中，心里充满仇恨，一心要为韩国报仇。

（二）博浪沙刺杀秦始皇

博浪沙，古地名，位于今河南省原阳县城东郊，现名古博浪沙。历史上，因韩国丞相后裔张良曾在此地刺杀秦始皇而名扬天下。

古博浪沙北临黄河，南临官渡河，又处于咸阳到东方的驰道上，系邙山余脉，到处沙丘连绵起伏，一望无际，行走困难，军队更是前进迟缓，沙丘上荆棘丛生，野草没人。沙丘低洼处，沼泽地、水洼连成一片。沙丘易于隐蔽和逃跑，沼泽地芦苇丛生，更是几步之内不见人影。向北过黄河，

张良「运筹帷幄，决胜千里」

163

向南过官渡河后，官军都不易抓到。张良选择此处行刺，可谓神机妙算。

张良到东方拜见仓海君，共同制定谋杀行动计划。沧海君史记作"仓海君"，秦时东夷濊人（秽人）的一个君长。濊国，又作秽国，是古代朝鲜半岛东部的一个国家。秽国建立的具体时间不详，《逸周书·王会篇》中已经出现用作族称的"秽人"。濊国的地理范围，大致在今朝鲜民主主义人民共和国与韩国分治的江原道地区。

当时，张良家中还有奴仆三百人，张良完全弃之不顾，弟弟死了，也没有心思为他好好地下葬。张良离家出走，浪迹天涯，带着他的全部家产足有万金之资。据说曾经"学礼淮阳（今河南淮阳），东见仓海君"。

他散尽家资，终于找到了一个大力士。张良为大力士铸造了一个重达一百二十斤重的大铁锤。然后差人打探秦始皇东巡行踪。按照君臣车辇规定，天子六驾，即秦始皇所乘车辇由六匹马拉车，其他大臣四匹马拉车，刺杀目标是六驾马车。

秦始皇二十九年（前218），秦始皇东巡，张良很快得知，秦始皇的巡游车队即将到达阳武县（现在原阳县东半部），于是张良指挥大力士埋伏在到阳武县的必经之地——博浪沙。张良和大力士隐蔽在博浪沙（今河南原阳城东郊）这个地方，用铁锤袭击秦始皇，遗憾的是，由于距离太远，这一锤"误中副车"，也就是误中了秦始皇的一辆随行车辆。秦始皇因多次遇刺，早有预防准备，所有车辇全部四驾，时常换乘座驾，张良自然很难判断哪辆车中是秦始皇。秦始皇幸免于难，但秦始皇对此事十分恼怒，下令全国缉捕刺客，但因无从查起，使张良得以"逍遥法外"，后来不了了之。古博浪沙张良刺秦从此闻名遐迩。唐朝诗人李白有诗云："子房未虎啸，破产不为家。沧海得壮士，椎秦博浪沙。"

（三）圯桥纳履得兵书

张良改名换姓，逃到下邳（今江苏睢宁西北）躲避起来。

据《邳志补》卷记载，下邳旧城西门外有一座留侯庙，黄石山东麓有一座黄石公庙。相传张良与黄石公在下邳圯桥相遇，有一段纳履和赠书的故事。

《史记·留侯世家》对此有较详细的记载。古代不少文人，游历下邳时，曾经留下了不少这方面的咏古诗作，其中就包括大诗人李白的诗作。

张良改名换姓，潜逃到下邳。在下邳东小沂水的圯桥上，张良与黄石公相遇。黄石公授给他一部书，张良熟读这部书，后来做了刘邦的谋士，扶汉灭楚，为汉初功臣，高祖封他为留侯。上面是有关古书的记载，下面是邳州至今还流传着的故事。

传说张良逃匿下邳，一天，他觉得烦闷，就信步从白门走出来，到城东南一带闲游。他走上小沂水河上的圯桥，坐在桥头上观赏景物。

一会儿，他看见一个老人，从桥西头步履蹒跚地走来。老人走到张良休息的地方，不料一只鞋子落到桥下去了。这时，张良听到老人喊他："孩子！下去把鞋子给我拾来！"张良一听顿时觉得老人无礼，就有些不高兴。他慢慢地抬头一看，只见老人须发皆白，老态龙钟，也就不再计较，给老人拾鞋去了。张良捡回鞋子送给老人，老人却把脚一伸说："给我穿上吧！"张良一听真火了，刚想把鞋子扔了，但转念一想，又忍住了，干脆帮人就帮到底吧。于是他一条腿跪着，把鞋给老人穿上。还没等张良起来，老人却转身走了。谁知道老人走了一段路，又折回来了。老人对张良说："看来，你这孩子还是可以教育的，五天以后，在这里再见面。"张良感到诧异，立即向前施礼道："谨遵教诲。"

五天后，天不亮，张良到了原来与老人相会的圯桥上，想不到老人又在那里等着他了。老人大怒说："跟长辈相约，你却来迟了，这是为什么呢？"说罢，老人转身又走时，说："再等五天早点来吧！"

又过了五天，还没到半夜，张良就赶到桥上。一会儿，老人也来了，高兴地说："应当这样。"老人拿出一册书交给张良，嘱咐张良道："读好这册书，就可以给帝王当老师了。今后十年，时局当有大变化。再过十三年，你来见我，济北谷城山（今山东东阿东北五里）下有块黄石，那就是我。"老人说罢就走了，从此不再来相见。

天亮后，张良发现老人给他的那册书是《太公兵法》，他十分重视，便精心熟读。后来他辅助刘邦，兴汉灭楚，运筹帷幄，决战千里，多得力于这部书。十三年后，张良随从汉高帝到济北，果然见谷城山脚下有一块黄石，留侯把它取回，作为神物供奉起来并加以祭祀。据说，张良死后，就用这块黄石与老人给他的那部书来殉葬。每年冬、夏两季扫墓，伏日、腊日祭祀张良时，也要祭祀黄石。

黄石公，下邳人（今江苏邳州）。世人称黄石公"圯上老人""下邳神人"。黄石公本为秦汉时人，后得道成仙，被道教纳入神谱。皇甫谧《高士传》：黄石公者，下邳人也，遭秦乱，自隐姓名，时人莫知者。

据传，黄石公是秦始皇父亲的重臣，姓魏名辙。始皇父亲庄襄王死后，轮到秦始皇坐朝当政，他独断专行，推行暴政，忠言逆耳，听不进忠臣元老的意见，魏辙便挂冠归隐，策马离开朝廷。秦始皇听说魏辙走了，想想一来自己还年轻，虽已登基，但立足未稳，身边需要人辅佐；二来魏辙是先皇老臣，如若走了会让天下人笑话自己无容人之量。于是就带亲信人马追魏辙到骊山脚下，用好言好语千方百计挽留，魏辙决心已定，不愿回去。后来，他就隐居在邳州西北黄山北麓的黄华洞中，因人们不知道他的真实姓名，就称他为黄石公。

《太公兵法》又称《太公六韬》《太公兵法》，旧题周初太公望（即吕尚、姜子牙）所著，普遍认为是后人依托，作者已不可考。现在一般认为此书成于战国时期。全书以太公与文王、武王对话的方式编成。此书在《汉书·艺文志》诸子略兵家类中不见著录，但在"道家"列"《太公》二百三十七篇"，其中《谋》八十一篇，《言》七十一篇，《兵》八十五篇；儒家类著录有《国史六》"即今之《六韬》也，盖言取天下及军旅之事。字与韬同也。"《隋书·经籍志》明确记载："《太公六韬》五卷，周文王师姜望撰。"但从南宋开始，《六韬》一直被怀疑为伪书，特别是清代，更被确定为伪书。然而，1972 年 4 月，在山东临沂银雀山西汉古墓中，发现了大批竹简，其中就有《六韬》的五十多枚，这就证明《六韬》至少在西汉时已广泛流传了，对它的怀疑与否定也不攻自破了。

太公，即姜太公，就是姜尚（前 1128—前 1015），字子牙，吕氏，一名望，尊称太公望，道家前身。武王尊之号为"师尚父"，世称"姜太公"。汉族（华夏族），"海曲城有东吕乡东吕里，太公望所出也。"（今山东省日照人）据说祖先在舜时为"四岳"之一，曾帮助大禹治水立过功，被封在吕，姜为其族姓。姜子牙出世时，家境已经败落了。

姜太公是齐国的缔造者，周文王倾商武王克殷的首席谋主、最高军事统帅与西周的开国元勋，齐文化的创始人，亦是中国古代的一位影响久远的杰出的韬略家、军事家与政治家。历代典籍都公认他的历史地位，儒、道、法、兵、纵横诸家皆追他为本家人物，被尊为"百家宗师"。

《六韬》是一部集先秦军事思想之大成的著作，《六韬》通过周文王、武王与吕望对话的形式，论述治国、治军和指导战争的理论、原则，对后代的军事思想有很大的影响，被誉为兵家权谋类的始祖。司马迁《史记·齐太公世家》称："后世之言兵及周之阴权。皆宗太公为本谋。"北宋神宗元丰年间，《六韬》被列为《武经七书》之一，为武学必读之书。

今本《六韬》共分六卷。文韬——论治国用人的韬略；武韬——讲用兵的韬略；龙韬——论军事组织；虎韬——论战争环境以及武器与布阵；豹韬——论战术；犬韬——论军队的指挥训练。

《六韬》在16世纪传入日本，18世纪传入欧洲，现今已翻译成日、法、朝、越、英、俄等多种文字。

毛泽东对这个故事十分熟悉，1952年10月29日，他到徐州视察，和陪同他的徐州领导同志及随行人员登上云龙山，看了放鹤亭，吟诵了《放鹤亭记》，讲了活了800年的老寿星彭祖（钱铿）的养生之术，他说："历史上很多名人来过徐州做过很多有意义的事，如秦始皇为了秦政权的巩固和持久，曾亲临彭城，于泗水求鼎。汉初三杰之一的张良曾隐居在古邳镇，并在那里圯桥见到黄石公。黄石公给他一部兵书，帮助张良成就了大事业。著名史学家司马迁，诗人谢灵运、李白、白居易、李商隐、范仲淹、文天祥、李渔、苏轼、韩愈、李煜等都来过徐州。大诗人李白专程去下邳圯桥凭吊张良往事，写下《经下邳圯桥怀张子房》一诗，其中有这样的句子：'我来圯桥上，怀古钦英风。唯见泗水流，曾无黄石公。叹息此人去，萧条徐泗空。'

張良「運籌帷幄，決勝千里」

这李白也想见黄石公，得到上天指点，干点大事业，可惜，黄石公不在了！"

这是经过下邳圯桥时写的一首怀古诗。诗分前后两部分，第一部分共八句：

> 子房未虎啸，破产不为家。
> 沧海得壮士，椎秦博浪沙。
> 报韩虽不成，天地皆振动。
> 潜匿游下邳，岂曰非智勇？

这首诗写青年张良的反抗秦朝的英勇斗争事迹。毛泽东引的后六句是第二部分，写诗人对张良的钦慕和感触，颂扬张良的智勇豪侠，其中暗喻着诗人怀才不遇的感慨。毛泽东对张良的评价很高，又喜欢李白的诗，所以来到徐州自然就想到这个故事。

（四）初期的反秦斗争

过了十年，即到了秦二世元年（前209），陈胜、吴广在大泽乡起义兵反秦。起义军很快发展到数万人，并在陈县（今河南淮阳）建立了张楚政权。前208年陈胜被秦朝大将章邯讨伐，败走，后为车夫庄贾杀害。

端月（即正月），陈胜的部下秦嘉在不明陈胜生死的情况下，在彭城（今江苏）自立为大司马，拥立景驹为楚王。景驹在留地（今日江苏省东南）自称"楚假王"，即代理楚王。

景驹称王时，楚地人和齐地人都不知道陈胜行踪，也不知道陈胜是生是死。景驹派遣公孙庆出使齐王田儋，邀请齐王出兵和楚军一起击秦，田儋拒绝，并责难说："我听说陈胜战败，不知他的死生，楚国怎么能不请而立景驹为楚王！"

当时，张良也聚集了一百多个年轻人，想去投靠在留县（今江苏沛县东）暂时自立为楚王的景驹，在路上遇见了沛公刘邦。这时沛公率领着几千人马，攻占了下邳县（今江苏邳县西南）以西的地区，张良就归附了他，沛公任命张良为管理军马的厩将。张良多次根据《太公兵法》向沛公献策，沛公很赏识他，经常采用他的计策。可是张良对别人讲这些东西的时候，却都不能理解。因此，张良说："沛公的才智大概是天授予的。"所以张良就跟从了沛公，不再去见景驹了。

等到沛公到薛县（今山东滕县南），拜见项梁。项梁（？—前208），秦国下相（今江苏省宿迁市宿城区）人。秦末著名起义军首领之一，楚国贵族后代，项燕之子。项羽的叔父。在反秦起义的战争中，因轻敌，在定陶被秦将章邯打败，力战身死。项梁立熊心为楚怀王。秦二世二年（前208）六月，项梁、项羽叔侄所率领的队伍已发展壮大到六七万人，并拥立楚怀王之孙熊心为王，集各路义军首领于薛城（今山东省滕州市东南）共商大事。

楚义帝熊心（？—公元前206），芈姓，熊氏，名心。楚怀王熊槐之孙，楚顷襄王熊横堂侄。秦末诸侯王之一。

熊心本是楚国贵族，在楚国灭亡后，隐匿民间为人牧羊。项梁起事后，采纳范增的建议，自称武信君，立熊心为楚怀王，以孚民望。

张良不忘复兴韩国，见项梁拥立熊心为楚王，就趁机劝项梁说："你已经立了楚国的后裔，而韩国的公子横阳君韩成很贤能，可以立他为王，增强自己的同党。"早在下邳之际，张、项之间便有旧谊，因而项梁一口应承。项梁派遣张良找到韩成，立为韩王，以张良为韩国的司徒（相当于丞相）。张良"复韩"的目的终于达到了，"复家"的政治夙愿也得以实现，因而竭尽全力扶持韩王成，挥师收复韩地（指战国时韩国地盘），游兵于颍川附近，时而攻取数城，时而又被秦兵夺回，迟迟未能开创大局面。

二、"运筹帷幄，决胜千里"

张良被后人称为"谋圣"。谋圣，指的是谋略出众和辅佐帝王成就伟业的谋士。

中国古代被称为谋圣的有四个人，他们分别是姜子牙、鬼谷子、张良、司马懿。

在楚汉战争期间，张良提出不立六国后代，联结英布、彭越，重用韩信等策略，又主张追击项羽、彻底歼灭楚军，都为刘邦所采纳。刘邦赞为"运筹帷幄之中，决胜千里之外"。

毛泽东对张良的军事谋略十分赞赏。据他的警卫员尹荆山回忆说："……毛泽东认为'运筹帷幄决胜千里'方面，汉朝的张良和三国的诸葛亮比较出色。"（孙宝义：《毛泽东的读书生涯》，知识出版社1993年版，第157页）

吴冷西回忆说，1957年6月7日，毛泽东找胡乔木和他到家中谈话时说：据史记载，刘邦称帝之初，曾问群臣：何以他得天下而项羽失天下？群臣应对不一，刘邦均不以为然。毛主席这时背诵了《史记》中刘邦说的一段话："夫运筹策帷帐之中，决胜于千里之外，吾不如子房（张良）。镇国家，抚百姓，给馈粮，不绝粮道，吾不如萧何。连百万之军，战必胜，攻必取，吾不如韩信。此三者，皆人杰也，吾能用之，此吾所以取天下也。项羽有一范增而不能用，此所以为我擒也。"（吴冷西：《忆毛主席》，新华出版社1995年版，第43页）

（一）破秦策略

公元前208年年底，楚怀王命刘邦、项羽分兵伐秦，并约定：谁先入关进咸阳，谁便可以立而为王。刘邦取道颍川、南阳，打算从武关进入关中。秦二世三年（前207）七月，沛公从洛阳向南穿过轘辕山（今河南偃师东南），攻占颍川。韩王和张良便与刘邦会合了。张良领兵跟随沛公，攻下旧韩地十余座城邑，打垮秦将杨熊的军队。刘邦令韩王成留守阳翟（韩故都，今河南禹州市），而让张良随军南下。九月，军队抵达南阳郡（今河南南阳市）。

南阳郡守吕琦退入宛城（河南南阳）固守。刘邦灭秦心切，见宛城一时难以攻取，打算绕过宛城继续西进。

张良认为不妥，劝道："您虽然急于进关，但这一路上秦兵还很多，而且都扼据着险要的地势。现在不拿下宛城，一旦宛城的秦兵从后面追杀过来，那时，强秦在前，追兵在后，就很危险了。"

刘邦采纳了他的建议，立即更换旗帜，率兵乘夜间抄小路悄悄返回。拂晓时分，刘邦的军队已把宛城重重围住。接着，刘邦又采纳了陈恢的意见，以攻心之术，招抚南阳太守，赦免全城吏民，兵不血刃地轻取了宛城。解除了刘邦西进的后顾之忧，刘邦兵威大振，南阳郡的其他城池见太守已降，纷纷起而效之，望风而降。

刘邦与张良继续向西进入武关（今陕西丹凤东南）。沛公打算用两万人马袭击峣关（今陕西商州西北）一带的秦军，张良建议说："目前秦军的兵力还很强大，不可轻视。我听说防守峣关的秦将是屠户的子弟，这种做生意的家伙，容易用财物动摇他们。希望你坚守营垒，派出先头部队，准备五万人的干粮，让他们在各个山顶上多多张挂旗帜，作为疑兵，迷惑敌人。同时派郦食其（yì jī，异基）带着贵重的宝物去收买秦将。"

刘邦依计而行，秦将果然背叛秦朝，要求与刘邦联合起来，一同向西进攻咸阳。刘邦打算同意他们的要求，张良又说："这些部队只是将领想要反叛，恐怕士兵们不会服从。如果士兵们不服从，势必带来危险，不如

张良『运筹帷幄，决胜千里』

乘着他们懈怠的时机，袭击他们。"

于是刘邦就领兵攻打秦军，将秦军打得大败，一直追到蓝田（今陕西蓝田西 30 里），又向秦军发起攻击，把他们彻底打垮，于是攻破了咸阳（今陕西咸阳东北 20 里），秦王子婴向沛公投降，秦朝宣告灭亡。

（二）建立关中根据地

刘邦进入秦朝的宫殿，看到豪华的宫室、帷帐、狗马、贵重的宝物以及数以千计的美貌宫女，就想留下来居住，安享富贵。武将樊哙冒死犯颜强谏，劝刘邦出去居住，沛公不听。

樊哙问："沛公是想拥有天下呢，还是要做一个富家翁呢？"

刘邦说："我要拥有天下。"

樊哙说："今天我跟着您进入秦朝宫殿，看到了宫室、帷帐、重宝、钟鼓等，奇物不可胜数，进入后宫，美人妇女数以千计，这都是秦朝灭亡的原因。请沛公赶快回到灞上，不要留在秦朝宫殿里。"

樊哙直斥刘邦要做"富家翁"，然而，刘邦根本不予理睬，部下的一些贤达之士对此心急如焚。

在这关键时刻，张良向刘邦分析利害，规劝道："正是由于秦朝无道，所以你沛公才能推翻他来到这里。既然您为天下铲除凶残的民贼，应该以崇尚朴素为政治资本。今天您刚刚进入秦朝的宫殿，就像秦王那样安于享受，这样做就等于是'助桀为虐'。而且常言道：'忠言逆耳利于行，良药苦口利于病'，希望沛公听取樊哙的意见。"

张良语气平和，但软中有硬，尤其是话中对古今成败的揭示以及"无道秦""助纣为虐"等苛刻字眼，隐隐地刺疼了刘邦的心。这种紧打慢唱的手法，果然有效。刘邦愉快地接受了这卓有远见的规劝，下令封存秦朝宫室、府库、财物，于是率领军队回到霸上（在今陕西西安东），整治军队，以待项羽等各路起义军的到来。

项羽的谋士范增听到后，十分感慨地说："沛公居山东时，贪于财货，好美姬。今入关，财物无所取，妇女无所幸，此其志不在小！"（《史记·项羽本纪》）

在此期间，刘邦还采纳张良的建议，召集诸县父老豪杰，与之约法三章："杀人者死，伤人及盗抵罪。"并通告四方："余悉除去秦法。诸吏皆安诸如故。凡吾所以来，非有所侵暴，毋恐。"另外，他还派人与秦吏一起巡行各地，晓谕此意。结果，博得了人民的一致拥戴，人民争先恐后地用牛羊酒食慰劳军士。刘邦见状，又命令军士不要接受，传出话说：军中粮食很充足，不劳民众破费了。秦地百姓一听此言，越发高兴唯恐刘邦不做秦地之王。

刘邦采纳张良的建议，采取的这一系列安民措施，争得了民心，为他日后经营关中，并以此为根据地与项羽争雄天下，奠定了良好的政治基础。

（三）鸿门宴上

鸿门宴，指在公元前206年于秦朝都城咸阳郊外的鸿门（今陕西省西安市临潼区新丰镇鸿门堡村）举行的一次宴会，参与者包括当时两支抗秦军的领袖项羽及刘邦。鸿门宴在秦末农民战争及楚汉战争皆发生重要影响，被认为间接促成项羽败亡以及刘邦成功建立汉朝。后人也常用"鸿门宴"一词比喻不怀好意、蕴藏杀机的宴会。鸿门宴的故事载于《史记·项羽本纪》。

项羽率军到鸿门（在今陕西临潼东北），准备攻打沛公，项伯连夜跑到沛公的军营，私下会见张良，想让张良和他一起离开。张良说："我是替韩王护送沛公，今天事情危急，逃走是不仗义的。"于是张良就将项伯说的情况统统告诉了沛公。沛公大吃一惊，说："怎么办呢？"张良说："你真想背叛项羽吗？"沛公说："是一个浅陋的小人教我，把守住函谷关，不让诸侯军进来，就可以占据全部关中地区而称王了，所以我就听信了他的话。"张良说："请沛公想一想，你能够打败项羽吗？"沛公沉默了好久，说："确实不能。如今又该怎么办呢？"张良就去恳切地邀请项伯。项伯入见沛公，沛公向项伯敬酒，结为朋友，并约为儿女亲家。请求项伯在项羽面前详细说明，沛公不会背叛他，所以派兵把守函谷关，是为了防备其他强盗。后来沛公会见了项羽，两个人就和解了。

其原文如下：

沛公军霸上，未得与项羽相见。沛公左司马曹无伤使人言于项羽曰："沛公欲王关中，使子婴为相，珍宝尽有之。"项羽大怒曰："旦日飨士卒，为击破沛公军！"当是时，项羽兵四十万，在新丰鸿门，沛公兵十万，在霸上。范增说项羽曰："沛公居山东时，贪于财货，好美姬。今入关，财物无所取，妇女无所幸，此其志不在小。吾令人望其气，皆为龙虎，成五采，此天子气也。急击勿失！"

楚左尹项伯者，项羽季父也，素善留侯张良。张良是时从沛公，项伯乃夜驰之沛公军，私见张良，具告以事，欲呼张良与俱去，曰："毋从俱死也。"张良曰："臣为韩王送沛公，沛公今事有急，亡去不义，不可不语。"

良乃入，具告沛公。沛公大惊，曰："为之奈何？"张良曰："谁为大王此计者？"曰："鲰生说我曰：'距关，毋内诸侯，秦地可尽王也。'故听之。"良曰："料大王士卒足以当项王乎？"沛公默然，曰："固不如也。且为之奈何？"张良曰："请往谓项伯，言沛公不敢背项王也。"沛公曰："君安与项伯有故？"张良曰："秦时与臣游，项伯杀人，臣活之。今事有急，故幸来告良。"沛公曰："孰与君少长？"良曰："长于臣。"沛公曰："君为我呼入，吾得兄事之。"张良出，要项伯。项伯即入见沛公。沛公奉卮酒为寿，约为婚姻，曰："吾入关，秋毫不敢有所近，籍吏民封府库，而待将军。所以遣将守关者，备他盗之出入与非常也。日夜望将军至，岂敢反乎！愿伯具言臣之不敢倍德也。"项伯许诺，谓沛公曰："旦日不可不蚤自来谢项王。"沛公曰："诺。"于是项伯复夜去，至军中，具以沛公言报项王。因言曰："沛公不先破关中，公岂敢入乎？今人有大功而击之，不义也。不如因善遇之。"项王许诺。

沛公旦日从百余骑来见项王，至鸿门，谢曰："臣与将军戮力而攻秦，将军战河北，臣战河南，然不自意能先入关破秦，得复见将军于此。今者有小人之言，令将军与臣有郤"项王曰："此沛公左司马曹无伤言之；不然，籍何以至此。"项王即日因留沛公与饮。项王、项伯东向坐，亚父南向坐。亚父者，范增也。沛公北向坐，张良西向侍。范增数目项王，举所佩玉玦以示之者三，项王默然不应。范增起，出召项庄，谓曰："君王为人不忍。若入前为寿，寿毕，请以剑舞，因击沛公于坐，杀之。不者，若属皆且为所虏。"庄则入为寿。寿毕，曰："君王与沛公饮，军中无以为乐，请以剑舞。"项王曰："诺。"项庄拔剑起舞，项伯亦拔剑起舞，常以身翼蔽沛公，庄不得击。

于是张良至军门见樊哙。樊哙曰："今日之事何如？"良曰："甚急！今者项庄拔剑舞，其意常在沛公也。"哙曰："此迫矣！臣请入，与之同命。"哙即带剑拥盾入军门。交戟之卫士欲止不内，樊哙侧其盾以撞，卫士仆地，哙遂入，披帷西向立，瞋目视项王，头发上指，目眦尽裂。项王按剑而跽曰："客何为者？"张良曰："沛公之参乘樊哙者也。"项王曰："壮士，赐之卮酒。"则与斗卮酒。哙拜谢，起，立而饮之。项王曰："赐之彘肩。"则与一生彘肩。樊哙覆其盾于地，加彘肩上，拔剑切而啖之。项王曰："壮士！能复饮乎？"樊哙曰："臣死且不避，卮酒安足辞！夫秦王有虎狼之心，杀人如不能举，刑人如恐不胜，天下皆叛之。怀王与诸将约曰：'先破秦入咸阳者王之。'今沛公先破秦入咸阳，毫毛不敢有所近，封闭宫室，还军霸上，以待大王来。故遣将守关者，备他盗出入与非常也。劳苦而功高如此，未有封侯之赏，而听细说，欲诛有功之人。此亡秦之续耳，窃为大王不取也！"项王未有以应，曰："坐。"樊哙从良坐。

坐须臾，沛公起如厕，因招樊哙出。沛公已出，项王使都尉陈平召沛公。沛公曰："今者出，未辞也，为之奈何？"樊哙曰："大行不

175

顾细谨，大礼不辞小让。如今人方为刀俎，我为鱼肉，何辞为？"于是遂去。乃令张良留谢。良问曰："大王来何操？"曰："我持白璧一双，欲献项王，玉斗一双，欲与亚父。会其怒，不敢献。公为我献之。"张良曰："谨诺。"当是时，项王军在鸿门下，沛公军在霸上，相去四十里。沛公则置车骑，脱身独骑，与樊哙、夏侯婴、靳强、纪信等四人持剑盾步走，从郦山下，道芷阳间行。沛公谓张良曰："从此道至吾军，不过二十里耳。度我至军中，公乃入。"

沛公已去，间至军中。张良入谢，曰："沛公不胜杯杓，不能辞。谨使臣良奉白璧一双，再拜献大王足下，玉斗一双，再拜奉大将军足下。"项王曰："沛公安在？"良曰："闻大王有意督过之，脱身独去，已至军矣。"项王则受璧，置之坐上。亚父受玉斗，置之地，拔剑撞而破之，曰："唉！竖子不足与谋。夺项王天下者，必沛公也。吾属今为之虏矣！"

沛公至军，立诛杀曹无伤。

译成现代汉语大意是说：

沛公（刘邦）的军队驻扎在霸上，没有能跟项羽相见。刘邦的左司马曹无伤就派人去告诉项羽说："刘邦想占领关中称王，让子婴做（他的）国相，（将所有的）珍珠宝器都归为自己所有。"项羽（听了）非常生气地说："明天用酒肉犒劳士兵，要（让他们）打败刘邦的军队。"在这时，项羽的军队有四十万人，驻扎在新丰县鸿门；刘邦的军队有十万人，驻扎在霸上。范增劝告项羽说："刘邦在山东时，贪图财物，爱好美女。现在进入关中，财物一点都不要，妇女一个也不亲近，这（表现）他的志向不小。我叫人去看过他那里的云气，都是龙虎形状，成为五彩的颜色，这是天子的云气啊。（你）赶快攻打（他），不要失掉时机！"

楚国的左君项伯这个人，是项羽的叔父，平时和留侯张良交好。张良这时候跟随着刘邦。项伯就连夜骑马赶到刘邦军中，私下会见了张良，详细把事情告诉（张良），想叫张良和他一起离开（刘邦），说："不跟（我走）将会被杀。"张良说："我替韩王护送沛公（入关），沛公现在有急难，（我）逃跑离开是不讲道义的，（我）不能不告诉（他）。"

张良就进去，（把情况）详细告诉刘邦。刘邦大吃一惊，说："怎样应付这件事呢？"张良说："谁替大王献出这个计策的？"（刘邦）回答说："浅陋无知的人劝我说：'把守住函谷关，不要让诸侯进来，秦国所有的地盘都可以由你称王了。'所以（我）听信了他的话。"张良说："估计大王的军队能够抵挡住项王的军队吗？"刘邦沉默（一会儿）说："本来不如人家，将怎么办呢？"张良说："请（让我）去告诉项伯，说沛公不敢背叛项王。"刘邦说："你怎么和项伯有交情的？"张良说："在秦朝的时候，项伯和我有交往，项伯杀了人，我救活了他；现在有了紧急的情况，所以幸亏他来告诉我。"刘邦说："他和你的年龄，谁大谁小？"张良说："他比我大。"刘邦说："你替我（把他）请进来，我得用对待兄长的礼节待他。"张良出去，邀请项伯。项伯立即进来见刘邦。刘邦就奉上一杯酒为项伯祝福，（并）约定为亲家，说："我进入关中，极小的财物都不敢沾染，登记官吏和人民，封闭了（收藏财物的）府库，以等待将军（的到来）。派遣官兵去把守函谷关的原因，是为了防备其他盗贼的进出和意外变故。日日夜夜盼望着将军的到来，怎么敢反叛呢！希望你（项王）详细地说明，我是不敢忘恩负义的。"项伯答应了，跟刘邦说："明天你不能不早些来亲自向项王谢罪。"刘邦说："好。"于是项伯又连夜离开，回到（项羽）军营里，详细地把刘邦的话报告项王。就趁机说："刘邦不先攻破关中，您怎么敢进来呢？现在人家有大功（你）却要打人家，这是不仁义的。不如就趁机友好地款待他。"项王答应了。

刘邦第二天带领一百多人马来见项羽，到达鸿门，谢罪说："我和将军合力攻打秦国，将军在黄河以北作战，我在黄河以南作战，然而自己没有料想到能够先入关攻破秦国，能够在这里再看到将军您。现在有小人的流言，使将军和我有了隔阂"项羽说："这是你左司马曹无伤说的。不然的话，我怎么会这样呢？"项羽当天就趁此机会留

张良「运筹帷幄，决胜千里」

刘邦同他饮酒。项羽、项伯面向东坐；亚父面向南坐——亚父这个人，就是范增；刘邦面向北坐；张良面向西陪坐。范增多次使眼色给项羽，举起（他）所佩戴的玉玦向项羽示意多次，项羽默默地没有反应。范增站起来，出去招来项庄，对项庄说："君王的为人（心肠太软），不忍下手。你进去上前祝酒，祝酒完了，请求舞剑助兴，顺便把刘邦击倒在座位上，杀掉他。不然的话，你们都将被他所俘虏！"项庄就进去祝酒。祝酒完了，说："君王和沛公饮酒，军营里没有什么可以用来娱乐，请让我舞剑助兴吧。"项羽说："好。"项庄就拔出剑舞起来。项伯也拔出剑舞起来，并常常用自己的身体掩护刘邦，项庄（始终）得不到（机会）刺杀（刘邦）。

于是张良到军门外去见樊哙。樊哙说："今天的事情怎样？"张良说："非常危急！现在项庄拔剑起舞，他的用意常常在沛公身上。"樊哙说："这太紧迫了！请让我进去守卫在沛公身旁，竭力保护他。"樊哙就带着剑拿着盾牌进入军门。拿戟交叉着守卫军门的士兵想要阻止不让他进去。樊哙侧举盾牌一撞，卫士跌倒在地上。樊哙就进去了，揭开帷幕面向西站立，瞪眼看着项羽，头发直竖起来，眼眶都要裂开了。项羽手握剑柄跪直身子说："客人是干什么的？"张良说："他是沛公的卫士樊哙。"项羽说："壮士！赏他一杯酒。"（左右的人）就给他一大杯酒。樊哙拜谢，立起，站着（一口气）把酒喝了。项羽说："赏给他一只猪腿。"（左右的人）就给了他一只生的猪腿。樊哙把盾牌反扣在地上，把猪腿放在盾牌上，拔出剑切着吃起来。项羽说："壮士！能再喝杯酒吗？"樊哙说："我死尚且都不怕，一杯酒又哪里值得推辞！秦王有像虎狼一样凶狠的心肠，杀人唯恐不能杀尽，处罚人唯恐不能用尽酷刑，（因此）天下老百姓都背叛了他。楚怀王曾经和诸将领约定：先打败秦军进入咸阳的人是关中王。现在刘邦先打败秦军进入咸阳，一丝一毫都不敢占有动用，封闭了官室，退军驻扎在霸上，以等待大王到来，特意派遣将士把守函谷关，是为了防备其他盗贼的出入和发生意外的事变。像这样劳苦功高，没有封侯的赏赐，反而听信小人谗言，要杀有功劳的人，这是灭亡的秦朝的后续者啊！我自己认为大王不（应该）采取这样的做法。"项羽没有回答他什么，说："坐吧。"樊哙便挨着张良坐下。

　　坐了一会儿，刘邦起身上厕所，顺便招呼樊哙（一道）出去。刘邦已经出去，项羽派都尉陈平去招呼刘邦（回来）。刘邦（对樊哙）说："刚才出来没有告辞，这怎么办呢？"樊哙说："做大事情不必顾虑细枝末节，讲大礼不必讲究小的礼让。现在人家正像切肉的刀和砧板，我们是鱼和肉，为什么（还要）告辞呢？"于是就走了。就叫张良留下（向项羽）辞谢。张良问道："大王来时带些什么（礼物）？"（刘邦）说："我拿一对白玉璧，准备献给项王，一对玉酒杯，要送给范增。正赶上他们发怒，不敢献上去，你替我献给吧。"张良说："遵命。"在这个时候，项羽的军队驻扎在鸿门，刘邦的军队驻扎在霸上，相隔四十里。刘邦丢下随从的车辆、人马，独自骑马离开这儿，同持剑拿盾徒步跑着的樊哙、夏侯婴、靳强、纪信等四人一起，顺着骊山脚下，取道芷阳，抄小路逃走。刘邦（行前）对张良说："从这条路到我军营不过二十里罢了。请你估计我到了军营，你再进去（见项王）。"

　　刘邦已经走了，（估计）抄小道（已经）回到军中，张良进去辞谢，说："沛公不能多喝酒，已经醉了，不能（前来）告辞。谨叫我奉上白玉璧一对，敬献给大王；玉杯一对，敬献给大将军。"项羽说："沛公在哪里？"张良说："听说大王有意责备他，他脱身独自离开了，已经回到了军中。"项羽就接受了白玉璧，放到座位上。范增接过玉杯，丢在地上，拔出剑砍碎了它，说："唉！这小子不值得和他共谋大业！夺走项王天下的一定是沛公。我们这些人就要被他俘虏了！"

　　刘邦回到军营，立即杀掉了曹无伤。

　　"鸿门宴"是一场惊心动魄的斗智斗勇的故事。在鸿门宴中，共有四对相应的人物出场，项羽和刘邦是主帅，范增和张良是谋臣，项庄和樊哙是勇将，项伯和一个没有出场的人物曹无伤是内奸。这八个人在两位谋士的导演下，演出了一场威武雄壮的活剧。刘邦的圆滑机警，能言善辩，多谋善断，能屈能伸；张良的老练多谋；樊哙的忠勇豪爽；项羽的光明磊

张良「运筹帷幄，决胜千里」

179

落，坦率粗豪，自大轻敌，寡谋轻信，优柔寡断，有勇少谋，妇人之仁，师心自用；范增的老谋深算；项庄的威猛无谋；以及项伯与曹无伤的卑鄙自私的性格都刻画得活灵活现。

这场斗争的结局是刘邦在众寡悬殊、敌强我弱的情况下，躲过一劫，这起事件成了刘邦和项羽二人从联合抗秦到互相争霸的历史转折点，同时预示了"夺项王天下者，必沛公也"的发展趋势。

（四）计烧栈道

汉元年（前206）正月，项羽进入咸阳后，引兵屠戮咸阳，杀秦王子婴，火烧秦王宫，大火连续烧了三个月没有灭，搜集宝物美女准备回江东，有人劝项羽说关中富饶，可以成王霸之业。但项羽见秦王宫都已经被毁坏，自己又迫切地想回到江东，于是不听。那人又说，都说楚人是戴着帽子的猕猴，果然是这样。项羽听到后，把那个人杀了。

项羽在得到楚怀王的同意后，自立为西楚霸王，定都彭城（今江苏徐州），统辖梁、楚九郡，他"计功割地"，分封了十八位诸侯王。他违背楚怀王"谁先攻入关中，谁就做关中王"的约定，把刘邦封到偏僻荒凉的巴、蜀，称为汉王，封章邯为雍王，都废丘（今陕西兴平南），司马欣为塞王，都栎阳（今陕西临潼东北），董翳为翟王，都高奴（今陕西延安），魏王豹为西魏王，瑕丘申阳为河南王，司马卬为殷王，赵王歇为代王，张耳为常山王，当阳君英布为九江王，吴芮为衡山王，共敖为临江王，燕王韩广为辽东王，臧荼为燕王，齐王田市为胶东王，田都为齐王，田安为济北王等，共十八个诸侯王。

天下分封已定，张良打算离开刘邦回韩国。汉王赐给张良黄金百镒、珠玉二斗，张良全部献给了项伯。汉王也让张良厚赠项伯，请项伯替他向项王请求加封汉中的土地。项王允许了，汉王于是就得到了汉中地区，建都南郑（今陕西汉中南郑区东北），占据了秦岭以南巴、蜀、汉中三郡之地。

同年七月，汉王到自己的封国去，张良送他到褒中（今陕西汉中市西北的褒城镇以东一带），然后让张良回到韩王那里去。此处群山环抱，沿途都是悬崖峭壁，只有栈道凌空高架，一度行人。张良观察地势后，劝汉王说："大王为什么不烧毁所经过的栈道，向天下人表示自己没有东归的意图，以使项王安心。"于是汉王就让张良回去了。一路走，一路就把所经过的栈道烧掉。

刘邦依计而行，让张良回去时，一面走，一面烧掉了所过的栈道。张良此计，可谓用心良苦，他为刘邦的巩固发展和日后东进，取得了重要保证。

张良到了韩王那里，项王由于韩王成曾让张良跟从汉王，所以不遣送韩王成到他的封国去，让他跟随自己东归。张良对项王说："汉王烧掉了栈道，已经没有再东归的意思了。"后来，张良又以齐王田荣反叛这件事，写信告诉项王。项王因此就无心再考虑西边汉王的事情了，而发兵向北攻打齐王田荣。

（五）明修栈道，暗度陈仓

汉元年八月，刘邦用大将韩信之谋，避开雍王章邯的正面防御，乘机从故道"暗度陈仓（今陕西宝鸡）"，从侧面出其不意地打败了雍王章邯、塞王司马欣和翟王董翳，一举平定三秦，夺取了关中宝地。略定三秦，刘邦倚据富饶、形胜的关中地区，便可以与项羽逐鹿天下了。一个"明修"，一个"暗渡"，张、韩携手，珠联璧合，成为历史上的一段脍炙人口的佳话。

"明修栈道，暗度陈仓"，指刘邦将从汉中出兵攻项羽时，大将军韩信故意明修栈道，迷惑对方，暗中绕道奔袭陈仓，取得胜利。比喻用假象迷惑对方以达到某种目的。

所谓"栈道"，是指在悬崖峭壁的险要地方凿孔支架，铺上木板而建成的通道，可以行军、运输粮草辎重，也可供马帮商旅通行。陈仓，是古代县名（今陕西宝鸡陈仓区），是汉中通向关中的咽喉要道。

陈仓是刘邦进入关中的必经之地，两地之间有险山峻岭阻隔，又有雍王章邯的重兵把守。

刘邦按韩信的计策派了最信任的大将——樊哙带领一万人去修五百里栈道，并以军令限一月内修好。当然，这样浩大的工程即使三年也不可能完成。

正是这一点，迷惑麻痹了陈仓的守将。雍王章邯万万没想到刘邦的精锐部队摸着无人知晓的小道翻山越岭偷袭了陈仓。

刘邦通过"明修栈道，暗度陈仓"，顺利挺进到关中，站稳了脚跟，从此拉开了他开创汉王朝事业的大幕。

"明修栈道，暗度陈仓"这个成语，在军事上的含义是：从正面迷惑敌人，用来掩盖自己的攻击路线，而从侧翼进行突然袭击。这是声东击西、出奇制胜的谋略。引申开来，是指用明显的行动迷惑对方，使人不备的策略，也比喻暗中进行活动。有时也可将"明修栈道"省略掉，把"暗度陈仓"单独来使用。

项羽闻知刘邦平定三秦，怒不可遏，决定率兵反击。张良早已料到这一点，于是寄书蒙蔽项羽，声称："汉王名不符实，欲得关中；如约即止，不敢再东进。"同时，张良还把齐王田荣谋叛之事转告项羽，说是"齐国欲与赵联兵灭楚，大敌当前，灭顶之灾，不可不防啊"。意在将楚军注意力引向东部。项羽果然中计，竟然无意西顾，转而北击三齐诸地的毫无生气的腐朽力量。张良的信从侧面加强了"明修栈道"的效果，把项羽的注意力引向东方，从而放松了对关中的防范，为刘邦赢得了宝贵的休养生息的时间。

不久，项羽于彭城杀死了韩王成，使张良相韩的幻梦彻底破灭。同年冬，张良逃出彭城，躲过楚军的追查，终于回到刘邦的身边，受封为成信侯，此后便朝夕相随汉王左右，成为画策之臣。明代李贽曾评论此事说：项羽此举，"为汉驱一好军师。"的确，项羽杀了韩王成客观上帮了刘邦的大忙。

（六）下邑之谋

汉二年（前205）春，刘邦接连收降常山王张耳、河南王申阳、韩王昌、魏王豹和殷王司马卬五个诸侯，得兵56万。同年四月，刘邦乘项羽集中力量攻打田荣之机，率兵伐楚，直捣楚都彭城。攻占彭城后，刘邦被这轻而易举得到的胜利冲昏了头脑，不但没有采取恰当的政治、经济措施安抚此地、赢得人心，反而恶习复发、得意忘形，大肆收集财宝、美女。整日置酒宴会，结果给项羽回军解救赢得了时机。项羽闻知彭城失陷，立即亲率3万精兵从小路火速赶回，急救彭城。刘邦数十万乌合之师，难以协调指挥，连粮饷都筹备不齐，所以一经接战，便遭惨败，几乎全军覆没。至此，许多诸侯王又望风转舵，纷纷背汉向楚，刘邦丢下老父、妻子、儿女，只带张良等数十骑狼狈出逃，军事上再度遭受重大挫折，大好的形势复又逆转。

刘邦狼狈逃至下邑，惊魂未定，心灰意冷，万念俱灰。他沮丧地对群臣说："关东地区我不要了，谁能立功破楚，我就把关东平分给他。你们看谁行？"在此兵败危亡之际，又是张良匠心独运，为刘邦想出了一个利用矛盾、联兵破楚的策略。他说："九江王英布，是楚国的猛将，与项羽有隙，彭城之战，项羽令其相助，他却按兵不动。项羽对他颇为怨恨，多次派使者责之以罪；彭越因项羽分封诸侯时，没有受封，早对项羽怀有不满，而且田荣反楚时曾联络彭越造反，为此项羽曾令肖公角攻伐他，结果未成。这二人与项羽的矛盾可以利用。另外，汉王手下的将领只有韩信可以委托大事，独当一面。大王如果能用好这三个人，那么楚可破也。"这就是著名的"下邑之谋"。

刘邦听罢，认为这确是一个以弱制强的妙计，于是派舌辩名臣随何前往九江，策九江王英布。接着又遣使联络彭越，再委派韩信率兵北击燕、赵等地，发展壮大汉军力量，迂回包抄楚军。"下邑之谋"虽然不是全面的战略计划，但它构成了刘邦关于楚汉战场计划的重要内容。正是在张良的谋划下，一个内外联合、共击项羽的军事联盟形成，扭转了楚汉战争的

张良「运筹帷幄，决胜千里」

局势，使刘邦由战略防御转为战略进攻。事实证明了张良"下邑之谋"的深谋远虑，最后兵围垓下打败项羽，主要依靠的正是这三支军事力量。

毛泽东对这段史实非常熟悉。1952年10月29日，他视察徐州时曾对陪同他的地方干部和随行人员说："刘邦乘项羽打齐、赵之际，迅速东进，数十万大军很快占领了彭城。但刘邦因胜利产生了骄傲情绪，对项羽反扑估计不够。当项羽得知刘邦占了彭城，大为惊慌，急率精兵三万返彭城。这时刘邦却在彭城置酒与各路诸侯喝庆功酒呢！楚军在早晨向汉军发起进攻，先击破汉驻鲁（今山东曲阜的樊哙部，又穿越胡陵（今江苏沛县北，过九里山，大败驻萧县（今安徽萧县），而后直驱彭城。一日之内，赶回彭城，可谓神速。刘邦急促开城迎战，溃不成军，败而逃。汉军沿谷、泗二水退逃，被杀十几万，在东睢水上又被项羽赶上杀死十几万，史书上说，'睢水为之不流'。可见死人之多。刘邦只带数十骑逃走，他的父亲和老婆都落到项羽手中，真是惨败呀！"（杨庆旺：《毛泽东指点江山》，中央文献出版社2000年版，第1180页）

（七）划箸阻封

汉三年（前204）冬，楚军兵围汉王于荥阳，双方久战不决。楚军竭力截断汉军的粮食补给和军援通道。汉军粮草匮乏，渐渐难撑危机。汉王刘邦大为焦急，询问群臣有何良策。

谋士郦食其献计道："昔日商汤伐夏桀，封其后于杞，武王伐纣，封其后于宋。秦王失德弃义，侵伐诸侯，灭其社稷，使之无立锥之地。陛下诚能复立六国之后，六国君臣、百姓必皆感戴陛下之德，莫不向风慕义，愿为臣妾。德义已行，陛下便能南向称霸，楚人只得敛衽而朝。"这其实是一种"饮鸩止渴"的夸夸其谈。当时刘邦并没有看到它的危害性，反而拍手称赞，速命人刻制印玺，使郦食其巡行各地分封。

在这关键时候，张良外出归来，拜见刘邦。刘邦一边吃饭，一边把实行分封的主张说与张良，并问此计得失如何。张良听罢，大吃一惊，忙问："这是谁给陛下出的计策？"他沉痛地摇摇头，接着说："照此做法，陛下的大事就要坏了。"

刘邦顿时惊慌失色道："为什么？"

张良伸手拿起酒桌上的一双筷子，连比带画地讲了起来。他说：

"第一，往昔商汤、周武王伐夏桀殷纣后封其后代是基于完全可以控制、必要时还可以置其于死地的考虑，然而如今陛下能控制项羽并于必要时置其死地吗？

第二，昔日周武王克殷后，表彰贤臣商容之闾（巷门），加高比干的陵墓，释放被囚禁的箕子，是意在奖掖鞭策本朝臣民。现今汉王所需的是旌忠尊贤吗？

第三，武王散钱发粟是用敌国之积蓄，现汉王军需无着，哪里还有能力救济饥贫呢？

第四，武王翦灭殷商之后，把兵车改为乘车，倒置兵器以示不用，今陛下鏖战正急，怎能效法呢？

第五，过去，周武王曾经把马放华山向阳山坡、牛放在桃林（今河南灵宝西）荫下牧养，表示不再运输和囤积粮草，是因为天下已转入升平年代。现今激战不休，怎能偃武修文呢？

第六，如果把土地都分封给六国后人，则将士谋臣各归其主，无人随汉王争夺天下。

第七，楚军强大，六国软弱必然屈服，怎么能向汉王称臣呢？

第八，况且那些远离家乡的谋臣勇士，之所以离开自己的亲属，抛下坟墓不管，丢掉老朋友，而跟着汉王打天下，就是日夜盼望着能够得到一块小小的封地。今天，汉王如果重新分封六国，拥立韩、魏、赵、燕、齐、楚的后代为王，那么这些谋臣勇士就会返回本国，各事其主，和自己的亲戚、朋友相聚，祭祖扫墓，这样一来，谁还跟着汉王打天下呢？而且楚军强大无比，重新封立的六国，也会被削弱而屈从楚国，汉王怎么能够使各国臣服呢？假如您真的采纳了这位大臣的计谋，汉王争夺天下的大事就完了。"

张良的分析，真是字字珠玑、精妙至极，且切中要害。他看到古今时

张良「运筹帷幄，决胜千里」

移势异，因而得出绝不能照抄照搬"古圣先贤"之法的结论。尤其重要的是，张良认为封土赐爵是一种很有吸引力的奖掖手段，赏赐给战争中的有功之臣，用以鼓励天下将士追随汉王，使分封成为一种维系将士之心的重要措施。如果反其道而行之，还靠什么激励将士从而取得胜利呢？张良鞭辟入里的分析，较之昔日请立韩王，处心积虑地"复韩"的思想认识，显然是一个飞跃，而且在中国古代政治思想史上占有重要一页。难怪1700年之后，还被明人李贽情不自禁地赞叹为"快论"。

张良借箸谏阻分封，使刘邦茅塞顿开，恍然大悟，以致辍食吐哺，大骂郦食其："书呆子，差一点坏了老子的大事！"随后，下令立即销毁已经刻制完成的六国印玺，从而避免了一次重大战略错误，为尔后汉王朝的统一减少了不少麻烦和阻力。不能不承认，张良是一位洞察秋毫的谋略家和富有远见的政治家。

（八）虚抚韩彭

汉四年（前203），汉王刘邦派谋士郦食其游说齐王田广，郦食其很好地完成了使命，说服了齐王田广，齐王田广答应归附汉王。正领兵准备攻打齐国的汉军大将韩信，嫉妒郦食其的成就，在谋士蒯通的怂恿下，挥军攻打齐国。由于齐国放松了对汉军的戒备，韩信很快就平定了整个齐国。

平定齐国后，韩信派使者赶往正被楚军围困的荥阳去见汉王刘邦，带给刘邦一封信，信中说："齐国人狡诈多变，反复无常，齐国南面的边境与楚国交界，不设立一个暂时代理的王来镇抚局势，一定不能稳定齐国。为了有利于当前局势，希望允许我暂时代理齐王。"刘邦看了韩信的书信，不禁勃然大怒，厉声骂韩信道："我在这儿被围困，日夜盼着你来帮助我，你却想自立为王！"此时，侍立在刘邦身旁的张良和陈平同时暗中用脚踩刘邦的脚，两人凑近刘邦的耳朵说："目前汉军处境不利，怎么能禁止韩信称王呢？不如趁机册立他为王，很好地待他，让他自己镇守齐国。不然可能发生变乱。"刘邦立即醒悟过来，急中生智，故意当着韩信使者的面骂道："大丈夫平定了诸侯，就做真王罢了，何必做个暂时代理的王呢？"于是，刘邦派遣张良前往韩信军中，册立韩信为齐王，征调他的军队攻打楚军。

韩信被册立为齐王后，项羽派人劝韩信背叛汉国归附于他，被韩信拒绝。谋士蒯通劝韩信自立门户与项羽、刘邦争雄，也被韩信拒绝。

后来，刘邦征召韩信的军队合围项羽率领的楚军，韩信率军在垓下与刘邦会师，将楚军击败，逼迫项羽自杀。至此，楚汉战争以汉国胜利而告终。

韩信在平定齐国后，以稳定齐国为借口，请求刘邦册立自己为齐王，实际上是利用自己雄厚的实力逼迫刘邦册立自己为齐王。刘邦盛怒之下，对韩信破口大骂。刘邦身旁的张良和陈平考虑到此时汉军主力实力孱弱，急需韩信的帮助，怕韩信一旦叛汉归楚，局面将难以收拾，因此暗中用脚踩刘邦的脚，建议刘邦趁机册立韩信为齐王，以此拉拢韩信，利用其对付楚国。刘邦是一个思维非常敏捷的人，他从张良和陈平的行动和言语中，立即悟出了自己刚才口无遮拦地怒骂韩信，可能有促使韩信反叛的危险，刘邦马上机警地顺着刚才的话改口说要册立韩信为真的齐王，并派张良前去封韩信为齐王。

张良和陈平从大局和长远利益考虑，劝刘邦忍耐一时之气，采取权宜之计，对韩信进行妥协，以此避免韩信倒向项羽一方，并获得韩信的帮助。后来，刘邦正是借助韩信的力量，才度过危机，迎来了战争的转机。对此，东汉史学家荀悦曾有一句极为中肯的话："取非其有（指齐地本非刘邦所有）以予于人，行虚惠而获实福。"拉拢住韩信，楚汉战争便发生了重大转折。

《史记·高祖本纪》记载：楚汉久相持未决，丁壮苦军旅，老弱疲转饷。汉王项羽相与临广武之涧而语。项羽欲与汉王单独挑战。汉王数项羽曰："始与项羽俱受命怀王，曰先入定关中者王之，项羽负约，王我于蜀汉，罪一。项羽矫杀卿子冠军而自尊，罪二。项羽已救赵，当还报，而擅劫诸侯兵入关，罪三。怀王约入秦无暴掠，项羽烧秦宫室，掘始皇帝冢，私收其财物，罪四。又强杀秦降王子婴，罪五。诈坑秦子弟新安二十万，王其将，罪六。项羽皆王诸将善地，而徙逐故主，令臣下争叛逆，罪七。项羽出逐义帝彭城，自都之，夺韩王地，并王梁楚，多自予，罪八。项羽使人阴弑义帝江南，罪九。夫为人臣而弑其主，杀已降，为政不平，主约不信，天下所不容，大逆无道，罪十也。吾以义兵从诸侯诛残贼，使刑余罪人击杀项羽，何苦乃与公挑战！"项羽大怒，伏弩射中汉王。汉王伤胸，乃扪足曰："虏中吾指！"汉王病床卧，张良强请汉王起行劳军，以安士卒，毋令楚乘胜于汉。汉王出行军，病甚，因驰入成皋。

病愈，西入关，至栎阳，存问父老，置酒，留四日，复如军，军广武。关中兵益出。当此时，彭越将兵居梁地，往来苦楚兵，绝其粮食。田横往从之。项羽数击彭越等，齐王信又进击楚。项羽恐，乃与汉王约，中分天下，割鸿沟而西者为汉，鸿沟而东者为楚。项王归汉王父母妻子，军中皆呼万岁，乃归而别去。

鸿沟，古代运河，在今河南省，楚汉相争时是两军对峙的临时分界，比喻界线分明。荥阳现存鸿沟确切的称呼为"广武涧"。楚汉相争时曾划鸿沟为界。《史记·项羽本纪》："项王乃与汉约，中分天下，割鸿沟以西者为汉，鸿沟而东者为楚。"

鸿沟始建于春秋战国时期，战国的魏惠王开凿，在其后秦、汉、魏晋南北朝时期，一直是黄淮间的主要交通线路之一。该运河在今荥阳北引黄河水，向东经过开封折向南部，经过尉氏、太康、淮阳后汇入淮河。对此，《史记》记载曰："荥阳（今荥阳故城）下引河东南为鸿沟，以通宋、郑、陈、蔡、曹、卫。"

项羽如约拔营东归，向彭城而去。刘邦也欲引兵西归汉中。在这个转折之际，张良以一个政治谋略家的深邃眼光，看出了项羽腹背受敌、捉襟见肘的处境，便与陈平同谏汉王道：如今汉据天下三分有二，此时正是灭楚的有利时机，宜猛追穷寇，毕其功于此役。否则放楚东归，后患无穷。

刘邦采纳了二人的意见，亲率大军追击项羽，并命令韩信、彭越合击项羽。但汉军追击楚军到了阳夏（今河南太康）南面，却迟迟没有等来韩信、彭越的援军，结果战斗不利。刘邦就在固陵（在今河南太康南）建筑营垒，进行防守。刘邦问身边的张良：诸侯（指韩信、彭越）军为什么没有按照约定前来会合？

此时，张良对韩信、彭越的心思早已了然于心，对应之策已思谋成熟，见刘邦询问，忙答道：楚军即将灭亡，韩信、彭越虽已受封为王，却没有确定的疆界。二人此次不来赴约，原因正在于此。陛下若能与之共分天下，当可立招二将。否则，最终成败，尚不可知。

刘邦一心要解燃眉之急，便依张良之计，把陈地以东至沿海的地盘划封齐王韩信，把睢阳以北至谷城的地盘划封给梁王彭越。两个月后，韩信、彭越果然派兵来援。楚汉战争的决战时刻到来了。

1958 年的一次谈话中，毛泽东讲了楚汉鸿沟划界后，张良教刘邦利用韩信的故事。他说："韩信要求封假齐王，刘邦说不行，张良踢了他一脚，他立刻改口说，他妈的，要封就封真齐王，何必要假的。"称赞了张良用智谋辅佐刘邦（盛巽昌：《毛泽东眼中的历史人物》，上海辞书出版社 2005 年版，第 85 页）。

1967 年 1 月 7 日毛泽东的一次谈话中说，"老粗出人物"，自古以来，能干的皇帝大多是老粗出身。汉朝的刘邦是封建皇帝里边最厉害的一个。刘敬劝他不要建都洛阳，要建都长安，他立刻就去长安。鸿沟划界，项羽引兵东退，他也想到长安休息，张良说，什么条约不条约，要进攻，他立刻听了张良的话，向东进（詹全友主编：《毛泽东瞩目的帝王宰相》，长江文艺出版社 2000 年版，第 145 页）。

（九）劝都关中

刘敬劝高帝说："建都关中。"高帝犹豫不决。左右大臣都是华山以东的人，大都主张建都洛阳，他们说："洛阳东有成皋，西有崤山、渑池，背靠黄河，面向伊、洛两水，四周山河环绕，地形险要，十分坚固易守。"留侯说："洛阳四周虽有山河可以凭借，但中间地区狭小，不过数百里，土地贫瘠，四面受敌，所以这不是用武之地。至于关中，左有崤山、函谷关，右有陇山、岷山，中间地区宽阔，沃野千里，再加上南有富饶的巴、蜀之地，北有边塞的畜牧之利，西、北、南三面凭险防守，只用东面控制诸侯。这样，如果诸侯安定，可以利用黄河和渭水运输全国物资，以供应京师；如果诸侯反叛，大军可以顺流而下，粮草物资也可以顺水输送。这就是所谓金城千里、天府之国。刘敬的建议是对的。"于是高帝即日起驾，向西进发，建都关中。

（十）四面楚歌

毛泽东对张良在楚汉战争中的作用评价很高。他曾说："刘邦吸取经验教训，与张良、陈平等共同谋划如何战胜项羽，决定采取四条措施。一是由刘邦本人坚持与项羽正面对峙，牵制项羽主力，又不与其决战；二是命韩信从北向东，攻打魏、赵，再攻取齐，从北面向项羽施加压力；三是联合英布和彭越不时袭扰项羽后方；四是用重金收买项羽手下的人，进行离间活动，尤其离间项羽与范增的关系，因范增是个大谋士。结果项羽四处挨打，疲于奔命，加之后勤跟不上，只好提出以鸿沟（今河南荥阳境）为界，'中分天下'，西为刘属，东为项属。"

在登临当年楚汉战争的九里山战场时，毛泽东又说："项羽最后退到垓下被汉军团团围住，刘邦、张良采取十面埋伏和四面楚歌的计划，从军事实力和心理上瓦解楚军。项羽绝望慷慨悲歌，别姬南下，到乌江自刎而死。"（杨庆旺：《毛泽东指点江山》，中央文献出版社2000年版，第1181—1182页）

这充分地说明了张良在楚汉战争中所起的关键作用。

汉五年（前202）十二月，在楚汉战争中，楚汉两军在垓下（今安徽灵璧东南沱河北岸）进行了一场战略决战。

项羽与刘邦订立和约后，立即率军东归。刘邦也打算西撤，但张良、陈平一致反对，说："汉有天下太（大）半，而诸侯皆附之。楚兵疲食尽，此天亡楚之时也，不如因其机而遂取之。今释弗击，此所谓'养虎自遗患'也。"于是刘邦决定毁约追击楚军，并约韩信、彭越南下会师，合力击楚。

汉高祖五年（前202）十月，刘邦引军追击楚军至固陵（今河南淮阳北），韩信、彭越均未赶来。楚军返身发动突然进攻，汉军不支，退入壁垒固守。但项羽未能乘胜扩大战果，进一步围歼汉军，而与之对峙于固陵，这样就使刘邦得以喘息待援。为使韩信、彭越安心助汉击楚，打败项羽，刘邦采纳张良的建议，韩信、彭越虽然受封为王，但没有明确二人的封地范围，故二人不来援助。依张良之计，把陈地以东至沿海的地盘划分给齐王韩信，把睢阳以北至谷城的地盘划分给梁王彭越。韩信、彭越二人果然率部前来会师。

十月下旬，韩信引兵进占彭城，同时攻下楚地许多地区。被刘邦封为淮南王的英布也遣将进入九江地区，诱降了守将、楚大司马周殷，随后合军北上进攻城父（今安徽涡阳东）。

刘邦也由固陵东进，形势对楚极为不利，项羽被迫向东南撤退。

十一月，项羽退至垓下（今安徽灵璧东南），筑垒安营，整顿部队，恢复军力，此时楚军尚有约10万人。

项羽的军队在垓下安营扎寨，士兵越来越少，粮食也吃完了，刘邦的汉军和韩信、彭越的军队又层层包围上来。

夜晚，听到汉军的四周都在唱着楚地的歌谣，项羽大惊失色地说："汉军把楚地都占领了吗？不然，为什么汉军中楚人这么多呢？"

项羽连夜起来，到军帐中喝酒。回想过去，有美丽的虞姬受宠爱，常陪在身边，有宝马骓常骑在胯下。而今……于是项羽就慷慨悲歌，自己作诗道：

> 力能拔山啊，豪气压倒一世，
> 天时不利啊，骓马不奔驰。
> 骓马不驰啊，怎么办，
> 虞姬啊虞姬，我该怎么安排你呢？

项羽唱了一遍又一遍，虞姬也同他一起唱。虞姬唱道：

> 汉兵已略地，
> 四方楚歌声。
> 贱妾何聊生！

项羽泪流数行，身边侍卫也都哭了，谁也不能抬头看他们了。虞姬舞到最后，突然自刎而死。项羽悲痛不已，知道虞姬是为了让自己突围才自杀的。

于是项羽跨上战马，部下壮士八百多人骑马跟随，当晚从南面突出重围，纵马奔逃。天亮的时候，汉军才察觉，就命令骑兵将领灌婴率领五千骑兵追击项羽。

项羽渡过淮河，检点人马，能跟上项羽的骑兵只有一百多人了。

项羽走到阴陵时，迷路了，向一农夫问路，老农骗他说："往左拐。"项羽往左走，就陷入了一片低洼地里，行动不快，所以又被汉军追上了。

项羽又率兵向东驰去，到了东城（今安徽定远南）的时候，跟随他的只剩下二十八个骑兵了，而追击的汉军骑兵有几千人。

项羽自己估计这回不能逃脱了，对手下骑兵说："我从起兵打仗到现在已经八年了，亲身经历七十余次战斗，从没有失败过，所以才称霸天下。但是今天却终于被困在这里。我今天当然是要决一死战，愿为大家痛快地打一仗，定要打胜三次，为各位突出重围，斩杀汉将，砍倒帅旗，让各位知道这是上天要亡我，不是我用兵打仗的错误。"于是就把他的随从分为四队，朝着四个方向。汉军层层包围他们，项羽对他的骑兵说："我再为你们斩他一将。"命令四队骑兵一起向下冲击，约定在山的东面分三处集合。

于是项羽大声呼喝向下直冲，汉军都溃败逃散，果然斩杀了汉军一员大将。这时赤泉侯杨喜担任骑兵将领，负责追击项羽，项羽瞪眼对他大喝，赤泉侯杨喜连人带马惊慌失措，倒退了好几里。项羽同他的骑兵在约定的三处会合。汉军不知道项羽在哪一处，便把军队分成三部分，重新包围上来。

项羽就又冲出来，又斩了汉军的一个都尉，杀死百余人。再一次集合他的骑兵，发现只不过损失了两个人，便问他的随骑道："怎么样？"骑兵们都佩服地说："真像您说的那样！"

于是项羽就想东渡乌江（今安徽和县境）。乌江的亭长撑船靠岸等待项羽，他对项羽说："江东虽小，也还有方圆千里的土地，几十万的民众，也足够称王的，请大王急速过江。现在只有我有船，汉军即使追到这，也没有船只可渡。"

项羽笑道："上天要亡我，我还渡江干什么？况且我项羽当初带领江东的子弟八千人渡过乌江向西挺进，现在无一人生还，即使江东的父老兄弟怜爱我而拥我为王，我又有什么脸见他们呢？或者即使他们不说，我项羽难道不感到内心有愧吗？"

接着对亭长说："我知道您是忠厚的长者，我骑这匹马五年了，所向无敌，常常日行千里，我不忍心杀掉它，把它赏给你吧！"

于是命令骑马的都下马步行，手拿短小轻便的刀剑交战。仅项羽一人就杀死汉军几百人。项羽自己也负伤十多处。

项羽忽然回头看见了汉军骑兵司马吕马童，说："你不是我的老朋友吗？"吕马童面向项羽，指项羽给王翳看，说道："这个人就是项羽。"

项羽说："我听说汉军悬赏一千金、一万户封邑来买我的头，我给你做件好事吧！"说罢就自刎而死。

王翳赶上前去，割下项羽的头，其他骑兵自相践踏，争夺项羽的尸体，互相杀死了几十人。最后，郎中杨喜，骑兵司马吕马童，郎中杨胜、杨武各自得到了项羽的一段肢体。五个人把肢体合拢起来，正好是一个完整的项羽。所以，汉王刘邦把准备封赏的土地分成五部分：封吕马童为中水侯，封王翳为杜衍侯，封杨喜为赤泉侯，封杨武为吴防侯，封吕胜为涅阳侯。

项羽死后，楚国各地都投降了汉军，只有鲁城不肯投降。刘邦就带领各路诸侯大军打算屠毁鲁城（今山东曲阜）。因为他们坚守礼义，为主人以死守节，刘邦命令拿项羽的头在鲁城传观，鲁城父兄才投降了。最初，楚怀王曾封项羽为鲁公，到项羽死了，鲁城又最后投降，所以用鲁公的礼节把项羽埋葬在谷城（今山东平阴西南）。汉王刘邦为他举哀，哭了一场，然后离开鲁城。时为汉高祖刘邦五年（前202）。

项氏宗族各支，刘邦都不诛杀。封项伯为射阳侯，桃侯、平皋侯、玄武侯都是项氏宗亲，均赐姓刘。

垓下之战，在四面楚歌的包围中，楚军士兵大都逃离了。霸王最后也不得不自刎于乌江，留下了千古之恨。历时数年的楚汉战争，刘邦取得了最后胜利，一个西汉王朝建立起来了。

三、功成身退

（一）谏封雍齿

汉六年（前201）正月，刘邦大封功臣。刘邦一口气封了包括张良在内的二十多位功臣。张良没有立过战功。高帝说："运筹策划于帷帐之中，取得胜利于千里之外，这就是子房的功劳。让张良自己从齐国选择三万户作为封邑。"张良说："当初我在下邳起事，在留县与陛下会合，这是天将我授予陛下。陛下用我的计策，有时侥幸成功。只要把留县封给我就足够了，三万户是不敢当的。"于是高帝就封张良为留侯，是和萧何等人一同受封的。

其余的人日夜争功，一时决定不下来，不能进行封赏。刘邦在洛阳南宫里，其余未被受封的人则议论纷纷，争功不休。

一天，刘邦在洛阳南宫，从阁道上看见诸将三三五五地坐在沙土上窃窃私语，就询问张良他们在谈论什么事。

张良故意危言耸听地说："他们在商议谋反！"

刘邦大吃一惊，忙问："天下初定，他们何故又要谋反？"

张良答道："您起自布衣百姓，是利用这些人才争得了天下。现在您做了天子，可是受封的都是您平时喜爱的人，而诛杀的都是平时您所仇怨的人。现在朝中正在统计战功。如果所有的人都分封，天下的土地毕竟有限。这些人怕您不能封赏他们，又怕您追究他们平常的过失，最后会被杀，因此聚在一起商量造反！"

刘邦忙问："那该怎么办？"

张良问道："您平时最恨的，且为群臣共知的人是谁？"

刘邦答道："那就是雍齿了。"

张良「运筹帷幄，决胜千里」

张良说："那您赶紧先封赏雍齿。群臣见雍齿都被封赏了，自然就会安心了。"

于是，刘邦摆设酒席，欢宴群臣，并当场封雍齿为什邡侯，还催促丞相、御史们赶快定功行封。

群臣见状，皆大欢喜，纷纷议论道："像雍齿那样的人都能封侯，我们就更不用忧虑了。"

张良此举，不仅纠正了刘邦任人唯亲、循私行赏的弊端，而且轻而易举地缓和了矛盾，避免了一场可能发生的动乱。他这种安一仇而坚众心的权术，也常常为后世政客们如法炮制。

由上可知，尽管张良在计谋上表现得特别突出，但是其最大成就终究是在政治上的，他分析天下宏观局势、对未来格局的预判，是世间罕见，是刘邦集团的谋主，这是刘邦尊重、信服他的原因。

（二）计安太子

太子被称为储君，是皇帝的法定接班人，位置至关重要。所以，历代封建王朝围绕废立太子，斗争十分激烈。汉朝也不例外。

刘邦在称帝之初，立吕后所生刘盈为太子，这是顺理成章的。因为它符合封建社会的嫡长子继承制，所以没有什么异议。但后来刘邦对太子刘盈不满意，认为他生性怯弱，不足以立国。而想改立爱姬戚夫人所生的小儿子赵王如意。赵王如意不是皇后所生，又是小儿子，按照封建世袭制度，他是没有这个福分的。这样一来就是废皇后所生立妃子所生、废长立幼，违背了封建世袭制度。

刘邦和吕后为结发夫妻，同甘苦，同患难，出生入死，打下天下，为什么要废掉她所生的儿子，而改生戚夫人所生的儿子呢？这有两个原因：

第一，太子刘盈的确仁弱，刘邦担心他不能继承大位。刘邦多年征战，多次受伤，到晚年身体很不好，太子如果强势，应该能替他征战了。但太子不能胜任，每有战事，仍需刘邦亲自出征。在征讨英布时，刘邦带病出征，偏又受了伤，病得更重了，因此有必要改立太子。为国家事业计，这是主要原因。

第二，与刘邦的生性有关。刘邦生性"好美姬"，说直白点，就是好女人，好女色。吕后年老色衰，渐渐失去魅力，刘邦宠爱上了年轻貌美的戚夫人，也是人之常情。俗话说，"子以母贵"。戚夫人受宠，刘邦想改立她所生的儿子为太子，是可以理解的。

皇帝立哪个儿子为太子，本来是皇帝的"家事"，外臣不得干涉。但由于它牵涉到各方面的利益，所以，刘邦此言一出，便引起轩然大波。一些跟随刘邦、吕后打江山的大臣，都异口同声地反对。大儒叔孙通引经据典，据理力争。功臣周昌是刘邦儿时伙伴，为人正直倔强，甚至以死相争。周昌口吃，刘邦问他为什么反对改立太子，盛怒之下，说话更加结结巴巴："臣口不能言，然臣期期以为不可。陛下虽欲废太子，臣期期不奉诏。"（《史记·张丞相列传》）张守节《史记·正义》记载："昌以口气，每语故重言期期也。"南宋刘义庆《世说新语·言语》里说，三国时魏国大将"邓艾口吃，语称艾艾"。以后就用"期期艾艾"形容口吃的人说话结巴、不流利，成为一个成语。

张良劝阻，刘邦也不听，整天在宫中养病，不上朝理事。

吕后害怕了，不知道该怎么办。有人对吕后说："留侯擅长筹划计策，皇上很信任他。"

吕后就委派她哥哥建成侯吕泽咨询张良，说："您是皇上的谋臣，现在皇上要改立太子，您怎么能置身事外呢？"

张良说："开始打天下时皇上几次处境都很危险，侥幸地用了我的计策。现在天下安定，由于偏爱而想改立太子，家庭骨肉之间的事情，本来不是外人所能干涉；纵然有一百多个大臣也没有用，何况我一个人呢？"

吕泽勉强地要挟说："给我出个主意！"

张良说："这是难以用口舌来争辩来解决的。但是皇帝不能邀请得到，天下有四个人。这四个人年纪都很大了，都因为皇上任意地轻慢别人、侮辱别人，所以都逃到山中躲藏了起来，发誓不屈节对汉称臣。然而皇上却很尊敬他们。如果你能够不吝惜金银财宝，让太子刘盈写一封亲笔信，派一个能说会道的人，用谦恭的言语、舒适的车辆，去聘请这四位老人，坚决地邀请，他们应该会来的。来了以后，作为受优礼的上宾，让他们常常随着太子上朝，故意让皇上看到他们，皇上一定会感到惊异而打听这四个人的来历。皇上问清楚了，又知道这四位都是贤人，对于巩固太子的地位是一种帮助。"

于是吕后命令吕泽捧着太子的亲笔书信，用谦卑的言辞、丰厚的礼物，去迎接这四个人。这四个人来了以后，住在建成侯府中做客。

汉十一年（前196），黥布反叛；刘邦正在生病，打算命令太子作为将军，率兵前去平叛。这四个人商量说："大抵我们到这里来的用意，无非为了要保全太子。太子如果去率军平叛，事情就危险了。"

于是他们向建成侯说："太子率兵平叛，纵使太子征战有功，地位也无法再高了；如果无功而返，从此就会受到祸害。何况和太子一起出征的将领，都是和皇上一起平定天下的猛将，现在让太子统率他们，无异于让羊去统率狼，将领们都不会为太子卖力，太子也就必然不会建立战功。我们听说'父亲宠爱他的母亲，一定时时抱抱她生的孩子'，如今戚夫人日夜侍奉在皇上身边，赵王如意常常抱在皇上跟前，皇上曾经说过'绝不能让不像我的儿子（刘盈）居于爱子（赵王如意）的上面'，这就表明了皇上一定要用赵王如意取代太子的地位。你们何不赶快让吕后寻找机会向皇上哭诉，就说'黥布是天下有名的猛将，善于用兵，如今同去的将领，都是皇上的旧部下，和皇上是同辈，假使让太子去统率他们，无异于让羊去率领狼，他们是不肯为太子所用的。如果黥布听说太子做了统帅，就会公然大张旗鼓，向西进军。皇上虽然有病，也要勉强躺在有帷帐庇护的车监督诸将，这样，将领们就不敢不尽力。皇上虽然吃些苦，但是为了妻子儿女的利益而勉强再坚持一下。"

于是，吕泽立即连夜去见吕后。吕后就按这四个人的吩咐，乘机在刘邦面前哭诉了一番。

刘邦说："我知道这小子不配当这差使，你老子再亲自走一趟吧！"

刘邦亲统大军向东进发，在都城留守的群臣都送到灞上（今陕西西安东）。张良正在生病，也挣扎着起来送行，到了曲邮（今陕西临潼东）谒见刘邦，对他说："我本来应该跟随皇上出征，实在病得太重了。楚人勇猛敏捷，希望皇上不要和他们争一日之利。"说罢，他又顺便向刘邦建议说："可让太子为将军，监护关中的兵马。"

刘邦说："子房虽然有病，也要勉强坚持辅佐太子。"

当时叔孙通是太子太傅，张良辅助太子，兼摄太子少傅之职。

汉十二年（前195），刘邦平定了黥布叛乱，回到都城，病情更加沉重，便更加想改立太子了。

张良劝谏，刘邦不听。张良便称病不再过问政事。

太子太傅叔孙通称引古今室史实来劝谏刘邦，甚至以死为太子力争。

刘邦假意答应了叔孙通，但内心还是想改立太子。

有一次宴会，太子在刘邦身旁侍立。有四个人跟随着太子，年纪都在八十开外，胡须和眉毛都白了，衣服和帽子都很奇异古怪。刘邦见了，觉得很奇怪，问道："他们都是干什么的？"

四人上前答话，各自说了自己的姓名，叫东园公、甪（lù）里先生、绮里季和夏黄公。刘邦大惊，说："我访求你们好几年了，你们躲藏起来不愿见我，今天为什么却和我的儿子来往呢？"

四人一同回答说："陛下轻视士人，喜欢骂人，我们不愿意受您的污辱，所以畏惧地躲藏起来。我们私下听说太子仁义孝顺，礼贤下士，天下人无不伸长脖子等待为太子出死力，所以我们就来了。"

刘邦说："那就麻烦你们始终如一地看护太子吧。"

四个人向刘邦敬完酒，快步退去。

刘邦目送着他们的背影，招来戚夫人，指着这四个人说："我本来想改立太子，太子有了这四个人辅助，羽翼已经丰满，很难变动了。吕后真成了你未来的主人了。"

戚夫人痛哭流涕，刘邦说："你给我跳楚舞，我给你唱楚歌。"于是，刘邦唱道：

> 鸿鹄高飞，一举千里。
> 羽翮已成，横绝四海。

横绝四海，当可奈何？

虽有矰缴，尚安所施？

他一连唱了好几遍，戚夫人只是叹息流泪。刘邦终于没有改立太子，是张良建议邀请商山四皓的作用。

张良设计保住了太子刘盈的位置，不久刘邦病逝，太子顺利继位，就是汉惠帝。至于后来吕后专制，国家几乎为诸吕篡夺，证明了刘邦认为他生性怯弱的论断是对的，此所谓"知子莫若父"啊！因此，有些议论说张良的"安太子"其实是危刘氏江山，唐代著名诗人杜牧好作翻案诗，他的《题商山四皓庙》写道：

吕氏强梁嗣子柔，我于天性岂恩雠？

南军不袒左边袖，四老安刘是灭刘。

这种看法，就未免太偏颇了。

（三）"张良辟谷，但他吃肉"

古人在张良身上涂抹了太多的神秘色彩，这让他给后人留下了一个个谜团：张良"拾履得书"的故事流传了千载，他的智慧真的来自神助吗？身处英雄辈出的乱世，张良为何不称王……两千多年来，张良的历史谜案吸引着无数人去探究，但时至今日，张良的身上依旧迷雾重重。

汉朝建立后，刘邦封包括韩信、张良、萧何在内的 7 个异姓功臣为侯，委以重任。但过了没几年，刘邦就不再信任这些昔日的功臣，找机会将这些人罢官夺爵，开国功臣们几乎都没有什么好结局。不过，与众不同的是，"汉初三杰"之中，韩信以谋反罪名被杀，还诛灭其三族；萧何也被治罪下狱，唯有留侯张良一生平平安安。

有道是"伴君如伴虎"，刘邦的疑心极大，张良陪伴皇帝左右还能够自保，这确实是一大奇迹！张良为什么能够在危机重重的宫廷斗争中得以善始善终，也成为一个千古之谜。郑中智先生介绍说，在功成名就之后，和其他人截然不同的是，张良这位功勋卓著的开国元老却急流勇退，称病不上朝，过起了闭门谢客的隐居生活。在封侯之初，张良便向刘邦表示，从此以后想学习"辟谷""轻身"之术，抛弃人间世事，不食人间烟火，以求修道成仙。此后，张良便借口体弱多病，逐渐从官场中抽身，不再过问政事。

《史记·留侯世家》记载，封侯之后，张良"乃学辟谷"，声称从此之后要追求修道成仙。"辟谷"就是不吃饭。刘邦的夫人吕后当年就很不理解张良的行为，劝张良说："人生那么短暂，你何苦自找罪受呢？"

张良的这些作为都是表面现象，其实是"明哲保身"之举，这也是张良的一个计谋。以张良的聪明劲，他早就总结出历史的经验和教训，明白这样的历史规律：历代君王在创业打江山的时候，正是用人之际，他会认识到人才的重要性，人才在此时会得到尊重和重视，君王可以和臣下一道同甘苦共患难去打天下。然而，一旦功成名就之后，君主们却不能和功臣们一同分享胜利的成果去坐天下了，他便会怀疑昔日的功臣"功高盖主"，怕功臣会威胁他的王位，"卸磨杀驴"是必然的。历史上开国功臣大多数结局都很悲惨，善始善终者能有几人呢？

刘邦是个什么样的人，张良也早就看透了。所以，功成名就之后，张良见好就收，聪明地"拍屁股走人"。他表示愿意抛弃人间的事，欲和"赤松子游"，学"辟谷""导引""轻身之术"。这样，逐渐"名正言顺"地从官场中退出，倒也不失为明智之举！这种超脱之举，才使得张良与众不同地落得善终。

当初，张良曾劝韩信也要功成身退，可惜的是韩信不听劝告。直到人头落地之前，韩信才悟透张良的苦心。在被杀之前，韩信曾发出了那句流传千载的哀叹："狡兔死，走狗烹；飞鸟尽，良弓藏；敌国破，谋臣亡。"应当说，"兔死狗烹"的结局张良早就心知肚明了，这说明张良想得高远，看得透彻。张良之举虽说有点"明哲保身"的味道，但在当时封建社会的

张良「运筹帷幄，决胜千里」

历史条件下，张良也只能如此。

张良能安然无恙，刘邦的老婆吕后也起了很大作用。刘邦欲废掉吕后的儿子，改立戚夫人的儿子如意为太子。吕后想保住儿子的王位，却束手无策，情急之下，她找到张良求教。张良给吕后出主意说："当今天下有四位大贤人，皇上想见却见不到。太子若能请他们为上宾，皇上看见了肯定会对太子刮目相看，就不会废掉太子了。"吕后按照张良的计谋而行，果然使儿子的王位得以保全，吕后当然对张良十分感激。通过这件事情，颇有计谋的张良自然又多了一把"安全锁"。从这一点上说，还是张良的智谋救了他自己！

刘邦死后，吕后感德张良，劝他毋自苦，张良最后还是听从了劝告，仍就服人间烟火。毛泽东说："张良辟谷，但他吃肉。"（《在武昌会议上的讲话》，《毛泽东文集》，第七卷，人民出版社1999年版，第448页）指的就是这件事。在吕后的逼迫下，张良恢复了日常的饮食。吕后元年（前187）去世，谥文成侯。

张良作为汉高祖的主要谋士，他的功绩帮助刘邦打败项羽、建立汉朝。毛泽东说："刘邦同项羽打了几年仗，结果刘邦胜了，项羽败了，不是偶然的。"因为刘邦"比较能够采纳各种不同的意见"，而项羽"就不爱听别人不同的意见"。（《在扩大的中央工作会议上的讲话》，《毛泽东文集》，第八卷，人民出版社1999年版，第295页）。刘邦胜利的原因，除了比较能采纳包括张良在内的不少意见外，还有一个更重要的原因，那就是："是因为刘邦和贵族出身的项羽不同，比较熟悉社会生活，了解人民心理"。（毛泽东1959年12月至1960年2月读苏联《政治经济学》（教科书）的谈话，《党们的文献》1994年第5期）了解人民心理，顺应历史发展潮流，是刘邦成就帝业的根本原因。张良助成其事，可见也是识时务的俊杰。古今有不少人对张良进行褒扬，现录陈毅元帅《读史四首》之二，结束全篇。诗是这样写的：

> 楚汉喜神话，首推张子房。
> 城北黄石公，遗履坐桥梁。

留侯欲用事，寄托于渺茫。
乃遇赤松子，运筹帷幄张。
一旦功成后，赤松屏稻粱。
刘邦非大度，君臣猜忌忙。
钩心复斗角，胜者属张良。
萧何亦机智，自污争田疆。
可怜淮阴侯，忠信见灭亡。
未央千古惨，人彘出宫墙。
乃知专制国，大位踞虎狼。
唯有真民主，权利两相忘。

四、张良两谜

（一）张良隐居何处

《史记·留侯世家》记载："留侯从上击代，出奇计马邑下；及立萧何相国：所与从容言天下事甚众，非天下所以存亡，故不著。留侯乃称曰：'家世相韩，及韩灭，不爱万金之资，为韩报仇彊秦，天下振动。今以三寸舌为帝者师，封万户，位列侯，此布衣之极，于良足矣。愿弃人间事，欲从赤松子游耳。'乃学辟谷，导引轻身。

"会高帝崩，吕后德留侯，乃彊食之，曰：'人生一世间，如白驹过隙，何至自苦如此乎？'留侯不得已，彊听而食。

"后八年卒，谥文成侯。子不疑代为侯。

"子房始所见下邳圯上老父与太公书者，后十三年，从高帝过济北，果见谷城山下黄石，取而葆祠之。留侯死，并葬黄石冢。每上冢伏腊，祠黄石。"

《留侯世家》这几段文字，是对隐居及所葬的交代。大意是说，"留侯从上击代"，在汉高祖十年（前197）秋，代相陈豨反，刘邦率军征豨，于次年斩之。"出奇计马邑下"，一作"出奇计下马邑"。《史记·高祖本纪》："太尉周勃……定代地，至马邑。马邑不下，即攻残之。"则攻下马邑，当是张良的计谋。马邑，汉县名，故治在今山西省朔州东北四十里桑干河北岸。"及立萧何为相国"，意谓当时萧何未为相国，张良劝高祖立之。也就是说，攻下马邑和立萧何为相国这两件事都是张良的筹划，所以放在留侯辟谷一年中叙述。张良平时对刘邦从容地谈论天下存亡的事件，是很多的，但这些都不是有关天下存亡的重要事件，所以就不一一著录。张良对外扬言："我家世世代代辅佐韩国，到韩国被灭，不吝惜万斤的家财，为了韩国的仇恨而向强大的秦国进行报复，天下都振动了。现在我凭三寸不烂之舌为帝王（刘邦）出谋划策，封食邑一万户，位列侯爵，这是我这个布衣（老百姓，张良未做韩国的官，故自称布衣之士）显达到了极点，张良我已经很满足了。我愿意放弃人间的一切事情，想和赤松子游处。"于是乃学不吃谷物熟食，学道家养生之术，呼吸俯仰，屈伸手足，使气血充足，身体轻举。

恰逢刘邦死亡，吕后感激张良，坚决劝张良进食，说："人这一辈子，就像奔马经过墙缝一样短暂，为什么自己这样讨苦吃呢？"留侯不得已，勉强听从吕后的规劝开始进食。

刘邦死后八年，张良谥为文成侯（按谥法，施德为"文"，立政安民曰"成"）。他的儿子张不疑袭封了张良的爵位。

子房（张良的字）从所见的下邳圯桥上的老父与太公兵书，到此后十三年，张良跟随高帝刘邦经过济北，果然看到谷城山下的黄石，张良取来看作珍宝，进行祭祀、张良死后，并葬之于张良的坟中，每年三伏天和腊月祭祀张良时，同时祭祀黄石。

这里有个问题：张良隐居何地？死葬何方？

先说隐居问题。张良退出官场，过隐居生活，是要"从赤松子游"。赤松子何人也？赤松子又名赤诵子，号左圣南极南岳真人左仙太虚真人，古代汉族神话传说中的上古仙人。相传为神农时雨师。能入火自焚，随风雨而上下。赤松子曾服用水玉这种药物祛病延年，并把这种方法教给神农氏。他还能跳入火中去焚烧自己而无任何损害。他常常去神仙居住的昆仑山，住在西王母的石头宫殿里。他还能随着风雨忽上忽下戏要。炎帝的小女儿追随他学习道法，也成了神仙中人，与他一起隐遁出世。到了高辛氏统治时，他又出来充当雨神布雨，现在天上管布雨的神仙仍是赤松子。

赤松子修炼成仙的故事有诸多传说，且屡为古籍所载。郭璞云："水玉冰体，潜映洞渊赤松是服，灵蜕乘烟吐纳六气，升降九天。"葛洪称："火芝，常以夏采之，叶上赤，下茎青，赤松子服之，常在西王母前，随风上下，往来东西。"《艺文类聚》称"赤松子好食柏实，齿落更生"。从上述记载来看，赤松子乃传说中之服食成仙者。后世某些道士为了将所撰之书托之远古，曾假赤松子之名以名书，如《赤松子中戒经》，《赤松子章历》。据今人研究，此二书皆出于魏晋南北朝。〈道藏提要〉称：《赤松子中戒经》"盖六朝古籍也"；《赤松子章历》"约出于南北朝"。又如《上清太上帝君九真中经》，"原题太虚真人南岳上仙赤松子传"；《上清九真中经内诀》"原题赤松子述"，为早期上清派著作，而托于赤松子所传者，盖皆出于魏晋南北朝。

文献中的记载，《太平寰宇记》说赤松子是在金华山以火自烧而化，其升天处为赤松涧，故山上有赤松祠，赤松涧。刘向的《列仙传》记载赤松子本是神农时人，为雨师，他服食水玉，把它教给神农，能够在烈火中任火烧烤。赤松子常常去昆仑山上，在西王母的石室里歇息，随风雨自由上下。炎帝的小女儿曾跟随他，亦成仙飞升而去。

又据《韩诗外传》载，赤松子曾为帝喾之师。《太平寰宇记》说赤松子是在金华山以火自烧而化，其升天处为赤松涧，故山上有赤松祠，赤松涧。关于赤松子服水玉一事，文献记载中多有不同。《山海经·南山经》注中说赤松子所服食的水玉就是水精（水晶）。《搜神记》则称为冰玉散，葛洪《抱朴子》则说赤松子服食的是神丹，并有赤松子丹法传世。相传也是葛洪所著的《神仙传》中则称皇初平为赤松子，服松腊茯苓。《丹台录》则称赤松子为昆林仙伯，辖牺南岳山，可化玉为水而服。

《史记·留侯世家》记载西汉名臣张良在辅助刘邦建立政权后，为保全自己，功成身退，对汉高祖说："愿弃人间事，欲从赤松子游耳"。由此人们相传此赤松子就是那个早年传张良兵法的黄石公。但是在《太平广记》中也有记载墨子年八十二岁时"世事已可知，荣位非常保，将委流俗，以从赤松子游耳"之叹，与《史记》中张良语相似。所以赤松子可能只是在秦汉时声名极隆的上古神仙而已，张良和墨子也未必认识赤松子。

（二）张良葬在何方

张良死后葬在哪里，也是一个难解之谜。《史记正义》引《括地志》："汉张良墓，在徐州沛县东六十五里。"这是最早的记载。

但今河南兰考城西南 10 里曹新庄有张良坟，其地名白云山，原有白云洞，原有明代碑十余通。据传，张良在博浪沙刺秦王后逃走，就是隐居此处，后来他辅佐的韩王成被杀，其尸首运回韩国，走到今兰考东 18 里处已腐烂发臭，就地埋葬，此墓今尚存，其村亦以墓名，叫老韩陵。

再者，兰考还是陈平的家乡（城北 18 里陈寨，一说在河南原武），张良隐居时，陈平做宰相，照顾方便。还有县城东北有一大村名霸城寺（作者故里），这个名称与楚霸王有关。无独有偶，湖北亦有个村庄叫霸城寺。他们介绍说，这个村之所以叫霸城寺村，这里还有一段故事。大家都知道项羽吧，西楚霸王，据说当时项羽自刎乌江之后，为了防止其仇人挖其坟，鞭其尸。在全国各地修了许多假坟，当时修建了 72 座，一起称为"项王 72 冢"。其中一座就在霸城寺村，后来居住在这里的人们为了纪念项王，在他的陵前修建了一座寺庙，这座庙就称为霸王庙，由于他的这个陵墓比较大，里面修建得像一座城堡，简称"霸城"，结合这个寺庙，所以后来的前辈们就称这个村为"霸城寺村"，这就是村子名字的来源。据说，霸王庙是宋代修的。当然，这个说法只是传说，不足为信。因为《史记·项羽本纪》记载：

"项王已死，楚地皆降汉，独鲁不下。汉乃引天下兵，欲屠之。为其守礼义，为主死节，乃持项王头视鲁。鲁父兄乃降。

"始，楚怀王初封项籍为鲁公；及其死，鲁最后下；故以鲁公礼赞项王谷城。汉王为发哀，泣之而去。"

《项羽本纪》记载很清楚，项羽的头葬在谷城。谷城，山名，一名黄山。在今山东平阴西南，公元 202 年项羽头葬于谷城，即此。《史记·留侯世家》所载黄石公和张良约见谷城山下，相传也是此处。

但这里有一个阙疑之处，就是谷城葬的只是项羽的头，而四肢葬在哪里没有说。《项羽本纪》明文写道："（项羽）乃自刎而死。王翳取其头。余骑相践踏，争项王，相杀者数十人。最其后，郎中骑杨喜、骑司马吕马童、郎中吕胜、杨武，各得其一体，五人共会其体，皆是。"项羽的四肢葬于何处？一般人是不敢问津的，只有张良有这个胆量，有这个可能，葬于兰考的霸城寺，有这个可能。第一，张良是个念旧的人，他葬韩王成于老韩陵；第二，再葬项羽四肢，因为他与项羽的叔父项伯有旧谊；第三，他的好友陈平也是兰考人，他隐居时陈平正在相位，好关照他；第四，他博浪沙刺秦失败后逃亡之地、他后来隐居之地与他死后所葬之地都是白云山，即兰考西张良坟，这是顺理成章的。兰考霸城寺村，作者幼时在庙里（当时叫关爷庙）上学，庙前悬一口大铁钟（可惜这口大钟在 1958 年大炼钢铁时销毁了），记得钟上铸字说我们村属仪封，老韩陵也属仪封，那是宋代，与所传说项羽庙建于宋代，也是一致的。

『郭嘉这个人就足智多谋』

郭嘉（170—207），字奉孝，颍川阳翟（今河南禹州）人，东汉末年著名军事家、谋略家，是曹操的重要谋臣。他才识超群，足智多谋，长期追随曹操左右出谋划策，功勋卓著，曹操也常常问计于他。郭嘉三十八岁时病死，令曹操十分痛惜。

1959年春天，毛泽东一直在读《三国志》，并针对当时实际工作中出现的一些问题，曾在一些重要场合讲述《三国志》中的不少人物，但谈论最多的历史人物，并给予很高评价的，恐怕要数曹操及其谋士郭嘉了。

毛泽东喜欢郭嘉，在于其多谋，又善断，且谋断都很准确，再加上英年早逝，更使人惋惜。

作为一代领袖，毛泽东高度评价这位多谋善断的历史人物，自是希望他领导下的各级干部向郭嘉学习，做事要多商量，但不要优柔寡断；要当机立断，但不要武断。这样，党就可以把各项工作做得更好。

1959年3月2日在郑州召开的政治局扩大会议上，毛泽东把郭嘉为曹操出谋划策的故事一股脑地讲了出来。他说："三国时候，曹操一个有名的谋士，叫郭嘉，二十七岁到曹操那里当参谋，三十八岁就死了。赤壁之战时，曹操想他，说这个人在，不会使我处于困难境地。许多好主意就是他出的。比如，打不打吕布，当时议论纷纷。那时袁绍占领整个河北和豫北，就是郑州以北，曹操在许昌，吕布在徐州。郭嘉建议先打徐州人。……郭嘉这个计划很成功。……这个人很有名。《三国志·郭嘉传》可以看。"

毛泽东在1959年3月2日在郑州召开的中央政治局扩大会议上说过："现在，我是借郭嘉的事来讲人民公社的党委书记以及县委书记、地委书记，要告诉他们，不要多端寡要、多谋寡断。谋要多，但是不要寡断，要能够当机立断；端可以多，但是要拿住要点。"

毛泽东认为，做领导工作的，最忌讳的就是见事迟、得计迟，成败关键在于抓住要害，当机立断。

1959年4月，他在党的八届七中全会上讲了九条意见，5月又制定了工作方法十六条，其中第一条均为"多谋善断"。所谓多谋善断，重点在"谋"字上，要多谋，少谋是不行的。要与各方面去商量，要反对少谋武断。谋是基础，只有多谋，才能善断。谋的目的就是为了断。要当机立断，不要优柔寡断。

1959 年 7 月 11 日晚，毛泽东又在庐山住处与周小舟、周惠、李锐谈话，并再次讲了曹操败于赤壁、思念郭嘉的故事。故事说完后，毛泽东吐出一口烟，专心思索片刻，叹道："国乱思良将，家贫思贤妻。"（彭程、王芳：《庐山·1959》，解放军出版社 1988 年版，第 52—55 页）

智谋之士要多谋，谋划国家安危大计，预见事态发展大势，消除隐患于未发之际，匡正君主之过失，解决疑难问题，辅主正确决策，毛泽东之所以在各种场合大谈郭嘉的为人和事迹，一方面就是让广大干部向他学习，多谋善断，掌握运用好的工作方法，以便做好各项工作。另一方面则反映了他对多谋善断的高级参谋秘书人员的渴求和期望。这些，对我们各级党政领导干部以及辛勤工作在各条战线上的文秘人员、党史工作者更好地坚持习近平新时代中国特色社会主义思想，努力夺取中华民族伟大复兴新胜利无疑是一种极大的鞭策和鼓励。

一、"《三国志·郭嘉传》可以看"

（一）生于乱世

郭嘉生活的东汉末年，天下动荡不宁，外戚宦官交替专权，朝政黑暗腐败。公元 184 年，爆发了声势浩大的黄巾起义。此后，东汉王朝虽竭尽全力镇压了农民起义，它自身却也名存实亡了。很快，地方豪强、州牧、郡守竞相起兵，军阀混战和割据的闹剧便上演了。

郭嘉自幼身怀大志，见识深远。汉末天下乱象已萌，他便长期闭门苦读，终于掌握了广博的政治、军事和历史知识，形成了自己独特的政治见解。

二十岁左右时，正是东汉末天下大乱开始之时，他仍隐名匿迹，尚未显露锋芒。他平时虽不与俗人应酬往来，却很注意结交英雄豪杰，以待风云变幻。所以，当时一般人都还不知道他的才能，只有那些和他相识而又志趣相投的才俊之士，对他的才华十分看重。

公元 189 年，首都洛阳发生了惊天动地的大事变。大将军何进（？—189）以辅政的身份与袁绍等准备杀尽乱政的宦官。不料，密谋泄露，宦官抢先动手，何进反而被杀。随之，并州牧董卓（？—192）带兵进京（洛阳），专擅朝政，胁迫大臣，又毒杀太后，擅自废少帝，立献帝。第二年，关东州牧、郡守纷纷起兵，公推袁绍为盟主，以讨伐董卓。

正是在这个时候，为了显示自己的杰出才能，实现心中的伟大抱负，郭嘉决定走出家门，投向熙熙攘攘的大千世界。寻觅明主，建功立业。时逢董卓作乱，郭嘉更是跃跃欲试，准备充分利用这个时机，大显身手。

当关东军兴起的时候，盟主袁绍（？—202）的声势颇为浩大——袁家"四世三公"，门生故吏遍布天下。袁绍本人也怀有逐鹿问鼎的野心，故起兵后曾问部下："即袁氏乎？助董氏乎？"在关东军的攻击下，董卓决意迁都长安。

洛阳一带的几百万人口，都被强令迁徙，结果步骑驱驰，更相蹈籍，饥饿寇掠，积尸盈路。宫庙官府和居家，悉遭火焚，二百里内无复孑遗。

关东豪强兴兵，打着为国除奸的旗号。董卓西迁后，关东军却不见西进勤王的举动，反而互相攻击、杀掠。公元192年，董卓被王允和吕布合谋除掉。董卓部将李傕、郭汜、樊稠、张济等攻入长安，杀王允及长安百姓万余人。吕布败退出关，郭、李二人后来也为下属所杀。凉州军阀势力基本灭亡。

不几年，群雄割据的局面很快形成。其中以袁绍、曹操、公孙瓒、刘表、刘璋、袁术、孙策等人的势力为大。这样，要一展才智，郭嘉便只能在这些人中择主而事。

《三国演义》描写郭嘉的出场亮相，是在第十回《勤王室马腾起义　报父仇曹操兴师》。当时曹操正在大力求贤，荀彧向曹操推荐了程昱。"程昱谓荀彧曰：'某孤陋寡闻，不足当公之荐。公之乡人姓郭，名嘉，字奉孝，乃当今贤士，何不罗而致之？'荀彧猛省曰：'吾几忘却！'遂启操征聘郭嘉到兖州，共论天下之事。"实际上，这一段描写并不尽符合史实。

在关东军离散之后，袁绍首先夺取了冀州，并在各地网罗贤才。郭嘉听说袁绍能够礼贤下士，再则袁氏当时声势显赫，盛名一时，他便前往投效，期望能一展宏图。然而，袁绍本人外宽而内忌，好贤而不能用。外表的强大和喧嚣的声势，没能掩盖得了袁绍内在致命的弱点。因此，郭嘉并未受到袁绍的重用。当时，郭嘉的两位同乡辛评、郭图也在袁绍处效力。郭嘉对他们说："智谋之士首要在于审择明主，只有那样，才能百举百全而功名可立。如今，袁公只想学周公的礼贤下士，却根本就不懂得用人的道理。他只是招揽人才，却不予以重视；临事又好谋而不能决断。若想和他一道拯救天下的危难，建立霸王之业，实在是难啊！"于是，他毅然离开了袁绍，去另寻明主。

处于其时，像郭嘉这样的一介书生、文人谋士，虽有超人的才能，却没有尺土寸兵，只能投靠有政治地位和军事实力的人物，才能使其才华得以施展出来。这正如藤蔓不能直立，只有攀援大树才能升高一样。也有人把知识分子比作毛，而毛只能附着于一张皮上。封建割据时代的皮，虽然有仁义道德等辨别好坏的标准，但这个标准弹性太大，又往往经过了一番粉饰装扮。有识之士跟定什么人物，很多情况下往往由不得自己，而要靠命运的安排。

（二）选择明主

聪明的谋士要善于选择辅佐对象，所谓"良禽择木而栖"，这是他成功的首要条件。郭嘉曾说过："夫智者审于量主。"若主人是愚钝懦弱之辈、不堪造就之才，如后主刘禅之类人物，那么，即使辅佐他的人才智过人也无济于事，甚至还会因主人的失败而招致杀身之祸。如陈宫之佐吕布、田丰之随袁绍，就是如此。只有辅佐的对象英武有为，谋士的才干得以发挥，才能建功立业。如后来周瑜之佐孙权，诸葛亮之辅刘备，都在历史上传为佳话。和郭嘉同郡的郭图，就因一味追随袁绍、袁谭父子，后因兵败被杀。类似的例子，在历史上可谓不可胜举，这既是士人的悲剧，也是时代的不幸。而作为谋略家的郭嘉，其高明之处，就在于他能准确地判定，袁绍不过是徒有虚名，难担当国家兴亡之重任，其失败的命运难以避免，因而就绝不能选择他作为自己的事业之"主"。

当郭嘉离开袁绍的时候，正在发展势力的曹操，却有人才不足之感。此前，颍川著名谋士戏志才在曹操帐下效力，非常受器重。不幸，戏志才早卒。曹操给高参荀彧写信说："自从戏志才去世后，几无可与之谋大事之人。汝、颍一带向来多出奇士，请问谁可继任戏志才之职？"荀彧便介绍推荐了郭嘉。曹操立刻召见，两人纵论天下大事，十分投机。言谈中，曹操觉察这个青年人具有卓越的见识和才能，不禁高兴地赞叹说："使孤成大业者，必此人也。"

会见完毕后，郭嘉也庆幸得遇雄才大略的明主，出来便喜不自胜地说："曹公才真是我想投奔的明主啊！"二人志投意合，相见恨晚。曹操当即任命二十七岁的郭嘉为司空军祭酒。曹操于建安元年（196）十月任司空，于三年（198）正月，"初置军师祭酒"。郭嘉担任的司空军祭酒，即司空府下的军师祭酒，是参谋军事的官职。从此，郭嘉就做了曹操麾下的军事高参，为曹操呕心沥血地谋划军机。

当时的曹操，既取兖州，又迎汉献帝至许都，"挟天子以令诸侯"，取得了政治上的主动权。在建安元年（196），又采纳毛玠、枣祗等人建议，屯田许（今河南许昌）下，收获粮食百万斛，为解决军粮供应问题提供了良好的经验。当然，如果与袁绍相比，曹操占有的地盘狭小，兵马不足，势力尚弱。郭嘉能果断地弃"强大"的袁绍于不顾，而选择势弱的曹操作为自己安身立命之主，这充分表现了他深邃的目光和决断的才干。

（三）屡建奇功

曹操自在兖、豫二州建立根据地以来，屡次征伐，各个击破群雄，解除后顾之忧，以便将来与袁绍放手一搏。

首先，汉献帝初平四年（193），曹操父亲由华县回乡，被徐州牧陶谦（132—194）所率部军兵杀害。曹操闻讯怒不可遏，率军报仇，连拔十余城，陶谦败退至郯城（今山东郯城）。

次年夏，曹操又二征徐州（今江苏徐州），在泗水活埋男女数万人。不久，陶谦忧病而死。进行这两次军事行动时，郭嘉尚未投奔曹操。但《三国演义》却描写郭嘉曾参与谋划其事，这是小说家言，自然不值一辩。

其次，攻灭吕布。吕布（？—198），字奉先，五原郡九原（今内蒙古包头西南）人。他原来是并州刺史丁原的部将，却卖主求荣，杀了丁原投靠董卓；后来又杀董卓，依附王允。此人"刚而无礼，匹夫之勇"，是一个政治上反复无常的典型人物。他被李傕、郭汜驱逐出长安后，如同丧家之犬，四处奔走。他先依袁术，再投袁绍，复奔张扬。

当曹操讨伐徐州时，不料后院起火，兖州（今山东兖州金乡东北）后方发生了叛乱。陈留太守张邈在陈宫劝说下，迎接吕布，企图趁机夺占兖州。幸亏荀彧、程昱等坚守鄄城、范县、东阿三城，使曹操尚可以进退有据。曹操闻讯后，引兵回救，在定陶、巨野（均今属山东）两役，大败吕布，才安定局面。

吕布战败后，逃到徐州依附刘备，以后又袭取了刘备的下邳（今江苏睢宁西北），自称徐州牧。刘备丧失根据地之后，便率众来投曹操。《三国演义》第十六回《吕奉先辕门射戟，曹孟德败师淯水》写道："操待以上宾之礼。玄德备诉吕布之事，操曰：'布乃无义之辈，吾与贤弟并力诛之。'玄德称谢。操设宴相待，至晚送出。荀彧入见曰：'刘备，英雄也。今不早图，后必为患。'操不答。彧出，郭嘉入。探曰：'荀彧劝我杀玄德，当如何？'嘉曰：'不可。主公兴兵，为百姓除暴，惟仗信义以招俊杰，犹惧其不来也；今玄德素有英雄之名，以困穷而来投，若杀之，是害贤也。天下智谋之士，闻而自疑，将裹足不前，主公谁与定天下乎？夫除一人之患，以阻四海之望，安危之机，不可不察。'操大喜曰：'君言正合吾心。'次日，即表荐刘备领豫州牧。程昱谏曰：'刘备终不为人之下，不如早图之。'操曰：'方今正用英雄之时，不可杀一人而失天下之心——此郭奉孝与吾有同见也。'遂不听昱言……"此事《三国志·魏书·郭嘉传》裴松之注引《魏书》所记大略相同，在这一件小事上，反映出了权谋者的战略眼光，曹操与郭嘉同列，连荀彧与程昱这样出名的智囊人物都赶不上。

虽然暂时笼络住了刘备，但曹操的处境却不无困难。其时，北有袁绍、公孙瓒，南有袁术、刘表、孙策、刘璋、张鲁，西有马腾、韩遂、张扬，东有吕布；兖、豫二州又处在四战之地，曹操集团实在是四面受敌。

曹操与他的谋士们，日夜分析形势，研究如何才能击破中原群雄。他们意识到自己处于内线作战，又面临敌强我弱的不利态势；袁绍自然是最主要的敌人，而吕布却是最凶恶的敌人。如此，最终确定了"先弱后强，各个击破"的战略方针。

最后，扫除黄河以南割据势力。建安元年（196），原董卓部将张绣随同叔父张济，由关中流窜到南阳一带。张济死后，张绣率部投靠刘表。南阳靠近许昌，对曹操好像芒刺在背。建安二年（197）春，曹操先拿张绣开刀。张绣战败，举兵投降。不久又反悔，夜间偷袭曹营，曹军毫无防备，损兵折将，曹操的长子曹昂、侄子曹安民均战死。于是曹操只好退兵。

次年，曹操再次率军讨张绣，张绣求救于刘表。五月，曹军腹背受敌，不得不退兵。建安四年（199），张绣在谋士贾诩的劝说下，率士卒到许都向曹操投降，被封为扬武将军。

此前，建安二年（197），袁术在寿春称帝，这是公开反汉。曹操既然"奉天子以令不臣"，攻打袁术就师出有名了。九月，曹操讨伐袁术，迫使其向淮南逃走，不多时，袁术病死。

曹军猛攻吕布时，河内的张扬曾出兵野王（今河南沁阳），帮助吕布。但不久，张扬被部将杨丑所杀。接着，眭固又杀了杨丑，投靠了袁绍。建安四年（199）四月，曹操派大将曹仁夺取射犬（今河南沁阳东北），杀了眭固，控制了河内郡。

两年后，曹操各个击败了袁术、张绣，消灭了吕布、眭固，改善了战略态势，逐步由弱转强，为全力对付袁绍创造了有利条件。郭嘉其间追随曹操，屡出妙计，充分发挥了他高级参谋的辅佐作用。

（四）英年早逝

在远征乌桓的进军途中，郭嘉已不服水土，卧病车上。等到他跟随曹操出征归来后，又因操劳过度，病情加重。曹操一再派人询问病情，关怀备至。不料，如此才华横溢、风华正茂的谋士，竟在建安十二年（207）底，一病不起，与世长辞了。

郭嘉死时，年仅三十八岁，恰逢英年有为之时，实在令人痛惜！他去世后，曹操亲自前往吊丧，内心深为惋惜，悲痛不已，"上为朝廷悼惜良臣，下自毒恨丧失奇佐。"忍不住发出悲叹："哀哉奉孝！痛哉奉孝！惜哉奉孝！"这也难怪，此时恰逢曹操北征乌桓胜利返回，踌躇满志，正欲挥兵南下，一举统一中国，他正非常需要像郭嘉这样运筹帷幄、决胜千里的智囊谋臣。而郭嘉在此时竟离他而去，这对曹操的雄心伟业不啻一个沉重的打击。恰在郭嘉去世不久，曹操因失去有力辅佐，遭遇了平生最大的政治失败和军事失败——赤壁之战。无怪曹操哀叹说："若郭奉孝在，不使孤至此！"

郭嘉死后，曹操沉痛地对荀攸等人说："诸君的年龄都和我差不多，唯独郭奉孝最小。战乱平定之后，我准备把身后的事业托付给他，不料他却在中年夭折，岂非命中注定的吗？"

在写给荀彧的书信中，曹操又追念郭嘉说："郭奉孝年不满四十，相与周旋十一年，艰难险阻，大家都同甘共苦。因他智虑变远，通达事理，欲托之以后事，岂料先我而去，情何以堪？奉孝是最了解我的人，天下真正相知的人本不多，因此更加痛惜。可是，这又有什么办法呢！"

又写信给荀彧说："追念惋惜奉孝，不能忘怀。郭嘉对时局和战事的见解，超过一般人。又加上人们都害怕生病，南方有病疫，他常说'我到南方去，就不能活着回来'。然而和他共同讨论计策，他说应首先平定荆州。他这样做，可以看出他的忠厚，一定能立功，不相信命中注定。他待我能这样忠心耿耿，怎么使我忘记他呢！"

曹操不止一次地表示，欲将自己身后大事托交给郭嘉，可见他对郭嘉的重视和信赖。

曹操又向汉献帝上书，请求给郭嘉追赠封赏。表文说："臣闻褒奖忠良之臣宠爱贤明之士，未必在他们生前，追念他们的功绩，恩情加于他们的后人。所以春秋时楚国褒奖孙叔敖，大封他的儿子；东汉时岑彭（？—35）被公孙述派人刺死，爵禄赐给他的旁系亲属。已故军祭酒郭嘉，忠贞善良智高德美，体通性达。每逢讨论大事，众说纷纭，他能一针见血，一语定音，处理恰当，动无遗策。自在军旅之间，随我一起东征西讨十有一年，行军时一同骑马坐车，议事时共坐帷幄，东擒吕布，西取眭固，斩袁谭之头，平河北之众，逾越险塞，扫荡乌丸，震威辽东，取袁尚首级。虽然是借助天威，容易指挥，到了临敌，发扬誓言，凶暴的敌人被歼灭，功勋实在归于郭嘉。正当要彰显其勋之时，他却不幸早亡。上为朝廷悼惜良臣，下自悔恨丧失奇佐。应该追封郭嘉的封赏，增加八百户，加上过去所封共二千户，以表彰死者，鼓励后人。"曹操对郭嘉的忠诚与才干进行了热情的赞扬，对郭嘉的英年早逝表示深切的悼念。

汉献帝阅过表文后，追封郭嘉为"贞侯"。郭嘉的儿子郭奕继承了爵位。

（五）"这个人很有名"

郭嘉多谋善断，而且谋、断都十分正确，所以毛泽东对他十分欣赏。1959年，他在许多重要场合谈到郭嘉，希望广大干部学习郭嘉的多谋善断。

1959年3月2日，在郑州党中央召开的郑州政治局扩大会议上，毛泽东几乎把《郭嘉传》里郭嘉为曹操出谋划策的故事都讲了一遍。他说："三国时期，曹操一个有名的谋士叫郭嘉，二十七岁到曹操那里当参谋，三十八岁就死了。赤壁之战时，曹操想他，说这个人在，不会使我处于这种困难境地。许多好主意就是他出的，比如，打不打吕布，当时议论纷纷。那时袁绍占领整个河北和豫北，就是郑州以北，曹操在许昌，吕布在徐州。郭嘉建议先打吕布，有人说，打吕布，袁绍插下来怎么办？郭嘉说，袁绍这个人多谋寡要，见事迟，得事迟，不要怕，袁绍一定不会打许昌。于是曹操就去打吕布，把吕布搞倒了。如果不先打吕布，如果吕布跟袁绍联合起来同时攻击，曹操就危险了。郭嘉这个计策很成功。然后又去打袁绍，袁绍渡了黄河，在郑州与洛阳之间，曹操打胜了。接着引出是不是去打袁绍的两个儿子袁谭、袁尚的问题。郭嘉说，不要打，我们回师，装作打刘表，把军队摆到许昌、信阳之间，他们一定要乱的。果然，曹操的军队一搬动，几个月，两兄弟就打起来了。袁尚把哥哥包围在山东平原（今山东德州），哥哥眼看要亡国杀头，就派了一个代表叫辛毗的，跑到曹操这里来求救。曹操去救，乘势夺取了安阳，消灭了袁尚的部队，袁尚本人跑到辽东去了，然后再去消灭了袁谭。这个计策也是郭嘉出的。在河北冀东追袁尚时，郭嘉又生一计，他说：'他不防备，我们轻装远袭，可以得胜。'就在这个时候，郭嘉得病，三十八岁就死了。这个人很有名。《三国志·郭嘉传》可以看看。"说到这里，毛泽东不无感慨，深感多谋善断的重要意义。

最后，毛泽东说："现在，我是借郭嘉的事来讲人民公社的党委书记以及县委书记、地委书记，要告诉他们，不要多端寡要、多谋寡断。谋要多，但是不要寡断，要能当机立断；端可以多，但是要拿住要点。"

据革命老人薄一波回忆，1959 年 4 月，党中央召开上海会议之前，为了纠正已经觉察到的错误，毛泽东向全党连续发出了四封《党内通信》，反对浮夸风等"左"倾错误；上海会议上，他引导大家着重讨论了多谋善断、留有余地的问题。毛泽东说，希望大家看看《三国志》中的《郭嘉传》。接着对郭嘉的事迹加以介绍说，郭嘉是三国时期一个著名人物，最初在袁绍部下，但他认为袁绍"多端寡要，好谋无决，欲与共济天下大难"。后经荀彧推荐，他成为曹操的重要谋臣，追随左右，运筹帷幄，协助曹操南征北战、擒吕布、破袁绍、北伐乌桓，功勋卓著。郭嘉中年夭折，曹操非常惋惜，称他："每有大议，临敌制变"，"平定天下，谋功最高"。郭嘉足智多谋，而曹操能问计于郭嘉等谋臣，听取他们的意见，果断作出决策，这说明他是一个知人善用、多谋善断的人物。毛泽东介绍大家看《郭嘉传》，意思是希望各级领导干部做事要多谋。他说，多谋善断，这句话重点在"谋"字上。要多谋，少谋是不行的。要与各方面去商量，反对少谋武断。商量又少，又武断，那事情就办不好。谋是基础，只有多谋，才能善断。谋的目的就是断。他还说，要当机立断，不要优柔寡断。应该根据形势的变化来改变我们的工作计划。反对党内的一些不良倾向，也要当机立断。这些话不仅说明了毛泽东当时一再讲郭嘉的故事，是为了纠正工作中出现的一些错误，体现了他一贯倡导的古为今用的原则，而且把谋与断关系上升到哲理高度来论述，言近旨远，这在今天也仍然可以给我们以启示。（薄一波：《回忆片断——忆毛泽东同志二三事》，1981 年 12 月 26 日《人民日报》）

1959 年庐山会议期间，毛泽东又有两次提到郭嘉。

一次是 7 月 11 日晚，毛泽东找周小舟、李锐、周惠谈话，毛泽东说：

"五八年有些事，我有责任。提倡敢想敢干，'八大'二次会议达到高峰，其中也有些是胡思乱想，唯心主义，因此不能全怪下面和各个部门。"毛泽东说话的时候，表情是诚恳的，"否则的话，人们就会像蒋干一样抱怨：曹营之事，难办得很哪！"

在座的几位，哄堂大笑："主席，你说得太对了。下面有苦难言，而由您一语道破，太有意思了。"在谈话中，都呼吁陈云出来主管经济。

早在 20 世纪 50 年代初，毛泽东对薄一波说："在延安的时候，还没有发现陈云同志有'理财治国'的才能。"在上海会议上，毛泽东又说："有时真理在一个人手里。"意思是指"大跃进"以来人们头脑普遍发热的情况下，陈云是比较冷静的。

这天，毛泽东又赞扬了陈云，并讲了曹操败于赤壁、思念郭嘉的故事。毛泽东说："世上没有先知先觉，没有什么前知五百年，后知五百年的刘伯温。无非是多谋善断，留有余地。《三国志》的《郭嘉传》值得一读。郭嘉这个人，初在袁绍麾下不得施展。他说袁绍'多端寡要，好谋无决，欲与共济天下大难'，就跑到曹操那里。曹操说'每有大议，临敌制变。臣策未决，嘉辄成之。平定天下，谋功最高'。可惜中年夭折。曹操大哭。大跃进出点乱子，不要埋怨。否则就是'曹营之事不好办'。或者叫你'欲与共济天下大难'！"毛泽东随即吐出一口烟，专心思索片刻，叹道："国乱思良将，家贫思贤妻。"（彭程、王芳：《庐山，1959》，解放军出版社 1988 年版，第 52—53 页）

在这里，毛泽东又一次讲述了郭嘉的故事。毛泽东谈话中引用的两句古语，出自《史记·魏世家》，魏文侯谓李克曰："先生尝教寡人曰'家贫则思贤妻，国乱则思良将'。今所置非成则璜，二子如何？"

"国乱思良将"，良将在这里是指陈云。陈云原来负责经济工作，南宁会议后只负责建委工作，所以谈话中几位同事呼吁让陈云出来主持经济工作，毛泽东才说了这样的话。陈云在负责经济工作时特别注重国民经济按比例发展，反对冒进；而在 1958 年"大跃进"中，各行各业大"放卫星"，盲目追求高指标，再加上当时个人崇拜甚嚣尘上，致使"左"倾浮夸风愈演愈烈。在这种情况下，陈云的反冒进自然要受到批评，不久，经济工作陷入困境，毛泽东不得不深思，不能不想到陈云。于是又请陈云主持经济工作，实行"调整、巩固、充实、提高"的政策，使我国很好度过三年经济困难时期。

据原山西省委书记陶鲁笳回忆："从第一次郑州会议到上海会议，据我了解毛主席一直在精读陈寿的《三国志》，并针对当前实际工作中存在的问题，讲《三国志》里的许多人物，讲得最多的是曹操和郭嘉。郭嘉是曹操的重要谋臣，毛主席说此人足智多谋，协助曹操南征北战，筹谋帷幄，出了许多好主意，值得我们学习。"（陶鲁笳：《一个省委书记回忆毛主席》，山西人民出版社1993年版，第138页）

1959年仲夏，毛泽东视察浙江，下榻杭州刘庄，……一天，毛泽东读完英语后，和他的英语教师林克谈起了郭嘉。当时，毛泽东正在读《后汉书》《曹操传》《郭嘉传》。谈话时，毛泽东要林克研究历史。他介绍说："《后汉书》《曹操传》《郭嘉传》等史书，值得一读。"并当即送给林克一本范晔的《后汉书》让他读，然后又讲起郭嘉的故事，他说："曹操有个参谋叫郭嘉，是个河南人，初投袁绍，他批评袁绍'多端寡要，好谋无决，欲与共天下大难'。袁绍这个人多谋寡断，有谋无断，没有决心，不果断，结果兵败于官渡。所以有谋还要善断。"

毛泽东扬了扬手，又说："后来荀彧把郭嘉推荐给曹操，郭嘉足智多谋，协助曹操南征北战，擒吕布，破袁绍，北伐乌桓，平定天下，深得曹操器重。"

毛泽东一边抽烟，一边继续与林克谈话。毛泽东引用唐朝医学家孙思邈的话，说："胆欲大而心欲小，智欲圆而行欲方。"接着又引用曹操批评袁绍的话，说："志大而智小，色厉而胆薄，忌克而少威，兵多而分画不明，将骄而政令不一，土地虽广，粮食虽丰，适足以为吾奉也。"（李林达：《情满西湖》，中央文献出版社1993年版，第155—156页）

1959年，毛泽东在多次谈话中讲三国时的郭嘉多谋善断，是因为1958年的"大跃进"出了不少问题，所以是有感而发。他认为大跃进出了那么多问题，是因为我党干部没有处理好谋与断的关系，没有做到多谋善断。

"谋"，指计谋，谋略。《书·大禹谟》云："无稽之言勿听，弗询之谋勿庸。"《后汉书·荀彧传》曰："许攸贪而不正，审配专而无谋。""断"，指判断，决定，决断。《易·系辞系上》曰："系辞焉以断其吉凶，是故谓之爻。"一个人应该多谋善断，就是点子要多，判断又正确，才能把事情做好。在这方面，郭嘉是个不可多得的人才。多谋善断的人，才能谋大事，成大业，居于领导岗位更是这样。有鉴于此，毛泽东才希望干部中多出几个郭嘉式的人物。

此外，毛泽东在读《古文辞类纂·欧阳永叔〈为君难论〉（下）》时，批注道："看什么新进。起、翦、颇、牧其始皆新进也。周瑜、诸葛、郭嘉、贾诩，非皆少年新进乎？"（《毛泽东读文史古籍批语集》，中央文献出版社 1993 年版，第 97—98 页）

在这里，毛泽东还把郭嘉和中国历史上的著名军事家与谋士白起、王翦、廉颇、李牧、周瑜、诸葛亮、贾诩等相提并论，誉之为"新进"，可见对郭嘉的评价之高。

白起（？—前 257），嬴姓白氏，名起，其先祖为秦国公族，故《战国策》中又称公孙起。郿（今陕西眉县）人，战国时期秦国名将。白起号称"人屠"，战国四将之一（其他三人分别是王翦、廉颇、李牧）战国时期秦国名将。中国历史上自孙武、吴起之后又一位杰出的军事家、统帅。

白起的先祖是秦武公的嗣子公子白。秦武公死后，公子白未能继立，武公的同母弟将君位从公子白手中夺走，是为秦德公。武公居住的故地在秦国都城雍（今陕西凤翔）附近的平阳（今陕西岐山、嗉县一带），德公把平阳封给了公子白。公子白死后，他的后人就以白为氏。白起的父亲希望白起长大以后能够像吴起一样，成为一名优秀的军人，就给他的儿子起名为起。

白起十五岁从军，因作战勇敢屡立战功。秦昭王十三年（前 294），白起任左庶长，领兵攻打韩的新城（在今河南伊川县西）。次年，由左庶长迁左更，出兵攻韩、魏，用避实击虚，各个击破的战法全歼韩魏联军于伊阙（今河南洛阳龙门），斩获首级二十四万，俘大将公孙喜、攻陷五座城池，因功晋升为国尉。又渡黄河攻取韩安邑以东到乾河的土地。十五年，再升大良造，领兵攻陷魏国，占据大小城池六十一个。

王翦，频阳东乡（今陕西富平东北）人，少年时就喜欢军事，后来侍奉秦王政（秦始皇）。秦代杰出的军事家，主要战绩有破赵国都城邯郸，消灭燕、赵，消灭楚国。与其子王贲一并成为秦始皇兼灭六国的最大功臣。

廉颇，生卒年不详，嬴姓，廉氏，名颇，山西太原（一说山西运城、山东德州）人。战国末期赵国的名将。曾率兵讨伐齐国，取得大胜，夺取了晋阳，赵王封他为上卿。廉颇因为勇猛果敢而闻名于诸侯各国。长平之战前期，他以固守的方式成功抵御了秦国军队。长平之战后，又击退了燕国的入侵，斩杀燕国的栗腹，并令对方割五城求和。公元前251年，他战胜燕军，任以为相国，封为信平君。

李牧（？—前229），嬴姓，李氏，名牧，柏仁（今河北隆尧）人，战国时期的赵国军事家。先是在赵国北部边境，抗击匈奴，后以抵御秦国为主，因在宜安之战重创秦军，得到武安君的封号。

周瑜（175—210），字公瑾，庐江舒县人，东汉末年名将。周瑜少与孙策交好，21岁起随孙策奔赴战场平定江东，后孙策遇刺身亡，孙权继任，周瑜将兵赴丧，以中护军的身份与长史张昭共掌众事。建安十三年（208），周瑜率江东孙氏集团军队与刘备军队联合，赤壁之战大败曹军，由此奠定了三分天下的基础。

贾诩（147—223），字文和，凉州姑臧（今甘肃武威市凉州区）人。东汉末年至三国初年著名谋士、军事战略家，曹魏开国功臣。原为董卓部将，董卓死后，献计李傕、郭汜反攻长安。李傕等人失败后，辗转成为张绣的谋士。张绣曾用他的计策两次打败曹操，官渡之战前他劝张绣归降曹操。官渡之战时，贾诩力主与袁绍决战。赤壁之战前，贾诩认为应安抚百姓而不应劳师动众讨江东，曹操不听，结果受到严重的挫败。曹操与关中联军相持渭南时，贾诩献离间计瓦解马超、韩遂，使得曹操一举平定关中。

二、"足智多谋，重点在'谋'字上"

世人称郭嘉为"鬼才"，在他的一生中确实向曹操献出很多良策。以下几个事件充分地体现出了郭嘉的多谋善断。

（一）释放刘备

建安元年（196），割据徐州一带的刘备，被吕布袭击后，兵败无处藏身，率残部投奔曹操。曹操帐下的将佐谋士纷纷劝说曹操，要趁机除掉刘备，他们还强调指出：刘备乃天下枭雄，素有大志，如不及早除掉，日后必将成为心腹大患。

曹操犹豫不决，就征求郭嘉的意见。郭嘉说："刘备胸怀雄才大略，志在天下，深得民心，关羽、张飞乃天下名将，与刘备情深义重，生死相随。因此刘备肯定不会甘心久居人下。主公您以诛国贼、扶汉室为宗旨仗义起兵，志在为天下百姓除残灭暴，大张旗鼓地招贤纳士，广罗人才。现在闻名天下的枭雄刘备，因无路可走才来投奔主公，主公如果要杀掉他，肯定会落下一个杀害英雄贤达、难以容人的坏名声。这样一来，天下的英雄豪杰、贤达之士谁还会再来为您效力呢？为了除去一个可能会对自己的将来不利的人，而因此断绝了天下英雄归顺效命的希望，这中间的利害关系，轻重缓急，主公您不能不深思熟虑啊！"郭嘉的一番话，打消了曹操的疑虑，他收留并厚待刘备，上表朝廷，任命刘备为豫州牧，并拨出3000士卒归刘备指挥，供应他充足的军粮，还让刘备收留被打散的军队。

郭嘉此刻的建议也的确是不错的，由于曹操当时实力尚不是十分雄厚，有了刘备为羽翼，共同对付吕布可以说是事半功倍。而其后的结果也证明，暂时不杀刘备，也的确对讨伐吕布有利，可以说是明智之举。另外，还能够立信义之旗帜，招募俊杰。从这一件事上就可以看出郭嘉的深谋远虑。

（二）擒杀吕布

郭嘉非常善于分析天下形势，利用对方的矛盾，制订正确的战略战术来战胜对方。曹操迎汉献帝到许昌，在政治上，取得了"挟天子以令不臣"的有利地位，在经济上，采纳枣祗的建议，实行屯田制，有了充足的粮食供应。然而，当时曹操却同时面对：黄河以北的袁绍、以徐州为中心的吕布、荆州的刘表和淮南的袁术，可谓四面受敌。

郭嘉在详细分析了各方面形势的情况下，建议曹操，要充分利用袁绍攻打幽州公孙瓒，刘表坐守荆州不思进取，袁术僭号称帝、众叛亲离的大好时机，首先剪除割据于徐州一带的吕布势力。

曹操采纳了他的建议，于汉献帝建安三年（198）出兵徐州，攻打吕布。

在众谋士的筹划下，这年秋，曹军亲率大军出兵。十月，攻下彭城（今江苏徐州），吕布退至下邳（今江苏省睢宁县古邳镇）。曹军把下邳重重包围起来，曹操再写信劝吕布投降。吕布本有降意，但其谋士陈宫劝说他死守下邳，又派人冲出包围去袁术那里求救。由于吕布率将士拼死守城，曹军猛攻了将近两个月，小小的下邳城竟坚不可摧，久攻不克。

曹操心里焦急，加之军队长期作战，没有休整，将士疲惫不堪，粮草供应又出现困难，便准备班师回许都，休整部队，再作考虑。

疲师远征本为兵家所忌，大军屯坚城之下，若久攻不克，尤为不利。现在，曹、吕两家都已疲惫不堪，谁能再坚持下去，谁就有获胜的希望。在这个关键时刻，听说曹操准备退兵，众谋士都非常焦急，荀攸力劝曹操万不可撤军。郭嘉紧接着说："过去项羽一生大小七十余战，未败北，一朝失势于垓下，却身死国亡。其原因，就在于他依仗自己的骁勇善战，缺少谋略。如今，吕布同样有勇无谋，而且连吃败仗，锐气早已衰竭，勇力已尽。吕布的威力远不及项羽，而困败的窘状却有过之，若乘胜猛攻，则下邳一定可拔，吕布必将受擒。"曹操一听，二人言之有理，遂率军继续围城猛攻。

郭嘉向曹操进言，不退兵很容易获得成功，可是下邳城内将士、百姓惧怕城破被屠，都拼命死守，如何破城便成为问题的焦点。一味强攻显然不是上策，此刻，谋士们便有了用武之地。经过实地勘察，荀攸、郭嘉又生一计：水攻。也就是挖泗水、沂水，淹灌下邳城，以水代兵。

曹操正在一筹莫展之际，得此妙计，自然大喜。立即令士卒掘开沂、泗河水，滚滚浪涛冲向下邳城。固若金汤的下邳城，却经受不住水浪的冲击，顿时被泡在几尺深的大水中。城中军民见无生路，遂无心守城，各自逃命去了。曹操终于攻克了吕布的根据地徐州，吕布被诛，吕布割据势力土崩瓦解，黄淮地区（指黄河、淮河之间）纳入了曹操的势力范围。

（三）出兵徐州

曹操统一黄淮地区后，袁术在淮南已无法立足，打算到河北投靠袁绍，袁绍也打算南下进攻曹操，二袁一旦会合，会成为一支不小的力量。于是曹操派刘备截击袁术。郭嘉得知这个消息后，就劝曹操说："刘备在许都，好像龙困沙滩，虎落平阳一样，尽在您的掌握之中，千万不能放刘备出许都。"曹操听了郭嘉的话幡然醒悟，赶快派兵去追赶刘备，可惜为时已晚。

刘备在建安三年（198）冬击败袁术后，重新占领徐州，势力也迅速膨胀起来。他与袁绍结成同盟，共同对付曹操。他又联络一些许都的汉朝老臣，密谋除曹。后来，事情泄露，曹操准备进攻刘备。而众将与谋士纷纷劝他攻打袁绍。郭嘉对曹操说："袁绍为人处事，生性多疑。他看我军出兵攻打徐州刘备，必然会犹豫不决，他不可能迅速出兵断我军的后路。现在刘备刚刚占领徐州，趁他还没有站稳脚跟时，迅速出兵，刘备必败无疑。"

曹操采纳郭嘉的建议，迅速出兵东征刘备。刘备连连败北，逃往青州（今山东临淄北），从而解除了曹操与袁绍决战的后顾之忧。

（四）预断孙亡

三国时期，吴国雄踞江东，立国时间最长。吴国的基业，就是由少年才俊孙策开创的。

孙策，字伯符，吴郡富春（今浙江富阳）人，东汉熹平四年（175）出生在当地一豪门大族。

孙策的父亲孙坚，字文台，早年做过县令。黄巾大起义爆发后，孙坚率"乡里少年"和招募的丁壮一千多人，跟着中郎将朱俊镇压起义军。由于作战有功，被提升为别部司马。后来，他又随车骑将军张温到凉州，进攻割据势力边章、韩遂，回京后，拜为议郎。汉灵帝中平四年（187），孙坚被朝廷委任为长沙太守。他先后镇压了长沙、零陵、桂阳三郡的农民起义，被封为乌程侯。关东诸侯讨伐董卓时，孙坚也起兵北上，沿途征伐不断，实力渐增。他到鲁阳（今河南鲁山）会见袁术，袁术表奏他为破虏将军、豫州刺史。汉献帝初平三年（192），袁术与刘表争夺荆州时，孙坚为先锋，连败刘表的大将黄祖。在进围襄阳时，被黄祖的手下暗箭射死。

孙坚死时，孙策正在寿春（今安徽寿县），年龄只有十七八岁。他年少才俊，喜交各方豪杰，胸怀复仇之志。汉献帝兴平元年（194）十二月，他前往江都（今江苏扬州），求教于江淮名士张纮，询问当时世务。他问张纮："方今汉祚中微，天下扰攘……先君与袁氏共破董卓，功业未遂，卒为黄祖所害。策虽暗稚，窃有微志，欲从袁扬州求先君余兵，就舅氏于丹杨，收合流散，东据吴会，报仇雪耻，为朝廷外藩，君以为何如？"

张纮向他讲述对时局的意见："今君绍先侯之轨，有骁武之名，若投丹杨，收兵吴会，则荆、扬可一，仇敌可报。据长江，奋威德，诛除群秽，匡辅汉室，功业侔于桓、文，岂徒外藩而已哉？方今世乱多难，若功成事立，当与同好俱南济也。"

孙策接受张纮的意见，定下图取江东之计。兴平三年（196），孙坚旧部朱治见袁术政德不立，亦劝孙策取江东，创立基业。那时候，孙策的舅舅吴景进击樊能、张英，一年多也未攻克。

孙策乘机向袁术献策："家有旧恩在东，愿助舅讨横江。横江拔，因投本土招募，可得3万兵，以佐明使君匡济汉室。"袁术对此非常感兴趣，便任命他为折冲校尉率兵渡江。孙策统率其父旧部程普、黄盖、韩当、朱治、吕范等及士兵千人，马数十匹东进。在寿春的宾客蒋钦、周泰、陈武等带领几百人也随策渡江，后周瑜也率兵迎接并助以军粮。到历阳（今安徽和县历阳镇）时，已网罗部众五六千人。

孙策渡江后，在仅四年的时间里，驰骋疆场，东征西讨，次第削平江东割据势力，占有丹阳、吴郡、会稽、豫章、庐江、庐陵六郡，独霸江东，创建基业。其创业之迅速，大大超过曹操和刘备。

时势造英雄，英雄亦造时势。孙策之所以成功，首先在于其战略决策英明，"乱世务边"的决策充分显示了其远见卓识和勇决果断的过人之处。其次，孙策善于笼络人心，"善于用人，是以士民见者，莫不尽心，乐为致死"。再次是军纪严明，所至"鸡犬菜茹，一无所犯"，故民心向之。当然，孙策用兵，"猛锐神速，所向皆破，莫敢当其锋"，亦即他所具有的大将素质、卓越的指挥才能，也是个很大原因。他自渡江以来，攻必克，战必胜，人闻孙郎来，莫不望风而靡。袁术曾欣羡地感慨说："有孙郎这样的儿子，纵然死去，也没有什么可怨恨的了。"

孙策渡江开拓江东的次年，拓地日广，实力强盛，羽毛丰满，遂想脱离袁术而独立。他听到袁术在寿春欲称帝，遂与之绝交。

建安二年（197）正月，袁术称帝后，孙策遂采取北结曹操以抗袁术的政策，与曹操结好，曹操表封他为骑都尉，袭乌程侯，领会稽太守。后曹操闻知孙策平定江南，深感忧虑，但因无力分兵与之争锋，便只好眼看着孙策"转战千里，尽有江东"而没有办法。曹操虽一再设法拉拢孙策，但孙策却不肯受他节制。

建安五年（200），曹操与袁绍在官渡对峙，后方空虚。孙策选择这个时机，确定了一个"阴袭许昌，迎汉帝"的计划。他部署好军队，临江待发。

闻讯后，曹操集团的谋士将领"众闻皆惧"。因为孙策骁勇善战，又有著名谋士周瑜辅佐，这对曹操是个极大的威胁。然而郭嘉却有不同看法，认为孙策不会构成很大威胁，料定孙策此举，难以成行。众人对此大惑不解。郭嘉解释并进而推测说："孙策刚刚吞并江东，所诛者尽为才俊。这些人手下都有一些敢死忠诚之士，他们一定会替他们的主人报仇。孙策为人浮躁而不警惕，纵使兵士众多，也如同独行旷野。如果遇到埋伏的刺客起而偷袭，孙策就只能一个人抵抗。在我看来，这个人必死于匹夫之手。"

众人听了郭嘉的预言，仍然心有疑虑。信的是他的分析很有道理，疑的是孙策是否真的"必死于匹夫之手"。但不久，这个似乎难以置信的预测，却为事实所证明。史载"策临江未济，果为许贡客所杀"。大家都对郭嘉的料事如神赞叹不已，深深为之折服。

原来，许贡担任吴郡太守时，曾上表汉帝，建议将孙策"召还京邑"，"若放于外必作世患"。孙策闻知大怒。遂率军南取钱塘（今浙江杭州附近），先使许贡无法与会稽王朗构成联盟，以相抗拒。然后再移兵北上，一举攻占吴郡，并绞杀了许贡。许贡死后，有三个门客，常想寻找机会，为他们的主人报仇，但一直没有找到机会。孙策平时极爱打猎，常轻装简从，外出射猎。手下多次向他劝谏，不要随意外出。孙策虽然认为这些意见很有道理，但却又总是改不掉自己的习惯。《三国演义》描写道：

"一日，孙策引军会猎于丹徒之西山，赶超一大鹿，策纵马上山逐之。正赶之间，只见树林之内有三个人持枪带弓而立。策勒马问曰：'汝等何人？'答曰：'乃韩当军士也。在此射鹿。'策方举辔欲行，一人拈枪往策左腿便刺。策大惊，急取佩剑从马上砍去，剑刃忽坠，只存剑把在手。一人早拈弓搭箭射来，正中孙策面颊。策就拔面上箭，取弓回射放箭之人，应弦而倒。那一人举枪向孙策乱搠，大叫曰：'我等是许贡家客，特来为主人报仇！'策别无器械，只以弓拒之，且拒且走。二人死战不退。策身被数枪，马亦带伤。正危急之时，程普引数人至。孙策大叫：'杀贼！'程普引众齐上，将许贡家客砍为肉泥。看孙策时，血流满面，被伤至重，乃以刀割袍，裹其伤处，救回吴会养病。"

是夜，孙策因伤重而卒，年仅二十六岁，由其弟孙权袭领部众。孙策为郭嘉所言中，死在将袭许都之时，也许出于偶然。所以裴松之为《三国志》作注时说："嘉料孙策轻佻，必死于匹夫之手，诚为明于见事。然自非上智，无以知其死在何年也。今正以袭许年死，此盖事之偶合。"

但是，郭嘉可以预测孙策"必死于匹夫之手"，则表明他对于各个政治军事集团有着深刻了解，对其意图能洞察秋毫，对其主要人物的性格特点也了如指掌。作为一个杰出的谋略家，郭嘉虽然身在曹营忙于军务，但对孙策统治下的江东各种势力的此消彼长和多种矛盾的发展趋势却是成竹在胸。尤为难得的是，他能够极为准确地分析、判断所掌握的材料，从而得出异于寻常的精确预见。

（五）智破袁氏

当曹操和袁绍两大集团崛起之后，他们均有图王之志，因此，双方剑拔弩张，兵戎相见，已是势所难免。

早在初平元年（190），袁绍就曾说过："我要南面据守黄河，北面控制燕代，再率河北将士，南向以争天下。"到建安元年（199）六月，袁绍消灭了公孙瓒后，占有青、冀、并、幽四州之地，军队增至数十万人，势力更加强盛。他召集将领和谋士们研究作战方案，经过激烈的争论，最后接受郭图、审配的意见，确定了"立即进攻，集中兵力，直捣许昌"的作战方针。遂选精兵十万，精骑万余，胡骑八千，南下谋攻许昌。

曹操手下众人对袁绍出兵仍存畏惧，经过曹操和荀彧等人的解释、鼓动后，方才团结一致，满怀信心去迎击敌人。当时，曹操调精兵2万，于建安元年（199）八月进军黎阳，主动迎敌。

哪知正当曹操部署对袁绍作战的时候，当年十二月，原来依附曹操的刘备，杀徐州刺史车胄，自据徐州、下邳等地，起兵反曹，与袁绍遥相呼应。

当时，东海郡及附近的郡、县大多归附刘备。刘备的军队增至好几万人，声势颇为浩大。遇此意外，曹操意欲亲征迅速打败刘备，以防两面受敌。

其实，曹操很早就看出，将来与他争雄天下者必是刘备，所以他曾对刘备说过："天下英雄，唯使君与操耳。"以前刘备失败来投，他予以笼络。后来，刘备要领兵去击袁术，曹操也准其离去。当时，郭嘉就曾牵马劝谏："放备，变作矣！"并说："纵不杀备，亦不当使之去。"又引古语："一日纵敌，万世之患"为证。曹操听后，大为懊悔，遂令许褚率兵追赶。结果，刘备如鱼入大海，鸟上青天，一去再不复返，曹操"恨不用（郭）嘉之言"。如今，面临刘备的公然反叛，曹操当然非常重视。

但是，曹操帐下的将领对此却不理解。他们对曹操说："与您争天下的主要是袁绍。如今袁绍正率兵打过来，您却要放弃袁绍不打，而去东征刘备。万一袁绍从背后乘虚而入，那可怎么办？"

曹操解释说："刘备乃人中之杰，今不除之，必为后患。"

在这关键时刻，郭嘉赞同曹操意见，他说："袁绍生性迟疑，即便来攻，也不会迅速。刘备起兵不久，民心本附，力量又不大，迅速攻击，一定可以把他击败。这关系到生死存亡，千万可不能错失这个时机啊！"于是，曹操下定决心，亲率精兵兼程东进，迅速攻破彭城、下邳，迫降了关羽。刘备全军溃败，两位妻子被俘，他只身逃往河北，投靠袁绍。

东征刘备，应该说是官渡大战的一个前奏曲。对曹操来说，与袁绍决战在即，如果不迅速扑灭刘备的反叛势力，任其在心腹地区星火燎原，势必就要陷入腹背受敌的困境。大战之前，先肃清次敌，以巩固后方，实属高明之举。曹操在这个问题上，决策无疑很对。问题在于，诸将的意见也不无道理。因为对袁绍而言，刘备起兵之时，也正是他乘机猛攻曹军的绝好时机。因此，曹操帐下将领的担心，便是问题的关键所在。

当诸将表示反对时，连曹操也有些迟疑不决，便"疑"而问郭嘉。

郭嘉的一席话，使人茅塞顿开。他就袁绍、刘备两方作了分析，如果曹操东征，袁绍很可能先作壁上观，不会立刻进兵（后来事实果实如此），这当然最好。如果万一袁绍出兵，也"来必不速"，这是由其"性迟而多疑"所决定的。

这样，就给了曹操短暂的可资利用的宝贵时间。关键在于，曹军要在这短短的时间里，能否迅速平叛取得胜利。如果东征长期下去，不能击败刘备，那么东征也就不可取。而这一点又取决于曹、刘双方的实力对比。郭嘉对比了双方的兵力、战斗力、士气、民心之后，断言"急击之必败"，也完全符合军事学的基本规律。

曹操听了他的分析，下定决心，终于获胜。

反观袁绍一方，在曹操东征之时，谋士田丰建议袁绍："曹操与刘备正在交战，战事恐不能很快解决。公举兵袭击他的后方，可以一战而取得胜利。"田丰虽然错认曹操无法迅速击败刘备，然而曹操集团极为畏惧的却是乘虚出击。不料，袁绍竟借口他儿子有病，未采纳田丰的建议，按兵不动。田丰闻此，"以杖击地曰：'遭此难遇之时，乃以婴儿之病，失去机会！大事去矣，可痛惜哉！'跌足长叹而出。"

在这一件事上，可以看出，郭嘉抓住良机恰到好处。时刻把握事物在错综复杂中的运行情况与可能出现的各种变化，根据条件，不放过有利时机，这是谋士们不可缺少的智慧。时机往往只有一次，稍纵即逝，一去不返。人们常说的"机不可失，时不再来"，劝诫人们要善于抓住事物变化的枢纽，把握重要关系的环节，善于随机应变。这需要有慧眼！在机遇出现时发现它，捕捉住它，决不放过。

在这一点上，郭嘉与田丰无疑都具有这种慧眼。郭嘉称东征刘备是"存亡之理，不可失也"；田丰说是"难遇之时……失此机会。大事去矣……"从不同的方面阐述了同一思想：机遇千载难逢，极为可贵，能否抓住它，关系巨大，影响深远。

发现机遇固然重要，但最终还是要看能否把握住它。就这一点而言，郭嘉成功而田丰却失败了。此中深层根源在于，他们都是谋士，只有建议权而无决定权。他们都发现了机遇，指明了抓住机遇的方法，但最终的决策人——袁绍，却一个采纳、一个弃而不顾，因此导致了截然不同的结果。

当然，事物异趋，变异多多，这就为人们提供了多向选择的可能。要抓住机遇，就必须预见到事物最终的唯一趋势，排除其他的可能性，这样自然会有冒险性，这也就更需要胆识和准确的预测判断能力。因此，预见性可说是谋略家们必备的才能。

在这一方面，田丰与郭嘉相比，也不免稍逊一筹。郭嘉预见到东征刘备，必能速胜，其间袁绍极可能不会出兵；即使出兵，因行动迟缓，也无关大局，后来事实都验证了预测的准确性。田丰一误为断言曹操不能速胜刘备，二误为择主不明。虽有良谋，岂不知其主公的性格怎样，竟幻想袁绍会听纳自己的建议，这就难免要失败了。

准确的预见性是建立在知己知彼之上，郭嘉对袁绍的了解与认识，比田丰要深刻得多，这正是他成功的根源所在。

击败刘备后，曹操迅速调兵官渡。建安五年（200）二月，袁绍进军黎阳（今河南浚县东南），派颜良围攻白马（今河南滑县旧县城东），以保障主力渡河。

曹操采用声东击西的战法，将袁军引诱至延津（今河南旧滑县北），接着他率军急赴白马（今河南滑县东北）。未行十余里，便与袁绍大将颜良相遇。颜良一见，大惊失色，只好仓促迎战。曹操令张辽、关羽先攻颜良。关羽一眼望见了颜良的麾盖，策马如飞，直逼麾下，刺杀颜良于千军万马之中。袁军群龙无首，溃不成军，白马之围很快被解。

盛怒之下，袁绍下令全军渡河追击，命大将文丑率5000轻骑为先锋。

这时，曹操已率兵马向官渡（今河南中牟东北）撤退。到了延津南坡，他下令让一部分骑兵解鞍放马，不多时，战马乱奔，器械满地。很快，文丑追了上来，见状以为曹军已经逃遁，便命令士兵收拾"战利品"。岂料，曹操一声令下，早已埋伏好的六百精卒，飞身上马，冲向袁军，势如破竹。袁军始料不及，一触即溃，大将文丑也成了关羽的刀下之鬼。

遭此惨败，袁绍不肯善罢甘休，令将士继续进攻，一直追到官渡，才安营扎寨。这时，曹军早已布好阵势，坚守营垒。袁绍令士兵在营寨外面堆起土山，垒起高台，叫弓箭手在高台上居高临下向曹营放箭。曹军官兵只好用盾牌遮住身子，才能在营中行走。

曹操深虑此被动状态，急召众谋臣商议，最后设计出一种霹雳车。这种车上装有机钮，扳动机钮，十几斤重的石头就可飞出三百多步。这样一来，袁军的高台被击垮，弓箭手被打得头破血流，死伤无数。

袁绍又叫士兵在夜里偷偷挖地道，准备偷袭曹营。曹军发觉后，在兵营前挖了一道深深的长堑，切断了地道的出口。袁军的偷袭计划又失败了。

如此，两军对峙，均难有进展。

相持数月，曹军兵少粮缺，士卒疲乏。曹操曾想放弃官渡，退守许昌。谋士荀彧写信劝阻说："今军食虽少，未若楚、汉在荥阳、成皋间也。是时刘、项肯先退，先退者势屈也。公以十分居一之众，画地而守之，扼其喉而不得进，已半年矣。情见势竭，必将有变，此用奇之时，不可失也。"于是，曹操决心加强防守，苦撑危局，静观其变，寻求战机。

果然，袁军内部不久出现矛盾。谋士许攸给袁绍献计：让他趁许都空虚，派一支人马绕过官渡，偷袭许都。袁绍不听，固执地说："我要捉住曹操！"偏巧，许攸家人犯法，已被收监。许攸闻讯，登时大怒，连夜投奔了曹操。曹刚脱了靴子想睡，听说许攸来见，喜不自胜，跣足出迎。

一见面，曹操抚掌笑说："君至，我大事有望矣。"

许攸向曹操提供了袁军屯粮乌巢，防备不严的情报，建议曹操出奇兵偷袭，烧其粮草。若是，"不出三日，绍必大败。"

曹操闻之甚喜，并马上行动。他留曹洪、荀攸守大营，自己亲率精锐步骑五千人，打着袁军的旗帜，利用夜晚悄悄从小路赶到乌巢。半夜抵达后，曹军围住粮囤，四面放火，把一万多车粮草烧为乌有。

粮草被烧的消息传到前线，袁军尽皆慌乱不堪，军心大乱。大将张郃、高览临阵倒戈，率部投降了曹操。曹军乘势猛攻，分线出击，袁军四处逃散。袁绍和他的儿子袁谭连盔甲都来不及穿戴，便率领八百骑兵仓皇逃回河北去了。

官渡战败后，袁绍势力尚存，不料他本人却对胜败耿耿于怀，终于积郁成疾，于建安七年（202）呕血而死。

此时，袁氏集团仍有很强的实力。袁绍的小儿子袁尚据邺城（今河北临漳西南邺镇），统领袁绍旧部，袁谭、袁熙等仍然控制着黄河以北的大部分地区。

但是，袁绍的几个儿子不能同心协力，而是各自扩充自身的实力。袁绍在世时，为了争夺嗣位，他们就已经开始各自扩充实力，培植党羽，明争暗斗。谋士审配、逢纪拥戴袁绍喜欢的幼子袁尚；辛评、郭图却支持长子袁谭。袁绍死后，审配假传袁绍遗命，奉袁尚嗣位。袁谭自然心有怨言。袁尚也很疑忌大哥，拨给的兵力也就很少了。他又让逢纪跟从袁谭，名为辅佐，实则监视。袁谭屡次要求增兵，袁尚与审配都不予理睬。愤怒之下，便杀了逢纪，如此一来，袁氏兄弟之间的矛盾，便迅速激化起来。

官渡之战后，曹操让军队先休整了一段时日，然后利用袁尚、袁谭之间的矛盾冲突加剧的机会，渡过黄河，北上征讨。

建安七年（202）九月，曹军攻打屯兵黎阳的袁谭，袁谭无力抵抗，情急无奈，只好向袁尚告急求援。袁尚欲分兵助兄，又怕袁谭借兵不还；如果坐视不救，又怕黎阳有失于己不利，只好让审配守邺城；自己亲率大军救援黎阳。

次年二月，两军大战于黎阳城下，结果，袁谭、袁尚、袁熙、高干（袁绍外甥）全部大败，放弃黎阳，退保邺城。

曹操占据了冀州的重要门户黎阳，为进一步消灭袁氏集团创造了有利的条件。

屡战屡捷之下，曹军诸将皆欲继续追击，一举取下邺城。郭嘉在大家的兴头上，却出人意料地提出了一个撤军、南征刘表的方案。众人十分迷惑，想当年下邳打吕布时，就是采用了郭嘉的急攻战术，在敌方人马疲惫的情况下，围攻两月，终于擒杀吕布。现在二袁已露败相，只要围住邺城，奋力强攻，破城指日可待，为什么要撤军呢？而今掉头南下，远征刘表，岂不是给了二袁以喘息的机会？

对此，郭嘉自有他的独到见解。他很有把握地解释说："袁绍生前最喜爱这两个儿子，究竟立谁为嗣，一直没有定下来。有郭图、逢纪这些人作谋臣，肯定会兄弟内争不断，最终会相互分离，各自成仇。如果我们进攻太急，他们一定会团结一致对付我们；如果我们暂缓进攻，他们就会为争权夺利而自相残杀。所以，我们不如掉头向南，假装去荆州讨伐刘表，以观他们的变化。等到他们内部发生变乱后，我们再出兵击之，便能够一举平定河北了。"

郭嘉此计，可谓"鹬蚌相争，渔翁得利"之计。这是一个消灭二袁最有效且事半功倍的方案。因为，在当时形势下，乘胜进攻并消灭二袁，似乎是自然而然的事，而且也大概会取得成功。但是，困兽犹斗，"一人拼命，万夫莫当"。二袁占据的邺城，经过了袁绍的多年经营，自然不可能被轻易攻破，何况袁军还有相当大的实力，如果被逼急了，自然会拼命顽抗。强攻硬拼，必然要付出很大代价，这不是高明的战法。

当时，由于曹操大兵压境，对袁氏集团而言，内争已退居次要地位，怎样外抗强敌，便是头等大事和主要矛盾。也就是说，袁、曹集团之间的矛盾，已冲淡或暂时压抑住了袁氏内部的矛盾。

高明的智谋之士，常要利用敌人内部的矛盾，以取得胜利。如果敌方内部没有矛盾，也总是要想方设法给他制造矛盾。现在，袁氏内部矛盾重重，但却被压制住没有爆发。如何使之爆发？当然让其上升为主要矛盾即可。

如何使之才能上升激化？那就要改变主要矛盾，也就是说，暂时使曹、袁矛盾淡化。淡化的方法，便是曹操一方主动退出，停止进攻，从而改变形势，激化袁氏内部矛盾，巧妙地使之相互火并。郭嘉这一方案的归宿，就是要完成主要矛盾的转移，给二袁创造一个自相残杀的时机和环境。

这样，曹军便能够改制敌，借故人之手削弱敌人的实力，从而坐收渔人之利。这实在是一条不战而屈人之兵的奇谋妙计。

听了郭嘉的解析，众人连声称是，曹操欣然采纳。建安八年（203）八月，曹操下令南征刘表。

这时，荆州的刘表刚稳定了长江以南的长沙、零陵、桂阳三郡，正密切注视着中原局势的变化。曹军回师南下，对刘表造成了强大的威慑，使他不敢轻易北上攻掠曹军辖地。这就足够了！因为曹操所要的，便是一个给袁氏兄弟看的实质是佯攻的效果。

曹操退军后，留下贾信守黎阳，曹洪守官渡，自己回许昌。接着再南下，装出进攻刘表的姿态。他虽然挥师南下，却是一步三回首，时刻注意着二袁的动静。当曹军开到西平（今河南西平县西）时，便接到袁谭派辛毗前来请求投降求救的消息。

事态正如郭嘉所料。曹军南撤后，胆战心惊的袁谭、袁尚真是大喜过望，紧接着，兄弟二人便开始了对冀州（治邺县）的争夺。袁谭以要追击曹军为借口，要袁尚给他的军队换些好的盔甲。袁尚不给。袁谭很生气，在郭图、辛评的挑唆下，领兵攻打袁尚，结果大败而归。袁谭带领败军逃到平原（今山东平原南），袁尚又领兵追踪而至，将平原团团围住，四面攻打。袁谭眼看城难守住，又一筹莫展，只好听从郭图的建议，派辛评的弟弟辛毗向曹操请求投降和火速增援。

曹操见二袁果然火并，心中非常高兴。但诸将对袁谭求降，尚存疑虑，谋士荀攸则认为："现在天下正是多事之秋，群雄逐鹿，较智量力。而刘表坐保长江、汉水之间，无所作为。其无雄心大志，显而易见。袁氏据四州之地，带甲数十万。袁绍又经营多年，其势力盘根错节。若其二子团结一心，共守父业，便一时难以平定。如果二袁并而为一，专力对外，则更难对付。如今兄弟迁恶，势不两立，正是天赐良机，正应乘其内乱，迅速平定二袁，统一天下。机遇难得，不可失也。"

曹操又问辛毗，袁谭请降是否有诈？已决定投效曹操的辛毗回答说："明公勿问真与诈也，只论其势可耳。袁氏连年丧败，兵革疲于外，谋臣诛于内；兄弟谗隙，国分为二；加之饥馑并至，天灾人困，无问智愚，皆知土崩瓦解，此乃天灭袁氏之时也。现在明公援兵攻邺，袁尚不还救，则失巢穴；若还救，则谭踵袭其后。以明公之威，击疲惫之众，如秋风之扫落叶也。不此之图，而伐荆州；荆州丰乐之地，国和民顺，未可摇动。况四方之患，莫大于河北。河北既平，则霸业成矣。愿明公详之。"

曹操听后，很有同感地说："我攻吕布，表不为寇，官渡之役，不救袁绍，此自守之贼也，宜为后图。谭、尚狡猾，当乘其乱。纵谭挟诈，不终束手，使我破尚，偏收其地，利自多矣。"

于是应允袁谭的求降，立即出兵救援。为了进一步拉拢袁谭，当年十月，曹操赶到黎阳，还与袁谭结成儿女亲家。袁尚得知曹军北渡黄河，急忙放弃围攻平原，退回邺城。

建安九年（204）二月，袁尚又出兵攻袁谭，留下苏由、审配守邺城。

曹操乘机出兵，进军至洹水，苏由率所部降操。曹军乃直捣邺城，审配坚守而不出。曹军在邺城奋力攻打，起土山、挖地道，用尽方法，却不易攻克。

到了四月，曹操让曹洪率军继续围攻邺城，而自己统军扫清外围，先后击破尹楷、沮鹄，迫降韩范、梁岐。

五月，曹军在邺城周围挖了一条长四十里，深宽各二丈的壕沟，引漳水灌入沟中，将城围住。邺城被围困了四个月，城内给养不足，饿死大半。

到了七月，袁尚率主力一万多人，救援邺城。曹操手下将领都认为："这是归师，人自为战，最好避开他们。"曹操却说："袁尚如果从大道而来，自当避其锐气；如果沿西山而来，那就能擒获他们。"结果，袁尚军果然沿着西山而来，在淡水边扎营，遭到曹军的伏击，袁尚率残兵逃至祁州（今河北无极），再逃至中山（今河北定州）。袁尚一路大败，最后率残部逃往幽州，依附次兄袁熙去了。

八月，审配的侄子审荣防守城东门，一夜，他大开城门，迎接曹军入城，邺城遂破，审配亦被处死。其间河北很多地方为袁谭所攻掠。攻占邺城后，曹操挥戈北进，进攻袁谭。袁谭初战不利，便退保南皮（今河北南皮县东北）。

建安十年（205）正月，曹军冒着严寒进击，一举攻克南皮，处死了袁谭、郭图。至此，冀、青二州皆为曹操占据。

随后，曹操北上进击幽州（今北京西南）的袁熙、袁尚。袁熙、袁尚已成惊弓之鸟，闻风逃奔辽西（今辽宁义县）乌桓，幽州也就落入曹操之手。郭嘉精心谋划的巧平二袁之计，至此已经全部实现。

曹操攻占冀州后，郭嘉提出建议，要曹操召见当地的知名人士。任以为官，"以为省事掾属"。这一措施，极大地笼络了青、冀、幽、并等地名士的人心，有利于巩固曹操在北方的统治。这可以说是一个深谋远虑的计策。

安十二年（207）二月，曹操在邺城大封功臣二十余人，皆封为列侯。其中郭嘉由于在征讨袁氏兄弟的战斗中，出奇谋立大功，被封为阳亭侯。

（六）北征乌桓

曹操平定河北后，首要事情便是征讨乌桓了。

乌桓亦作乌丸，是我国北方一个以游牧射猎为生的少数民族。东汉初年，他们居于今辽宁西部和河北东北部。东汉末年，乌桓的势力逐渐强大起来，尤以辽西单于蹋顿最为强悍。汉末，乌桓骑兵天下闻名，北方许多军事集团首领都曾依赖过他们。袁绍生前同三郡乌桓的关系就非常密切，击败公孙瓒后，他曾托汉献帝的名义，封赐顿为乌桓单于。袁绍死后，三郡乌桓继续与袁氏相互勾结，狼狈为奸。《汉末英雄记》记载，袁绍在给乌桓的文中说："控弦与汉兵为表里，诚甚忠孝，朝所嘉焉。"

为消灭袁绍残余势力，防止袁尚、袁熙与"三郡乌桓"勾结对自己的威胁，建安十一年（206）曹操决定远征乌桓。田立坤说，对这次的战争，曹操做了充分准备。为保障粮草供给充足，曹操先修建了平虏渠、泉州渠两条运粮渠道。这两条运粮渠道的开通，开辟了通向辽西的水路。

对曹操要北上之事，曹军很多将领都提出异议。他们认为，袁绍已经被彻底打败，如果要北上去攻打乌桓，一旦孤军深入，蜀地的刘表、刘备若是趁机偷袭，会被人端了老巢。但郭嘉认为，此时正是攻打乌桓、灭袁氏的最佳时机。如果大军现在立刻北伐，乌桓此时未必有准备，这样可以乘其不备，出奇制胜。如果错过了这个良机，等袁尚、袁熙兄弟在乌桓那里成了气候，到时必将成为北方的一个大患。而对刘表、刘备则根本不用担心，刘表为人心胸狭窄，不可能对刘备加以重用，所以也就不会听从刘备攻打许昌的建议。

就这样，在郭嘉的支持下，曹操倾巢而出，带着20万大军浩浩荡荡地向着辽西进发了。

东汉建安十二年（207）五月，在无终（今天津市蓟州区），大雨倾盆。曹操坐在战车里，一言不发。此次北征乌桓，他力排众议，虚国而征。他深知这次出征意味着什么。可是天公不作美，连日的大雨导致行军沿路洪水频发，道路泥泞异常，致使行军受阻。这使曹操原本打算将无终作为据点，直捣乌桓老巢的计划彻底泡汤了。

古代进入辽西地区的主要道路是滨海道，也就是现在大家熟悉的辽西走廊。滨海道从蓟县出发，经玉田、丰润，沿山海关进锦州。这条滨海道也见证了中国历史的沧桑巨变。自唐宋之后，山海关历来是兵家必争之地。而在此之前的东汉时期，虽然这条路也是到达辽西的主要通道，但那时的交通条件非常差，与后世不可比。这一古道，在天气好的时候，可以经此直插右北平和渔阳的内地郡县。如果遇到夏秋季节的大雨，这条路就成了不可行之路。而曹操偏偏就遇到了后面这种情况。

就在曹操一筹莫展的时候，辽西"地理通"田畴给曹操指了一条通往辽西的古道。田畴在家乡开创了一个理想的国度。他制定了明确的典章制度，使百姓安居乐业。得知田畴贤名后，袁绍几次请他去做官，但田畴执意不肯。可听说曹操行军到此，田畴却主动献计。

田畴所指的这条路是一条荒废了200多年的路。在田畴带领下，曹军北出卢龙塞（今河北喜峰口），绕过白檀（今河北宽城县药王庙古城）、平刚（今辽西凌源市境内），东指柳城（今朝阳市南袁台子古城）。在后来，这条路也曾多次被记入史书。曹操为了迷惑乌桓，假装已经退兵。他让士兵在路旁立了一块木牌，上面写着"方今暑夏，道路不通。且俟秋冬，乃复进军"。"三郡乌桓"以为曹操已撤军，因而就放松了防御。行军途中，曹操还让将士们"放弃辎重，轻装前进"。经卢龙塞进入辽西境内后，到乌桓都城柳城还有800多里的路要走，由于这条小路被荒弃多年，曹操带领将士只能见山开山、遇谷填谷。不过，这一切都是值得的。在距离柳城还有200里的时候，乌桓才得到消息，可惜为时已晚，曹操杀乌桓一个措手不及。

建安十二年（207）九月，曹操撤出柳城。这次班师曹操走的是另一条路，即从今天朝阳县到沿海，然后沿着辽西走廊往南走。在东汉建安十二年孟冬十月，曹操征乌桓班师途中，途经绥中碣石，由此也可以看出，这与出征时出卢龙塞、历平刚是两条不同的线路。曹操留下了《步出夏门行·冬十月》和《观沧海》两首千古诗篇。毛泽东《浪淘沙·北戴河》一词中"往事越千年，魏武挥鞭，东临碣石有遗篇"，就是指的这两首诗。

诸葛亮是『办事之人』

诸葛亮（181—234），字孔明，琅琊阳都（今山东沂南）人，三国时蜀汉政治家、军事家，刘备的主要谋士。

毛泽东对诸葛亮十分熟稔，评价很高，在他的著作、讲话、谈话中谈及诸葛亮的不下数十处。他十分推崇诸葛亮"鞠躬尽瘁，死而后已"的献身精神。诸葛亮被誉为古代贤相的典范，自归刘备之后，便竭心尽虑，事必躬亲，最后病逝于前线中，实践了他在《出师表》中所说的"鞠躬尽瘁，死而后已"的诺言，成为后人的楷模。

毛泽东十分称赞诸葛亮的智慧。他在文章和讲话中多次引用"三个臭皮匠，顶个诸葛亮"的谚语，唱《借东风》《空城计》等有关诸葛亮的京剧折子戏，赞扬诸葛亮的足智多谋和超越常人的智慧，同时又指出一个人的智慧再高，也是有限的，我们要靠一个阶级、一个党，集中大家的智慧，才是完善的。

此外，诸葛亮与刘备的鱼水关系，挥泪斩马谡和七擒孟获的故事，也是毛泽东经常提及的。据芦荻回忆，毛泽东曾对她说："诸葛亮会处理民族关系，他的民族政策比较好，获得了少数民众的拥护。"

一、"诸葛亮，能人呵"

　　诸葛亮一生建功无数，观星辰，测天气，可谓神机妙算，算无遗策；草船借箭、三气周瑜、智取华容道、巧布八阵图，可谓计谋百出，出无不胜。毛泽东很敬仰他。早在湖南省立第四师范读书期间，他在读书笔记《讲堂录》中说："有办事之人，有传教之人。前如诸葛武侯、范希文，后如孔、孟、朱、陆、王阳明等是也。"诸葛武侯，就是诸葛亮，他曾被封为武乡侯，故称。毛泽东认为诸葛亮是"办事之人"，后又借用杜甫"出师未捷身先死，长使英雄泪满襟"（杜甫《蜀相》）来悼念革命烈士陈子博。

　　毛泽东在《讲堂录》记载读清人方苞的《与翁止园书》："才不胜今人，不足以为才；学不胜古人，不足以为学。天下无所谓才，有能雄时者，无对手也。以言对手，则孟德、仲谋、诸葛亮（而）已。"他把三国时的曹操（字孟德）、孙权（字仲谋）和诸葛亮都看作有才干的人，而且互为对手。

　　当然，知识分子如果光死啃书本，只会纸上谈兵是没有什么用的。所以，毛泽东1921年5月至9月，在广州第六届农民运动讲习所讲授中国农民问题时，说："历史上有名的知识阶级，诸葛亮当其未出茅庐时，一点用也没有，及一出山握有兵权，则神出鬼没了，所以知识阶级没有民众的拥护一点力量也没有。"又说："古诗有：'天子重英豪，文章教尔曹。万般皆下品，唯有读书高。'这首诗影响是非常大的，因为后人看待读书人那么样敬重，就是因为受了这位诗人的同化了。《幼学》云：'儒为国家宝，鱼乃席上珍'。这也是同上边那首诗一同的意思。总之以上的现象，是贵族式教育的影响。"（王子今：《毛泽东与中国史学》，中共中央党校出版社1993年版，第292—293页）

诸葛亮是「办事之人」

（一）隆中对

公元207年冬至208年春，当时驻军新野的刘备在徐庶建议下，三次到隆中拜访诸葛亮，但直到第三次方得见，诸葛亮为刘备分析了天下形势，提出先取荆州为家，再取益州成鼎足之势，继而进取中原的战略构想。

诸葛亮在登上政治舞台之初，就以《隆中对》的方式为刘备描述出一个战略远景。这一千古名篇，许多人能够倒背如流，在中国古代的战略思想中，隆中对具有典范价值。

《隆中对》选自《三国志·蜀志·诸葛亮传》。《三国志》的作者是陈寿。《隆中对》的提法并不是陈寿在《三国志》中提出的，而是后人加的，原来的名字叫《草庐对》。陈寿（233—297），西晋安汉（现四川南充）人，史学家，二十四史中《三国志》的作者。

《隆中对》原文是：

> 亮躬耕陇亩，好为《梁父吟》。身长八尺，每自比于管仲、乐毅，时人莫之许也。惟博陵崔州平、颍川徐庶元直与亮友善，谓为信然。
>
> 时先主屯新野。徐庶见先主，先主器之，谓先主曰："诸葛孔明者，卧龙也，将军岂愿见之乎？"先主曰："君与俱来。"庶曰："此人可就见，不可屈致也。将军宜枉驾顾之。"
>
> 由是先主遂诣亮，凡三往，乃见。因屏人曰："汉室倾颓，奸臣窃命，主上蒙尘。孤不度德量力，欲信大义于天下；而智术浅短，遂用猖獗，至于今日。然志犹未已，君谓计将安出？"
>
> 亮答曰："自董卓已来，豪杰并起，跨州连郡者不可胜数。曹操比于袁绍，则名微而众寡。然操遂能克绍，以弱为强者，非惟天时，抑亦人谋也。今操已拥百万之众，挟天子而令诸侯，此诚不可与争锋。孙权据有江东，已历三世，国险而民附，贤能为之用，此可以为援而不可图也。荆州北据汉、沔，利尽南海，东连吴会，西通巴、蜀，此用武之国，而其主不能守，此殆天所以资将军，将军岂有意乎？益州

险塞，沃野千里，天府之土，高祖因之以成帝业。刘璋暗弱，张鲁在北，民殷国富而不知存恤，智能之士思得明君。将军既帝室之胄，信义著于四海，总揽英雄，思贤如渴，若跨有荆、益，保其岩阻，西和诸戎，南抚夷越，外结好孙权，内修政理；天下有变，则命一上将将荆州之军以向宛、洛，将军身率益州之众出于秦川，百姓孰敢不箪食壶浆以迎将军者乎？诚如是，则霸业可成，汉室可兴矣。"

先主曰："善！"于是与亮情好日密。

关羽、张飞等不悦，先主解之曰："孤之有孔明，犹鱼之有水也。愿诸君勿复言。"羽、飞乃止。"

译成现代汉语大意是：

诸葛亮亲自在田地中耕种，喜爱吟唱《梁父吟》。他身高八尺，常常把自己和管仲、乐毅相比，当时的人都没有承认这点。只有博陵崔州平，颖川的徐庶与诸葛亮友善往来，说是确实这样。

当时先主刘备驻扎在新野。徐庶求见先主，先主很器重他，徐庶对先主说："诸葛孔明，人称卧龙，您是否愿意见到他？"先主说："您和他一起来。"徐庶说："这个人您可以到他那里去拜访，不可以委屈他，召他上门来，将军应该委屈自己亲自去拜访他。"

于是刘备就去拜访诸葛亮，总共去见了诸葛亮三次才见到。于是刘备叫旁边的人避开，说："汉朝的统治崩溃，董卓、曹操先后专权，皇室遭难出奔。我没有衡量自己的德行能否服人，估计自己的力量能否胜人，想要为天下人伸张大义，然而缺乏智谋，才识浅短，没有办法，就因此失败，弄到今天这个局面。但是我的志向到现在还没有罢休，您认为该采取怎样的办法呢？"

诸葛亮回答道："自董卓作乱以来，各地豪杰同时兴起，占据州、郡的豪强多得数不清。曹操与袁绍相比，名气小而士兵又少，然而曹操终于打败了袁绍，是以弱胜强的原因，不仅仅是时机好，而且也是人的谋划得当。现在曹操已拥有百万大军，挟持皇帝来号令诸侯，这确实不能与他争强。孙权占据江东，已经历三世了，地势险要，民众归附，又任用了有才能的人，孙权这方面可以把他作为外援，而不可谋取他。荆州北靠汉水、沔水，一直到南海的物资都能用得到，东面和吴郡、会稽郡相连，西边和巴郡、蜀郡相通，这是用兵之地，但是它的主人刘表却没有能力守住它，这大概是天拿它来资助将军的，将军是否有夺取它的意图呢？益州地势险要，有广阔肥沃的土地，自然条件优越，物产丰富，形势险固，高祖凭借它建立了帝业。刘璋昏庸懦弱，张鲁又在北面威胁着他，那里人民兴旺富裕，物产丰富，刘璋却不知道爱惜，有才能的人都渴望得到贤明的君主。将军既是皇室的后代，又声望很高，闻名天下，广泛地罗致英雄，思慕贤才，如饥似渴，如果能占据荆、益两州，守住险要的地方，和西边的各个民族和好，又安抚南边的少数民族，对外联合孙权，对内革新政治。一旦天下形势发生了变化，就派一员上将率领荆州的军队直指中原一带，将军您亲自率领益州的军队攻打秦川，百姓谁能不用箪盛饭，用壶盛浆来欢迎将军您呢？如果真能这样做，那么称霸的事业就可以成功，汉室天下就可以复兴了。"

刘备说："好！"从此同诸葛亮的感情一天天深厚起来。

关羽、张飞等不高兴，刘备就解释给他们说："我有了孔明，就像如鱼得水。希望各位不要再说了。"关羽、张飞才平静下来。

诸葛亮在"隆中对"中阐述的战略主要分两步：一是先取刘表的荆襄为家，后取西川建基业，横跨荆、益，形成三足鼎立；二是待天下有变，联吴抗曹，从荆州和秦川同时进兵北伐中原。实际上，"隆中对"是诸葛亮战略中的战术，他无非是想以表面的"赤诚"和"智慧"先赢得刘备的信任，再借他的力量为自己打天下。诸葛亮早就料到刘备不会直接取荆州，必定从曹操手中反夺荆州和天下。所以，当刘备不采纳他的意见时，他顺势将第一步战略作了调整：首先放任曹操占领荆襄，再联吴抗曹，最后与东吴公平竞争，拿下荆州。这才有后来的赤壁之战，魏蜀吴三足鼎立的局面。但兵力的分散，也为失败埋下了的祸根。所以，在分析诸葛亮失败的原因时，毛泽东说："其始误于隆中对，千里之遥而二分兵力。其终则关羽、刘备、诸葛亮三分兵力，安得不败。"（《毛泽东读文史古籍批语集》，中央文献出版社1993年版，第106页）

毛泽东之所以说诸葛亮"其始误于隆中对"，是因为诸葛亮在"隆中对"中提到了"待天下有变，则命一上将将荆州之兵以向宛、洛，将军身率益州之众以出秦川，百姓有不箪食壶浆以迎将军者乎？"乍一看，荆州、益州两路出击是一个颇有诱惑性的方案。但毛泽东却很清楚，荆州离益州千里之遥，两地分兵的做法必然让刘备军团失去兵力上的优势。"隆中对"实施的结果便是：关羽所镇守的荆州被孙权军团偷袭得手，而且关羽父子也命丧孙权手中。可以说，蜀汉衰亡的祸根在于"隆中对"。

（二）舌战群儒

东汉末期，曹操挟天子以令诸侯，较有实力的军阀大都被他消灭了，唯独刘备和孙权还有发展壮大的可能，曹操自知一下子吞并这两股势力还比较难。于是，曹操就派人拿着他的书信去东吴，想和孙权联手消灭刘备。

孙权手下的谋士大都主张降曹自保，只有鲁肃主张联刘抗曹，但鲁肃自知难以说服孙权和东吴的文臣，特意请诸葛亮来当说客。

鲁肃引诸葛亮见了东吴的一群谋士，这些人并非泛泛之辈，个个都是有学问的人。东吴第一大谋士张昭首先发难，张昭诘问诸葛亮自比管仲、乐毅，而最终却使刘备"弃新野，走樊城，败当阳，奔夏口，无容身之地"，"是豫州即得先生之后，反不如其初也"。张昭此问着实厉害，后来李贽评此句曰："下得好毒手。"

诸葛亮神态自若，笑着回答："鹏飞万里，其志岂群鸟能识哉？"以大鹏自况，志在万里；将群儒比作群鸟，胸无大志。接下去运用比喻论证的方法，人染沉疴，当用和药糜粥，而不可用猛药厚味，说明刘备取胜尚需时日。又进一步用事实论证说明自己的观点："夫以甲兵不完，城郭不固，军不经练，粮不继日，然而博望烧屯，白河用水，使夏侯惇、曹仁辈心惊胆裂：窃谓管仲、乐毅用兵，未必过此。"此段诸葛亮以充分的事实为论据，对"自比管仲、乐毅"之说予以论证，在凿凿事实面前张昭的非难不攻自破。

诸葛亮将刘备的暂时之败归于三个原因：一是刘备仁义，不忍夺同宗基业，不忍舍弃赴义之民，甘与同败；二是刘琮孱弱，听信妄言，暗自投降；三是刘备向日兵不满千，将只关、张、赵，"寡不敌众，胜负乃其常事"，之后引用汉高祖数败于项羽而垓下一战成功作类比，说明刘备失利是暂时的，而取得最后的胜利是必然的。进而归纳出汉高祖的最终胜利靠的是韩信之良谋，突出自己在刘备兴复汉室大业中的重要作用。此段答张昭"刘备得先生反不如初"之问，水来土掩，滴水不漏。

接着话锋一转，将矛头直指东吴群儒："非比夸辩之徒，虚誉欺人，坐议立谈，无人可及，临机应变，百无一能。诚为天下笑耳！"李贽评诸葛亮的反驳之论为"说尽今日秀才病痛"。诸葛亮此举攻势凌厉，使对方"并无一言回答"。此乃先守后攻、攻守有度之辩论策略。对虞翻的"刘备大败犹言不惧曹，实为大言欺人"之语，诸葛亮只以刘备寡不敌众，退守夏口，以待天时相应，是为防守，随即便有"江东兵精粮足，且有长江之险，犹欲使其主屈膝降贼，不顾天下耻笑"之语来反攻，使虞翻不能对。后对步骘、薛综等人的发难，孔明莫不用此先攻后守之法对之，使东吴的儒者一个个败下阵来。

（三）草船借箭

赤壁大战前，周瑜提出让诸葛亮在十日之内赶制十万支箭的要求，诸葛亮却出人意料地答应了："操军即日将至，若候十日，必误大事。"他表示：只需三天的时间，就可以办完复命。周瑜一听大喜，当即与诸葛亮立下了军令状。在周瑜看来，诸葛亮无论如何也不可能在三天之内造出十万支箭，因此，诸葛亮必死无疑。这表明周瑜并不相信诸葛亮在三天内会造出十万支箭。诸葛亮告辞以后，周瑜就让鲁肃到诸葛亮处查看动静，打探虚实。诸葛亮一见鲁肃就说："三日之内如何能造出十万支箭？还望子敬救我！"

忠厚善良的鲁肃回答说："你自取其祸，叫我如何救你？"

诸葛亮说："只望你借给我二十只船，每船配置三十名军卒，船只全用青布为幔，各束草把千余个，分别竖在船的两舷。这一切，我自有妙用，到第三日定会有十万支箭。但有一条，你千万不能让周瑜知道。如果他知道了，必定从中作梗，我的计划就很难实现了。"

鲁肃虽然答应了诸葛亮的请求，但并不明白诸葛亮的意思。他见到周瑜后，不谈借船之事，只说诸葛亮并不准备造箭用的竹、翎毛、胶漆等物品。

周瑜听罢也大惑不解。

诸葛亮向鲁肃借得船只、兵卒以后，按计划准备停当。第一天，不见诸葛亮有什么动静！第二天，仍然不见诸葛亮有什么动静！直到第三天夜里四更时分，他才秘密地将鲁肃请到船上，并告诉鲁肃要去取箭。

鲁肃不解地问："到何处去取？"

诸葛亮回答道："子敬不用问，前去便知。"鲁肃被弄得莫名其妙，只得陪伴着诸葛亮去看个究竟。

凌晨，浩浩江面雾气霏霏，漆黑一片。诸葛亮遂命人用长索将二十只船连在一起，起锚向北岸曹军大营进发。时至五更，船队已接近曹操的水寨。这时，诸葛亮又教士卒将船只头西尾东一字摆开，横于曹军寨前。随后，他又命令士卒擂鼓呐喊，故意制造了一种击鼓进兵的声势。鲁肃见状，大惊失色，诸葛亮却心底坦然地告诉他说："我料定，在这浓雾低垂的夜里，曹操决不敢贸然出战。你我尽可放心地饮酒取乐，等到大雾散尽，我们便回。"

曹操闻报后，果然担心重雾迷江，遭到埋伏，不肯轻易出战。他急调旱寨的弓弩手六千人赶到江边，会同水军射手，共一万多人，一向江中乱射，企图以此阻止击鼓叫阵的"孙刘联军"。一时间，箭如飞蝗，纷纷射在江心船上的草把和布幔之上。

过了一段时间后，诸葛亮又从容地命令船队掉转方向，头东尾西，靠近水寨受箭，并让士卒加劲地擂鼓呐喊。等到日出雾散之时，船上的全部草把密密麻麻地排满了箭支。此时，诸葛亮才下令船队掉头返回。他还命令所有士卒一齐高声大喊："谢谢曹丞相赐箭！"当曹操得知实情时，诸葛亮的取箭船队已经离去二十余里，曹军追之不及，曹操为此懊悔不已。

船队返营后，共得箭十余万支，为时不过三天。鲁肃目睹其事，称诸葛亮为"神人"。

诸葛亮对鲁肃讲，自己不仅通天文，识地理，而且也知奇门、晓阴阳，更擅长行军作战中的布阵和兵势，在三天之前已料定必有大雾可以利用。

他最后说："我的性命系之于天，周公瑾岂能害我！"当周瑜得知这一切以后，大惊失色，自叹不如。

（四）赤壁之战

在赤壁之战中，诸葛亮有两大贡献：第一，和周瑜一起制定火攻的战术；第二，巧借东风。这二者又是紧密相关的。他和周瑜的分工是，由于战斗主力是东吴的军队，火攻当然只能由周瑜指挥施行，而诸葛亮的任务就是巧借东风。

赤壁之战时，有人提醒曹操要防备吴军乘机火攻。曹操却认为："凡用火攻，必借东风，方令隆冬之际，但有西北风，安有东南风耶？吾居于西北之上，彼兵皆在南岸，彼若用火，是烧自己之兵也，吾何惧哉？若是十月阳春之时，吾早已提备矣。"

周瑜也看到了这个问题，只是由于气候条件不利火攻，急得他"口吐鲜血，不省人事"。

诸葛亮非常了解周瑜的心思，用"天有不测风云"一语，点破了周瑜的病因，并密书十六字："欲破曹公，宜用火攻；万事俱备，只欠东风。"

可见，对于火攻的条件，曹、周、诸葛三人都有共同的认识。

　　然而，诸葛亮由于家住赤壁不远的南阳（今湖北襄阳附近），对赤壁一带天气气候规律的认识，比曹、周两人更深刻、更具体。西北风只是气候现象，在气候背景下可以出现东风，这是天气现象。而诸葛亮实际上是一个杰出的天文学家，这有他著的《二十八宿分野》《阴符经序》《阴符经注》（《诸葛亮集》，中华书局1960年版，第55—59页）可证。作为一个军事家，诸葛亮又特别注意气象学的研究。在军事气象上，除了必须考虑气候规律之外，还须考虑天气规律作为补充。当时，诸葛亮根据对天气气候变化的分析，凭着自己的经验，已准确地预报出出现偏东风的时间。但为糊弄周瑜，他却设坛祭神"借东风"。这是历史小说《三国演义》的写法。

　　十一月的一个夜晚，果然刮起了东南风，而且风力很大。周瑜派出部将黄盖，带领一支火攻船队，直奔曹军水寨，假装去投降。船上装满了饱浸油类的芦苇和干柴，外边围着布幔加以伪装，船头上插着旗帜。驶在最前头的是十艘冲锋战船。这十艘船行至江心，黄盖命令各船张起帆来，船队前进得更快，逐渐看得见曹军水寨了。这时候，黄盖命令士兵齐声喊道："黄盖来降！"曹营中的官兵，听说黄盖来降，都走出来伸着脖子观望。曹兵不辨真伪，毫无准备。黄盖的船队距离曹操水寨只有二里路了。这时黄盖命令"放火！"号令一下，所有的战船一齐放起火来，就像一条火龙，直向曹军水寨冲去。东南风愈刮愈猛，火借风力，风助火威，曹军水寨全部着火。"连环战船"一时又拆不开，火不但没法扑灭，而且越烧越盛，一直烧到江岸上。只见烈焰腾空，火光烛天，江面上和江岸上的曹军营寨，陷入一片火海之中。

　　孙、刘联军把曹操的大队人马歼灭了，把曹军所有的战船都烧毁了。在那烟火弥漫之中，曹操率领着残兵败将，向华容（今湖北监利西北）小道撤退。不料，途中又遇上狂风暴雨，道路泥泞难行。曹操只好命令所有老弱残兵，找来树枝杂草，铺在烂泥路上，让骑兵通过。可是那些老弱残兵，被人马挤倒，受到践踏，又死掉了不少。后来，他只得留下一部分军队防守江陵和襄阳，自己率领残部退回北方去了。

赤壁之战，东风起了很大作用，唐朝诗人杜牧有两句名诗道："东风不与周郎便，铜雀春深锁二乔。"意思是多亏老天爷把东风借给了周瑜，使他能方便行事，否则孙策的老婆大乔和周瑜的老婆小乔会被曹操掳到铜雀台去了。京剧《群英会》中，曹操有句唱词："我只说十一月东风少见。"显然后悔自己对气象判断失误，吃了大亏。

然而，诸葛亮借东风的传说，有人经过考证却认为是虚构的。不过从赤壁之战中，长江江面盛吹东南大风，到后来曹军败走华容道又遇上倾盆大雨，这在天气形势上看来，当时很像是一次锋面气旋天气。通晓天文地理的诸葛亮，他的家就住在离赤壁不远的南阳，是掌握这次东南风出现前的征兆的，所以他准确地做出了天气预报。这样看来，诸葛亮在冬初的十一月份，根据长江中下游地区当时的天气变化，预测将有东南大风出现，并进一步推断天气还要恶化，不愧为通晓天文地理的奇才。

借东风的故事发生于赤壁之战时期。赤壁之战是我国历史上以弱胜强的著名战例。东汉末年，曹操初步统一北方之后，建安十三年（208），率兵二十余万南下，孙权和刘备联军五万，共同抵抗。曹兵进到赤壁，小战失利，退驻江北，与孙刘联军隔江对峙。孙刘联军利用曹军远来疲惫、疾疫流行，不习水战，后方又不稳定等弱点，用火攻击败曹操水师，孙权大将周瑜和刘备水陆并进，大破曹军。战后，孙权地位更加巩固，刘备据有荆州大部分地区，旋又取得益州，形成曹、孙、刘三方鼎立的局面。

毛泽东对赤壁之战有不少精辟评论。关于双方胜负原因，他说："有真必有假，虚夸古亦有之。赤壁之战，曹营号称八十三万人马，其实只有二三十万，又不熟水性，败在孙权手下，不单是孔明借东风。"（吴冷西：《忆毛主席》，新华出版社1995年版，第109页）

关于双方参战人数和借东风，均据《三国演义》，不是根据《三国志》。

关于诸葛亮在赤壁之战中的作用，毛泽东指出诸葛亮当时很年轻，他到东吴游说孙权、促成孙刘联合、共抗曹操回来后，才被封为军师中郎将，是个年轻干部。1965年，毛泽东在一次讲话中说："现在必须提拔青年干部。赤壁之战，群英会，诸葛亮那时二十七岁，孙权也是二十七岁，孙策起事时只有十七八岁，周瑜死时才不过三十多岁，鲁肃四十岁，曹操五十三岁。事实上，青年人打败了老年人，长江后浪推前浪，世上新人赶后人。"

早在 1957 年 4 月上旬，毛泽东在四省一市的省、市委书记思想工作座谈会上，在谈及提拔青年干部时就说过："赤壁之战，程普四十多岁，周瑜二十多岁，程普虽是老将，不如周瑜能干，大敌当前，谁人挂帅？还是后起之秀周瑜挂了大都督的帅印。孔明二十七岁成名，也未当过支部书记、区委书记嘛，也是个新干部嘛！赤壁之战以前无名义，之后才当军师中郎将。古时候可以破格用人，我们为什么不可以大胆提拔？"（《社会科学论坛》1995 年第 1 期）

1958 年 5 月 8 日，毛泽东在中共八大二次会议上的讲话中，主要讲"破除迷信"的问题。他说："青年人打倒老年人，学问少的人，打倒学问多的人，这种例子多得很，周瑜、孔明都是年轻人，孔明二十七岁当军师。程普是老将，他不行，孙权打曹操不用他，而用周瑜做都督，程普不服，但是周瑜打了胜仗。"（王子今：《毛泽东与中国史学》，中共中央党校出版社 1993 年版，第 199 页）

1958 年 6 月 7 日 15 时，陈毅率黄镇和另外几位回国的大使，一同来到中南海游泳池。在说到外交上也要破除迷信时，毛泽东便开始了他擅长的"古为今用"："人太稳了不好，野一点好。……他对多少有点吃惊的外交官们继续发挥自己的思想：'三国时关、张，开始因为孔明年轻不服气，刘备劝说也不行，没封他官，因为封大封小都不好，后来派孔明到东吴办了一件大事，回来后才封为军师。……自古以来多是年轻的代替老的。'"毛泽东说了一句总结性的话。（尹家民：《将军不辱使命》，解放军文艺出版社 1992 年版，第 153 页）

毛泽东还曾经两次在自己的军事理论著作中援引赤壁之战这个战例，阐明军事理论问题。在《中国革命的战略问题》中，毛泽东指出："当时的情况是弱国抵抗强国。……虽然是一个不大的战役（按：指齐鲁长勺之战），却同时是说的战略防御的原则。中国战史中合此原则而取胜的实例是非常之多的。楚汉成皋之战、新汉昆阳之战、袁曹官渡之战、吴魏赤壁之战、吴蜀彝陵之战、秦晋淝水之战等等有名的大战，都是双方强弱不同，弱者先让一步、后发制人，因而战胜的。"

毛泽东用赤壁之战等大战实例，有力地说明作战双方强弱不同，弱者先让一步，后发制人，因而制胜的道理，阐明了战略防御原则的重要意义。

在《论持久战》中，毛泽东指出："主观指导的正确与否，影响到优势劣势和主动被动的变化，观之强大之军打败仗、弱小之军打胜仗的历史事实而益信。中外历史上这类事情是多得很的。中国如晋楚城濮之战，楚汉成皋之战，韩信破赵之战，新汉昆阳之战，袁曹官渡之战，吴魏赤壁之战，吴蜀彝陵之战，秦晋淝水之战等，外国如拿破仑的多数战役，十月革命后的苏联内战，都是以少击众，以劣势对优势而获胜。都是先以自己的局部优势和主动，向着敌人局部的劣势和被动，一战而胜，再及其余，各个击破，全局因而转成了优势，转成了主动。在原占优势和主动之敌则反之；由于其主观错误和内部矛盾，可能将其很好的或较好的优势和主动地位，完全丧失，化为败军之将，亡国之君。"

在这里，毛泽东用包括赤壁之战在内的许多中外战例，说明在战争中指挥员主观指导的正确与否，影响到敌我双方优势、劣势和主动、被动的转化，从而导致战争的不同结局。

（五）空城计

三国时期，诸葛亮因错用马谡而失掉战略要地——街亭，魏将司马懿乘势引大军十五万向诸葛亮所在的西城蜂拥而来。当时，诸葛亮身边没有大将，只有一班文官，所带领的五千军队，也有一半运粮草去了，只剩二千五百名士兵在城里。众人听到司马懿带兵前来的消息都大惊失色。诸葛亮登城楼观望后，对众人说："大家不要惊慌，我略用计策，便可教司马懿退兵。"

于是，诸葛亮传令，把所有的旌旗都藏起来，士兵原地不动，如果有私自外出以及大声喧哗的，立即斩首。又叫士兵把四个城门打开，每个城门之上派二十名士兵扮成百姓模样，洒水扫街。诸葛亮自己披上鹤氅，戴上纶巾，领着两个小书童，摆上一张琴，到城上望敌楼前凭栏坐下，燃起香，然后慢慢弹起琴来。

司马懿的先头部队到达城下，见了这种气势，都不敢轻易入城，便急忙返回报告司马懿。司马懿听后，笑着说："这怎么可能呢？"于是便令三军停下，自己飞马前去观看。离城不远，他果然看见诸葛亮端坐在城楼上，笑容可掬，正在焚香弹琴。左面一个书童，手捧宝剑；右面也有一个书童，手里拿着拂尘。城门里外，二十多个百姓模样的人在低头洒扫，旁若无人。司马懿看后，疑惑不已，便来到中军，下令后军充作前军，前军作后军撤退。他的二子司马昭说："莫非是诸葛亮家中无兵，所以故意弄出这个样子来？父亲您为什么要退兵呢？"司马懿说："诸葛亮一生谨慎，不曾冒险。现在城门大开，里面必有埋伏，我军如果进去，正好中了他们的计，还是快快撤退吧！"于是各路兵马都退了回去。

空城计是一种"虚而虚之"的心理战术，在战争的紧急关头和力量虚弱的情况下运用这种战术，故意以空虚无兵之势示敌，就可能使敌人疑中生疑，怕中埋伏，从而达到排危解难的目的。这个智谋故事见于《三国演义》第九十五回"马谡拒谏失街亭，武侯弹琴退仲达"。诸葛亮冒死作出假象，最后成功了，可见其不光具有智谋，还有非凡的胆量。

（六）六出祁山

诸葛亮恢复与吴联盟、平定南中后，就准备北伐曹魏。第一次北伐在蜀汉建兴六年（228）春，他令赵云等做疑兵，摆出由斜谷（今陕西眉县南）攻郿城（今陕西眉县北）的态势，以吸引魏军；自己则率主力向祁山（今甘肃西和县祁山堡）方向进攻，陇右的天水、南安、安定等郡相继叛魏降蜀，又收服了姜维，一时关中大振。可是马谡违背诸葛亮部署，为张郃所败，丢了街亭。赵云等出兵也不利，诸葛亮只得退回汉中。不久，天水、南安、安定三郡又叛汉附魏。

第二次北伐是同年冬，诸葛亮乘陆逊在石亭打败曹休之机，出散关，包围陈仓（今陕西宝鸡西南），攻打二十多天未破，魏的援军赶到，他不得已又退回汉中。

第三次北伐是建兴七年，亮进攻武都（今甘肃成县）、阴平（今甘肃文县西北），打败魏军，占了这两郡，留兵据守，自己率部回师。次年，魏军进攻汉中，诸葛亮加强防守，又增调援军，再由于连续大雨，子午谷、斜谷等道路不通，魏军撤退。

第四次北伐是建兴九年，蜀军包围祁山，魏军统帅司马懿迎击，诸葛亮准备决战。司马懿知蜀军远来，军粮不多，凭险坚守，拒不出战。诸葛亮想用退兵的办法引诱敌人，但司马懿追赶很谨慎，蜀军一停，他就扎营拒守。此时李严假传刘禅要求退兵的圣旨，加上蜀军粮草将尽，诸葛亮只得班师，在归途中以伏兵杀了魏国名将张郃。

第五次北伐是建兴十二年春，诸葛亮率十万大军出斜谷口，到达郿县，在渭水南岸五丈原扎营。司马懿也筑营阻拦，不与蜀军作战，料知蜀军远来，粮草运输困难，想把蜀军拖垮。诸葛亮也有准备，在渭水分兵屯田，作长期战争的打算。诸葛亮在这次出兵前曾与孙权约定同时攻魏，五月，吴军十万攻魏，不胜，撤回江东，所以蜀军只得与魏军单方面周旋。八月间，诸葛亮积劳成疾，病情日益严重，不久就与世长辞。死后，姜维等遵照他的遗嘱，秘不发丧，整军退入斜谷。诸葛亮出师北伐共为五次，真正出兵祁山只有二次；还有一次是魏军进攻汉中，不是诸葛亮出击。后世概而言之，说成是"六出祁山"。

基于上述所论，诸葛亮"六出祁山"的英明果断决策，是贯彻落实《隆中对》中计策、北定中原、兴复汉室、以成霸业的正确军事举措和重要战略方针。

二、诸葛亮是"高级知识分子"

（一）"他为什么姓诸葛"

毛泽东非常敬佩诸葛亮，对诸葛亮的生平也很熟悉。1951年年底，毛泽东沿津浦铁路南下视察，车到济南，在火车上召见济南市委书记、市长谷牧。他对济南市的工作给予肯定，接着就话题一转，天南海北、上下古今地谈了起来。

毛泽东问："诸葛亮是哪里人？"

谷牧答："祖上是山东临沂人，后来移居湖北襄阳。"

"他为什么姓诸葛？"

谷牧被问住了。

毛泽东说："你读过陈寿的《三国志》吗？《诸葛亮传》里头有个注，说明孔明的先世本姓葛，原籍诸城，后来移居阳都（即临沂，治所在今山东沂南县）。当地葛氏是大族，排外性强。后代相沿，就姓了诸葛。"（《党史信息报》，2002年10月16日）

毛泽东所述大意不错，但不见于陈寿《三国志·诸葛亮传》裴松之注，而出自清张澍编《诸葛武侯文集》所附《故事》卷一《诸葛篇》载："韦曜《吴书》："诸葛氏，其先葛氏，本琅琊诸县人，后徙阳都，阳都先有姓葛者，时人谓之诸葛，因以为氏。"

诸葛亮（181—234），字孔明，琅琊郡阳都（今山东沂南县）人，汉司隶校尉诸葛丰之后。丰字少季，以明经为郡文学，以刚直闻名。禹贡为御史大夫，丰为属下，举侍御史。汉元帝提升为司隶校尉，刺举无所规避。京师为之语曰："间何阔，逢诸葛。"当时侍中许章以外戚贵幸，奢淫不奉法度，宾客犯事，与章相连。丰欲上奏其事，适逢许章私出，丰停下车来，举节告诉许章说："下来。"要捉拿他。许章窘迫，驱车而去，诸葛丰追赶他，许章逃进宫中，报告皇帝，诸葛丰也上奏，于是收了诸葛丰的符节。后被贬为城下校尉，又废为庶人。卒于家。

其父诸葛珪，字君贡，东汉末年曾任泰山郡郡丞，在诸葛亮年幼时就去世了。叔父诸葛玄被袁术任命为豫章（今江西南昌）郡太守，带着诸葛亮和诸葛均兄弟去上任，恰巧碰到朝廷派朱皓代替诸葛玄。诸葛玄一向与荆州牧刘表有交情，于是就去投靠了刘表。

诸葛玄去世死，诸葛亮自己耕种田地，喜欢吟咏《梁父吟》："步出齐东门，遥望荡阴里。里中有三坟，累累正相似。问是谁家墓，田疆、古冶子。力能排南山，文能绝地纪。一朝被谗言，二桃杀三士。谁能为此谋？国相齐晏子。"

梁父，一作梁甫，山名，在泰山脚下，为死人聚葬之处。所以，这是一首流传于民间的葬歌，并非诸葛亮所作，但旧题为诸葛亮作，见于《乐府诗集·相和歌》，属楚调曲。此诗写齐相晏婴让公孙接、田开疆、古冶子三个大力士争食两个桃子而互相残杀，为忠臣遭害鸣不平，对晏婴的计谋也予以赞扬，流露出诸葛亮对晏婴的仰慕。

诸葛亮身高八尺，常常把自己比作管仲和乐毅，当时没有人认可。为什么呢？因为二人皆非常人。管仲（？—前645），名夷吾，字仲，颍上（颍水之滨，在河南中部），春秋初期政治家。由鲍叔牙推荐，被齐桓公为卿，进行改革，使齐国强大起来。帮助齐桓公以"尊王攘夷"相号召，使之成为春秋时第一个霸主。

乐毅，中山国灵寿（今河北灵寿）人。战国时燕将。燕昭王时任亚卿。燕昭王二十八年（前284），率军击破齐国，先后攻下七十多城。

所以，当时的认为诸葛亮把自己和管仲、乐毅相提并论，自视太高。只有博陵（今河北蠡县一带）的崔州平、颍川郡的徐庶和诸葛亮是好朋友，认为的确是这样。崔州平，安平（今山东益都西北）人，太尉崔烈之子。徐庶，字元直，颍川（今河南禹州）人。初与诸葛亮等为友。后归刘备，乃推荐诸葛亮。曹操取荆州，从刘备南行，以其母为曹军所执，他归曹操，官至右中郎将，魏明帝时死。

（二）"孔明二十七岁当军师"

当时刘备依附荆州刘表，率部驻扎在新野县（今河南新野）。徐庶去拜见刘备，刘备很器重他，徐庶对刘备说："诸葛孔明是个卧龙，将军可愿意见见他吗？"

刘备回答："您陪他一起来吧。"

徐庶郑重地说："这个人只能去他那里拜见他，不能屈其志节把他招来。将军应该放下架子去拜望他。"

因此，刘备就去拜访诸葛亮，一共去了三次，才见到。刘备让旁边的人都退去，对诸葛亮说："汉朝的统治崩溃，奸臣盗用皇帝的政令，皇帝遭难出奔。我没有估计和衡量自己的德行和力量，要在天下伸张大义；但是，我智谋短浅，能力有限，因此就屡屡失败，成了今天这种局面。但是我的志向还在，您说应该怎么办？"

诸葛亮回答刘备说："自从董卓搅乱朝政以来，各地豪杰纷纷起兵，占据几个州郡的数也数不过来。曹操和袁绍相比，名望低，兵力少，曹操之所以能打败袁绍，不但是时机好，而且也是人的筹划得当。如今曹操已拥有百万大军，挟制皇帝来号召诸侯，确实是不能和他争高下的。

"孙权占据江东地区已历三代，地势险要，百姓归附，有才干的人都愿意为他效力，只可以把他为外援，而不可以兴兵吞灭他。

"荆州北与汉水（沔水）中下游相接，一直到南海的物资，都能得到，东面与吴郡、会稽郡相连，西部和巴郡、蜀郡相通，这是大家争夺的重要地方，而荆州牧刘表不能守，这大概是上天用来资助将军的，将军有这个打算吗？

"益州形势险要、易守难攻，有上千里的肥田沃土，是个物产丰富的天然宝库，汉高祖凭借这个地方建立了基业。益州牧刘璋昏庸无能，北面又有占据汉中的张鲁威胁他，虽然人口众多，百姓富裕，却不懂得爱抚他们，有智慧和才干的人都盼望有一个贤明的君主。

"将军是皇帝的后代，信用和道义名闻天下，广泛地罗致英雄豪杰，思慕贤才如饥似渴。如能占据荆、襄二州，守住两州的险要，西面和各少数民族和好，西南安抚好各少数民族，对外与孙权结盟，对内改革政治，天下形势一有变化，就派一员大将率领荆州的部队向宛（今河南南阳）县和洛阳（今河南洛阳）一带进军，将军您亲率益州大军直出秦川（今陕西、甘肃一带），老百姓能不用竹篮子（箪）盛着饭，用壶盛着水来迎接将军吗？如果真是这样的话，您称霸的大业就成功，汉朝就复兴了。"

刘备说："好！"

于是和诸葛亮的友情一天比一天亲密。

关羽、张飞等人很不高兴，刘备便向他们解释说："我有了孔明，就像鱼儿得到了水一样，希望你们不要再说什么了。"关羽、张飞于是停止议论。

诸葛亮是一个青年知识分子，而革命事业是不能缺少知识分子的。毛泽东说过："一个阶级革命要胜利，没有知识分子是不可能的。你们看过《三国演义》《水浒传》，魏、蜀、吴三个国家，每个国家都有自己的知识分子，有高级的知识分子，有普通的知识分子，那个穿八卦衣拿鹅毛扇的就是知识分子。梁山泊没有公孙胜、吴用、萧让这些人就不行，当然没有别人也不行。"（《在中国共产党第七次全国代表大会上的口头政治报告》，《毛泽东文集》第三卷，人民出版社 1996 年版，第 342 页）

（三）"那个穿八卦衣拿鹅毛扇"

毛泽东说的"那个穿八卦衣拿鹅毛扇"的，是旧戏剧中诸葛亮的装扮。《三国演义》第三十八回《定三分隆中决策战长江孙氏报仇》中写诸葛亮出场时装束："玄德见孔明身长八尺，面如冠玉，头戴纶巾（用丝制成的一种冠巾），身披鹤氅（鸟羽制成的裘，用作外套），飘飘然有神仙之概。"

据民间传说诸葛亮的八卦衣是因他勤奋好学，师母所赏赐。诸葛亮少年时代，从学于水镜先生司马徽，诸葛亮学习刻苦，勤于用脑，不但司马徽赏识，连司马徽的妻子对他也很器重，都喜欢这个勤奋好学、善于用脑子的少年。那时，还没有钟表，计时用日晷，遇到阴雨天没有太阳，时间就不好掌握了。为了计时，司马徽训练公鸡按时鸣叫，办法就是定时喂食。诸葛亮天资聪颖，司马先生讲的东西，他一听便会，而且求知饥渴。为了学到更多的东西，他想让先生把讲课的时间延长一些，但先生总是以鸡鸣叫为准，于是诸葛亮想：若把公鸡鸣叫的时间延长，先生讲课的时间也就延长了。于是他上学时就带些粮食装在口袋里，估计鸡快叫的时候，就喂它一点粮食，鸡一吃饱就不叫了。

过了一些时候，司马先生感到奇怪，为什么鸡不按时叫了呢？经过细心观察，发现诸葛亮在鸡快叫时给鸡喂食。司马先生在上课时，就问学生，鸡为什么不按时叫鸣？其他学生都摸不着头脑。诸葛亮心里明白，可他是个诚实的人，就如实地把鸡快叫的时候喂食来延长老师授课时间的事，如实报告了司马先生。司马先生很生气，当场就把他的书烧了，不让他继续读书了。诸葛亮求学心切，不能读书怎么得了，可又不能硬来，便去求司马夫人。司马夫人听了请葛亮喂鸡求学遭罚之事，深表同情，就向司马先生说情。司马先生说："小小年纪，不在功课上用功夫，倒使心术欺蒙老师。这是心术不正，此人不可大就。"司马夫人反复替诸葛亮说情，说他小小年纪，虽使了点心眼，但总是为了多学点东西，并没有他图。司马先生听后觉得有理，便同意诸葛亮继续读书。

诸葛亮的鹅毛扇代表着智慧和才干，所以在有关诸葛亮的戏曲中，孔明总是手拿鹅毛扇。

关于鹅毛扇，民间流传着这样的故事：黄承彦的千金小姐黄月英并非丑陋，而是一个非常聪明美丽、才华出众的姑娘。黄承彦怕有为的青年有眼不识荆山玉，故称千金为"阿丑"。阿丑黄月英不仅笔下滔滔，而且武艺超群，她曾就学于名师。艺成下山时，师父赠送她鹅毛扇一把，上书"明、亮"二字。二字中还密密麻麻地藏着攻城略地、治国安邦的计策。并嘱咐她，姓名中有明亮二字者，即是你的如意郎君。后来黄承彦的乘龙快婿，就是吟啸待时、未出隆中便知天下三分的名字中有"明""亮"二字的未来蜀国丞相诸葛亮。结婚时，黄月英便将鹅毛扇作为礼物赠给诸葛亮。孔明对鹅毛扇爱如掌上明珠，形影不离。他这样做不仅表达了他们夫妻间真挚不渝的爱情，更主要的是熟练并运用扇上的谋略。所以不管春夏秋冬，总是手不离扇。

清朝康熙年间，襄阳观察使赵宏恩在《诸葛草庐诗》中写道："扇摇战月三分鼎，石黯阴云八阵图"，就足以证明诸葛亮手执鹅毛扇的功用以及他手不离扇的原因。

（四）诸葛亮是"高级知识分子"

诸葛亮所处的时代，正是中国书法艺术趋向成熟的时代。在他出生前四年，汉灵帝熹平六年（177），首次把书刻文字称作"书法"。这标志着作为交流工具的"写字"，与作为美学欣赏与实用相统一的"书法"，正式拉开了距离，并使后者逐步发展成为一门独特的艺术——书法艺术。这时汉隶已成为别具风格的主导字体，同时又始创了草书、行书和楷书，使篆、隶、草、行、楷五体基本齐备。

诸葛亮喜爱书法，在青少年时代就进行过刻苦的训练，能写多种字体，篆书、八分、草书都写得很出色。南朝梁时期的陶弘景是一位大书法家，他所著《刀剑录》记载："蜀章武元年辛丑（221），采金牛山铁，铸八铁剑，各长三尺六寸，……并是孔明书作风角处所。"

虞荔《古鼎录》记载："诸葛亮杀王双，还定军山，铸一鼎，埋于汉川，其文曰：定军鼎。又作八阵鼎，沉永安水中，皆大篆书。"

又曰："先主章武二年（222），于汉川铸一鼎，名克汉鼎，置丙穴中，八分书，三足；又铸一鼎，沉于永安水中，纪行军奇变；又铸一鼎于成都武担山，名曰受禅鼎；又铸一鼎于剑山口，名剑山鼎。并小篆书，皆武侯迹。"

又曰："章武三年（223）又作二鼎，一与鲁王，文曰：'富贵昌，宜侯王'；一与梁王，文曰：'大吉祥，宜公王。'并古隶书，高三尺，皆武侯迹。"

北宋时周越所著《古今法书苑》也记载："蜀先主尝作三鼎，皆武侯篆隶八分，极其工妙。"

上述记载是可信的，特别是南朝时期的陶弘景，距诸葛亮仅二百余年时间，他的见闻和记述应是有事实依据的。

宋徽宗宣和内府的《宣和书谱》卷十三记载：诸葛亮"善画，亦喜作草字，虽不以书称，世得其遗迹，必珍玩之"。又说："今御府所藏草书一《远涉帖》。"这说明到北宋末期（1119—1125）在皇宫内府还珍藏有诸葛亮的书法作品。

南宋陈思《书小史》记载：诸葛亮"善其篆隶八分，今法帖中有'玄漠太极，混合阴阳'等字，殊工"。

从宋代开始，人们便开始把前人著名书迹摹刻拓印下来，以便流传，称之为"法帖"。这一则记载说明：在宋代诸葛亮的书法作品是作为有示范意义的"法帖"流行于世的。

诸葛亮在繁忙的政务和军事活动中，始终不忘书法。《常德府志》记载："卧龙墨池在沅江县（今湖南沅江）西三十里卧龙寺内。俗传汉诸葛武侯涤墨于此寺，因名。"我们知道，诸葛亮在常德一带活动的时间，是在赤壁大战之后，战事十分紧张频繁，可是他仍然不忘临池挥毫。

遗憾的是，现在还无法看到其书法真迹，这只有寄希望于考古的发现了。

唐朝张彦远在《历代名画记》中写道："诸葛武侯父子皆长于画。"张彦远还在其《论画》一书中，记载了当时绘画收藏与销售的情况。他说："今分为三古以定贵贱，以汉、魏三国为上古，则赵岐、刘褒、蔡邕、张衡、曹髦、杨修、桓范、徐邈、曹不兴、诸葛亮之流是也。以晋、宋画家为中古，以齐、梁、陈、后魏、后周、北齐的画家为下古，隋和唐初的画家则称之为近代。近代画家作品的价格与下古画家作品价格相近，而以上古画家作品价格为最高。"

张彦远记述当时一些近代画家如阎立本、吴道子等人绘画作品的售价："屏风一片值金二万，次者售一万五千""一扇值金一万。"并说汉魏三国（即上古）画家的作品，在唐代已是"有国有家之重宝""为希代之珍"。

张彦远（生于公元815年）出身于宰相世家，家藏书法名画非常丰富,他的《历代名画记》,向有"画史之祖"的称誉,他的记载和论述,在中国绘画史上一直是可信而难得的史论资料。从他的记述中,可以大致看到诸葛亮在中国美术史上的历史地位和艺术成就。

东晋史学家常璩的《华阳国志》记载:"南中,其俗征巫鬼,好诅盟,投石结草,官常以诅盟要之。诸葛亮乃为夷作图谱,先画天地日月君长城府,次画神龙,龙生夷及牛马驼羊。后画部主吏,乘马幡盖,巡行安恤。又画夷牵牛负酒赍金宝诣之之象,以赐夷,夷甚重之。"

又记道:"永昌郡,古哀牢国……世世相继,分置小王,往往邑居,散在溪谷,绝域荒外,山川阴深,生民以来,未尝通中国,南中昆明祖之,故诸葛亮为其图谱也。"从以上两段记载可以看出,诸葛亮的确具有非凡的绘画才能。他的画作既取材于现实生活(如南中少数民族的生活)又有神奇而丰富的想象(如神龙等),而且构图宏伟,场面博大。

诸葛亮不仅能画天、地、日、月,而且能画各种建筑、车马、动物和人物。能掌握如此全面的绘画技巧的画家,在中国绘画史上也是不多见的。同时,我们还可以看到,诸葛亮作画绝不是出于个人的闲情逸致,他的绘画艺术总是为他的政治和军事目的服务的。

诸葛亮还精通音律,喜欢操琴吟唱,有很高的音乐修养。这方面在古籍中多有记述。

陈寿《三国志·诸葛亮传》记载:"玄卒,亮躬耕陇亩,好为梁父吟。"

习凿齿《襄阳耆旧记》:"襄阳有孔明故宅……宅西面山临水,孔明常登之,鼓瑟为《梁父吟》,因名此山为乐山。"

《中兴书目》记载:"《琴经》一卷,诸葛亮撰述制琴之始及七弦之音,十三徽取象之意。"

谢希夷《琴论》也记有:"诸葛亮作《梁父吟》。"

《舆地志》记载:"定军山武侯庙内有石琴一,拂之,声甚清越,相传武侯所遗。"从以上记载就足以看出:诸葛亮在音乐方面有着全面的修养和很高的艺术成就。他既长于声乐——会吟唱;又长于器乐——善操琴;同时他还进行乐曲和歌词的创作,而且还会制作乐器——制七弦琴和石琴。不仅如此,他还写有一部音乐理论专著——《琴经》。

（五）"他征孟获时使用了这种先进武器"

诸葛亮擅长巧思，改进连弩，造木牛流马，都是根据他的意思；推演兵法，作八陈（阵）图，都得到他的要领。

改进武器，推演阵法，表现了诸葛亮的聪明才智。对此，毛泽东予以肯定。1962年2月，他在和南京炮兵工程学院院长孔从周谈日益进步的科学技术时，又谈到了诸葛亮的兵器改革，说："我们祖先使用的十八般兵器中，刀矛之类属于进攻性武器，弓箭是戈矛的延伸和发展。由于射箭误差大，于是又有了弩机，经诸葛亮改进，一次可连发十支箭，准确性也提高了。他征孟获时使用了这种先进武器。可是孟获也有办法，他的三千藤甲军使诸葛亮的弩机失去了作用。诸葛亮经过调查研究，发现藤甲是用油浸过的，于是一把火把藤甲军给烧了。"

诸葛亮的弩机，其法矢长八寸，一弩可发十矢，也就是古代小说中的"连珠箭"。1964年，四川郫县曾出土的蜀汉景耀四年（261）制造的铜弩机，即是诸葛亮改进后的连弩。

其六出祁山时用木牛、流马运粮，本传裴松之注载有木牛流马作法。其所作八阵图法，郦道元《水经注》云："八陈（阵）既成，自今行师，庶不覆败矣。"

裴松之《蜀志》注引《亮集》，载木牛流马法，曰：

"木牛者，方腹曲头，一脚四足，头入领中，舌着于腹。载多而行少，宜可大用，不可小使；特行者数十里，群行者二十里也。曲者为牛头，双者为牛脚，横者为牛领，转者为牛足，覆者为牛背，方者为牛腹，垂者为牛舌，曲者为牛肋，刻者为牛齿，立者为牛角，细者为牛鞅，摄者为牛革鞦轴。牛仰双辕，人行六尺，牛行四步。载一岁粮，日行二十里，而人不大劳。

"流马尺寸之数，肋长三尺五寸，广三寸，厚二分二寸，左右同。前轴孔分墨去头四寸，径中二寸。前脚孔分墨二寸，去前轴孔四寸五分，广一寸。前杠孔去前脚孔分墨二寸七分，孔长二寸，广一寸。后轴孔去前杠分墨一尺五分，大小与前同。后脚孔分墨去后轴孔三寸五分，大小与前同。后杠孔去后脚孔分墨二寸七分，后载剋去后杠孔分墨四寸五分。前杠长一尺八寸，广二寸，厚一寸五分。后杠与等板方囊二枚，厚八分，长二尺七寸，高一尺六寸五分，广一尺六寸，每枚受米二斛三斗。后上杠孔去肋下七寸，前后同。上杠孔去下杠孔分墨一尺三寸，孔长一寸五分，广七分，八孔同。前后四脚，广二寸，厚一寸五分。形制如象，軒长四寸，径面四寸三分。孔径中三脚杠，长二尺一寸，广一寸五分，厚一寸四分，同杠耳。后杠孔去后脚孔分墨二寸七分。"

古代打仗，讲究排兵布阵。作为一个杰出的军事家，诸葛亮非常注重阵法的推演。《三国志》记载："推演兵法，作八阵图，咸得其要。"陈寿注曰："亮立法施度，整理戎旅，工械技巧，物究其极。"

郦道元《水经注》曰："八阵既成，自今行师，庶不覆败矣。"

《玉海》云："图之可见者三：一在沔阳高平旧垒。《水经》云：'江又东迳诸葛亮图垒南，注：沔阳定军山东谷高平，是亮宿营处，营东即八阵图也。一在新都之八阵乡。……一在鱼复宫南江难水上。……'"《太白阴经》曰："天阵居乾，为天门。地阵居坤，为地门。风阵居巽，为风阵。云阵居坎，为云门。飞龙居震，为飞龙门。虎翼居兑，为武翼门。鸟翔居离，为鸟翔门。蛇盘居艮，为蛇盘门。天地风云，为四正门，龙虎鸟蛇，为四奇门。乾坤艮巽，为四阖门，坎离震兑，为四开门。"

《路史》曰："八阵古有，汉以十月会营士为八阵，是也。世以为出诸葛孔明，不然。孔明八阵，本一阵也，盖出于黄产丘井之法。井分四道，八家处之，阵分八面，大将军处其中而握奇也焉。一军万二千五百人，八千七百五十为正阵，三千七百五十为奇兵。阵间容阵，队间容队。李卫公（靖）变为六花阵，今出军亦遗法也。李靖曰：'天地者本乎旗号，风云者本乎幡名，龙虎鸟蛇本乎队伍，古人秘之，设此八名耳'。"

八阵图是古代作战时的一种战斗队形及兵力部署。诸葛亮根据古人推演又有改进，在作战中发挥了重要作用。唐代大诗人杜甫初到夔州时，看见夔州西南永安宫前平沙上的八阵图遗迹，聚石成堆，纵横棋布，写了《八阵图》一诗云：

功盖三分国，名成八阵图。

江流石不转，遗恨失吞吴。

其他还有《作斧教》《作匕首教》《作刚（钢）铠教》等有关作兵器的教令和各种军令。

木牛流马这种运粮工具，现代人仿制也很不易，可见诸葛亮的超人智慧。所以中国人把诸葛亮看作智慧的化身，不是没有道理的。可以说，诸葛亮为了统一中原的战争，贡献了自己的一切聪明才智，是"鞠躬尽瘁"的一种表现。

（六）"诸葛亮搞过屯田"

1955 年元旦期间，毛泽东在中南海会见王震将军。王震说："主席，我们打了这么多年的仗，现在战争结束了，那么多退伍军人需要安置，总得想个好办法解决。"

"可以组织屯垦戍边么！"

毛泽东说："中国古代就有屯垦制，管仲搞过，诸葛亮在汉中也搞过呢！开荒就业，治疗战争创伤，巩固边疆，建设边疆，应该是个好办法。"（《历史的真言——李银桥在毛主席身边工作纪实》，新华出版社 2000 年版，第 598 页）

屯田，是我国古代政府利用军队或农民、商人垦种土地，征取部分所收粮食作为军粮的一种制度。春秋时期的齐相管仲实施最早。

管仲（？—前 645），名夷吾，字仲，春秋时齐颍上（颍水之滨）人，春秋初期齐政治家。由鲍叔牙推荐，被齐桓公任命为卿，进行改革，分国为十五士乡和六工商乡。工商专心本业，免服兵役。士乡即农乡，平时农民耕地，士"食田"，战时农民当兵打仗，士当甲士和小军官。管仲所实行的屯田策，我国屯田制度的开创者。

诸葛亮是『办事之人』

汉朝以后历代政府也沿用这种办法取得部分军饷和军粮。有军屯、民屯、商屯之分。《汉书·西域传下·渠犁》："自武帝初通西域，置校卫，屯田渠犁。"

三国时期曹操、诸葛亮都实行屯田。《三国志·魏志·武帝纪》："是岁用枣祗、韩浩等议，始兴屯田。""是岁"即汉献帝建安元年（196）。

曹操屯田较早，而诸葛亮较晚。《三国志·蜀志·诸葛亮传》："十二年春，亮悉大众由斜谷出，以流马运，据武功五丈原，与司马宣王对于渭南。亮每患粮不继，使己志不申，是以分兵屯田，为久驻之基。耕者杂于渭滨居民之间，而百姓安堵，军无私焉。相持百余日。""十二年"，即后主刘禅建兴十二年（234）。而且就在这年八月，诸葛亮病逝于军中。

三、"共产党就是以诸葛孔明的办法办事"

（一）诸葛亮的《出师表》

后主建兴五年（227）春天，诸葛亮率各路大军第一次北伐曹魏，进驻汉中，临出发时给后主刘禅上奏疏说：

"先帝开创统一大业还没有完成就中途逝世了，现在天下分成三个国家，我们益州弱小贫乏，这真是生死存亡的关头。然而，侍卫陛下的群臣在内毫不松懈，忠心耿耿的将士在外舍身奋战，都是为了追念先帝的特别厚待，而想报答陛下。陛下应该扩大圣明的听闻，以光大先帝的美德，发扬志士的英雄气概，不要看轻自己，说话不恰当，以致堵塞忠诚建议的道路。

"皇宫中和丞相府内，都是一个整体，赏罚褒贬，不应厚此薄彼。如果有违法乱纪和尽忠立功的人，应交有关官吏评断赏罚，以表示陛下公正严明的法治，不应当有偏向和私心，使宫中和朝廷中执法不一。

"侍中郭攸之、费祎，侍郎董允等人，都是善良、诚实的人，其志向和心思忠贞不二，所以先帝选拔出来留给陛下。我认为，宫中的事，无论大小，都拿来问问他们，然后施行，一定能够弥补缺点和疏漏之处，获得更多的好处。

"将军向宠，贤良公正，精通军事，过去试用他时，先帝称赞他很有才能，因此，大家商议推举他为都督。我认为，军中的事，都要和他商议，一定能使军队团结，优劣人才安排得当。亲近贤臣，疏远小人，是前汉兴旺的原因；亲近小人，疏远贤臣，是后汉衰败的根源。先帝在世时，经常与我谈论此事，总是叹惜痛恨桓、灵二帝。侍中（郭攸之、费祎）、尚书（陈震）、长史（张裔）、参军（蒋琬），都是坚贞可靠，能以死报国的忠臣，希望陛下亲近信任他们，这样，蜀汉的兴隆，就为期不远了。

"我本是个平民，在南阳（今河南阳）种地，在动乱的年代里苟且保全性命，不求做官扬名。先帝不嫌我微贱，宁肯降低身份，三次亲临草庐看我，征求我对国家大事的看法，因此，我很感激，就答应为先帝奔走效劳。后来遇到兵败，在战败、危难的关头我奉命出使东吴，至今已二十一年了。

"先帝知道我谨慎，所以，把完成统一大业的事托付给我。自从接受先帝的托付以来，我早晚忧愁叹息，恐怕先帝的托付不见成效，损伤先帝知人之明，所以，我五月渡过泸水（金沙江），深入不生草木的地方。现在南方已经平定，兵甲已经充足，应当奖励和统率三军，北定中原，竭尽我平庸之才，铲除奸恶，复兴汉室，重返旧都（洛阳），这就是我报答先帝和尽忠陛下的职责。至于斟情酌理，掌握分寸，进尽忠言，那是郭攸之、费祎、董允等人的职责了。

"请求陛下把讨伐曹魏复兴汉室的重任交给我，不成功，就治我的罪，以告慰先帝之灵。假如没有革新朝政的忠言，那就责罚郭攸之、费祎、董允等人的怠慢，显示他们的过失。陛下自己也应该深谋远虑，询问治国的好道理，采纳正确的意见，深切地回想先帝的遗诏，我受恩深重，不胜感激。现在我就出征远离陛下，当写表时，禁不住流下泪来，真不知道说了些什么。"

这个奏疏就是所谓《前出师表》。在表中，诸葛亮劝后主刘禅修明政治，推荐人才，自述己志，表示北伐中原，完成统战大业的决心。然后率大军出发，驻扎在沔阳（今陕西勉县东）。

建兴六年（228）春天，诸葛亮扬言要从斜谷（在今陕西眉县西南三十里）夺取郿县，派赵云、邓芝作为疑兵，占据箕谷（在今陕西褒城北）来迷惑敌人，魏国派大将军曹真率军抵抗。诸葛亮亲率蜀军主力进攻祁山（在今甘肃西南和西北），队伍整齐，号令严明，南安、天水、永安三郡起来响应，整个关中地区都为之震动。

（二）"鞠躬尽瘁，死而后已"

汉献帝建安十六年（211），益州牧刘璋派法正迎接刘备入蜀，让他攻打占据汉中的张鲁，诸葛亮和关羽镇守荆州。后来刘备从葭萌关返回，攻打刘璋。诸葛亮和张飞、赵云等人率军溯江而上，分别平定了沿江各郡县，然后与刘备一起包围成都。攻下成都后，刘备任命诸葛亮为军师将军并代理左将军府事。刘备外出时，诸葛亮留守成都，粮食和军备物资供应充足。

建安二十六年（221），部下劝刘备称帝，刘备不答应，诸葛亮反复劝说，刘备才称帝。诸葛亮被任命为丞相，总管尚书台事务并持符节，张飞死后，他又兼任司隶校尉。

章武三年（223）春，刘备在永安病危，将诸葛亮从成都召来并以后事相托。刘备对诸葛亮说："您的才能比曹丕强十倍，一定能安定国家，最后完成全国统一大业。如果太子刘禅可以辅佐，您就辅佐他；如果他没有什么才能，您可以取而代之。"

诸葛亮流着泪说："我愿意竭尽全身辅佐，效法忠贞的节操，一直到死。"

刘备又下诏书告诫太子刘禅说："你与丞相一起治理国家，对他要像侍奉父亲一样。"

后主建兴元年（223），刘禅封诸葛亮为武乡侯，成立丞相府署处理政事。诸葛亮"受任于败军之际，奉命于危难之中"，忠心辅助刘禅，军政大事，每必亲躬，兢兢业业，备受辛劳。

建兴六年（228）冬，诸葛亮闻孙权破曹休，魏兵东下，关中虚弱，十一月上言曰：

"先帝虑汉、贼不两立，王业不偏安，故托臣以讨贼也。以先帝之明，量臣之才，故知臣伐贼才弱敌强也；然不伐贼，王业亦亡，唯坐待亡，孰与伐之？是故托臣而弗疑也。

"臣受命之日，寝不安席，食不甘味，思惟北征，宜先入南，故五月

诸葛亮是『办事之人』

渡泸，深入不毛，并日而食。臣非不自惜也，顾王业不得偏全于蜀郡，故冒危难以奉先帝之遗意也，议者谓为非计。

"今贼适疲于西，又务于东，兵法乘劳，此进趋之时也。谨陈其事如左：

"高帝明并日月，谋臣渊深，然涉险被创，危然后安。今陛下未及高帝（刘邦），谋臣不如（张）良、（陈）平，而欲以长计取胜，坐定天下，此臣之未解一也。

"刘繇、王朗各据州郡，论安言计，动引圣人，群疑满腹，众难塞胸，今岁不战，明年不征，使孙策坐大，此臣之未解二也。

"曹操智计殊绝于人，其用兵也，髣髴孙（武）、吴（起），然困于南阳，险于乌巢，危于祁连，偪于黎阳，几败北山，殆死潼关，然后伪定一时耳，况臣才弱，而欲以不危而定之，此臣之未未解三也。

"曹操五攻昌霸不下，四越巢湖不成，任用李服而李服图之，委夏侯（渊）而夏侯败亡，先帝每称操为能，犹有此失，况臣驽下，何能必胜？此臣之未解四也。

"自臣到汉中，中间朞年耳，然丧赵云、阳群、马玉、阎芝、丁立、白寿、刘郃、邓铜等及曲长屯将七十余人，突将、无前、賨叟、青羌、散骑、武骑一千余人，此皆数十年之内所纠合四方之精锐，非一州之所有；若复数年，则损三分之二也，当何以图敌？此臣之未解五也。

"今民穷兵疲，而事不可息，事不可息，则住与行劳费正等，而不及今图之，欲以一州之地与贼持久，此臣之未解六也。

"夫难平者，事也。昔先帝败军于楚，当此时，曹操拊手，谓天下以定。然后先帝东连吴、越，西取巴、蜀，举兵北征，夏侯授首，此操之失计而汉事将成也。然后吴更违盟，关羽毁败，秭归蹉跌，曹丕称帝。凡事如是，难可逆见。臣鞠躬尽力，死而后已，至于成败利钝，非臣之明所能逆睹也。"此即所谓《后出师表》。

《后出师表》不见于《诸葛亮传》，首见于陈寿注引《汉晋春秋》，所以一些学者认为是后人伪托。但它表现的诸葛亮"鞠躬尽瘁，死而后已"的献身精神，是符合诸葛亮的实际的。后多作"鞠躬尽瘁，死而后已"。明无名氏《鸣凤记·二相争朝》："我老臣不能为玉烛于光天，岂忍见铜驼于荆棘，明日奏过圣上，亲总六帅，鞠躬尽瘁，死而后已，不必再议。"因而对后代影响很大。

于是诸葛亮又出兵散关（今陕西宝鸡西南），围攻陈仓（今宝鸡市东），魏将曹真迎击他，诸葛亮又因粮草已尽而退兵。魏将王双率骑兵追击，诸葛亮打败了魏军并将王双杀死。

建兴七年（229），诸葛亮派陈式攻打武都（今甘肃成县西）、阴平（今甘肃文西西北）二郡。魏国的雍州刺史郭淮率军反击陈式，诸葛亮亲自赶到建威（今甘肃成县西北），郭淮军退回雍州，于是平定了武都、阴平二郡。

建兴九年（231），诸葛亮再次出兵祁山，用木牛运输军用物资，又因为粮草已尽而退兵。这次北伐作战射杀了魏名将张郃。

建兴十二年（234）春天，诸葛亮率领全军从斜谷出击，用流马运输军用物资，占据了武功县的五丈原（今陕西眉县西南斜谷口西侧），在渭水之南与魏国名将司马懿对阵。诸葛亮常常担心军粮供应不上，使自己统一全国的抱负不能实现，因此派出一部分士兵在驻地垦荒种地，想建立一个长期驻军的基地。开荒种地的士兵混杂在渭水边上的居民中间，百姓安居乐业，不受骚扰，屯田的军队也不求私利。因此，诸葛亮与司马懿的军队相持了一百多天。这年八月，诸葛亮在军中病故，时年五十四岁。蜀军退走后，司马懿巡视蜀军的营房和工事，感慨地说："诸葛亮真是天下的奇才啊！"

在诸葛亮的治理下，蜀国"田畴开辟，仓廪充实，器械坚利，蓄积丰饶"，官吏廉洁奉公、开明守法。诸葛亮因长期的戎马生活，历尽艰辛，而积劳成疾，心力交瘁，于建兴十二年（234）在北伐前线五丈原军营中与世长辞，终年五十四岁，实现了他"鞠躬尽瘁，死而后已"的夙愿。

诸葛亮临终前留下遗嘱：把遗体安葬于汉中定军山（今陕西勉县西）中，丧葬力求节俭简朴。依山造坟，墓大小只要能容纳一口棺木就行。入殓时，只穿平时衣服，不放任何陪葬品。

当初，诸葛亮曾给刘禅写过一道奏章，坦诚地表明自己的心迹："臣在成都有桑树八百株，薄田十五顷，子孙们的日常衣食费用已有宽余。至于臣在外任职，没有额外的花费安排，随身衣物饮食全由国家供应，无需再置其他产业来增添家财。待臣离开人世时，不让家有多余衣物，外有多余钱财，以不辜负陛下的恩宠和信任。"及至去世后，人们清点其遗物，果然和他所讲的一样。

"鞠躬尽瘁，死而后已"，是诸葛亮的名言，也是他一生的写照。诸葛亮的英名连同他的业绩、品德，永载于中华民族的光辉史册。

毛泽东高度评价诸葛亮"鞠躬尽瘁，死而后已"的献身精神，在自己的文章中多次提倡人们学习诸葛亮的"鞠躬尽瘁，死而后已"，自己也表示：我也要鞠躬尽瘁，死而后已呢！1942 年 5 月，毛泽东在《在延安文艺座谈会上的讲话》中号召："一切共产党员，一切革命家，一切革命的文艺工作者，都应该学习鲁迅的榜样，做无产阶级和人民大众的'牛'，鞠躬尽瘁，死而后已。"（《毛泽东选集》，第三卷，人民出版社 1991 年版，第 877 页）

1944 年 11 月 15 日，毛泽东为延安《解放日报·邹韬奋先生逝世纪念特刊》题词："热爱人民，真诚地为人民服务，鞠躬尽瘁，死而后已，这就是邹韬奋先生的精神，这就是他之所以感人之处。"

1950 年 4 月 27 日，毛泽东在北京中南海接见国民党绥远起义将领董其武时说，"共产党就是以诸葛孔明的办法办事"。

诸葛亮"鞠躬尽瘁，死而后已"的精神，成为中华民族的精神财富。1956 年 11 月 12 日，毛泽东为纪念孙中山先生诞辰九十周年写的文章《纪念孙中山先生》称赞说："他全心全意地为了改造中国而耗费了毕生精力，真是鞠躬尽瘁，死而后已。"（1956 年 11 月 12 日《人民日报》）

孙中山（1866—1925），名文，字逸仙，广东香山（今广东中山人。伟大的革命先行者。毛泽东曾为孙中山诞辰九十周年纪念大会题词："孙中山先生诞辰九十周年纪念大会"。同年，还为孙中山诞辰九十周年展览会题词："孙中山先生生平事迹展览会"。此外，早在 1938 年 3 月的一天，延安各界准备纪念孙中山先生逝世十三周年和追悼抗日阵亡将士大会时，毛泽东在前一天晚上凌晨一时或二时写的诸多挽联中的一副云："国共合作的基础如何？孙先生云：共产主义是三民主义的好朋友；抗日的胜利原因何在？国人皆曰：侵略阵线是和平阵线的死对头。"此联将纪念孙中山先生逝世十三周年和悼抗日阵亡将士两件事融为一体，几如天衣无缝。

1939 年 1 月 2 日，毛泽东写的《〈八路军军政杂志〉发刊词》说："从前人说：读诸葛《出师表》而不流泪者，其人必不忠；读李密《陈情表》而不流泪者，其人必不孝。今天我们应该说：凡看见或听见中国军队不记旧怨而互相援助、亲密团结而不感动者，其人必不爱国。"（《毛泽东文集》，第二卷，人民出版社1993年版，第140页）

毛泽东所引前人的两句话，见于宋代赵与时《宾退录》中所记青城山隐士安子顺所说。诸葛亮上表后主刘禅，出师北伐曹魏，攻战累年，后以疾卒于军中，确实做到了"鞠躬尽瘁，死而后已"，对国家无限忠诚，所以，读了他的《出师表》不感动得流泪，这个人对国家一定不忠诚。

李密（224—287），字令伯，晋朝犍为武阳（今四川彭山）人。其父早死，母亲何氏改嫁。那时李密年仅四岁，又多病。赖祖母刘氏抚养成人。李密侍奉祖母十分孝顺。泰始三年（267），晋武帝下诏征他为太子洗马。他因为祖母年高，无人奉养，不肯应命，上表陈说自己的情况。晋武帝看了他的表章，很受感动，说他在当时的名望不是虚传的，就不再勉强他。祖母死后他才到晋朝做官，最后做汉中太守，因为怀怨被免官，卒于家。所以有人说，如果谁读了李密的《陈情表》不流泪，那这个人肯定是不孝。

在封建社会，所谓"忠孝"，就是忠于君国，孝敬父母。《孝经·开宗明义》汉郑玄注："忠孝道著，乃能扬名荣亲，故曰终于立身也。"共产党人也要忠于国家、忠于党、忠于革命事业，也要孝敬父母，毛泽东也是如此。他领导中国人民奋斗一生，为革命六位亲人献出了生命，可以说他对为之奋斗的共产主义事业"鞠躬尽瘁，死而后已"。同时，他也是一个孝子，对自己的父母十分孝顺。母亲有病，他送母亲到长沙看病。1919年10月5日，母亲因患瘰疬去世，他从长沙星夜回去奔丧，悲痛中写下了四百余字的《祭母文》，赞颂母亲勤俭持家、爱抚子女、和睦邻里等美德；还作泣母灵联两副：

疾革尚呼儿，无限关怀，万端遗恨皆须补，
长生新学佛，不能住世，一掬慈容何处寻？

春风南岸留晖远，秋雨韶山洒泪多。

1920 年 1 月 23 日，父亲毛顺生在家乡病逝，与母亲文氏合葬于韶山冲。毛泽东在北京忙于驱张（敬尧，湖南军阀）活动，未能回湘奔丧。这也是忠孝不能两全吧！

1959 年，毛泽东回到阔别三十二年的故乡韶山时，曾去父母墓前凭吊，寄托哀思。回到住所后，他对随行的公安部部长罗瑞卿说："我们共产党人是彻底的唯物主义者，不信什么鬼神。但生我者父母，教我者党、同志、老师、朋友也，还得承认。我下次再回来，还要去看他们两位。"

毛泽东还多次用"诸葛一生唯谨慎，吕端大事不糊涂"两句话来赞扬叶剑英元帅，其中前句就是对诸葛亮作风的赞扬。

（三）诸葛亮的治国方法

毛泽东认为诸葛亮治国方法有三条，那就是他引的六句话，每两句是一个办法。

"言忠信，行笃敬"，语出《论语·卫灵公》："言忠信，行笃敬，虽蛮貊之邦，行矣。"这是孔子对其弟子子张问怎样才能使自己的主张行得通的答话。意思是说，说话讲究忠信，行为讲究笃敬，即使到了蛮貊地区，也可以行得通。笃敬，笃厚严肃。这和《论语·子路》篇中说的"言必信，行必果"意思相近，是说诸葛亮言行一致，要求自己很严格。这是第一条。

诸葛亮在上奏给刘禅的表章中说："臣初奏先帝，资仰于官，不自治生。今成都有桑八百株，薄田十五顷，子弟衣食，自有余饶。至于臣在外任，无所调度，随身衣食，悉仰于官，不别治生，以长尺寸。若臣死之日，不使内有余帛，外有赢财，以负陛下。""及卒，如其所言"，表明诸葛亮言行一致。他的丧事办得十分简朴，"亮遗命葬汉中定军山，因山为坟，冢足容棺，殓以时服，不须器物"。

诸葛亮清廉节俭的作风，成为他留给蜀汉政权的巨大财富，泽被后世。费祎"雅笃谦素，家不积财。妻子皆令布衣素食，出入无车骑，无异凡人"，姜维"宅舍弊薄，资财无余"，邓芝"不治私产，妻子不免饥寒，死之日家无余财"。蜀汉政权官员中为政清廉的风气，是在诸葛亮身体力行影响下形成的，这种风气对于安定民心，稳定政权起到了很大的作用。

"开诚心，布公道"，语出《三国志·蜀志·诸葛亮传》："诸葛亮之为相国也，抚百姓，示仪轨，约官职，从权制，开诚心，布公道；尽忠益时者虽仇必赏，犯法怠慢者虽亲必罚，服罪输情者虽重必释，游辞巧饰者虽轻必戮。"后约定成形为"开诚布公"这个成语，指推诚相待，坦白无私。是说诸葛亮大公无私，办事公道。这是第二条。

"集众思，广忠益"，语出诸葛亮《与群下教》："夫参署者，集众思，广忠益也。"意思是说，参与讨论、决定国家大事，就要集中大家的智慧，广泛汲取有益的意见。后来约定俗成"集思广益"这个成语，指集中众人智慧，博采有益的意见。

早在建安二十三年（218），刘备率兵同曹操在汉中展开争夺战时，诸葛亮就采纳了部属杨洪的意见，急速派兵增援汉中，保证了战役的胜利。建兴三年（225），诸葛亮率大军南征，临行前曾征求马谡的意见，马谡向他提了"攻心为上"的策略，也被诸葛亮所采纳。

建兴五年，诸葛亮率兵北伐，需要留一个有才能的人留下任丞相府长史，以代理丞相管理蜀汉日常军国事务。他想把此任交给张裔，但觉得此事关系重大，还应听听别人的意见。一征求别人意见，果然有不同看法，蜀郡太守杨洪就认为："张裔天生具有明察事物的能力，他能够担负起丞相府长史的公务，但他处事不太公平，恐怕不能单独担此重任。"后来，诸葛亮虽然任张裔为丞相府长史，但又派了"方整有威重"的蒋琬协助他，显然是吸取了杨洪的意见。

对于不同意见，诸葛亮是持欢迎态度的。还在隆中隐居时，他的好朋友崔州平、徐庶等人就常和他一起探讨问题，在探讨中经常各抒己见，争论不休，正是这种争论，使诸葛亮觉得获益匪浅。占领益州，初建霸业之后，诸葛亮又实行参署制度，即让一些有识之士参与机要事务的议论与处理。在参署人员中，比较突出的是董和和胡济。董和，字幼宰，刘备入蜀后被任为掌军中郎将，与诸葛亮并署左将军、大司马府事，经常提一些好的建议。在他参署的时候，有时与诸葛亮意见不一致，双方的争辩讨论竟达十次之多。胡济，字伟度，任诸葛亮的主簿，也常提出不同意见。为了鼓励大家都能像董幼宰、胡伟度那样知无不言，言无不尽，诸葛亮曾一再发布《与群下教》。第一个教令说："夫参署者，集众思，广忠益也。若远小嫌，难相违覆，旷阙损矣。违覆而得中，犹弃弊而获珠玉。然人心苦不能尽，惟徐元直处兹不惑。又董幼宰参署七年，事有不至，至于十返，来相启告。苟能慕元直之十一，幼宰之殷勤，有忠于国，则亮可少过矣。"

以后，又发了第二个教令："昔初交州平，屡闻得失；后交元直，勤见启诲。前参事于幼宰，每言则尽；后从事于伟度，数有谏止。虽姿性鄙暗，不能悉纳，然与此四子终始好合，亦足以明其不疑于直言也。"

街亭之役失败，诸葛亮退回汉中。在对这次战役中有过者处罚，有功者奖励之后，为了进一步总结经验，诸葛亮又下了《劝将士勤攻已阙教》："大军在祁山、箕谷，皆多于贼，而不能破贼为贼所破者，则此病不在兵少也，在一人耳。今欲减兵省将，明罚思过，校变通之道于将来；若不能然者，虽兵多何益！自今以后，诸有忠虑于国，但勤攻吾之阙，则事可定，贼可死，功可足而待矣。"从以上三个教令中，我们可以看到诸葛亮对不同意见真诚的欢迎态度。

中国共产党提倡严于律己、公开民主和群众路线，诸葛亮三条治国方法都得到了很好的继承和发扬光大。

（四）"东联孙吴，北拒曹操"

毛泽东说诸葛亮一出山握有兵权，就神出鬼没了，是指诸葛亮出山后，协助刘备在博望坡、新野火烧曹军，连连取胜，阻遏了曹军的进攻势头。他对诸葛亮在《隆中对》中提出的占据荆、益，联吴抗曹策略的认识，是一分为二的。

首先，它的成功之处在于抓住了当时的主要矛盾，区分了主要矛盾和次要矛盾，东联孙权，共抗曹操，在赤壁之战中大败曹军，初步形成了三足鼎立的局面，后又助刘备夺得益州，使力量弱小的刘备终成一番帝业。

1941 年 1 月 4 日，新四军军部及其直属部队九千余人奉命北移。六日，部队到达泾县茂林地区时，突然遭到国民党第三十三集团军总司令上官云相指挥的七个师八万余人严密包围和猛烈攻击。新四军在浴血奋战七天七夜之后，终因弹尽粮绝而失败。奉命同国民党军队谈判的军长叶挺被扣，项英、袁国平、周子昆等其他主要领导同志遇难，史称"皖南事变"。

皖南事变之后，在如何对待蒋介石和国民党的问题上，党内产生了不同意见。有的同志主张从政治上、军事上立即全面反击。毛泽东认为，在皖南事变之后，"在中国两大矛盾中间，中日民族间的矛盾依然是基本的，国内阶级间的矛盾依然处在从属的地位。我们是必须制裁反动派、反击顽固派的，但我们要站在严格的自卫立场上，任何党员都不许超过自卫原则。蒋介石既有抗战的一面，又有反共的一面，在反共方面也有两面性，即既有对中共实行高压政策和军事进攻的一面，又有不愿在根本上破裂国共合作的一面。我党的方针便是'即以其人之道，还治其人之身'，以打对打，以拉对拉，这就是革命的两面政策。对其不愿在根本上破裂国共合作的一面，采取联合政策；对他动摇和反共的一面，采取斗争和孤立的政策。但是斗争必须是有理、有利、有节，三者缺一，就要吃亏。"（《关于打退第二次反共高潮的总结》，《毛泽东选集》，第二卷，人民出版社 1991 版，第 781—783 页）

如何制裁反动派呢？

毛泽东说："皖南新四军军部被歼——这是蒋介石杀我们的一刀，这一刀杀得很深。许多人看了这种情形，都非常气愤，就以为抗日没有希望了，国民党都是坏人，都应该反对。我们必须指出，气愤是完全正当的，哪有看到这种严重情形而不气愤的呢？但是抗日仍然是有希望的，国民党里也不都是坏人。对于各部分的国民党人，应该采取不同的政策。对于那些丧尽天良的坏蛋，对于那些敢于攻打进步军队、进步团体、进步人员的人，我们是决不能容忍的，是必定要还击的，是决不能让步的，因为这类坏蛋，已经丧尽天良，当一个民族敌人深入国土的时候，他们还闹摩擦、闹惨剧、闹分裂。不管他们心里怎样想，他们是在实际上帮助了日本和汪精卫，或者有些人本来就是暗藏的汉奸。对于这些人，如果不加以惩罚，我们就是犯错误，就是纵容汉奸卖国贼，就是不忠实于民族抗战，就是不忠实于祖国，就是纵容坏蛋来破坏统一战线，就是违背了党的政策。"

说到这里，毛泽东慢慢地掏出火柴，点燃手里的那支烟，深深地吸了一口，又徐徐将烟喷出，烟雾缥缈，变化无穷。

在场的所有眼光都集中在毛泽东的身上，所有人的注意力都被毛泽东吸引了。

毛泽东又接着说："但是这种给投降派和顽固派以打击的政策，全是为了坚持抗日，全是为了保护抗日统一战线。因此，我们对于那些忠心抗日的人，对于一切非投降派、非反共顽固派的人们，对于这样的国民党员，是表示好意的，是团结他们的，是尊重他们的，是愿意和他们长期合作以便把国家弄好的。谁如果不这样做，他也就违背了党的政策。"

"为什么呢？"在场的李卓然听得入了神。

毛泽东一手撑腰，一手拿烟："事理纷繁，重在主要矛盾。你读过《三国演义》没有？"

"读过。"

"三国时期，荆州失守，蜀军进攻东吴，被东吴将领陆逊火烧连营七百里，打得大败，其原因就在于刘备没有处理好主要矛盾和次要矛盾的关系，在谋略中没有抓住主要矛盾。诸葛亮在《隆中对》中所确定的战略方针是'东联孙吴，北拒曹操'。曹刘是主要矛盾，孙刘是次要矛盾。所以当孙权数次讨荆州时，诸葛亮总是一再推诿软磨，而不硬抗，直到最后才让出荆州的部分地方。刘备不了解这一点，派了根本不执行联吴为根本、争夺荆州要有理有节方针的关羽去驻守荆州。关羽这个人，虽然斩华雄，诛颜良、文丑，过五关斩六将，擒庞德，威震华夏，但孤傲自大，刘备封'关、张、赵、马、黄'五虎大将时，关羽怒曰：'翼德吾弟也。孟起世代名家。子龙久随吾兄，即吾弟也。位与吾相并，可也。黄忠何等人，敢与吾同列？大丈夫终不与老卒为伍！'当孙权派诸葛瑾为儿子向关羽女儿求婚，以结秦晋之好、共伐曹操时，关羽却勃然大怒，说：'吾虎女安肯嫁犬子乎！不看汝弟（诸葛亮）之面，应斩汝首！再休多言。'诸葛瑾抱头鼠窜而去。孙权便攻占了荆州，孙刘联盟瓦解。刘备见关羽被杀，荆州丢失，遂起兵攻打东吴，众臣苦谏都不听，实在是因小失大。正如诸葛亮所说：'臣亮等切以吴贼逞奸诡之计，致荆州有覆亡之祸；陨将星于斗牛，折天柱于楚地；此情哀痛，诚不可忘，但念迁汉鼎者，罪由曹操；移刘祚者，过非孙权。窃谓魏贼若除，则吴自宾服。愿陛下纳秦宓金石之言，以养士卒之力，别作良图。则社稷幸甚！天下幸甚！'可是刘备看完后，把表掷于地上，说：'朕意已决，无得再谏！'决意起大军东征，最终导致兵败身亡。"（徐中远：《毛泽东读评五部古典小说》，华文出版社 1997 年版，第177—178 页）

毛泽东通过分析《三国演义》中刘备兵败身亡的历史故事启示大家：当时刘备只有"抓住主要矛盾，分清主次与轻重缓急，先曹后孙才是以大局为重的上策"。他用这个历史教训，很快统一了全党同志对皖南事变的认识，牢牢抓住与日本侵略者的这个主要矛盾，恰当地处理了与国民党反动派的次要矛盾，维护了抗日民族统一战线，不断夺取抗日战争的新胜利。

其次，《隆中对》中提出占据荆、益二州，分散了兵力，是导致后来蜀汉失败的原因。毛泽东在读清姚鼐编纂《古文辞类纂·苏明允（洵）〈权书〉十项籍》中云："诸葛孔明弃荆州而就西蜀，吾知其无能为也。且彼未尝见大险也，彼以为剑门者，可以不亡也。吾尝观蜀之险，其守不可出，其出不可继，兢兢而自安，犹且不给，而何足以制中原哉？"苏洵认为诸葛亮抛弃荆州这个战略要地，而到西蜀去，表明他没有多大作为。原因是西蜀只能凭险自守，而想由此出秦川北伐中原是不可能的。毛泽东看到这里，批注说："其始误于隆中对，千里之遥而二分兵力。其终则关羽、刘备、诸葛三分兵力，安得不败。"（《毛泽东读文史古籍批语集》，中央文献出版社 1993 年版，第 106 页）

《隆中对》中提出占据荆、益二州，后来得以实现，留关羽镇守荆州，这就把蜀汉有限的兵力一分为二，而且两地相距千里之遥；后来刘备在成都，又派诸葛亮去夺汉中，这就把兵力一分为三。在魏、蜀、吴三国之中，蜀国最弱，而又三分兵力，怎么能不失败呢？毛泽东的这个分析，是符合实际的，言之成理，一反历代史家皆誉颂诸葛亮《隆中对》的战略思想，毛泽东别树一帜，堪称卓见。

（五）"三个臭皮匠，顶一个诸葛亮。"

诸葛亮在传统文化里是智慧的象征。毛泽东肯定诸葛亮的聪明才智。早在红军时代，他就多次说过："三个臭皮匠，顶一个诸葛亮。"只要我们有诚心，有耐心，就能把湘粤赣边建成千个万个"诸葛亮"。动员起来，参加我们的斗争，那我们干出来的事业就一定比当年的诸葛亮不知要伟大多少倍。

1943年11月29日，毛泽东在中共中央招待陕甘宁边区劳动模范大会上讲话说："'三个臭皮匠，顶个诸葛亮'，这就是说，群众有伟大的创造力。中国人民中间，实在有成千成万的'诸葛亮'，每个乡村，每个市镇，都有那里的'诸葛亮'。"

1957年11月18日，毛泽东在莫斯科共产党和工人党代表会议上讲话说："任何一个人都要人支持。一个好汉也要三个帮，一个篱笆也要三个桩。这是中国的成语。中国还有一句成语，荷花虽好，也要绿叶扶持。……中国还有一句成语，三个臭皮匠，顶诸葛亮。……单独的一个诸葛亮是不完全的，总是有缺陷的。"（《在莫斯科共产党和工人党代表会议上的讲话》，《毛泽东文集》，第七卷，人民出版社1999年版，第330页）

1957年7月9日，毛泽东在上海干部会议上讲话说："刘备得了孔明，说是'如鱼得水'，确有其事，不仅小说上那么写，历史上也那么写，也像鱼跟水的关系一样。群众就是孔明，领导者就是刘备。一个领导，一个被领导。智慧都是从群众那里来的。"

1958年秋，毛泽东在河南郑州接见南阳县委的一位书记，问道："你们南阳，旧称宛城，是个古老的市镇，藏龙卧虎的地方哩！南阳有个卧龙冈，据说诸葛亮曾在那儿隐居过。诸葛亮，能人呵！俗话说，三个臭皮匠，顶个诸葛亮。诸葛亮是哪里人呀？"

他等了片刻，不见回答，便自己说："诸葛亮是山东琅琊郡阳都县人。阳都，就是现在的沂水县。"

毛泽东接着又问了南阳农民生活，在分手时说："我给你们留下两句临别赠言：第一，学一点历史知识；第二，要关心人民生活。"

诸葛亮足智多谋，智商很高，所以封建社会把他神化了，在旧戏曲、小说中甚至把他写成"眉头一皱，计上心来"的神奇人物，是一个没有缺点、不犯错误的完人。毛泽东认为这是可以理解的。据林默涵回忆，第二次文代会是在 1953 年夏秋之交召开的。这是一次重要会议，主要精神是克服"左"的倾向，一千多人参加了这次大会。原来准备由胡乔木同志向大会作报告，他起草了一个报告，交中央审查。中央政治局讨论了这个报告。林默涵和周扬同志列席了这次政治局会议。毛主席在这次会议上讲了重要内容。在谈及关于文艺作品里的英雄人物问题时，毛泽东说："每个阶级都要塑造自己的英雄人物。封建社会塑造了孔子、诸葛亮那样的英雄人物；资产阶级也有它们的英雄人物；无产阶级当然也应该有自己的英雄人物。写英雄人物是否一定要写缺点？这也不一定。不写缺点不是真实的人吗？封建时代写诸葛亮就没有写缺点，《列宁在一九一八》也没有写缺点。"

（朱元和主编：《共和国要事口述史》，湖南人民出版社 1999 年版，第 77 页）

毛泽东讲各个阶级都要塑造自己的英雄人物，写英雄人物不一定写缺点，原则上没有什么不妥。

但是诸葛亮毕竟是封建社会的"办事之人"，治理国家确有一套好的办法，毛泽东也颇为赞赏。1950 年 4 月，他在北京中南海对在绥远起义的国民党将领董其武说："有人害怕共产党，那有什么可怕呢？共产党心口如一，表里一致，没有私利可图，要团结一切可以团结的人，把我们国家搞好。你看过《三国演义》吧？共产党就是以诸葛孔明的办法办事。那就是'言忠信，行笃敬'，'开诚心，布公道'，'集众思，广忠益'。蒋（介石）搞码头，搞宗派，他是必然要失败的嘛，希望你们团结起来，努力把国家的事情办好。"（中共呼和浩特市委党史资料征集办公室编：《呼和浩特史料》，第五辑，内蒙古人民出版社 1984 年版，第 82 页）

四、"诸葛亮会处理民族关系"

（一）七擒孟获

　　毛泽东读史时，对一些能处理好民族关系的政治家，是十分推崇的。他说："诸葛亮会处理民族关系，他的民族政策比较好，获得了少数民族的拥护。"在《三国志·诸葛亮传》中，毛泽东在裴松之注引《汉晋春秋》的一段注文旁边，画了很多圈。这条注文记载了诸葛亮七擒七纵少数民族首领孟获和平定云南后用当地官员管理南中的事迹。毛泽东说："这是诸葛亮的高明处。"（芦获：《毛泽东谈二十四史》，1993年12月12日《光明日报》）

　　《三国志·诸葛亮传》载：建兴三年（225）春天，诸葛亮率军征讨南方，当年秋天平定了叛乱。这次征战的军需物资都出自这些新平定的各郡县，没有动用国家仓库的东西，因而国家富饶起来了。于是整顿兵器，操练军队，准备伐魏。裴松之注引《汉晋春秋》曰：

　　"亮至南中，所在战捷。闻孟获者，为夷、汉所服，募生致之。既得，使观于营陈（阵）之间，问曰：'此军何如？'获对曰：'向者不知虚实，故败。今蒙赐观看营陈（阵），若祇如此，即定易胜耳。亮笑，纵使更战，七纵七禽（擒），而亮犹遣获。获止不去，曰：'公，天威也，南人不复反矣。'遂至滇池。南中平，皆即其渠率而用之。或以谏亮，亮曰：'若留外人，则当留兵，兵留则无所食，一不易也；加夷新伤破，父兄死丧，留外人而无兵者，必成祸患，二不易也；又夷累有废杀之罪，自嫌衅重，若留外人，终不相信，三不易也。今吾欲使不留兵，不运粮，而纲纪粗定，汉粗安故耳。"

　　这次出征的地域是南中，相当于今四川省大渡河以南和云南、贵州二省。蜀汉以巴、蜀为根据地，其地在巴、蜀之南，故名。目的是平定南中地区少数民族中上层贵族发动的叛乱，根据参军马谡的建议，诸葛亮向部下颁布了《南征教》："用兵之道，攻心为上，攻城为下；心战为上，兵战为下。"也体现了诸葛亮在这次战争中非常注重从心理上瓦解对方。他七擒七纵孟获是个典型，平定后又大胆起用少数民族头领管理其地，确实是很高明的做法，因而受到毛泽东的称赞。

毛泽东非常注重"七擒七纵"孟获的历史经验，把它视为处理民族关系的一个好方法。

1935年5月初，毛泽东率领中央红军到达安顺机场，往前需要经过彝族聚居区，当他得知总参谋长刘伯承已妥善地处理了和彝族首领小叶丹结盟的事，很高兴地询问："诸葛亮七擒七纵才使孟获心服，你怎么一下子说服了小叶丹呢？"

1949年，当习仲勋妥善争取青海省昂拉部落第二十七代千户项谦归顺成功时，毛泽东对习仲勋说："仲勋，你真厉害。诸葛亮七擒孟获，你比诸葛亮还厉害。"

1953年8月，当西南军区李达参谋长汇报贵州擒获布依族女匪首程莲珍案事时说："这个女匪首，下面要求杀。"毛泽东却说："不能杀。好不容易出了一个女匪首，又是少数民族，杀了岂不可惜？"又说："人家诸葛亮擒孟获，就敢七擒七纵，我们擒了个程莲珍，为什么就不敢来个八擒八纵？连两擒两纵也不行？总之，不能一擒就杀。"

1956年4月，毛泽东又与天宝（桑吉悦希）、瓦扎木基谈及有些民族地区出现有被俘的叛乱分子，放回后又叛乱的问题时，他告诫说："诸葛亮就是七擒七纵，我们共产党为什么不可以八擒八纵呢？"据当时是凉山彝族代表瓦扎木基回忆，当他向毛泽东汇报凉山人民要求废除奴隶制度，实行民主改革时，"毛泽东从三国时诸葛亮说起，引经据典，教育我们要有气魄，有胆略，搞好彝族地区的民主改革"。

新中国成立后，在毛泽东领导下，我国在少数民族聚居的地区，实行民族区域自治，先后建立了广西壮族、宁夏回族、新疆维吾尔族、西藏藏族四个自治区和一些自治州、县，在中国共产党领导下走社会主义道路，并且在1959年西藏上层奴隶主叛乱以前，在西藏保留奴隶制，实际上也是

"一国两制"，可以看作在香港、澳门回归后实行"一国两制"的先例。

我们的民族区域自治制度，无疑借鉴了历史上，包括诸葛亮的民族政策，但历史上都是从汉族地主阶级的统治利益出发的，不可能实行真正的民族平等。我国五十六个民族五十六朵花，全国人民是一家，现在各个民族是完全平等的。

（二）"挥泪斩马谡，这是万不得已的事情"

魏明帝亲自到长安镇守，命令张郃率军抵抗。诸葛亮派马谡统率各军作为先锋，与张郃战于街亭（今甘肃秦安东北）。马谡违背诸葛亮的战略部署，指挥不当，被张郃打得大败。诸葛亮回到汉中（今陕西汉中东），杀了马谡以安慰众人。诸葛亮向后主上书说："我以弱小的才干，担任了不能胜任的职务，亲自率军出征以激励三军将士，不能训导法规，严明法纪，遇事谨慎戒惧，以至于发生了街亭违背命令的错误，箕谷戒备不严的过失，责任都在我用人不当。我既没有知人之明，考虑问题又不能明白，按照《春秋》战争失败惩罚主帅的先例，我的职务应受这种处罚。请允许我自降三级，来惩罚我所犯的错误。"于是诸葛亮降为右将军，做丞相应做的事，总管事务和从前一样。

诸葛亮曾先后六次出祁山攻魏，史称"六出祁山"，这是第一次。因马谡指挥错误而失败，诸葛亮挥泪斩马谡。

马谡（190—228），字幼常，襄阳宜城（今湖北宜南）人。初从刘备克蜀，任越巂太守。以好论军事，诸葛亮十分器重，可以说是作为接班人培养的。诸葛亮南征时，为随军参军，曾提出"用兵之道，攻心为上，攻城为下；心战为上，兵战为下"的建议，为诸葛亮所采纳，并向部下颁布了这个教令。这次北伐，诸葛亮任马谡为前部先锋，违背诸葛亮的战略部署，致使街亭大败，遂使这次北伐也归于失败，诸葛亮依法斩了马谡。

参军蒋琬认为"天下未定"，杀了马谡实在可惜。

诸葛亮说："孙武所以从无敌于天下，是因为他执法严明。所以杨干违犯军法，魏绛杀了他的仆人。国内正处于分裂状态，蜀魏战争刚刚开始，如再废弛军法，靠什么讨伐敌人呢？"这里，诸葛亮吸取了先秦著名军事家孙武以法治军的经验，指出了在战争中严明军法的重要性。

1951年11月底，河北省委在省会保定召开第三次代表大会。在会上，李克才同志把刘青山、张子善的问题公开揭露了出来。天津地区的代表纷纷上台发言，表示支持李克才，进而又揭发出刘、张的许多其他问题。省委组织部部长代表省委当即在会上表态，要严肃处理。通过调查证明，刘青山、张子善严重触犯了党纪国法。12月4日，省委通过决议，开除刘青山、张子善的党籍，依法对其拘留审查。

刘青山是天津地委书记，张子善是天津专署专员。天津地委和专署当时设在天津西郊的杨柳青镇。据揭发，刘、张二人的问题，早在1949年底就有所暴露。刘青山住在原来一个大汉奸的别墅里，生活奢侈、腐化。一天，副专员李克才同志去找他谈工作，发现他竟在抽大烟。李克才非常吃惊，当即向他提出，这是党纪国法所不允许的。他却满不在乎地说："老子从小革命，现在革命成功了，也应该享受享受了。"他不仅私下吸毒，而且毒瘾发作时，在公开场合也吸。张子善则投其所好，把专署公安处缴来的毒品送给他享用。

当时，天津地区连降暴雨，洪涝成灾。河北省政府为此下拨救灾款、救灾粮。刘、张合谋把救灾物资和运输任务交给机关生产处，并指使生产处从中牟利，侵吞了灾民四十多万斤粮食。他们还贪污、挪用救灾款、治河款和地方财政款项，进行非法活动。刘、张的行为，严重损害了党和政府的声誉，激起了极大的民愤。群众纷纷向李克才反映他的问题。李克才于1950年二三月间向省委反映了刘青山吸毒和他挪用公款等问题，但未引起重视。

1950年下半年，刘青山为贪图享受，又用公款从香港购进两辆小汽车，一辆留作他自己使用，一辆送给别人。刘、张还与不法资本家串通一气，盗用公款倒卖钢材，中饱私囊，使国家蒙受了很大的经济损失。

1951年六七月间，《人民日报》又披露了天津地委倒卖木材的事件。

刘青山却公然地说："这是老子和张子善商量搞的，谁敢处理！"经刘、张四处活动，这件事竟不了了之。

"刘、张事件"上报华北局，华北局又上报中央。那天，毛泽东和刘少奇、周恩来、彭真、薄一波等书记处领导在颐年堂开会，专门研究杀不杀的问题。毛泽东说："非杀不可，挥泪斩马谡，这是万不得已的事情。"

1952年5月10日，河北特别法庭判处刘青山、张子善死刑。

那次参加会议的还有公安部部长罗瑞卿，一起讨论了公安部行政处长宋德贵利用盖办公楼大量受贿和生活腐化问题，会上决定枪决宋德贵。

（李银桥：《在毛泽东身边十五年》，河北人民出版社1991年版，第170—172页）

"刘、张事件"是新中国成立后的第一反腐败大案，毛泽东没有因为刘、张二人都是老革命，过去对革命有功而心慈手软，亲自批准处决了腐化变质分子刘青山、张子善。公审大会之前，有人提出是否可以向毛主席说情，不要枪毙，给他一个改过的机会。意见反映到毛泽东那里，毛泽东说："正因为他们两人地位高、功劳大、影响大，才可能挽救二十个、二百个、两千个、两万个，犯有各种不同错误的同志。"这次事件的果断处理，大大推动了"三反"（反贪污、反浪费、反对官僚主义）和"五反"（反行贿、反偷税漏税、反盗窃国家盗财、反偷工减料、反盗窃国家经济情报）运动的顺利开展，打退了资产阶级思想的猖狂进攻。

五、"这是诸葛亮的高明处"

（一）"观人观大节，略小故"

毛泽东还非常赞成诸葛亮评价人的原则，这突出表现在他对法正的看法上。

据宋代司马光《资治通鉴》卷六十七《汉纪》五十九记载：法正外统都畿，内为谋主，一餐之德，睚眦之怨，无不报复，擅杀毁伤己者数人。或谓诸葛亮曰："法正太纵横，将军宜启主公，抑其威福。"亮曰："主公之在公安也，北畏曹操之强，东惮孙权之逼，近则俱孙夫人生变于肘腋。法孝直为之辅翼，令翻然翱翔，不可复制。如何禁止孝直，使不得少行其意也。"

毛泽东读到这里，批注道："观人观大节，略小故。"（《毛泽东读文史古籍批语集》，中央文献出版社1993年版，第291页）

法正（176—220），字孝直，右扶风郿县（今陕西眉县）人，三国时刘备谋士。初依附刘璋，奉命邀刘备入蜀拒张鲁。他向刘备献计，劝他乘机取蜀。刘备占据益州，任为蜀郡太守，并采用他的计策，攻杀曹操大将夏侯渊，夺取汉中。后任尚书令、护军将军。

此事发生在汉献帝建安十九年（214），法正因助刘备取蜀有功，被任为蜀郡太守、扬武将军，"外统都畿，内为谋主"，颇受刘备信任，手中权力很大，因此他便利用权势，专横霸道，报个人之恩，泄个人之怨，甚至公报私仇，擅自杀了几个过去对他不满的人。于是有人劝诸葛亮向刘备汇报，加以节制。诸葛亮则从当时刘备所处不利环境这一大局出发，指出法正像羽翼一样辅佐刘备，使刘备能自由翱翔，不能因为小的过失，就限制他的权力和自由。毛泽东认为诸葛亮对法正的看法，是"观人观大节，略小故"，表明他是赞同诸葛亮的看法的。

"大节"，这里指品德操行的主要方面。语出《宋书·王玄谟传》："玄谟虽苛刻少恩，然观其大节，亦足为美。"《明史·赵时春传》："大臣宜待以礼，取大节，略小过。"

"小故"，小过失。语出《宋史·范仲淹传》："仲淹曰：'太后受遗先帝，调护陛下者十余年，宜掩其小故，以全后德。'"

毛泽东要"观人观大节，略小故"的批语，提出了一个评价人、使用人的原则，对我们使用干部有重要意义。

（二）"自街亭败后，每出，亮必在军"

毛泽东对诸葛亮的自我批评精神也十分赞赏。

宋司马光从《资治通鉴》卷七十一《魏纪》三记载："初，越嶲太守马谡，才器过人，好论军计，诸葛亮深加器异。……及出军祁山，亮不用旧将魏延、吴懿等为先锋，而以谡督诸军在前，与张郃战于街亭。谡违亮节度，举措烦扰，舍水上山，不下据城。张郃绝其汲道，击，大破之，士卒离散。亮进无所据，乃拔西县千余家还汉中。收谡下狱，杀之。"

为了完成统一大业，诸葛亮曾经六出祁山进攻曹魏政权。蜀后主刘禅建兴六年（228），诸葛亮第一次率大军北伐，进攻岐山（今甘肃西和北），两军战于街亭（今甘肃秦安东北），因马谡违反他的军事部署，而被曹军打得大败。事后，诸葛亮为了申明军纪，忍痛割爱，杀了他精心培养的爱将，正如毛泽东所说："挥泪斩马谡，这是迫不得已的事。"诸葛亮上疏后主，"请自贬三等，以督厥责"。毛泽东读了马谡失街亭的叙述，认为这种自我批评精神当然是好的，但还不够，他又批注道："初战亮宜自临阵。"（《毛泽东读文史古籍批语集》，中央文献出版社1993年版，第292页）这是对作为主帅的诸葛亮在街亭之败中应承担责任的检讨，而且诸葛亮以后确实是认真改正了。

《资治通鉴》七十二《魏纪》四记载："（太和五年）六月，亮以粮尽退军，司马懿遣张郃追之。进至木门，与亮战，蜀人乘高布伏，弓弩乱发，飞矢中郃右膝而死。"

太和是魏明帝曹睿的年号，太和五年，即公元231年，也就是蜀后主建兴九年。这年春天，诸葛亮舞出祁山，"以木牛运，粮尽退军，与魏将张郃交战，射杀郃。"（《三国志·诸葛亮传》）毛泽东读了上述一段文字后，批注道："自街亭败后，每出，亮必在军。"（《毛泽东读文史古迹批语集》，中央文献出版社1993年版，第292页）

"初战"指街亭之战，诸葛亮没有亲临战阵，致使马谡指挥失当，导致首战失利，全盘皆输，诸葛亮是负有领导责任的。但他知错就改，以后，每次出兵，他都在军，这也是难能可贵的，毛泽东加以肯定。

《三国志集解》卷一《魏书》载："己丑，令曰：'《司马法》："将军死绥"。'故赵括之母，企不坐法。是古之将者，军破于外而家受罪于内也。自命将征行，但赏功而不罚罪，非国典也。其令诸将出征，败军者抵罪，失利者免官爵。"

毛泽东读后，批注曰："赤壁之战，将抵何人之罪？"（《读《三国志集解》》批语，《毛泽东读文史古籍批语集》，中央文献出版社1993年版，第137—138页）毛泽东的批语，意思是说，赤壁之战，大败而归，曹操作为统帅，没有自责，降级削爵，又能追究什么人的责任呢？也太缺乏自我批评精神了。在这一点上，曹操与诸葛亮相比，可谓相形见绌。

『司马懿是个了不起的人物』

司马懿（179—251），复姓司马，字仲达，河内温县孝敬里（今河南温县招贤镇）人。三国时期魏国杰出的政治家、军事家，也是西晋王朝的奠基人。其孙司马炎（即其次子司马昭之子）封晋王后，追封司马懿为宣王，司马炎称帝后，追尊其为晋宣帝。

在《三国演义》中，司马懿被描写成为一个城府极深、屠杀和紧逼曹氏宗室的奸臣，与曹操并列为"三国三大奸臣"。据史实记载，东晋明帝司马绍在听说司马懿是靠虚伪、欺诈才获得成功时，惭愧地用手掩面，认为自己有这样的先辈十分羞耻。由此可见，在中国正统的文化中，司马懿是一个与诸葛亮鞠躬尽瘁的忠臣形象完全相反的反面人物。在很长一段时间内，毛泽东对司马懿的看法也是如传统文化一样。1916年，还处于青年的毛泽东还写信给同学萧子升，就总统黎元洪下令惩办积极策划洪宪帝制的祸首杨度、孙毓筠、顾鳌、梁士诒、夏寿田、朱启钤、周自齐和薛大可等八人时，称："此衮衮诸公，昔日势焰熏灼，炙手可热，而今乃有此下场！夫历史，无用之物也。居数千年治化之下，前代成败胜衰之迹岂少，应如何善择，自立自处？王莽、曹操、司马懿、拿破仑、梅特涅之徒，奈何皆不足为前车之鉴！史而有用，不至于是。故最愚者袁世凯，而八人者则其次也。"毛泽东在这里将司马懿和王莽、曹操等相提并论，把他们都归于反面人物。但是，随着人生阅历以及经验的积累，毛泽东对司马懿的看法开始逐渐改变，开始认为他是一个有智谋、善分析的了不起人物，他认为"司马懿是个了不起的人物"。

一、"司马懿敌孔明之智"

由于罗贯中在《三国演义》中编造了不少诸葛亮击败司马懿的故事，让多数后人认为司马懿的才能绝对不及诸葛亮。这也引起了很多人的假设：如果诸葛亮没有病死五丈原，他总有一天会灭掉司马懿。然而毛泽东却认为"司马懿敌孔明之智"（《读〈三志·吴书·陆逊传〉批语》,《毛泽东读文史古籍批语集》, 中央文献出版社 1993 年版, 第 162 页 ）。

司马懿的祖先是帝高阳的儿子重黎，为帝喾（kù）时的火官。后来，历经唐尧、虞舜、夏、商，世代都担任这个职务。到了周朝，以夏官为司马。之后程伯休父官至司马，周宣王时，以世官平定徐方，赐以官职为族名，因而成为姓氏。楚汉相争期间，司马卬（áng）任赵国将领，与诸侯一起讨伐秦国。秦朝灭亡，立为殷王，建都河内（治所在今河南武陟西南）。汉朝以其地设立郡，子孙就在此安家了。自司马卬起第八代，生征西将军司马钧，字叔平。司马钧生豫章（今江西南昌）太守司马量，字公度。司马量生颍川（治所在河南禹州）太守司马儁，字元异。司马儁生京兆（治所在今陕西西安）尹司马防，字建公。司马懿就是司马防的第二个儿子。（《晋书·宣帝纪》）。晋武帝司马炎在他的一个诏书称："本诸生家，传礼来久"（《晋书·礼志》）。

司马懿年轻时有奇异的气节，聪明多有谋略，知识渊博，见多识广，钦慕儒教。史书中记载"少有奇节，聪明多大略，博学洽闻，伏膺儒教"（《晋书·宣帝纪》）。东汉末年，天下大乱，生于乱世，司马懿常常感慨有忧天下之心。南阳太守同郡杨俊是著名的能鉴察人品行、才能的人，见到未满二十岁的司马懿时，认为他是一个不同寻常的人物。尚书清河崔琰与司马懿的哥哥司马朗交好，也对司马朗说："您的弟弟聪慧明察，严明恰当，刚毅果断，英俊特异，不是你所能赶得上的。"

（一）诈病骗曹操

司马懿装病骗曹共有两次，第一次是装病骗曹操，而第二次是装病骗曹爽。

司马懿出身士族，所以自认身份十分高贵，看不起阉宦之后。在曹操刚刚掌握政权的时候，听说了司马懿的才华，征召司马懿出来做官。那时候，司马懿嫌弃曹操出身低微，不愿意为他做事，但是当时曹操权势很大，所以他又不敢得罪曹操，就假装自己得了风瘫病。

曹操也是一个聪明人，他怀疑司马懿并没有生病，而是有意推托，所以就派了一个刺客深夜闯进司马懿的卧室去窥看。当刺客进入司马懿卧室时，果然看到他直挺挺地躺在床上，开始刺客还不相信，于是他拔出佩刀，架在司马懿的身上，装出样子要劈下去，他认为常人看到这样肯定害怕，所以如果司马懿没有患风瘫，就一定会吓得跳起来。但是，司马懿也真是有一手，他只瞪着两只眼睛，惊恐地看着刺客，但是身体却好像完全不能动弹，样子十分逼真。刺客这才不得不相信，于是收起刀向曹操回报去了。司马懿知道曹操不肯轻易放过他，所以，在过了七年之后，就让人传出消息，说风瘫病已经治好了。等到曹操再次征召他时，就不再拒绝了。

至于司马懿为何竟然可以装病骗过曹操七年，背后必定有那些不满曹氏的北方世族在撑腰，帮司马家掩饰。但是，无论如何，不得不说，这是司马懿的一个很好的计策。

自从被征召做官之后，司马懿先后在曹操和魏文帝曹丕手下，都担任了重要的职务。到了魏明帝即位，司马懿当然已经成了魏国的元老。再加上他长期带兵在关中与蜀国打仗，魏国的大部分兵权自然也就落在了他的手里，可谓一人之下，万人之上。后来，辽东太守公孙渊勾结鲜卑贵族，反叛魏国，魏明帝调司马懿去对付辽东的叛乱。

司马懿才平定了辽东叛乱之后，正要返回朝中，这时，洛阳派人送来紧急诏书说魏明帝患病，要他迅速赶回洛阳。等到司马懿回到了洛阳，魏明帝已经病重了。明帝将司马懿与皇族大臣曹爽叫到床边，要他们好好辅佐太子曹芳。

魏明帝死后，太子曹芳即了位，就是魏少帝。曹爽当了大将军，司马懿为太尉。两人各领兵3000人，轮流在皇宫值班。曹爽虽然说是皇族大臣，但是无论是能力还是资格都差司马懿好多，所以，在最初的时候，他十分尊重司马懿，在商讨事情的时候，也都要听从司马懿的意见。但是，渐渐地，曹爽开始不满足现在的情况了，他手下的一批心腹告诉他："大权不能分给外人啊！"他们联合起来给曹爽出了一个计策，用魏少帝的名义提升司马懿为太傅，而实际上就是要夺去司马懿的兵权，司马懿并没有什么异议，将兵权交出。接着，曹爽又将自己的心腹、兄弟何晏、邓飏、李胜、丁谧等都安排了重要的职位。司马懿当然知道其计策，但是只是看在眼里，装聋作哑，并不加干涉。

曹爽将大权握在手之后，就开始寻欢作乐，生活过得十分荒唐。当然，为了树立起自己的威信，他还带兵攻打蜀汉，结果没有成功，反而被蜀军打得大败，差点全军覆没。对于曹爽的这些行为，司马懿虽然十分不赞同，但是表面上并没有什么表示，但是私底下有着自己的打算。那时他已经七十多岁了，于是就推托说自己有病，就不再上朝了。曹爽听说司马懿生病，这正好应了他的心思，但不是很放心司马懿。有一次，有个曹爽亲信的官员李胜，被派为荆州刺史。李胜临走的时候，到司马懿家去告别。曹爽要他顺便探探情况。李胜到了司马懿的卧室，只见司马懿躺在床上，旁边两个使唤丫鬟伺候他吃粥。他没用手接碗，只是将嘴巴凑到了碗边喝。还没喝上几口，粥就沿着嘴角流了下来，流得胸前衣襟都湿了。李胜在一边看了，认为司马懿病得实在是厉害。李胜对司马懿说："这次蒙皇上恩典，派我到本州担任刺史（李胜是荆州人，所以说是本州），现在特地来向太傅告辞啊。"

司马懿听完之后，喘着气说："哦，这真是委屈您啦，并州在北方，那里十分接近胡人，您要好好防备啊。我病成这个样子，只怕以后见不到您啦！"

李胜说："太傅听错了，我是要回荆州去，并不是到并州。"

司马懿还是没有听清楚，李胜又大声说了一遍，司马懿总算是明白了，说："我实在年纪老，耳朵聋，听不清您的话。您做荆州刺史，这太好啦。"

李胜告辞出来，回去向曹爽如实汇报了一遍，说："太傅病得只差一口气了，您就用不着担心了。"

曹爽听了，自然乐得心里开花。

正始十年（249）新年，魏少帝曹芳到城外去祭扫祖先的陵墓，曹爽和他的兄弟、亲信大臣全跟了去。司马懿这时候既然病得十分严重，自然也就没有人请他过去。

谁知道，曹爽等人刚一出城门，太傅司马懿的病便痊愈了。他披戴起盔甲，抖擞精神，带着他的两个儿子司马师、司马昭，率领兵马占领了城门和兵库，并且假传皇太后的诏令，将曹爽的大将军职务撤了，并占领了他的军营。

曹爽和他的兄弟在城外得知消息，十分着急。有人给他献计，要他挟持少帝退到许都，收集人马，对抗司马懿。但是曹爽和他的兄弟都是只知道吃喝玩乐的人，哪儿有这个胆量。司马懿派人去劝他投降，说是只要交出兵权，决不为难他们。曹爽就乖乖地投降了。

过了几天，就有人告发曹爽一伙谋反，司马懿派人把曹爽一伙人全下了监狱处死。

这样一来，魏国的政权名义上还是曹氏的，实际上已经转到司马氏手里。

（二）拒敌孔明

诸葛亮北伐是诸葛亮在后刘禅建兴六至十二年（228—234）所发动的六出祁山北伐曹魏的战役，但是最终没有成功。其中，第四次北伐和第五次北伐，都是被司马懿成功地抵御。

建兴九年（231）春，诸葛亮发动第四次北伐，他们用木牛运粮，入侵天水（今甘肃天水），在祁山（今甘肃礼县东）围困魏国将领贾嗣、魏平。魏明帝曹睿对司马懿说："西方有战事，非您不能应付。"司马懿向西驻军长安（今陕西西安），统率雍、凉二州军队，率领车骑将军张郃、后将军费曜、征蜀护军戴凌、雍州刺史郭淮等讨伐诸葛亮。

诸葛亮知道曹睿的计划之后，留下王平继续领军攻打祁山，自己则率主力迎战司马懿。诸葛亮在上邽打败了魏将郭淮、费曜，想一举打败司马懿大军。

司马懿深知蜀军远道而来，粮食后勤有限，便凭险坚守，做好防御措施，拒不出战。张郃劝司马懿分兵驻守雍州、郿县为后镇，司马懿说："预料前军能独力抵挡敌军，将军的话是对的。如果不能抵挡，而把部队分为前后两部分，这就是楚霸王的三军被黥布所擒的原因。"于是进军隃麋（今陕西千阳东）。

诸葛亮听说魏国大将将到，就亲自率领众将割上邽（治所在今甘肃天水）的麦子。

众将领都畏惧，司马懿说："诸葛亮考虑得多、决断得少，肯定会安营自保，然后割麦，我只要两天日夜兼行就够了。"于是收起甲杖日夜前往，诸葛亮望见尘土飞扬就逃走了。司马懿说："我军加倍赶路疲劳，这是懂得兵法的人所渴求的。诸葛亮不敢据守渭水，这就好对付了。"前进驻军汉水之北，与诸葛亮军相遇，司马懿列阵来等待诸葛亮。司马懿派将军牛金轻骑引诱蜀军，两军刚交火而诸葛亮就退走了，退到祁山。诸葛亮驻军卤城（今陕西蒲城南），占据南北二山，阻断河水，层层围护。司马懿率军攻破了他的营寨，诸葛亮率军夜里逃走，追击并打败了他，俘虏斩杀数以万计。明帝派使者慰劳部队，增加司马懿的封邑。

建兴十二年（234）二月，经过了三年的准备，蜀丞相诸葛亮率军10万出斜谷攻魏，并且还派使臣到东吴，希望孙权能够一起攻打魏国。四月，诸葛亮至郿县（今陕西眉县北），进驻渭水之南。魏大将军司马懿率军渡渭水，背水筑垒阻击。诸将想在渭北与诸葛亮隔水相持，司马懿说："百姓积聚皆在渭南，此必争之地也"（《晋书·宣帝纪》）。遂渡渭背水扎营。司马懿分析形势后，对诸将说："亮若勇者，当出武功依山而东，若西上五丈原（今陕西眉县西南），则诸军无事矣"（《晋书·宣帝纪》）。

诸葛亮果然上五丈原。魏诸将皆喜，唯独雍州刺史郭淮深以为忧，他说："亮必争北原，宜先据之"（《资治通鉴·卷第七十二》），诸将多不以为然。郭淮说："若亮跨渭登原，连兵北山，隔绝陇道，摇荡民、夷，此非国之利也"（《三国志·魏书·郭淮传》）。司马懿这才意识到北原的重要性，命郭淮等率兵移屯北原。堑垒尚未成，蜀军果至，攻而未克，两军遂成对峙状态。

五月，吴军10万三路攻魏，以配合蜀军作战。魏明帝派秦郎率2万人驰援司马懿，自率主力反攻吴军。七月，吴军撤走。

诸葛亮东进的道路受阻于司马懿，从渭水前进，又有郭淮阻挡，乃移军攻取散关，陇城等地，然后回师进攻司马懿。

八月，司马懿遵照明帝"坚壁拒守，以逸待劳"的诏令，与诸葛亮相持百余日。诸葛亮数次挑战，司马懿均坚壁不出，欲待蜀军粮尽，相机反攻。诸葛亮便派人给司马懿送来"巾帼妇人之饰"（《晋书·宣帝纪》）羞辱之，欲激司马懿出战，司马懿仍不出战。为平息部属不满情绪，故意装怒，上表请战。明帝不许，并派骨鲠之臣辛毗杖节来做司马懿的军师，以节制他的行动。后诸葛亮一来挑战，司马懿就要带兵出击，辛毗杖节立于军门，司马懿便不出兵。

辛毗到时，蜀将姜维就对诸葛亮说："辛毗杖节而至，贼不复出矣。"诸葛亮则说："彼本无战心，所以固请者，以示武于其众耳。将在军，君命有所不受，苟能制吾，岂千里而请战邪！"（《晋书·宣帝纪》）诸葛亮遂分兵屯田，做长久屯驻之准备。

司马懿的弟弟司马孚来信问前线军情，司马懿回信说："亮志大而不见机，多谋而少决，好兵而无权，虽提卒十万，已堕吾画中，破之必矣"（《晋书·宣帝纪》）。

不久，诸葛亮遣使求战，司马懿不谈军事，问使者："诸葛公起居何如，食可几米？"使者说："三四升。"然后对问政事，使者说："二十罚已上皆自省览。"经过一番不经意的询问，司马懿对人说："诸葛孔明其能久乎"（《晋书·宣帝纪》）！八月，诸葛亮果然积劳成疾，病情日益恶化。

蜀将秘不发丧，整军后退。当地百姓见蜀军撤走，向司马懿报告，司马懿出兵追击。蜀将杨仪返旗鸣鼓，做出回击的样子，司马懿以为中计，急忙收军退回。第二天，司马懿到诸葛亮营垒巡视，"观其遗事，获其图书、粮谷甚众"（《晋书·宣帝纪》）。司马懿据此断定诸葛亮已死，并赞诸葛亮"天下奇才也"（《晋书·宣帝纪》）。

辛毗认为诸葛亮死否尚不可知，司马懿说："军家所重，军书密计、兵马粮谷，今皆弃之，岂有人捐其五藏而可以生乎？宜急追之"（《晋书·宣帝纪》）。于是，率兵急追。关中地多蒺藜，司马懿派三千士兵脚穿软材料做成的平底木屐，在大军前行走，蒺藜都刺在木屐上，然后大军马步并进。一直追到赤岸，这才得到诸葛亮的确切死讯。当时人有谚语说："死诸葛走生仲达"，司马懿笑着说："吾便料生，不便料死故也"（《晋书·宣帝纪》）。

毛泽东在读到此段历史之时，把这种坚壁不战的方针，称为"司马懿敌孔明之智"。他在读《三国志》卷五十八《吴书·陆逊传》写到在彝陵之战，任凭刘备如何挑战，只是坚守不战，当时的部将"或是孙策时旧将，或公室贵戚，各自矜持，不相听从"。陆逊按着孙权赐给他的尚方宝剑，义正词严地向部将讲了一番话，要他们"各任其事"，并威胁说："军令有常，不可犯矣"。毛泽东认为，陆逊在众将急欲出战，不服从指挥时，抬出孙权赐给的尚方宝剑弹压，和司马懿在众将请战时而不得已请魏明帝派辛毗"杖节为军师"，都是抬出皇帝老子弹压众将，用意是一样的，当然这也不失为一种聪明之举，所以读到这里，毛泽东批注道："此司马懿敌孔明之智也。"

二、"多谋略，善权变，为魏国重臣"

1947 年 5 月，毛泽东撤出延安转战陕北。一天，接到陈赓、王新亭自晋南战场发来的捷报，称歼敌 2 万，解放县城 25 座，晋南只剩下运城、临汾两座孤城。

毛泽东走在山坡上，情不自禁地唱起了几句京剧（《空城计》）："我正在城楼观山景，耳听得城外乱纷纷；旌旗招展空翻影，原来是司马发来的兵。我也曾差人去打听，打听得司马领兵就往西行……"

听着毛泽东那充满湖南乡音的京剧唱腔，周恩来笑了："主席，我们面前的'司马'现在可不是往西行呦！"毛泽东止住了唱，风趣地说："刘戡？他不配当司马懿！"任弼时在一旁说："我们面前的司马懿是胡宗南、蒋介石。"毛泽东边走边说："蒋介石和胡宗南都不是我们的对手，我们面前没有司马懿，只有司马师呦！"周恩来大笑："主席说得对，胡宗南上配为司马师！"（邱延生：《历史的真言——李银桥在毛泽东身边工作纪实》，新华出版社 2000 年版，第 26—27 页）毛泽东所说的司马师是司马懿的长子，虽有权术，但刚愎自用，不及其父。所以毛泽东后来在与周恩来布置淮海战役战略战术时，又以司马师为例指出："不识时务么！他杜聿明和邱清泉、李弥，哪是刘伯承和陈毅、粟裕的对手？这次是司马师碰在了姜维手上，被困在铁笼山了！"胡宗南、蒋介石都比不上司马懿，可见毛泽东对司马懿的评价是相当高的。

1958 年 11 月 1 日，毛泽东在赴郑州途中，专列在到达河南新乡时做了短暂的停留，此间在专列上召开了一个座谈会。参加此次座谈会的有新乡地委第一书记耿起昌等 10 名市、县委书记，毛泽东问河南温县县委书记李树林："温县是司马懿的故乡，现在他那个练兵洞还在不在？"李树林回答："还在，基本上完好。"毛泽东接着就说："他出身士族，多谋略、善权变，为魏国重臣。"（《伟大领袖谈地名人名》，《中州今古》1994 年第 2 期。）

"多谋略、善权变"是毛泽东对司马懿的又一个评价，而司马懿的确也是如此，他不仅善晓兵机，而是待谋定能胜，而后才用之，他可以根据战场的实际情况，敌变我变，以权治权，如此才受到了曹操的赏识。

　　在曹魏时代，司马懿共服侍过曹氏四代：曹操、曹丕、曹睿和曹芳。在此期间，司马懿多次受到了曹氏的猜忌，甚至被贬官，然而因为他不仅有大谋，而且可以大忍，所以仍旧被曹氏所信任，在曹操与曹丕去世时，他都被作为托孤辅政大臣。后来，在曹丕逼汉献帝禅位称帝的时候，司马懿已经是抚军大将军，进入了最高决策层，从此也打破了以往非曹氏亲族不能充当军事大员的惯例。在司马懿晚年的时候，魏主多次用他率领重兵抵抗诸葛亮的北伐中原，从而保住了魏国的西部边境。因此，毛泽东说他是"魏国重臣"。

　　司马懿擅长兵法，其智谋可与三国人物中诸葛亮、周瑜、曹操相匹敌，所以"多谋略、善权变"是他的显著特点，这点我们可以从下面几件事件中看出来。

（一）佯装劝曹操称帝

　　建安二十四年（219），司马懿跟随曹操讨伐孙权，获得胜利。十月，孙权向曹操"称藩"求和，向曹操上表称臣、怂恿曹操自立为帝。当时曹操说："是儿欲踞吾著炉炭上邪！"这可以说是曹操十分假惺惺的一句话：这碧眼黄须儿意拥孤为帝，这不是把孤放在火炉上烤吗？当时司马懿认为，曹操刚刚杀了杨修，并且杨修并没有什么错误，死得十分冤枉。所以就说："汉运垂终，殿下十分天下而有其九，以服事之。权之称臣，天人之意也。虞、夏、殷、周不以谦让者，畏天知命也。"（《晋书·宣帝纪》）当时，曹操手下的门阀官僚拥护汉的还是很多，他们为曹操所深忌，而荀彧、崔琰等著名人物都因对曹氏代汉有异议而不得善终。

　　荀彧（163—212），字文若，颍川颍阴（今河南许昌）人。东汉末年曹操部下谋臣，杰出的军事家、政治家。建安十七年（212），曹操想要进爵国公、加封九锡（九锡是古代帝王对大臣的九种赏赐，有车马、衣服、乐器、武士、弓矢等，这是对大臣的最高礼遇）。荀彧认为："本兴义兵以匡朝宁国，秉忠贞之诚，守退让之实；君子爱人以德，不宜如此"（《三国志·魏书·荀彧传》），因此惹怒了曹操。同年，曹操征讨孙权，让荀彧到谯县劳军，荀彧到达以后，曹操乘机将他留在军中。封荀彧为侍中、光禄大夫，持节，参丞相军事。曹操军至濡须，荀彧因病留在寿春（今安徽寿县），不久忧虑而死（关于荀彧的死，史书上还有这样的说法：当时曹操赠送食物给荀彧，荀彧打开食器，见器中空无一物，因此被迫服毒自尽），时年五十岁。

崔琰（？—216），字季珪，清河东武城（今山东武城东北）人。东汉末年曹操部下将领。声姿高畅，眉目疏朗，须长四尺，甚有威重，少好击剑，尚武事。及长，诵《论语》《韩诗》。结公孙方等，师丛郑玄。袁绍辟之。绍出兵黎阳袭许都，琰谏阻，绍不听。未几，果败于官渡。绍卒，二子交争，争欲得琰。琰称疾固辞，获罪，赖阴夔、陈琳救得免。太祖破袁氏，辟琰为别驾从事。曹操征并州，留琰傅曹丕于邺。魏初，拜尚书。主曹丕为太子。操贵其公亮，迁中尉。建安二十一年，曹操加魏王，以为意指不逊。罚琰为隶，后赐琰死。

曹操在此时为何并没有称帝呢？许多人都有这样的疑问。其实这是曹操老谋深算的一招妙棋而已。曹操认为孙权劝他称帝，居心叵测，是"欲踞吾著炉炭上邪"，是要使他成为众矢之的，曹操没有答应。

大概是由于司马懿在这个关键问题上早就表示支持曹操，所以曹操才对他由猜忌逐渐转为信任。

（二）屯田积谷

东汉末年，政治黑暗，战乱不已，经济十分凋敝，百姓流离失所，社会动荡不安，在这样的情况下，解决积谷和流民问题就成为稳定社会、克敌制胜的关键。曹魏政权为了恢复北方经济，解决军粮问题，曾经推行包括民屯、军屯两类屯田制度。司马懿在推广军屯事业上有很大建树。

司马懿高度重视粮食与战争和作战的关系，他经常把军粮多少，作为决定速决还是持久作战的重要根据。如果粮食己多敌少，他一般主张持久，把敌人拖到兵疲粮尽。

早在建安二十三年（218），已升为军司马的司马懿就向曹操提出了实行"军屯"的建议。《晋书·宣帝纪》称："迁为军司马，言于魏武曰：'昔箕子陈谋，以食为首。今天下为耕者盖20余万，非经国远筹也。虽戎甲未卷，自以且耕且守。'魏武纳之，于是务农积谷，国用丰赡。"曹操当时欣然采纳。此后，司马懿还一直在强调全农民积谷的重要性，并具体领导了发展军屯的适宜。当时曹魏军屯主要基地设在边境驻军地区，特别是和蜀、吴的军事对立地带。曹魏和蜀汉的邻近地区，如长安、槐里、陈仓、上邽等地，都设置有民屯和军屯组织。其中最著名的上邽军屯，是在魏明帝太和四年（230）由司马懿上表倡议建立的。《晋书·食货志》中有记载："宣帝（司马懿）表徙冀州农夫五千人佃上邽、兴京兆、天水、南安盐池，以益军实。"主持具体事务的是那时的度支尚书、司马懿的三弟司马孚。青龙元年（233），司马懿在屯兵长安时组织兴修水利，"开成国渠，自陈仓至槐里，筑临晋陂，引汧洛溉舄之地三千余顷"，收到了"国以充实"的效果。

曹魏东吴邻近地带的屯田，主要在淮河南北。曹操时曾"开募屯田于淮南"，但仅是民屯。魏齐王曹芳正始二年（241），司马懿在主持对吴作战时，始与曾为屯田掌犊人、典农纲纪的尚农郎邓艾筹划在淮南淮北创立军屯。正始三年（242），司马懿奏请修广漕渠，引河入汴，灌溉东南诸陂，开始在淮北大兴屯田，广漕渠300余里，溉田2万余顷。正始四年，司马懿又在这一地区"大兴屯守",广开淮阳、百尺二渠,灌溉颍川南北诸陂万余顷。自此,淮河以北的广大地区,仓庾相望,自寿阳至京都洛阳,百姓屯田与军队屯田连成一片,阡陌交通,鸡犬相闻。

淮河流域与东吴接壤,司马懿选择在这里大规模地屯垦,不仅有利于北方经济的恢复和发展,无疑对增加曹魏的财力,支持与吴的战争,起了重要的作用。

当时,由于司马懿的倡导,曹魏政府在淮北共有2万余人屯田,在淮南也有3万余人,而且还有4万余人在这一地区且耕且守。每年可得军粮500万斛。魏国的东南边防得到了巩固,这不能不说是司马懿的功劳。

多数人可能都认为司马懿最多只是军事上的聪明人,其实,司马懿不仅仅在军事方面有突出的成就,他的内政功夫也绝对是一流,我们可以从他建议并实施"屯田积谷"看出来。从他为魏国扎下了根基开始,也就不可以排除到他确实是一个军事内政样样都行的人。因为这关系到内政的根本原因,关系到军事的发展情况。司马懿从中以屯田聚粮,巩固了魏国的防守措施,其贡献和内政才能也是绝对不可以抹杀的。

(三)奇兵破孟达

在《三国演义》中,有关孟达反魏事件中,有两点是与历史有很大出入的。

第一点:《三国演义》中描述,魏明帝太和元年(227),魏主曹睿令司马懿督雍凉兵马。当时诸葛亮听到消息,知道司马懿是一个十分有谋略的人之后,十分惊奇,怕成为蜀国的大患,所以采纳马谡的离间计,假借司马懿的名义张贴告示,说要兴师拥立新君。而曹睿本就怀疑司马懿,又听华歆说司马懿有"狼顾之相",因此趁机将他削官回家。所谓"狼顾之相"就是面正向后(头往后转180度)而身不动。诸葛亮知道后,十分欣喜,立即兴兵屯汉中以伐魏。后因曹睿屡派大将领兵拒敌都战败,才请司马懿再次出山，以退蜀兵。此时，孟达与诸葛亮谋定，准备起兵攻取洛阳，而诸葛亮取长安。但有人将此消息报于司马懿，司马懿决定擒杀孟达，但孟达估算错误，最终被司马懿擒杀。第二点：成就司马懿此功之最大功臣不是别人，正是他的死对头诸葛亮。

史实中司马懿擒孟达并不是在贬官之后，那时司马懿根本没有被罢职。

孟达（？—228），字子度，从小口才不凡，刚开始在益州牧刘焉之子刘璋手下做事，后来跟从了刘备，但是因为他和刘封不发兵救关羽，刘备因此十分恨他，后来他又和刘封一起内讧，于是领了四千部属投降曹丕，曹丕任命他为新城（今湖北房县）太守，委以西南，又任散骑常侍，和曹丕同车出入，风光一时。后来曹丕死了，孟达突然失去了依靠，受到同朝大臣的排挤，感到十分不安。此时，刘备已死，诸葛亮正准备北伐，孟达认为诸葛亮与他没有什么仇恨，此时如果投降，可以帮助他袭击魏国南方的兵团，诸葛亮肯定答应他。事实上，诸葛亮最恨的就是这些反复无常的人，但是他又想利用孟达。于是，诸葛亮表面上接受了孟达，又暗中派郭模将消息传给与孟达十分不和的申议，申议在知道这件事情后好不容易抓住了一个机会，便立刻通报上司司马懿。

魏明帝太和元年（227）司马懿由抚军大将军升为骠骑大将军，督都荆豫两州军事，赴魏南部军团的大本营宛城上任，此时的司马懿还是第一次统领方面大军，他在军界声望远不及曹休及曹真。当时他十分想要建功，正当他苦思时，申议派心腹送来了新城太守孟达正密谋通蜀谋反的消息。当时司马懿领兵驻扎在宛（今河南南阳），他一方面将此事上报洛阳，另一方面给孟达写信假意安抚，让他以为司马懿对他没有丝毫防备。信是这么写的："蜀人不智，都想杀将军而后快，诸葛亮已经把你想反叛魏国的事情传出去了。你反叛是死路一条啊。"孟达看到了信，十分欣慰，痛恨诸葛亮走漏风声，于是对是否举兵，犹豫不决。而就在孟达以为司马懿不提防自己，松弛戒备时，司马懿却已暗中调集数万精兵，他下令大军一日要行两日之路，直扑上庸而来，司马懿和众军士冒着寒风，翻山越岭，仅用8天时间行军1200里赶到了新城县治上庸城下。起初孟达计算他如果起事，司马懿在宛距洛800里，距上庸1200里，这样司马懿得到消息，上奏皇上. 再领兵来征讨，需要一个月时间。现在司马懿率军提前 20 多日赶到，完全出乎孟达的预料，打乱了他的作战部署。

在抵达上庸（今湖北竹山西南）后，司马懿立刻率兵围城，同时又派心腹对上庸城内的邓贤、李辅将军策反他们开门倒戈，围城 16 天，就攻破上庸，斩孟达，将其首级送至洛阳庆功，俘敌万人，速战速决地解决了这场战争。司马懿风光地回到宛城，魏所属荆州各郡太守纷纷前来庆贺，于是司马懿稳坐了魏国南方军团的领导地位，在军界中也建立了威望。

（四）征公孙渊

公孙渊（？—238），字文懿，辽东太守公孙度之孙，公孙康之子。夺取其叔公孙恭之位，先依孙权，后结曹睿。继而对魏国不满，在辽东造反，自称燕王，改元绍汉。魏国派司马懿前往征讨，他率兵迎击，不敌，最终被司马懿擒杀，卒于 238 年。

东汉末年，朝廷政治制度腐败，中央权力衰微，董卓作乱，后经过黄巾农民起义的沉重打击，政府名存实亡，地方割据势力蜂拥而起，公孙氏乘机在辽东悄然兴起，遂成独居一隅之势。但是，随着三国鼎立局面的形成，北方曹魏政权就对公孙氏构成了强大的压力，

魏明帝曹睿太和六年（232）冬，公孙渊背魏，派遣使节向吴孙权称臣。其实当时吴国占据着江东大部，而公孙渊占领着辽东四郡（辽东、带方、乐浪、玄菟）。按说是两个不相干的势力，但是由于公孙渊的父亲虽然投降了曹操，但是公孙氏始终把辽东看作自己的"私产"。到了公孙渊把持辽东政权，公孙氏早已没有了后顾之忧，野心逐渐膨胀，甚至准备逐鹿中原，但公孙氏毕竟兵力薄弱，所以必须找到一个国家与他联合。当时天下三分，唯有吴国可以跟他联合，于是在这年农历十月派遣校尉宿舒、郎中令孙综称藩于孙权，并献上貂皮马匹。其实，孙权早在公孙渊的父亲公孙康管理辽东时，就派遣使节到了辽东，可惜被公孙康杀掉了。而后，在吴

大帝孙权黄龙元年（229）和公孙渊派使前9个月都派遣了使者，第一路史书没有详细的记载，第二路则被魏将田豫在半路追杀了。所以，在公孙渊使节到达之后，孙权十分高兴，第二年的三月，派遣太常张弥、执金吾许晏、将军贺达等将兵万人，给公孙渊加官晋爵，赐九锡及大量金宝珍货。

地处在曹魏后方的公孙氏势力在不断扩大，这让曹魏政权产生了严重的后顾之忧。到了魏明帝景初元年（237），魏明帝派遣使节带兵征召公孙渊入朝，但是野心勃勃的公孙渊哪里肯向曹魏称臣，他违抗魏明帝的命令，发兵击败了前来的魏军。随后，公孙渊索性自立燕王，建元"绍汉"，置列百官，开始公开与曹魏军事进行对抗。

魏明帝景初二年（238）正月，魏明帝曹睿命太尉司马懿率军4万水陆并进，消灭公孙渊割据势力，攻取辽东四郡。水路军领命首先收复东莱诸县（公孙度所设营州，今胶东半岛北部），然后浮海北渡，收复乐浪、带方诸郡。

司马懿亲率魏军主力沿辽西走廊东进。六月，进至辽隧（今辽宁海城西）。公孙渊急令大将军卑衍、杨祚等人率步骑数万，沿辽河一线挖壕堑筑长城二十余里，坚壁高垒，欲与魏军决战。但是司马懿并没有和他正面交战，而是采用声东击西之计，佯作向南挺进，而以主力隐蔽渡过辽隧。卑衍中计率军紧追其后，司马懿突然掉头乘舟沿辽河北上，直指襄平，占领首山待敌。卑衍方知中计，慌忙放弃围堑，引兵回援襄平。司马懿督军行至首山（今辽宁辽阳西南），迎战敌援军，卑衍尚未立足便被司马懿杀得大败，于是司马懿乘胜进围襄平，襄平城尽在魏军控弦之下。

当时正好是七月雨季，辽东大雨月余不止，河水暴涨，平地数尺。魏军恐惧，诸将思欲迁营。司马懿下令有敢言迁营者斩，都督令史张静违令被斩，军心始安。公孙渊军乘雨出城，魏将领请求出击，司马懿不予采纳。月余，雨停，水渐退去。魏军完成对襄平的包围，起土山、挖地道、造楼车、钩梯等攻城器具，昼夜强攻。守军粮食将尽，军心动摇，杨祚等先降。八月，襄平（今辽宁辽阳）城破，公孙渊率数百骑兵突围，被杀于梁水（今太子河）。辽东四郡为魏所据。

『司马懿是个了不起的人物』

（五）智赚曹爽

曹爽（？—249），三国魏国大臣，祖父姓秦（因救了曹操一命，而赐其子秦真姓曹），大司马曹真之子，字昭伯。沛国谯县（今安徽亳州）人。曹操侄孙。年少时谨慎持重。

魏明帝曹睿为东宫太子时，很器重他。明帝即位后，即任他为散骑侍郎，累迁城门校尉，加散骑常侍，转任武卫将军，殊宠有加。明帝卧病时，诏入寝宫，拜为大将军并假以节钺，处理军国大事，与宣王司马懿并受遗诏辅佐少帝。

正始元年（240）齐王曹芳即位，加侍中，改封武安侯，曹爽此时官高权重，任用私人，委诸弟及党羽何晏、邓飏、李胜、丁谧等以高官，朝廷大权几乎为其垄断。正始八年（247），曹爽用何晏、邓飏、丁谧之谋，把太后迁居永宁宫，专擅朝政，其兄弟掌京城警卫部队，"多树亲党，屡改制度"。他还利用职权，广置田产，窃取宫中禁物，妻妾成群。

对于曹爽独揽大权，培植党羽，更改朝廷制度，司马懿不能禁止，因此开始了争权斗争。司马懿开始实行以退为进的策略。五月，司马懿"称疾不与政事"。却暗中窥视，伺机制服曹爽。

正始九年（248）三月，黄门张当私自放出宫廷才人石英等11人，给曹爽做艺伎。曹爽、何晏以为司马懿病重，更加肆无忌惮，但还是很不放心司马懿，当时正好碰上河南尹李胜要到荆州上任，于是派其去刺探司马懿。

当时司马懿假装病重，生活不能自理，披头散发，拥被而坐，由两个婢女扶持。二人交谈时，李胜说："一向不见太傅，谁想如此病重。今天子命某为荆州刺史，特来拜辞！"

司马懿故意说："并州近朔方，好为之备。"

李胜说："除荆州刺史（李胜是荆州人），非'并州'也。"

司马懿故意错乱其辞："你方从并州来。"

李胜又说："汉上荆州耳。"

司马懿大笑，说："你从荆州来也！"

李胜说："太傅如何病得这等了？"

左右说："太傅耳聋。"

李胜说："乞纸笔一用。"左右取来纸笔交给李胜。李胜写毕，呈给司马懿看。

司马懿看后，笑道："吾病得耳聋了。此去保重。"说罢，以手指口。侍婢进汤，懿将口就之，汤流满襟，乃作哽噎之声曰："吾今衰老病笃，死在旦夕矣。二子不肖，望君教之。若见大将军（曹爽），千万看觑二子！"言讫，倒在床上，声嘶气喘。

李胜拜辞司马懿，回见曹爽，细言此事。曹爽大喜说："此老若死，吾无忧矣！"过几天，他又说："太傅不可复济，令人怆然"（《晋书·宣帝纪》）。

司马懿不仅装病，而且两次故意把李胜说要上荆州赴任错说成"并州"，造成一副假象，曹爽等信以为真，从此便不再防备司马懿。一个已经七十多岁的老人，竟然可以有这样炉火纯青的演技，不得不叫人佩服。

魏齐王曹芳嘉平元年（249）正月甲午那天，曹爽兄弟按照早已安排好的日程，陪伴魏帝曹芳到洛阳城南九十里的高平陵（魏明帝陵墓）去祭祀，然后去打猎。过去，曹爽兄弟也曾多次一起出城游玩，其同乡、大司徒桓范曾规劝过他："主公总统禁军，不宜兄弟皆出。倘城中有变，如之奈何？"但是曹爽并不以为然，十分自信地说："谁敢为变？再勿乱言！"结果，不幸被桓范言中。这次曹爽外出，司马懿抓住这个大好时机，率其兵马，关闭各城门，发动政变。

司马懿假借皇太后的命令，在城内指挥政变，率领了三千多名敢死之士。司马懿命令司徒高柔行大将军事，占据曹爽军营；太仆王观行中领军事，占据曹爽弟曹羲军营。这样，便接管了曹爽兄弟手中的武装力量。同时，司马懿下令关闭洛阳的所有城门，占领武器库，然后亲率大军占据洛水浮桥，切断了曹爽等人的归路。

接着司马懿率领太尉蒋济等列阵出迎天子，驻扎在洛水浮桥，上奏天子，罗列曹爽种种乱法不臣罪状，指斥曹爽兄弟专擅朝政，图谋不轨，说他们有"无君之心"，要求罢免曹爽兄弟的兵权，各就本官府第。

『司马懿是个了不起的人物』

曹爽先看了奏章，不敢向天子通报，不知道该如何是好，他留天子宿伊水南，伐树为鹿角，调当地驻军数千人来守卫。桓范劝曹爽奉天子幸许昌移檄征天下兵。曹爽不用其计，却派侍中许允、尚书陈泰见司马懿探风声。司马懿麻痹他说，"事止免官"。陈泰等回去向曹爽报告。司马懿为了麻痹曹爽，又派遣曹爽所信任的殿中校尉尹大目告诉曹爽，并指洛水为誓，表示决不食言，曹爽认为"太傅（司马懿）必不失信于我。"虽然桓范等反复陈说，终不听从，还糊里糊涂地说："我不起兵，情愿弃官，但为富家翁足矣。"不久，有司弹劾黄门张当，"并发爽与何晏等反事，乃收爽兄弟及其党与何晏、丁谧、邓飏、毕轨、李胜、桓范等，诛之。"从此，曹魏的军政大权完全落入司马懿的手中，为司马氏取代曹魏奠定了基础。

（六）击灭王凌

司马懿在诈病斗曹爽之后，更趁机大肆诛杀曹氏宗室及其亲信，夺取了曹魏的军政大权，想要取代曹魏。但是，曹氏自从武帝以来，已有许多年，效忠他们的还有很多人，这时候第一个起来挑战司马氏的便是魏国的方面大员王凌。

王凌，字彦云，是三国前期计诛董卓的司徒王允的侄子。董卓被铲除以后，他的部将李傕、郭汜攻入长安，将王允逼死，并残杀其家族，当时年幼的王凌与哥哥王晨越城出逃，避过劫难才重回家乡太原祁县（今山西晋中祁县）。

建安初，王凌举孝廉出任发干（今江苏六合县附近）县令，后来因为触犯法律被刑罚，在他服刑的时候，正好碰上曹操来此巡查。曹操在知道他是王允的侄子，又是因公犯罪之后，便立刻解除他的劳役，并委任骁骑主簿的职责。在曹操消灭了袁绍之后，他又提拔王凌做过中山（今河北定州）太守、丞相府掾属。

后来，魏文帝曹丕即位，王凌又官拜散骑常侍，出任兖州（今山东济宁兖州区）刺史，后来因为打仗立下功劳，被封宜城亭侯，加封建武将军，转任青州（今山东青州）刺史。当时，北方的战乱刚刚平息，百废待兴，百业待举。王凌在上任之后，布政施教，赏善罚恶。在短短数年时间，青州便已成为社会稳定、百姓安宁的好地方。

魏齐王正始元年（240），王凌转任征东将军，都督扬州诸方军事。扬州不仅是魏国的军事重镇，也是魏国的东南粮仓，魏国让王凌镇守扬州，可见朝廷对他的器重。正始二年（241）4月，吴国分兵四路大举攻魏，派大将全琮率兵十万进攻芍及陂（在今安徽寿县南），想要切断魏国的东南粮食供给。王凌当然知道芍陂对于魏国的重要，于是他指挥淮南诸州军队与吴军血战数日，终于击溃吴军，确保曹魏粮仓无恙。而王凌也因此加官车骑将军，不久又迁司空、进太尉，位列三公。就在这段时日，他的外甥令狐愚担任兖州刺史，驻守平阿（今安徽怀县）。舅甥二人手握重兵，权倾淮南。随着权势的逐渐加大，王凌与令狐愚竟然想要废掉年幼的魏主曹芳，拥立曹彪，并且开始着手策划，付诸行动。然而，嘉平元年（249）十一月，令狐愚还没有来得及行事就因为生病而死了。

嘉平二年（250），黄华继为兖州刺史。嘉平三年（251）正月，王凌诈称吴人堵塞涂水（今安徽、江苏境内长江北岸支流滁河），请发兵讨伐，想拥立楚王曹彪，并且派遣将军杨弘以废立之事告黄华，但是万万没有想到反而被两人出卖，黄、杨两人联名告变，将王凌的图谋全盘托给权倾朝廷的司马懿。司马懿当然知道这是王凌的计策，他故技重施，一边先下令赦免王凌的罪状，一面亲自率军，泛舟沿流，九日就到了王凌的老巢甘城，等到王凌察觉之时，"神军密发，已在百尺"。王凌眼见大势已去，但是想着自己与司马懿多年的交情还不错，于是独自乘着小船出去迎接司马懿，但是他忘记了当年曹爽的结局，将司马懿看得过于天真，司马懿"使人逆止之，住船淮中，相去十余丈"。王凌此时才深感事态严重，只好背绑双手投降，硬着头皮说："我王凌如果有罪，您只需一封折简召唤，何必亲自来呢？"而司马懿的回答不冷不热："我是害怕一封折简召唤不动你呀。"王凌顿时心灰意冷，无奈地叹息："你对不起我。"司马懿说："我宁愿对不起你，也不能对不起国家。"随后，他派六百名骑兵监护王凌回京。

在回京的路上，途经贾逵庙，王凌大叫道："贾梁道，王凌是大魏的忠臣，只有你存灵知之！"

贾逵，字梁道，襄陵（今河南睢县）人，初为郡吏，守绛邑。后举秀才，任渑池（今河南渑池）县令。曹操征马超，任命他为弘农太守。召他，议事，非常高兴。让他与夏侯尚共同掌握后勤供应。文帝曹丕即皇位，历官豫州刺史，外修军旅，内治民事。遏制鄢陵汝南地方势力，挖掘新陂，断山溜长溪水，造小阳弋陂，又通运渠 200 余里，称贾侯渠。卒谥肃。

贾逵可谓曹操、曹丕两代朝中忠良，所以王凌经过贾逵庙大喊其冤，殊不知这时的司马懿早怀二心，王凌死就死在他忠于魏国曹氏。真是死了，还不知道头是怎么掉的。

在走到项城（今河南沈丘）的时候，王凌便饮毒而死。但司马懿一点也不手软，下令缉捕他的余党，皆夷三族，并杀死曹彪，干净利落地平定了这场未发的叛乱。六月，司马懿病故，享年 73 岁，所以这是他最后的一个杰作。

三、"我看有几手比曹操高明"

在毛泽东论三国人物中，曹操可谓他心目中的第一号大英雄，他的文治和武略远远超过了孙权与刘备，也盖过了诸葛亮与周瑜，但是毛泽东在拿司马懿与曹操作比较时，竟然说前者比之高明。

1966年3月的一次谈话中，毛泽东再次为司马懿翻案，他说："司马懿是个了不起的人物，历史上说他坏，我看有几手比曹操高明。"这可以从司马懿为曹操出的几次点子上看出来。

（一）献计大破张鲁

最初司马懿崭露头角是初次跟随曹操讨伐张鲁时，他出谋划策、锋芒毕露，以其才智和勤奋取得了曹操的信任与赏识。

1966年3月，毛泽东在杭州的小型会议上的一次谈话中说："曹操打过张鲁之后，应该打四川。刘晔、司马懿建议他打。"（陈晋：《毛泽东之魂》〔修订本〕，中央文献出版社1997年版，第357页）

张鲁（？—216），字公祺，沛国丰（今江苏省丰县）人。东汉末年天师道首领。天师道创立者张道陵之孙。初平二年（191），任益州牧刘焉的督义司马，率徒众攻取汉中（今陕西汉中），称师君。他以教中"祭酒"管理地方政治，并在各地设立"义舍"，置"义米""义肉"，过路者量腹取食。又禁止酿酒，在春夏禁止杀性。犯法的人，原宥三次，然后用刑。有小过者则修治道路百步。所建政权持续约30年，汉中成为东汉末年比较安定的地区。

由于东汉末年，群雄蜂起，社会动乱，不少人都逃往相对安定的汉中地区，如关西民从子午谷逃奔汉中的就有数万家。张鲁还得到巴夷少数民族首领杜濩、朴胡、袁约等人的支持。他采取宽惠的政策统治汉中，"民夷便乐之"，"流移寄在其地者，不敢不奉"。五斗米道凭借政权的力量扩大了影响。

当时曹操把持的东汉政权无暇顾及汉中，遂封张鲁为镇民中郎将（一作"镇夷中郎将"），领汉宁太守。

建安二十年（215）秋，曹操亲自率领大军西征汉中，讨伐军阀张鲁，当时升任主簿的司马懿随军出征。关于张鲁，请看文后所附《三国志·魏书·张鲁传》及毛泽东长篇批注。

担任前部先锋的大将夏侯渊、张郃在阳平关前下寨。夏侯渊是曹操手下的大将，自曹操陈留起兵起，便跟随征伐，战功卓越，威震疆场。张郃也是曹军屡立奇功的大将。而当时张鲁手下并没有什么猛将，所以夏侯渊、张郃并不将张鲁看在眼里，十分轻敌。于是，下了寨，他们便让军士饱餐，准备明天一大早，一鼓作气，直捣汉中，生擒张鲁，来个措手不及。两个人十分随性，在帐篷里面开怀畅饮，一直到夜深了才各自回去，并没有对敌人做什么防备。当时，张鲁手下有两个年轻的将官杨昂、杨任，看见魏军军营中灯光一直亮到三更，便决定在四更的时候偷营劫寨。杨昂、杨任敢于做出这样的决定主要有两个原因，其一是初生牛犊不怕虎，敢于拼杀；其二也是被逼无奈，魏军大军十分厉害，只有孤注一掷。结果，此战将正在睡觉的魏军杀得大败。

夏侯渊与张郃只得狼狈不堪地率领了一些残兵来见曹操。曹操看见这样的情况，十分生气，指斥二人："你们两个人打了这么多年仗，难道不知道兵马长途行军疲困，应该防劫寨吗？"说着便要斩杀二人，以明军法。

当时司马懿在一侧，看见夏侯渊是曹操的亲族，而张郃又是一员猛将，赶忙出来求情说："丞相您听我说，胜败本来就是兵家常事。我们首战就斩杀大将，这是犯了兵家的大忌啊。还希望丞相您念在两位将军以前有许多功劳，先饶过了他们这次，明天丞相可以从正面佯装攻城，让两位将军抄阳平关之后，想那二杨在偷营成功，肯定骄狂轻敌，不会想到我们的军队也会劫寨，一定疏于防范。这样，咱们就可以一起全部歼灭他们了。"

曹操当时也是一时生气，他心里哪里愿意真的斩杀心头二将啊！又有人求情，且又有这么好的计策，便立刻点头称好，命令夏侯渊和张郃分头行动，让他们戴罪立功。

第二天，大雾弥漫，曹操亲自披挂叫阵。杨昂由于昨日轻松取胜，十分骄狂轻敌，所以点齐人马，出寨迎战。寨中一时空虚，被夏侯渊趁着大雾轻而易举地端了窝。而这头张郃又偷袭杨任寨，一场厮杀，将杨任斩杀。曹操眼见二将都取得了胜利，于是率领大军占领了阳平关直接抵达南郑下寨。第二日与张鲁大将庞德大战，大获全胜，张鲁见折了许多兵马，只好接受杨松的谏议，开门投降。曹操十分高兴，封张鲁为镇南将军。

（二）劝曹操谋攻四川

建安二十年（215），曹操在率军进入汉中，讨伐张鲁，一举平定了盘踞汉中的军阀张鲁，获取了汉中这个战略要地和东川。这时曹操准备班师回许昌，当时刘备刚入西川取代刘璋，尚未巩固，司马懿观察形势，向曹操进言乘胜取蜀，他说："刘备以诈力虏刘璋，蜀人未附而远征江陵，此机不可失也。今若曜威汉中，益州震动，进兵临之，势必瓦解。因此之势，易为功力。圣人不能违时，亦不失时矣。"这一建议得到了曹操重要谋士刘晔的支持，然而曹操却说："人苦无足，既得陇右，复欲得蜀！"（《晋书·宣帝纪》）曹操认为不能得陇望蜀，并没有采纳司马懿这一正确的建议，以至于后来刘备的势力在蜀逐渐得到了巩固和攻占以后，便乘机从曹操手中夺去了汉中和东川，曹操十分后悔没有听从司马懿的建议，失去了图谋天下的一次大好战机。若是当时在平定张鲁之后，乘胜进兵有很大的机会取得蜀地，那么，灭了蜀，东吴也就很难长久存在了。

对于这件事，毛泽东评论说："曹操打过张鲁之后，应该打四川，刘晔、司马懿建议他打。……曹操不肯去，隔了几个星期，后悔了。曹操是有缺点，有时也优柔寡断。"毛泽东认为在曹操平定汉中之后，应该像刘晔、司马懿建议那样，乘刘备立足未稳，不失时机地攻打四川，就有可能攻灭刘备。而曹操犹豫了一下，错过了时机，悔之莫及了，这是对刘晔、司马懿谋略的肯定与赞扬。

（三）联吴巧解樊围

建安二十四年（219）秋，刘备在孙权的支持下，在沔阳称汉中王，立刘禅为世子。六月，刘备在取汉中之后，又派孟达、刘封攻占汉中郡东部的房陵、上庸等地，势力有所扩展。七月，孙权欲攻合肥，魏军大部调到淮南防备吴军。镇驻守荆州的蜀前将军关羽，抓住战机，留南郡（治江陵，今湖北江陵）太守糜芳守江陵，将军傅士仁守公安（今湖北公安西北），即日起率军北进荆（今湖北江陵）、襄（今湖北襄阳）作战。当时曹魏征南将军曹仁驻守樊城（今湖北襄阳）；将军吕常驻守襄阳；右将军于禁及立义将军庞德屯樊城北；平寇将军徐晃屯宛（今河南南阳）。到了八月，连绵大雨，汉水暴涨，于禁七军都被水淹，在关羽水军的强攻猛击之下，于禁被逼无奈，只好投降，庞德被俘杀。关羽眼看得势，更是乘胜围攻樊城，并且以一部兵力将曹仁包围在樊城。

当时樊城的守军只有数千人，且城墙因为水淹又多处出现崩塌，守卫相当困难，这个时候曹仁考虑是否要放弃樊城，但是被辅助曹仁的汝南太守满宠劝住，满宠这么说："山水虽然来势迅急，但不会持久。关羽先遣部队已至郏县（今河南郏县），而关羽却不敢乘势跟进，即因有樊城要点未下，恐我军攻其侧背及断其归路。假如弃城撤走，则黄河以南的地区，可能为敌占有。从战略局势着眼，应坚守待援。"曹仁听从了满宠的建议，以必死决心，激励将士齐心协力奋勇抵御。关羽军队虽然乘船猛攻，但是一时之间也不能够攻下。

而这个时候，曹魏荆州刺史胡修、南乡（今河南淅川东南）太守傅方，都因害怕而向关羽投降，陆浑（今河南嵩县东北）人孙狼等，也杀官起兵，响应关羽。关羽声势顿时"威震华夏"。

这时候，曹操感到了很大的威胁，为避关羽锋芒，想要将国都从许昌（今河南许昌）迁往河北邺城（今河北临漳西南邺镇），被司马懿及曹椽蒋济谏止。司马懿认为当时于禁投降了，并不是因为打仗或者防守的失败，而是被水淹的原因，这对国家大计并没有什么损失，如果迁都的话，"既示敌以弱"，又使南方百姓不安。"孙权、刘备，外亲内疏，羽之得意，权所不愿也。可喻权所，令持其后，则樊围自解。"（《晋书·宣帝传》）建议派人劝说孙权，让其袭击关羽的后方，当应允他若是事情成功了便封予江南之地，那么樊城之围自然也就解除了。曹操欣然采纳了这个建议，利用矛盾破坏孙、刘联盟，以坐收渔翁之利的策略，派使者去见孙权。同时指令徐晃率军援救曹仁。徐晃进至阳陵陂（樊城北），曹操派将军徐商、吕建传令：必须待后续援军会齐后方可进击。

当时，关羽前部屯郾城（今湖北樊城北约五里），徐晃佯筑长堑，示以将切断蜀军后路。蜀军惧被围，烧营撤走，徐晃军进据郾城，渐向围城蜀军逼近。曹操使者返回洛阳，带来孙权密信，说即派兵西上袭击关羽，但请保密，以防关羽得知有备。曹操部属多数认为应代孙权保密。谋士董昭独持异议，认为应佯允保密而暗予泄露。关羽知孙权来攻，如撤兵回防，则樊城之围自解。关羽南返与孙权交战，两敌相斗，正好坐收渔利。若为其保密，使孙权得势，对曹操并不有利。再者，被围将士久不见救，担心缺粮产生恐慌，一旦发生意外，局面将难以收拾。故应以泄密为好。曹操采纳董昭意见，令徐晃用箭将孙权密信内容，分别射入樊城及关羽营中。被围魏军得信后，士气倍增，防守更坚。关羽得到消息时，既害怕腹背受敌，又不愿前功尽弃，同时判断江陵、公安城防坚固，吴军若真来攻，一时不可能攻克，所以处在徘徊犹豫，进退两难的境地。而这个时候，曹操已率主力由洛阳进抵摩陂（今河南郏县东南），并已先后派殷署、朱盖等12营兵进至郾城，归徐晃指挥。

关羽军主力屯围头，一部屯四冢。徐晃以声东击西战术，扬言欲攻围头，却出其不意突袭四冢。关羽恐四冢有失，自率步骑5000人出战，被徐晃击败，当其退走营寨时，徐晃率军穷追不舍，紧随其后冲入营内。

『司马懿是个了不起的人物』

当时关羽营寨，外围深壕及鹿角布设了十重，障碍设施极为严密，若从营外强攻极为困难。现乘其军陷于混乱之机，由内突袭，一举大破之，杀降蜀之胡修、傅方。关羽遂撤围退走，樊城围解。曹仁部将多欲乘胜追击，参军赵俨认为，应保留关羽一定实力与孙权作战，不宜追击。曹仁同意赵俨看法，未部署追击。曹操得知关羽撤退消息后，果然派人传达命令，不许追击关羽。

（四）劝曹勿移荆楚之民

在击退关羽之后，曹操嫌弃荆州及附近的百姓，想将他们全部迁走。司马懿却认为："荆楚轻脱，易动难安。关羽新破，诸为恶者藏窜观望。今徙其善者，既伤其意，将令去者不敢复还"（《晋书·宣帝纪》）。曹操听从了司马懿的建议，没有迁民。后来，藏窜逃亡的人果然都复出归附。

四、"司马氏一度完成了统一"

"三国演义"不仅仅是指魏、蜀、吴三国，其实指的是三国四方，这就要加上后来创建了晋朝的司马氏家族。这个家族包括司马懿和长子司马师、次子司马昭、孙子司马炎。而最终三国的局面因司马氏一家而走向统一。

毛泽东晚年在与伴读的老师芦荻谈《三国志》的时候，谈到了三国时代的统一趋势，谈到了司马氏一家对于统一所作出的巨大贡献。他说："汉末开始大分裂，黄巾起义摧毁了汉代的封建统治，后来形成了三国，这是向统一发展的。三国的几个政治家、军事家，对统一都有所贡献，而以曹操为最大。司马氏一度完成了统一，主要就是他那时打下的基础。"

（芦荻：《毛泽东读二十四史》，《光明日报》1993 年 12 月 2 日）

关于曹操等人对于统一所作出的贡献已不必多说，而司马氏对于统一所作的贡献也是十分重要的。其中，司马懿贡献最大，奠定了司马氏代魏的基础。虽然，最终完成统一的是司马炎，但是毕竟司马懿有着很大的开创功劳，这是不能抹杀的。他辅佐了曹氏，擒孟达，拒敌诸葛，征辽东，巩固了曹魏政权，是为统一所作贡献之人中的佼佼者。

「司马懿是个了不起的人物」

五、司马懿三疑

由于各个版本的历史书籍很多，所以在记载的时候自然也就有所不同，对于司马懿的记载当然也是一样。在史书上，对于司马懿记载的疑点被提出来了三个：祁山对战、空城计和诛曹爽。

（一）祁山之战

关于诸葛亮同司马懿在建兴九年祁山战役的情况，《晋书》与《三国志》《汉晋春秋》有着不一样的记载，特别是在相持阶段战况，有很大差别。

《三国志·蜀书·诸葛亮传》注引《汉晋春秋》曰：

"亮围祁山，招鲜卑轲比能，比能等故北地石城以应亮。于是魏大司马曹真有疾，司马宣王（懿）自荆州入朝。魏明帝曰：'西方事重，非君莫可付者。'乃使西屯长安，督张郃、费曜、戴陵、郭淮等。宣王使耀、陵留精兵4000守上邽，余众悉出西救祁山。郃欲分兵驻雍、郿，宣王曰：'料前军能独当之者，将军言是也。若不能当，而分为前后，此楚之三军，所以为黥布禽也。'遂进。

"亮分兵留攻，自迎宣王于上邽，郭淮、费曜等徼亮，亮破之，因大芟刈其麦。与宣王遇于上邽之东，敛兵依险，军不得交，亮引兵而还。

"宣王寻亮至卤城。张郃曰：'彼远来逆我，我请战不得，谓我利在不战，欲以长计胜之也；且祁山知大军已在近，人情自固，可止屯于此，分为奇兵，示出其后，不宜进前而不敢逼，坐失民望也。今亮县军食少，亦行去矣。'宣王不从，故寻亮，既至，又登山掘营，不肯战。贾栩、魏平数请战，因曰：'公畏蜀如虎，奈天下笑何！'宣王病之。诸将咸请战。

五月辛巳，乃使张郃攻无当监何平于南围，自案中道向亮。

"亮使魏延、高翔、吴班赴拒，大破之，获甲首三千级，玄铠五千领，角弩三千一百张。

"宣王还保营。"

对于祁山之战，在总体战略态势上两本书记载的是相同的，都是说司马懿解了祁山之围，而且还挫败了诸葛亮想要夺取魏国粮食的企图，使诸葛亮最终由于粮食耗尽而被迫退兵。有差异之处是《汉晋春秋》称诸葛亮打败了郭淮、费曜，抢收了些粮食，《晋书》记载诸葛亮没能抢到粮食，《汉晋春秋》关于这次战斗的记载是矛盾的，费曜已经被司马懿命令留守上邽不可能同郭淮与诸葛亮交战，《晋书》中司马懿赶到上邽阻止诸葛亮抢粮成功，那里是粮食主产区。诸葛亮在祁山附近打败魏军，抢到少量粮食是可能的，但是没有影响司马懿主力部队的粮食供应，也没改变蜀军缺粮。史书记载了司马懿的军队是依靠陇西粮食补给。至于两军交战的结果，司马懿是否同诸葛亮作战，两书的记载也不同，《汉晋春秋》说贾栩、魏平被救出后，非要与诸葛亮交战，司马懿被迫出战失利，蜀军斩获甲首三千（甲首，小头目，类似于现今的班长之类。由此可推算司马懿折兵过万）。

（二）空城计

在《三国演义》第 95 回《马谡拒谏失街亭，武侯弹琴退仲达》中，诸葛亮首次北伐受挫，安排各路人马退回汉中，等到自己正要抽身的时候，没想到，司马懿的大军突然出现在城外几十里处，诸葛亮当时军中已经没有什么人马，急中生智，想出了"空城计"，将生性多疑的司马懿吓跑了。

在正史中，诸葛亮见街亭失守，北伐受挫，战局已经对自己十分不利，于是就想要迅速撤回汉中，并没有再空耗军力。而曹魏方面，大都督曹真看见已经击退蜀汉，也并没有要苦追的意思。当时，司马懿更是远在宛城（今河南南阳）一线，至曹真死后，才与诸葛亮在关中对阵。根本不可能出现在街亭或西城。《三国演义》只是为了贬低曹真，并强调司马懿是诸葛亮的最大对手，才硬是把司马懿移位到了街亭前线。事实上，司马懿是在后来才顶替曹真出现在对蜀汉前线的。

其实，"空城计"也有他的说法来源。《三国志·诸葛亮传》裴松之注引《郭冲三事》云："亮屯于阳平，遣魏延诸军并兵东下，亮惟留万人守城。晋宣帝（司马懿）率二十万众拒亮，而与（魏）延军错道，径至前，当亮六十里所，侦候白宣帝说亮在城中兵少力弱。亮亦知宣帝垂至，已与相逼，欲前赴延军，相去又远，回迹反追，势不相及，将士失色，莫知其计。亮意气自若，敕军中皆卧旗息鼓，不得妄出菴幔，又令大开四城门，埽地却洒。宣帝常谓亮持重，而猥见势弱，疑其有伏兵，于是引军北趣山。明日食时，亮谓参佐拊手大笑曰：'司马懿必谓吾怯，将有强伏，循山走矣。'候逻还白，如亮所言。宣帝后知，深以为恨。"史学界称其为"郭冲三事"，后边还有郭冲的"四事"和"五事"。

这个郭冲是诸葛亮的粉丝，他讲的故事都是盲目推重孔明的。这一段《郭冲三事》的情节，更是于史不符、于理不合，十分荒谬。当时就有人质疑：司马懿如果真得到这样的机会，麾下十余万大军，把他围住不就完了？连现在人都明白，派几个神射手过去射诸葛亮，或者派一个小队过去火力侦察一下，立即就可以拆穿诸葛亮的把戏，而一直老谋深算的司马懿绝不可能会愚蠢和胆怯到"扭头就跑"的地步。

还有人认为：作为一名出色的政治家，司马懿深深明白"飞鸟尽，良弓藏；狡兔死，走狗烹"的道理。当时魏国任用他的原因，就在于诸葛亮北伐，而魏国朝中除自己外无人可敌，诸葛亮就是自己得到任用保住官位的钥匙和命脉。如果诸葛亮一死，他的用处也告终止，而朝廷中很多官宦都敌视自己，自己也还没有建立起朝中势力，必然会重新被贬官居闲，壮志难成了。所以虽然看破了诸葛亮的"空城计"，但是司马懿也不会立即杀死自己的"保官稻草"的。

对于空城计，毛泽东在读此段历史时，也给予了评论。毛泽东认为司马懿是一个相当聪明的人，当然，他也认为司马懿有明显的性格缺陷，那就是"怀疑心重"。他曾在谈"空城计"的故事时说：司马懿这个人，怀疑心重，诸葛亮没有兵力守城，赵子龙一时又赶不回来，城内空虚，结果诸葛亮就对他用了"空城计"。"空城计"的故事，能启迪人具体运用战略战术。

（三）杀曹爽

后人对于司马懿杀曹爽有着不同的理解，很多人认为司马懿杀曹爽是为了巩固自己的权力。但事实上，司马懿平定曹爽乱政是为了挽救曹魏政权，信守魏明帝托孤的承诺，维护幼主曹芳的皇位，不仅仅是为了巩固个人集团的权力。

首先当他放弃权力回家养病时，司马师、司马昭兄弟在朝中还都是中级官员，相对于皇族大臣曹爽来说，司马氏集团还是十分弱小的。此时根本没有可能要建立司马氏专权，而在"嘉平之变"后司马师兄弟也并没有在朝中掌权担任要职。实际上司马懿一直都在忍让，直到司马懿集团的主要成员开始受到曹爽的排挤打击的时候，司马懿还依然是忍让，就像他对孙礼说的，要"忍不可忍"。最初曹爽还只是专权，剥夺众多豪强贵族的政治地位，剥夺他们的祭祀荣誉，固执发动对蜀国的战争等，这些乱政司马懿都没有能阻止，表明曹爽已经不尊重司马懿了，并且后来准备要篡位。

其次，曹爽要篡位也是明显的，他的衣食和仪式排场几乎和皇帝相同，皇宫御用尚方器物充斥其家，自行从宫中取曹睿的才人到自己府中，甚至到了伪造诏书，把皇宫的才人五十七人送到邺城，擅自取用太乐乐器、武库禁兵。后来还把郭太后迁居冷宫囚禁，派遣亲信监视小皇帝，这时唯一对他篡位构成威胁的就只有司马懿了，他一面派亲信去察看司马懿的动向，一面排挤打击司马懿的亲属、亲信，都是为了篡位做准备，郭太后、刘放、孙资等过去有权势的，都相继被他废黜了，司马懿因为早早就回家养病了，所以他受到打击的时间最晚。曹爽最后只有把司马懿集团也瓦解了，称帝篡位才能开始，孙礼、卢毓等相继被排挤，矛头甚至指向司马懿的亲戚杜恕，这是在正始九年底，后来卢毓审理曹爽党徒，了解到他们谋反篡位准备在三个月内行动，曹爽并非《三国演义》中那个软弱、窝囊的废物，他指挥军队伐蜀，专权打击孙礼，也是野心勃勃、专横跋扈的权贵。司马懿之所以还有赦免他的念头，并不是因为曹爽没有要篡位的阴谋证据，主要是不愿承担杀托孤大臣专权的坏名声，也了解曹爽的实际是志大才疏，看到曹爽建立的小集团与各主要派系都有矛盾，也没有百姓拥护他，不会有威胁，而且曹爽的篡位计划也没能实际执行，他也还没有废帝自立，在嘉平之变的时候，曹爽也没有挑起内战，总算是和平解决了矛盾。司马懿也曾经发誓不追究曹爽，这样才表示要赦免他，给他送去粮食。

再次，从祭祀名单就可以看出，曹爽专权期间得罪的人太多，最终朝议依然处死了他。不要以为司马懿废黜曹爽只是他个人要夺权，只是司马氏和曹氏争权这么简单。参与废黜曹爽的有司马懿集团和大多数派系，郭太后、蒋济、高柔等都是各大派系的代表，朝议也是各派系共同参加，曹操担任丞相、魏公的权势比司马懿这时要大得多，依然要受到朝议的制约，他要恢复肉刑，但是朝议多数人反对，曹操也只能暂时放弃。司马懿更是不能不接受朝议，曹爽打击、压迫其他派系，最终被他们要求处死，在《三国志·曹爽传》中，详细记载了曹爽乱政、准备篡位，以及朝议将他处死的经过。

附：《三国志集解·张鲁传》：

张鲁，字公祺，沛国丰人也。祖父陵，客蜀，学道鹄鸣山中，造作道书，以惑百姓。从道者，出五斗米，故世号米贼。陵死，子衡，行其道。衡死，鲁复行之。

益州牧刘焉，以鲁为督义司马，写别部司马张修，将兵击汉中太尉苏固。鲁遂袭修，杀之，夺其众。焉死，子璋代立，以鲁不顺，尽杀鲁母家室。

鲁遂据汉中，以鬼道教民，自号师君。其来学道者，初皆名鬼卒。受本道已信，号祭酒。各领部众，多者为治头大将酒。皆教以诚信不欺诈，有病自首其过，大都与黄巾相似。诸祭酒皆作义舍，如今之亭传。又置义米肉，悬于义舍，行路者量腹取足，若过多，鬼道辄病之。犯法者，三原然后乃行刑。不置长吏，皆以祭酒为治，民夷便乐之。雄据巴汉，垂三十年。《典略》云：熹平中，妖贼大起，三辅有骆曜。光和中，汉中有张修。骆曜教民缅匿法，角为太平道，修为五斗米道。太平道者，师持九节杖，为符祝，教病人叩头思过，因以符水饮之。得病或日浅而愈者，则云此人信道。其或不愈，则为不信道。修法略与角同。加施静室，使病者处其中思过。又使人为奸令祭酒。祭酒主以《老子》五千文，使都习，号为奸令。为鬼吏，主为病者请祷。请祷之法，书病人姓名，说服罪之意。作三通。其一，上之天，著山上。其二，埋之地。其三，沉之水。谓之三官手书。使病者出米五斗，以为常，故号五斗米师。实无益于治病，但为淫妄。然小人昏愚，竟共事之。后角被诛，修亦亡。

及鲁在汉中，因其民信行修业，遂增饰之，教使作义舍，以米肉置其中，以止行人。又教使自隐。有小过者，当治道百步，则罪除。又依月令，春夏禁杀。又禁酒。流移寄在其地者，不敢不奉。臣松之谓：张修应是张衡，非《典略》之失，则传写之误。

汉末，力不能征，遂就宠鲁为镇民中郎将，领汉宁太守，通贡献而已。民有地中得玉印者，群下欲尊鲁为汉宁王。鲁功曹巴西阎圃，谏鲁曰："汉川之民，户出十万，财富土沃，四面险固；上匡天子，则为桓、文，次及窦融，不失富贵。今承制署置，势足斩断，不烦于王。愿且不称，勿为祸先。"鲁从之。韩遂、马超之乱，关西民从子午谷奔之者，数万家。建安二十年，太祖（曹操）乃自散关出武都征之，至阳平关。鲁欲举汉中降。其弟卫不肯，率众数万人拒关坚守。太祖攻破之，遂入蜀。《魏名臣奏》载董昭表曰："武皇帝承凉州从事及武都降人之辞，说张鲁易攻，阳平城下，南北山相远，不可守也。信以为然。及往临履，不如所闻。乃叹曰：'他人商度，少如人意。'攻阳平山上诸屯，既不时拔，士卒伤夷者多。

武皇帝意沮，便欲拔军截山而还。遣故大将军夏侯惇、将军许褚，呼山上兵还。会前军未还，夜迷惑，误入贼营，贼便退散。侍中刘晔、辛毗等在兵后，语惇、褚，言'官兵已据得贼要屯，贼已走散'。犹不信之。惇前自见，乃还白武皇帝，进步定之，幸而克获。此近事，吏士所知。"

又杨暨表曰："武皇帝始征张鲁，以十万之众，身亲临履，指授方略，因就民麦，以为军粮。张卫之守，盖不足言。地险守易，虽有精兵虎将，势不能施。对兵三日，欲抽军还。（张鲁或张卫）言'作军三十年，一朝持与人，如何'。此计已定。天作大魏，鲁守自坏，因以定之。"《世语》曰：鲁遣五官掾降。弟卫，横山筑阻平城以拒，王师不得进。鲁走巴中。军粮尽，太祖将还。西曹掾东郡郭谌曰："不可。鲁已降，留使。（使）既未反。卫虽不同，偏携可攻。县军深入，以进必克，退必不免。"太祖疑之。夜有野麋数千，突坏卫营，（张卫）军大惊。夜，（魏军）高祚等误与卫众遇。祚等多鸣鼓角会众。卫惧，以为大军见掩，遂降。

鲁闻阳平已陷，将稽颡。圃又曰："今以迫往，功必轻。不如依杜濩，赴朴胡相拒，然后委质，功必多。"于是乃奔南山，入巴中。左右欲悉烧宝货仓库。鲁曰："本欲归命国家，而意未达。今之走，避锐锋，非有恶意。宝货仓库，国家之有。"遂封藏而去。太祖入南郑，甚嘉之。又以鲁本有善意，遣人慰喻。鲁尽将家出。太祖逆拜镇南将军，待以客礼，封阆中侯，邑万户。封鲁五子及阎圃等，皆为列侯。臣松之以为，张鲁虽有善心，要为败而后降，今乃宠以万户，五子皆封侯，过矣。习凿齿曰：鲁欲称王，而阎圃谏止之。今封圃为列侯。夫赏罚者，所以惩恶劝善也。苟其可以明规训于物，无远近幽深矣。今阎圃谏鲁勿王，而太祖追封之，将来之人，孰不思顺！塞其本源，而末流自止，其此之谓与？若乃不明于此，而重燋烂之功，丰爵厚赏止于死战之士，则民利于有乱，俗竞于杀伐，阻兵仗力，干戈不戢矣。太祖之此封，可谓知赏罚之本。虽汤武居之，无以加也。《魏略》云：黄初中，增圃爵邑，在礼请中。后十余年，病死。晋书云：西戎司马阎缵，圃孙也。为子彭祖娶鲁女。鲁薨，谥之曰原侯。子富嗣。《魏略》曰：刘雄鸣者，蓝田人也。少以采药射猎为事。常居覆车山下，每晨夜，出行云雾中，以识道不迷，而时人因谓之能为云雾。郭催）、李（汜）之乱，人多就之。建安中，附属州郡。州郡表荐为小将。马超等反，不肯从，超破之。后诣太祖，太祖执其手，谓之曰："孤方入关，梦得一神人，即卿耶！"乃厚礼之，表拜为将军，遣令迎其部党。部党不欲降，遂劫以反。诸亡命皆往依之，有众数千人，据武关道口。太祖遣夏侯渊讨破之。雄鸣南奔汉中，汉中破，穷无所之，乃复归降。太祖捉其须曰："老贼，真得汝矣！"复其言，徙渤海。时又有程银、侯选、李堪，皆河东人也。兴平之乱，各有众千余家。建安十六年，并与马超合。超破走，堪临阵死，银、选南入汉中。汉中破，诣太祖降，皆复官爵。

毛泽东读了这篇《张鲁传》，于1958年12月7、10两日写了两个长篇批语，这在他的读书笔记中是绝无仅有的。这是为什么呢？我们且看批注：

"这里所说的群众性医疗运动，有的像我们人民公社免费医疗的味道，不过那时是神道的，也好，那时只好用神道。道路上饭铺里吃饭不要钱，最有意思，开了人民公社公共食堂的先河。大约有一千七百年的时间了，贫农、下中农的生产、消费和人们的心情还是大体相同的，都是一穷二白，不同的是生产力于今进步许多了。解放以后，人们掌握了自己这块天地了，在共产党领导之下。但一穷二白古今是接近的。所以这个《张鲁传》值得一看。张鲁的祖父创教人张陵，一名张道陵，就是江西龙虎山反动透顶的那个张天师的祖宗，《水浒传》第一回描写了龙虎山的场面。三国时代的道教是遍于全国的、群众运动的。在北方有天公将军张角三兄弟最为广大的革命的群众运动，他们的口号是"苍天已死，黄天当立"。苍天，汉朝统治阶级。黄天，农民阶级。于吉在东吴也有极大的群众运动，是那时道教的一派。张道陵、张鲁是梁、益派。史称这派与北方派的路线基本相同。其后，历代都有大小规模不同的众多的农民革命斗争，其性质当然与现在马克思主义革命运动根本不相同。但有相同的一点，就是极端贫苦农民广大阶层梦想平等、自由，摆脱贫困，丰衣足食。在一方面，带有资产阶级急进民主派的性质。另一方面，则带有原始社会主义性质，表现在互相关系上。第三方面，带有封建性质，表现在小农的私有制、上层建筑的私有制——从天公将军张角到天王洪秀全。宋朝的摩尼教、杨么、钟相，元末的明教、红军，明教的徐鸿儒、唐赛儿、李自成，清朝的白莲教、拜上帝教（太平天国）、义和团，其最著者。我对我国历史没有研究，只有一些零星感触。对上述性质的分析，可能有错误。但带有不自觉的原始社会主义色彩这一点是就贫苦的群众来说，而不是就他们的领袖们（张角、张鲁、黄巢、方腊、刘福通、韩林儿、李自成、朱元璋、洪秀全等等）来说，则是可以确定的。现在的人民公社运动，是有我国的历史来源的。我国的民族资产阶级没有来得及将农民中的上层和中层造成资本主义化，但是帝国主义与封建主义的反动联盟，却在几十年中将大多数农民造成了一支半无产阶级的革命军，就是说，替无产阶级造成了一支最伟大最可靠最坚决的同盟军。

毛泽东

一九五八年十二月七日，在武昌

我国从汉末到今一千多年，情况如天地悬隔。但是从某几点看起来，例如，贫农、下中农的一穷二白，还有某些相似。汉末北方的黄巾运动，规模极大，称为太平道。在南方，有于吉领导的群众运动，也是道教。在西方（以汉中为中心的陕南川北区域），有五斗米教道。史称，五斗米道与太平道"大都相似"，是一条路线的运动。又称，张鲁等行五斗米道，"民夷便乐"，可见大受群众欢迎。张陵〔一称张道陵，其流风余裔经千年转化为江西龙虎山为地主阶级服务的极端反人民的张天师道，《水浒传》第1回有洪太尉误走魔鬼戏（系）极其神气的描写，一看使人神旺，同志们看过了吧？〕张衡、张鲁祖孙三世行五斗米道。其法，信教者出五斗米，以神道治病；置义舍（大路上的公共宿舍）；吃饭不要钱（目的似乎是招徕关中区域的流民）；修治道路（以犯轻微错误的人修路）；"犯法者三原而后行刑"（以说服为主要方法）；"不置长吏，皆以祭酒为治"，祭酒"各领部众，多者为治头大祭酒"（近乎政社合一，劳武结合，但只小农经济为基础）。这几条，就是五斗米道的经济、政治纲领。中国从秦末陈涉大泽乡（徐州附近）群众暴动起，到清末义和拳运动止，二千年中，大规模的农民革命运动，几乎没有停止过。同全世界一样，中国的历史，就是一部阶级斗争史。

毛泽东

一九五八年十二月十日，于武昌

上面是毛泽东在中共八届六中全会期间为印发《张鲁传》写的两个批语。第一个批语的铅印件，作者用墨笔划去，另写了一篇。印发的是后一个批语，印在《张鲁传》的开头。

毛泽东读《张鲁传》写的两篇批语长1400多字，是研究晚年毛泽东思想的重要文献。这个批注，反映了毛泽东如下一些思想：

第一，毛泽东的历史观。在毛泽东看来，从秦末陈涉大泽乡起义到清末义和团运动，"二千年中，大规模的农民革命运动，几乎没有停止过"，所以，"同全边界一样，中国的历史，就是一部阶级斗争史"。

第二，毛泽东的国情观。在毛泽东看来，从汉朝末年到今天，尽管"情况如天地悬隔"，但是"一穷二白"的国情则"有某些相似"。早在1956年写的《论十大关系》中，毛泽东就讲过："我曾经说过，我们一为'穷'，二为'白'。'穷'就是没有多少工业，农业也不发达。'白'就是一张白纸，文化水平、科学水平都不高。"那么，应该怎么对待"一穷二白"呢？1958年4月15日，毛泽东写的《介绍一个合作社》中说："除了别的特点之外，中国六亿人口的显著特点是一穷二白。这些看起来是坏事，其实是好事。穷则思变，要变，要革命。一张白纸，没有负担，好写最新最美的文字，好画最新最美的图画。"（《红旗》1958年第1期）

"一穷二白"，是毛泽东晚年对中国历史和国情的基本认识，正由于对这种现状不满，才提出了超常规的"大跃进"，想尽快改变这种落后面貌。应该说，毛泽东对当时国情的认识是基本正确的，要改变"一穷二白"面貌的愿望也是好的,但他选择"大跃进"、人民公社的途径却是有失误的。

第三,毛泽东对"原始社会主义色"的欣赏和肯定。他希望以此来推动当时的人民公社化运动,这是他批注《张鲁传》的主要动机。从批注中可以看出,毛泽东对《张鲁传》最为欣赏的,是张鲁的五斗米道"带有不自觉的原始社会主义色彩"。他对东汉末年道教及其派别的介绍,对张鲁政权性质的分析,对五斗米道一些做法的描述,都说明了这一点。

遗憾的是,历史已经证明,"大跃进"和人民公社运动是错误的和失败的。究其原因,主要是违背了事物发展的客观规律,欲速则不达,犯了急于求成的"左"倾冒进错误。

『识时务之俊杰』康延孝

康延孝（？—926），又名李绍琛，代北（今山西代县）人，一说为塞北部落胡人，五代时期将领后唐庄宗李存勖的主要谋士。欧阳修《新五代史》卷四十四《杂传第三十二》《旧五代史·卷七十四·唐书列传二十六》有传。

毛泽东曾有评语：康延孝之谋，李存勖之断，郭崇韬之助，此三人者，可谓识时务之俊杰（《读〈通鉴纪事本末·后梁灭梁〉批语》，《毛泽东读文史古籍批语集》，中央文献出版社1993年版，第308页）。

一、由后梁入后唐

康延孝，是代北（今山西代县）人，五代后唐庄宗李存勖（xù，叙）的谋士。康延孝早年在割据太原的晋王李克用麾下当兵，自队长积功劳升到部校，因犯罪逃归后梁，多次立军功。

梁末帝朱瑱贞明四年（918）年底，晋王李存勖出兵攻大梁（今河南开封）。在一次作战中，他手下的大将"周德威父子不能止，皆战死"，梁军四面围攻，占据一个土山，气势逼人。李存勖聚集游散的队伍反攻，再一次夺下这个土山。傍晚，对方又发动进攻，史书记载："晋兵望之有惧色。诸将以为敌军未尽集，不若敛兵还营，诘朝复战"。毛泽东在这句话旁画了一串叉。

天平军节度使、东南面招讨使阎宝说："王彦章骑兵已入濮阳，山下惟步卒，向晚皆有归志，我乘高趣下击之，破之必矣。今王深入敌境，偏师不利；若复引退，必为所乘。诸军未集者，闻梁再克，必不战自溃。凡决胜料敌，惟观情势，情势已得，断在不疑，王之成败，在此一战。若不决力取胜，纵收亲众北归，河朔非王有也。"昭义节度使李嗣昭说："贼无营垒，日晚思归，但以精骑援之，使不得夕餐，俟其引退，追击可破也。……"大将王建及擐甲横槊说："贼大将已遁，王之骑军一无所失，今击此疲乏之众，如拉朽耳。王但登山，观臣为王破贼。"

上述几处引文，毛泽东批注：

> 此战必不可少
> ——《毛泽东读文史古籍批语集》，中央文献出版社1993年版，第307页。

李存勖接受了这几个人的意见，说："非公等言，吾几误计。"李嗣昭、王建及"以骑兵大呼陷阵，诸军继之，梁兵大败。"（《通鉴纪事本末》卷二百二十七《后唐灭梁》第33页）这两处引文也是毛泽东逐字加了旁圈的。

「识时务之俊杰」康延孝

二、后唐灭梁

（一）康延孝之谋

《通鉴纪事本末·后唐灭梁》载：

庚寅，帝引兵屯朝城。戊戌，康延孝帅百余骑来奔，帝解所御锦袍、玉带赐之，以为南面招讨都指挥使，领博州刺史。帝屏人问延孝以梁事，对曰："梁朝地不为狭，兵不为少，然迹其行事，终必败亡。何则？"

后唐庄宗同光元年（923）八月，梁末帝朱瑱派段凝驻军在黄河边上，在高陵津的王村扎营，与后唐军隔河对峙，康延孝任左右先锋指挥使。他见梁末帝"任用群小"，知道他必然亡国，就带领一百多骑兵投奔后唐庄宗李存勖。主既暗弱，赵、张兄弟擅权，内结宦掖，外纳货赂，官之高下，惟视赂之多少，不择才德，不校勋劳。段凝智勇俱无，一旦居王彦章、霍彦威之右，自将兵以来，专率敛行伍以奉权贵。梁主每出一军，不能专任将帅，常以近臣监之，进止可否，动为所制。近又闻数道出兵，令董璋领陕、虢、泽、潞之兵自石会关取太原，霍彦威以汝、洛之兵自相、卫、邢、洺寇镇、定，王彦章、张汉杰以禁军攻郓州，段凝、杜晏球以大军当陛下，决以十月大举。"臣窃观梁兵聚则不少，分则不多。愿陛下养勇蓄力，以待其分兵。帅精骑五千自郓州直抵大梁，擒其伪主，旬月之间，天下定矣。"帝大悦。

李存勖听取了康延孝的意见，先挫败了进攻郓州的梁军，"帝大喜，谓郭崇韬曰：郓州告捷，足壮吾气"。毛泽东对历史上这一战争，在批注中评论说：

康延孝之谋，李存勖之断，郭崇韬之助，此三人者，可谓识时务之俊杰。

——《毛泽东读文史古籍批语集》，中央文献出版社1993年版，第308页。

　　康延孝叛投后唐庄宗时，后唐建国不久。后唐与后梁争夺中原的战争已进行十余年，达到了一个新的转折点：梁大势已去，犹作最后搏斗。

　　康延孝在朝城（治所在今山东莘县西南朝城）拜见后唐庄宗李存勖，庄宗脱下御衣、金带赏给他，任命康延孝为博州（治所在今山东聊城东南）刺史，捧日军使兼南面招讨指挥使。庄宗让别人回避退下后询问康延孝后梁的情况，康延孝详细告诉他说："梁末帝朱瑱（zhèn 镇）懦弱，他是赵岩的女婿。张汉杰妻子的娘家人都当权。段凝奸诈邪恶，以贿金多而得任大将，从他父亲时起旧将领都出自他的门下。王彦章，是一位骁勇的将军，朝廷派张汉杰监察他的部队而控制他。小人得以做官，而忠臣勇士都被疏远和斥逐。这就是梁国必然败亡的形势。"庄宗又问梁国的布防和军事计划怎样，回答说："臣在后梁的时候，私自听他们议论：准备在仲冬（农历十一月）大举进攻，派董璋带领陕、虢、泽、潞两方镇的部队出石会关（在今山西晋中太谷南昌源河上源东岸）攻打太原（今山西太原）；霍彦威用关西、汝、洛的部队抢掠邢、洺直向镇定（今河北正定）；王彦章带京城禁卫军攻打郓州（治所在今山东东平西北）；段凝用驻河上的部队抵抗陛下。"

　　庄宗开始听到康延孝说梁朝一定灭亡，很高兴，等到他说梁朝要大举进攻的时候，便害怕起来，庄宗又问应当怎样抵御梁军，康延孝分析说："梁兵虽众，分则无余。臣请待其既分，以铁骑五千自郓趋汴，出其不意，捣其空虚，不旬日，天下定矣。"这便是被毛泽东称誉的"康延孝之谋"。

（二）李绍宏等献退兵之谋

《通鉴纪事本末·后唐灭梁》还载：

九月，帝在朝城。梁段凝进至临河之南，澶西、相南日有寇掠。自德胜失利以来，丧刍粮数百万。租庸副使孔廉暴敛以供军，民多流亡，租税益少，仓廪之积，不支半岁。泽、潞未下，卢文进、王郁引契丹屡过瀛、涿之南。传闻俟草枯冰合，深入为寇。又闻梁人欲大举，数道为寇。帝深以为忧，召诸将会议。宣徽使李绍宏等皆以为："郓州城门之外，皆为寇境，孤远难守，有之不如无之，请以易卫州及黎阳于梁，与之约和，以河为境，休兵息民，俟财力稍集，更图后举。"

帝不悦曰："如此，吾无葬地矣。"

当时，李存勖内外都面临着严峻的形势：梁将段凝等分数路大军前来争夺郓州；契丹要在"草枯冰合"时来骚扰；而军资粮草又因战乱的破坏，十分匮乏。"帝深以为忧"，召集诸将商量对策。宣徽使李绍宏等"以为郓州城门之外，皆为寇境，孤远难守，有之不如无之，请以易郓州及黎阳于梁，与之约和，以河为境，休兵息民，俟财力稍集，更图后举。"毛泽东对这种畏缩妥协的主张，又在天头上批注道：

> 已成摧枯之势，犹献退兵之谋，世局往往有如此者。此时审时独断，往往成功。

——《毛泽东读文史古籍批语集》，中央文献出版社1993年版，第309页。

（三）仍是康延孝之意

《通鉴纪事本末·后唐灭梁》还载：

乃罢诸将，独召郭崇韬问之，对曰："陛下不栉沐，不解甲，十五馀年，其志欲以雪家国之仇耻也。今已正尊号，河北士庶日望升平。始得郓州尺寸之地，不能守而弃之，安能尽有中原乎？臣恐将士解体，将来食尽众散，虽画河为境，谁为陛下守之？臣尝细询康延孝以河南之事，度己量彼，日夜思之，成败之机，决在今岁。梁今悉以精兵授段凝，据我南鄙，又决河自固，谓我猝不能渡，恃此不复为备。使王彦章侵逼郓州，其意冀有奸人动摇，变生于内耳。段凝本非将材，不能临机决策，无足可畏。降者皆言大梁无兵，陛下若留兵守魏，固保杨刘，自以精兵与郓州合势，长驱入汴，彼城中既空虚，必望风自溃，苟伪主授首，则诸将自降矣。不然，今秋谷不登，军粮将尽，若非陛下决志，大功何由可成！谚曰：'当道筑室，三年不成。'帝王应运，必有天命在，陛下勿疑耳。"

毛泽东读了郭崇韬对李存勖对当时敌我形势的分析，也建议长驱入汴，攻灭后梁。毛泽东对这段的分析意见，批注道：

仍是康延孝之意

——《毛泽东读文史古籍批语集》，中央文献出版社 1993 年版，第 309 页。

从上述批语不难看出，毛泽东是极为欣赏李存勖一继帝位便采纳降将康延孝的建议，攻占军事要地郓州，进而挥军直逼大梁。这一建议虽好，但康延孝是新来降将，人轻职微，所以，庄宗又去征求其他将领的意见，听到的却是一片罢兵讲和、以黄河为界的声音。于是庄宗又单独向郭崇韬问计。郭崇韬侃侃而谈，从李存勖征战十五年的经历，讲到统一中原的最终目的，接着又重申了康延孝的谋划之意。郭崇韬所讲的虽然不过是"仍是康延孝之意"，但可谓一语中的，其作用不可低估。

（四）李存勖之断

《通鉴纪事本末·后唐灭梁》还载：

帝曰："此正合朕志。丈夫得则为王，失则为虏，吾行决矣。"（《毛泽东读文史古籍批语集》，中央文献出版社 1993 年版，第 49 页）

「识时务之俊杰」康延孝

李存勖是一位文武双全、有杀伐决断的人物。当他听取了各种意见之后，审机独断，乘后梁"京师无备"，"用延孝策"，"自郓入汴，凡八日而灭梁"，创造了中国战争史上的一个奇迹。

显然，在毛泽东看来，"后唐灭梁"是"审机独断"的成功战例。文臣良将的"助谋"，固然值得称道，然而作为三军统帅的"审机独断"，则更为重要。

《通鉴纪事本末·后唐灭梁》还载：

……王彦章引兵逾汶水，将攻郓州。李嗣源遣李从珂将骑兵逆战，败其前锋于递坊镇。……戊辰，捷奏至朝城，帝大喜，谓郭崇韬曰："郓州告捷，足壮吾气。"己巳，命将士悉遣其家归兴唐。冬十月，帝遣魏国夫人刘氏、皇子继岌归兴唐，与之诀曰："事之成败，在此一举。若其不济，当聚吾家于魏宫而焚之。……"

毛泽东读了这段话后，批注道：

生子当如李亚子

李亚子，李存勖的小名，即篇中之"帝"。

"生子当如李亚子"是毛泽东借用宋代词人辛弃疾的词句。语出辛弃疾的《南乡子·登京口北固亭有怀》：

何处望神州？满眼风光北固楼。千古兴亡多少事？悠悠。不尽长江滚滚流。

年少万兜鍪，坐断东南战未休。天下英雄谁敌手？曹刘。生子当如孙仲谋。

《三国志·吴书·吴主传》注引《吴历》说：曹操有一次与孙权对垒，见吴军乘着战船，军容整肃，孙权仪表堂堂，威风凛凛，乃喟然叹曰："生子当如孙仲谋，刘景升（刘表）儿子若豚犬耳！"一世之雄如曹操，对敢于与自己抗衡的强者，投以敬佩的目光，而对于那种不战而请降的懦夫，如对刘景升儿子刘琮则十分轻视，斥为任人宰割的猪狗。把大好江山拱手奉献敌人，还要为敌人耻笑辱骂，这不就是历史上所有屈膝乞和、觍颜事仇、缺乏骨气的人的共同的可悲命运吗！

在毛泽东看来，李存勖也是像孙权那样的英雄人物，赞扬之情，溢于言表。

总之，在这场后唐灭梁之战中，后唐之所以能够取胜，全在于康延孝、郭崇韬、李存勖这三人的成功谋划，所以，毛泽东在读《通鉴纪事本末·后唐灭梁》中写到康延孝向李存勖分析后梁国内情况时，欣然命笔批注道："康延孝之谋，李存勖之断，郭崇韬之助，此三人者，可谓识时务之俊杰。"后唐灭梁的胜利，说明康延孝、李存勖和郭崇韬这三个人，都是能洞察战争形势和发展趋势，把握历史潮流，因势利导，夺取胜利的俊杰。毛泽东的赞扬实不为过。

（五）"风云帐下奇儿在"

1964 年 12 月，毛泽东读《五代史》时，想起自己早年读过的一首诗《三垂冈》，因记不起作者名字，于 29 日写信请田家英帮忙查找这首诗。信中写道：

田家英同志：

近读五代史后唐庄宗传三垂冈战役，记起了年轻时曾读过一首咏史诗，忘记了是何代何人所作。请你一查，告我为盼！

毛泽东

十二月二十九日

三垂冈诗一首：

英雄立马起沙陀，奈此朱梁跋扈何。

只手难扶唐社稷，连城犹拥晋山河。

风云帐下奇儿在，鼓角灯前老泪多。

萧瑟三垂冈下路，至今人唱《百年歌》。

是歌颂李克用父子。

——《毛泽东和他的秘书田家英》，中央文献出版社1989年版，第113页。

　　毛泽东所要的是清代诗人严遂成的七律《三垂冈》。

　　三垂冈是座奇山，在中国历史上大有名气。它位于山西省长治市郊，亦称三垂山（或二冈山）。据欧阳修所撰《新五代史·唐庄宗本纪》载："初，（李）克用破孟方立于邢州（今河北邢台），还军上党（今长治市），置酒三垂冈，伶人奏《百年歌》（西晋诗人陆机的组诗，共十首，每十岁为一首，唱人一生从幼到老的景况与悲欢），至于（唱到）衰老之际，声甚悲，坐上皆凄怆。时（李）存勖在侧，方五岁，克用慨然捋须，指而笑曰：'吾行老矣，此奇儿也，后二十年，其能代我战于此乎！'"李存勖自幼随父征战，善骑射，胆勇过人。

　　他23岁（908）时，李克用死，临终嘱托三事：解潞州（即上党）之围；灭梁（朱温）报仇；恢复唐室宗社。李存勖戴孝出征，恰恰就在三垂冈大战而胜，为称霸中原举行了奠基礼。三垂冈于是载入史册。

　　上党古称天下之脊，战略地位极为重要，自古为兵家必争之地。谁占据了上党、太行的地利，就可以囊括三晋，跃马幽冀，挥戈齐鲁，问鼎中原。因此，从公元883年至907年，二十多年间，朱温等与李克用反反复复争夺上党，主要城池、关隘先后五度易手，战事惨烈。到了公元907年，朱温（本是黄巢部下大将）篡唐自立，国号梁（史称后梁）。在开封做了皇帝的朱温，派兵10万再攻上党。守将李嗣昭闭关坚守，梁军久攻不克，便在上党（时称潞州）城郊筑起一道小长城，状如蚰蜒，内防攻击，外拒援兵，谓之"夹寨"。两军相持年余，战事进入胶着状态。

　　李克用死后，李存勖继晋王位于太原。他召集众将说："梁人幸我大丧，谓我（年）少而新立，无能为也，宜乘其怠击之。"他亲率大军，疾驰六日，进抵三垂冈。他感叹道："此先王置酒处也！"随即将全军隐蔽集结，梁军毫无察觉。次日凌晨，天下大雾，李存勖借大雾的掩护，挥师前进，直捣梁军"夹寨"。此时梁军尚在梦中，仓促不及应战，被晋军斩首万余级，余众向南奔逃，投戈弃甲，填塞道路。符道昭等将官三百人被俘，只有康怀英等百余骑出天井关（一名太行关）逃归。朱温在开封闻讯，惊叹道："生子当如是。李氏不亡矣！吾家诸子乃豚犬（猪狗）尔！"

三垂冈之战，使李存勖最终占有上党，把三晋大地作为稳固后方，进而兵下太行，逐鹿中原。此役是长途奔袭，以隐蔽奇袭取胜。毛泽东一生用兵如神，奇谋妙算，远逾古人。他饱览古代典籍，对三垂冈之战的史事烂熟于心。挥笔书写《三垂冈》诗，也说明了他对这次奇战颇为欣赏。

这首诗不仅以战争为题材，而且写了父子两代英雄。唐末天下大乱，群雄逐鹿，李克用从代北沙陀族少数民族中崛起，一生征伐，创立了"连城犹拥晋山河"的基业。在他身后，李存勖父死子继，又是一生征讨，消灭后梁政权，统一中原，建立后唐。古代封建史家，是把这二人视为英雄父子的。而严遂成的这首诗，正是以李克用父子的史事为蓝本的。毛泽东是中国大地上前所未有的大英雄，对于古代的非凡人物特别是军事奇才的业绩，他都了如指掌。这首为李克用父子而发的诗篇，自然引起了毛泽东的关注。

就诗歌本身而言，此诗自是佳构。前人称严遂成"长于咏古，人以诗史目之"，"格高调响，逼近唐音"。"风云帐下奇儿在，鼓角灯前老泪多"二句，更是神来之笔，活画出人物形象，给人以人世沧桑之感。称之为"奇诗"，并不为过。正因为此诗颇具优长，所以才获得诗名远播中外的毛泽东的青睐。

朱温称赞"生子当如是。李氏不亡矣！吾家诸子乃豚犬（猪狗）尔！"也是借用曹操称赞孙权的话。

也就是说，他虽然被李存勖打败，也认为李存勖是一个像孙权那样的英雄。

三、平蜀立功及被杀

（一）平定前蜀，功劳最大

欧阳修《新五代史》卷四十四《杂传》第三十二记载：

"三年，征蜀，以延孝为先锋排阵斩斫使，破凤州，取固镇，降兴州。与王衍战三泉，衍败走，断吉柏江浮桥，延孝造舟以渡，进取绵州。衍复断绵江浮桥。延孝谓招抚使李严曰："吾远军千里，入人之国，利在速战。乘衍破胆之时，但得百骑过鹿头关，彼将迎降不暇。若修缮桥梁，必留数日，使衍得闭关为备，则胜负未可知也。"因与严乘马浮江，军士随之济者千馀人，遂入鹿头关，下汉州，居三日，后军始至。衍弟宗弼果以蜀降。延孝屯汉州，以俟魏王继岌。"

其大意是说，第三年，征伐蜀国，以延孝为先锋排阵斩斫使，攻破凤州，攻取固镇，降服了兴州，蜀国平定，延孝功劳最大。左厢马步军都指挥使董璋位子在延孝之下，但特别受郭崇韬重用，崇韬有军事上的问题，唯独召唤董璋去和他商议，而不问延孝，延孝大怒，责备董璋说："我有平定蜀国的功劳，你们像仆人一样跟着，反而在郭公的门前俯首帖耳，我身为一都的将帅，难道独独不能用军法将你斩首么？"董璋在崇韬跟前告状，崇韬罢免了董璋的军职，封他为东川节度使，延孝更加愤怒，说："我冒着刀下的危险，越过艰难险阻，平定两川，董璋有什么功劳得到节度使的职位？"于是觐见崇韬说这是不可以的。崇韬反倒说："李绍琛，你想谋反么？胆敢违抗我的命令。"延孝怕了，退下。第二年崇韬死了，延孝对董璋说："你现在到哪个门前俯首帖耳呢？"董璋哀求，才免去责罚。

平定前蜀之战，这是康延孝又一大功。庄宗三年（925），李存勖又发动了征讨前蜀（前蜀，公元907年—925年，五代政权之一，王建所建，定都成都，今属四川。盛时疆域约为今四川大部、甘肃东南部、陕西南部、湖北西部。公元 925 年，后唐庄宗发兵攻打前蜀，后主王衍投降，前蜀灭亡，历二主，共十八年）的战争。他以康延孝为先锋排陈斩斫使，攻开凤州（治所在今陕西凤县东北凤州镇），夺取固镇（今甘肃徽县），降服兴州（今陕西略阳）。与王衍战于三泉（今陕西宁羌县境），王衍战败逃走，拆断吉柏江上浮桥，康延孝造船渡江，前进攻占绵州（治所在今四川绵阳东）。王衍又拆毁绵江浮桥。康延孝对招抚使李严说："我们率军远出千里，攻入他国，速战速决有利。乘王衍吓破胆的时候，只求一百名骑兵过鹿头关（在今四川德阳东北鹿头山上），敌将迎接并向我们投降都没有工夫。如果修缮桥梁，一定要停留几天，使王衍得以闭塞关门进行防备，谁胜谁负就不可知了。"因而与李严骑马浮过江去，士兵跟着渡江的有一千多人，于是进入鹿头关，攻克汉州（治所在今四川广汉），住了三天，后续部队才赶到。王衍的弟弟王宗弼果然以后蜀投降。康延孝驻军在汉州来等待魏王李继岌。

（二）自立节度，失败被杀

欧阳修《新五代史》卷四十四《杂传》第三十二记载：

"蜀平，延孝功为多。左厢马步军都指挥使董璋位在延孝下，然特见重于郭崇韬。崇韬有军事，独召璋与计议，而不问延孝，延孝大怒，责璋曰："吾有平蜀之功，公等仆相从，反俯首郭公之门，吾为都将，独不能以军法斩公邪？"

"璋诉于崇韬，崇韬解璋军职，表为东川节度使，延孝愈怒曰："吾冒白刃，犯险阻，以定两川，璋有何功而得旄节！"

"因见崇韬言其不可。崇韬曰："绍琛反邪？敢违吾节度！"

"延孝惧而退。明年崇韬死，延孝谓璋曰："公复俯首何门邪？"璋求哀以免。

"继岌班师，命延孝以万二千人为殿，行至武连，闻朱友谦无罪见杀。友谦有子令德在遂州，庄宗遣使者诏继岌即诛之。继岌不遣延孝，而遣董璋，延孝大怒，谓其下曰："南平梁，西取蜀，其谋尽出于郭公，而汗马之劳，攻城破敌者我也。今郭公已死，我岂得存？而友谦与我俱背梁以归唐者，友谦之祸次及我矣！"延孝部下皆友谦旧将，知友谦被难，皆号哭诉于军门曰："朱公无罪，二百口被诛，旧将往往从死，我等死必矣！"延孝遂拥其众自剑州返入蜀，自称西川节度、三川制置等使。继岌遣任圜以七千骑追之，及于汉州，会孟知祥夹攻之，延孝战败，被擒，载以槛车。车至凤翔，庄宗遣宦者杀之。"

其大意是说，后蜀平定，康延孝功劳最多。左厢马步军都指挥使董璋官位在康延孝之下，然而却特别被郭崇韬看重。郭崇韬有军事行动，单独召董璋商议，而不问康延孝。康延孝大怒，责备董璋说："我有平定蜀国的功劳，你们像一种矮小的杂树那样无能而跟随着我，反而低头投靠郭崇韬门下，我是总领禁军的将军，难道不能以军法杀你吗？"

董璋告诉郭崇韬，郭崇韬解除了董璋的军职，上奏章给庄宗推荐董璋任东川节度使，康延孝更加生气地说："我冒着刀枪，冲破险阻，平定西川，董璋有什么功劳而得以持符节？"

因而去见郭崇韬说董璋不能任东川节度使。郭崇韬说："绍琛（即康延孝）造反啦？敢违背我调度！"

康延孝畏惧而退下。康延孝对董璋说："我又向谁低头呢？"董璋哀求得免。

李继岌班师回京，命令康延孝率一万二千人做后卫，走到武连（治所在今四川剑阁西南武功桥），听说朱友谦无罪被杀。朱友谦有个儿子朱令德在遂州（治所在今四川遂宁），庄宗派使者令李继岌立即杀死他。李继岌不派康延孝，而派遣了董璋，康延孝觉得对自己已发生怀疑，到了董璋经过康延孝的部队，又不拜见他，康延孝大怒，对他的部下说："南平后梁，西取后蜀，其计策都出自郭崇韬，而汗马之劳，攻城破敌都是我。现在郭崇韬已死，我难道还能活吗？而朱友谦与我都是背叛后梁来投降后唐的人，朱友谦的灾祸轮到我头上了！"康延孝的部下都是朱友谦的旧将，知道朱友谦被灭族，都大声哭诉于军营门口说："朱友谦无罪，二百口被杀，旧将往往跟着被杀，我们死定了！"康延孝于是率领部队从剑州（治所在今四川剑阁）返回蜀地，自称西川节度、三川制置使，迅速传递檄文，数日之间，部众达到五万人。李继岌派任圜带七千骑兵追击，到了汉州，会合孟知祥夹攻康延孝，康延孝战败，被捉住，用槛车载着。任圜在军中设宴饮酒，引槛车到坐上，孟知祥斟了一大杯酒在车中饮着而对康延孝说："你从梁朝脱身归顺，于是手持符节。现在又有平定蜀国之功，还怕什么不富贵，为什么又进到这个槛车里呢？"康延孝说："郭崇韬是辅佐庄宗创业之臣，功劳数第一，兵器上没有沾血而取得两川，没有罪过，一天之间，全家被杀。回头看看像我康延孝，怎么能保住这颗头颅，因此不敢回朝啊！"庄宗派七千骑兵追杀他，到了汉州，恰逢孟知祥夹攻他，康延孝战败，被擒，用槛车载着回归汴京。康延孝走到凤翔（今陕西凤翔），庄宗派宦官杀死了他。

灭蜀之后，由于宦官谗毁，康延孝这位叱咤风云的人物，最后也走投无路，愤起反抗，兵败被杀，惜哉！

李存勖是个复杂人物，军事上有成就，政治上极其昏庸，尤其是灭梁之后。

识时务者为俊杰，语出《晏子春秋·霸业因时而生》晏子："识时务者为俊杰，通机变者为英豪。"《三国志·蜀志·诸葛亮传》裴松之注引晋·习凿齿《襄阳记》："儒生俗士，识时务者，在乎俊杰。此间自有卧龙、凤雏。"意思是，认清时代潮流的，聪明能干的人，方可为英雄豪杰。认清时代潮流形势，才能成为出色的人物。

毛泽东把康延孝、李存勖、郭崇韬都称为能认清时代潮流的英雄豪杰，这是很高的评价。

朱升『九字国策定江山』

中共中央 1972 年 12 月 10 日转发国务院关于粮食问题的报告中说：
"毛主席最近又一次指出，当前国内外形势大好，各级领导同志要谦虚谨慎，不要因为胜利就忘乎所以。毛主席讲了《明史·朱升传》的历史故事。明朝建国以前，朱元璋召见一位叫朱升的知识分子，问他在当时形势下应当怎么办。朱升说：'高筑墙，广积粮，缓称王。'朱元璋采纳了他的意见，取得了胜利。

根据我们现在所处的国内外大好形势和我们所坚守的社会主义制度和无产阶级立场，毛主席说：我们要'深挖洞，广积粮，不称霸'。

毛主席的这一指示，使'备战、备荒、为人民'的伟大战略方针更加具体化了。"（逢先知等主编：《毛泽东传》（下），中央文献出版社 2003 年版，第 1623—1624 页）

中央批语稿曾送毛泽东审阅，毛泽东批示："照办。"

1973 年 1 月 1 日《人民日报》《红旗》杂志、《解放军报》元旦社论《新年献词》中，都传达了毛泽东的这个指示。毛泽东讲朱升的历史故事，已不是第一次。

其实，他的三条治国方略也早已成竹在胸。

1969 年 8 月 27 日，毛泽东在北京中南海。在那几天之内，毛泽东又重读了《二十四史》，面对当时一触即发的战争形势，他从《明史·朱升传》中受到了启示。他对周恩来说："恩来，你读过《明史》没有？我看朱升是个很有贡献的人。他为明太祖成就帝业立了头功。他有九个字国策定江山：'高筑墙，广积粮，缓称王。'我也有九个字是：'深挖洞，广积粮，不称霸。'"（《文摘周刊（安徽）》2000 年 3 月 31 日）

可以说，熟知历史的毛泽东早就注意到了朱升的九字国策。

1953 年 2 月 24 日，毛泽东视察南京紫金山天文台时就讲过。这一天，毛泽东在华东局领导人陈毅、谭震林的陪同下先参观了总统府，游览了莫愁湖、玄武湖，最后驱车去紫金山天文台。毛泽东本是要登门拜访著名天文学家竺可桢的，因竺可桢不在天文台，未能会面。

天文台的科技人员热情地接待了毛泽东一行，并向他们作了天文台科学工作的简单汇报，然后陪同他们参观了古天文仪器、天体观察室。

随后，毛泽东一行离开紫金山天文台，步行下山，又顺便游览了位于山脚下的明孝陵。明孝陵是明朝开国皇帝朱元璋的陵墓。

毛泽东一行顺山而下，所见尽是坟头、石碑、祭室。所见祭室是清同治四年（1865）和十二年（1873）两次修建后的三间瓦房。在祭室南墙的中央，工笔重彩画着朱元璋的全身坐像。朱元璋的形象显得十分滑稽可笑：一张长长的瘦脸，像一个倒放的长把葫芦。脸上垂着长长的下巴，厚厚的嘴唇向前突起，两个鼻孔朝前开着。这副尊容，真可以说是三分像人，七分像猪。如果说是个人身猪面孔，那是毫不夸张的。

陈毅说："这个朱洪武啊，怕有人刺杀他，所以要把画像故意画成这个猪样子的！其实呀，他长得并不这样难看。朱洪武死后，据说呀，南京的四个城门同时出殡，迷惑人们，不知道哪个棺材里装的是他真朱洪武，怕后人盗他的墓，真可谓用心良苦也！"

他把最后三个字，一个字一个字地拖长了音调，大概是表示意味无穷。陈毅结束了他的故事，双手将木棍拄在地面双脚之间，面部留着回味的微笑。

毛泽东笑着看了陈毅一眼，又看了一下朱洪武的画像，面对我们说道："这些都是传说，朱洪武是放牛娃出身，人倒也不蠢，他有个谋士叫朱升，很有点见识。朱洪武听了朱升的话：'高筑墙，广积粮，缓称王。'最后取得了民心，得到了天下。"（王鹤滨：《在伟人身边的日子》，中国青年出版社2003年版，第372页）

一、朱元璋与朱升其人其事

人们不禁要问，朱元璋到底是怎样一位皇帝呢？朱升的建议对他又起到了什么作用呢？

（一）富有传奇色彩的皇帝：朱元璋

朱元璋（1328—1398），幼名重八，又名兴宗，字国瑞，濠州钟离（今安徽凤阳）人，明王朝的建立者，史称明太祖。公元 1368—1398 年在位。家境贫寒，只读过几个月私塾，从小给地主放牛、放羊。当时由于元朝的腐败统治，民不聊生，1344 年淮北大旱，又逢蝗虫灾害和瘟疫流行，死者不计其数。朱元璋的父母和大哥相继死去，十七岁的朱元璋便入皇觉寺当了和尚。

元朝末年，农民起义风起云涌。元至正十二年（1352）朱元璋参加了郭子兴的红巾军，时年二十五岁。郭子兴死后，朱元璋成了这支起义军的重要头领，隶属于明王韩山童。韩山童死后，他的儿子韩林儿被立为皇帝，号称小明王。小明王任命郭子兴的儿子郭天叙和朱元璋分别为右都元帅和左副都元帅。后来郭天叙战死，朱元璋就统领郭子兴的全部人马，成为红巾军的元帅。龙凤二年（1356）攻下集庆（今江苏南京），并改名为应天府，称吴国公，以此作为根据地，向外发展。

朱元璋出身贫寒，也没有很高的文化。就是这样一个人，后来竟成为一位很有作为的皇帝。民间关于他的传说有很多，他也是一位富有传奇色彩的皇帝。他在位期间实行了抗击外侵、革新政治、发展生产、安定民生等一系列有利于社会前进的政策，在政治、经济、军事、思想等方面大力加强君主专制的中央集权统治，巩固了明朝政权。但是他也有许多措施功过难断或者遭人诽议，如廷杖大臣、废丞相、设锦衣卫、大杀功臣、擅杀文人、重开殉葬制度、八股文取士制度、实行君主集权和高压统治等举措，所以他也是中国历史上最具争议的皇帝之一。

在称吴国公后，如何发展，便成了摆在朱元璋面前的大问题。当然，朱元璋身边已有一批重要谋士，如刘基、宋濂等，但面对当时局势，众人尚未有良策。这时，他的大将邓愈向朱元璋推荐了朱升。

邓愈（1337—1377），明朝开国名将。原名邓友德，字伯颜，虹县（今安徽泗县）人。他16岁领兵抗元，元至正十五年（1355），率所部万余人从盱眙投奔朱元璋，任管军总管，朱元璋将他改名为邓愈。

邓愈跟随朱元璋渡长江，攻克太平（今安徽当涂）、集庆（今南京），直取镇江，屡立战功，升为广兴翼元帅。

邓愈转战浙西，屡败元军。因为军功屡次升官，历官金行枢密院事、江西行省参知政事、江西行省右丞、湖广行省平章、右御史大夫、太子谕德。

明洪武三年（1370），邓愈跟随徐达远征甘肃，击败北元军，招降吐蕃、乌斯藏诸部。晋封为荣禄大夫、右柱国、卫国公。

那么，朱升又是怎样一个人呢？

（二）朱元璋访朱升

朱元璋听邓愈说有这样一位高士，又与自己同姓，十分欢喜，当即带领人马赶往廻溪拜访朱升。

朱元璋一班人马赶到廻溪以西的一个山头时正休息着（后人将此岭定名为思贤岭，岭下有一个亭子叫访贤亭），忽听到山下以东的方向有鞭炮声，当时随访的刘基一算，感到很奇怪，因为当天是个不吉利的日子，怎么会有人家办喜事呢？

于是，就沿着鞭炮声赶到廻溪，看到一个姓洪的大户人家正在上梁，周围是人山人海，朱元璋看到中柱上有副对联，上联"竖柱喜逢黄道日"，下联"上梁恰遇紫微星"，梁上横匾为"紫微高照"四个大字，朱元璋就问主家，上梁的这个日子是谁订的，家主说：这个日子是朱老进士确定的，梁上的对联是朱升写的。

于是，按照山人的指点，找到朱升家，敲了半天门，朱夫人正在厨房切菜，菜刀也没有来得及放下，就出来开门，向来人行礼，问有什么事。

朱升在为洪家写好对联后，知道朱元璋这天定来寻访他，所以避而不见，夜半遁居入石门，但为了拯救百姓，在出门时还是写下一条锦囊妙计，放在楼上。

朱元璋说明来意后，朱升夫人将朱元璋等人带到楼上，而到楼上一看，空空荡荡，只有一个竹匾，盖住一只碗，揭开竹匾，碗里有半碗水，水中有一只螃蟹。夫人说，你们有事请教，就看这个东西。刘基走近后拿起螃蟹仔细一瞧，螃蟹的脐子已经被扒掉了。

刘基一想大悟，鄱阳湖就是蟹的形状，有七门，其中一门就叫齐门，朱升暗示我们攻打齐门。

刘基将此计说给朱元璋听，朱元璋感到朱升是个奇才。朱元璋问朱升夫人，老先生到什么地方去了、什么时候回来。夫人回说，朱升走时说过，出门寻访少则两三个月，多则半年，叫你们不要找他。

刘基（1311—1375），汉族，字伯温，青田县南田乡（今属浙江省文成县）人，故称刘青田，元末明初的军事家、政治家、文学家，明朝开国元勋，明洪武三年（1370）封诚意伯，故又称刘诚意。武宗正德九年（1514）追赠太师，谥号文成，后人称他刘文成、文成公。刘基通经史、晓天文、精兵法。他辅佐朱元璋完成帝业、开创明朝并尽力保持国家的安定，因而驰名天下，被后人比作诸葛武侯。朱元璋多次称刘基为："吾之子房也。"

后来，朱元璋照此用兵，结果一举获胜，消息传到石门，朱升默言道，"知我心者朱元璋也，用我谋得吴国公也"。

当年冬天，邓愈重兵包围徽州城，元军坚守，双方相持半月余，邓愈再次举荐朱升。由于上次战役的胜利，朱元璋佩服朱升的谋略，接受了上次访问的教训，把带领的队伍化装成商队，并带一百零一匹战马，其中一匹为金马为请朱升出门的礼，但不小心掉在山田里。此后，当地山民就把那个地方命名为金马场。

民间相传，在朱元璋来到石门时，朱升早就准备好了一百根马桩和所有马料坐等朱元璋的到来。

商队绕道浙江，从大连岭下，直奔朱升的隐居地石门。朱升本想又避而不见，但他不愿看到生灵涂炭（当时，朱元璋与元军进行拉锯战，兵民死伤十之有七），又想到自己的满腹才学也该使用了，于是在石门等待朱元璋的到来。两人一见如故，朱元璋请教立国大事，朱升进呈"高筑墙、广积粮、缓称王"九字策，或称"首除三策"。

朱升从战略上提出创基立国策略，深得朱元璋赞许，当即拜为中顺大夫，备顾问于内廷，参密命于翰苑。

朱升也很高兴，事后，他在和休宁县令唐于华的诗中说：

> 西风笳鼓东南来，国本应须老手裁。
> 净洗甲兵过练水，早随冠冕上云台。
> 传宣导系门前柳，作颂人磨石上苔。
> 机会到时须勇进，无边莫待羽书催。

朱升在这首诗里，叙述了朱元璋来访的时令、方向、马匹等，以及自己的喜悦心情。

（三）"枫林先生"生平

朱升（1298—1369），字允升，休宁（今安徽休宁）人。元朝末年举人，被推荐参加进士考试，曾任池州府（今安徽贵池）学正（地方学校学官），讲授很有方法。蕲州（今湖北蕲春）、黄州（今湖北红安）农民暴动反元时，朱升弃官隐居在石门镇（今江西鄱阳北）。他屡次躲避兵荒马乱，逃往异地，却始终没有停止学习。

龙凤三年（1357），朱元璋攻下徽州（治所今安徽歙县），大将邓愈把朱升推荐给他。朱元璋召见朱升问当世大事，朱升回答说："高筑墙，广积粮，缓称王。"朱元璋认为这个意见很好。吴王（朱元璋）元年（1367）授官侍读学士、知制诰（掌起草诏令文书），同修国史。因为他年纪大，特别免除朝见。

明王朝建立后，洪武元年（1368），朱升任翰林学士，负责制定宗庙祭祀的礼仪。不久，又受命修订《女诫》，广采古代贤惠王后、贵妃可效法的事编入此书。

朱元璋大封功臣，诏书上的文辞大多由朱升撰写，被认为典雅而确实。一年之后，朱升告老还乡，去世时年七十二岁。

朱升自幼努力学习，到了老年也不知疲倦。他特别精通经学，所撰写的《诸经旁注》，文辞简洁，旨意精深。被学者称为枫林先生。

朱升的儿子朱同官至礼部侍郎，因犯法而被处死，《明史》有传。

朱升是一个饱读经史、学富五车的知识分子，在元末的大动乱中，他隐居避乱，置身事外，俗话说，旁观者清。对当时局势，他洞若观火，所以当朱元璋向他垂问时，他胸有成竹地提出三条建议。

二、"高筑墙、广积粮、缓称王"

（一）朱升的三条建议

朱升的三条建议是什么意思？它在朱元璋建立明王朝的斗争中，发挥了什么作用？朱升建议中的"高筑墙"，就是要朱元璋把自己控制的地区的城市的城墙筑得高高的，打起仗来，易守难攻，以巩固自己的管辖区域，建立巩固的后方，作为向外扩展的依托。我们不能拔高古人，说朱升已有建立根据地的思想。但在冷兵器时代，在刀对刀、枪对枪的格斗中，高大坚固的城墙易守难攻，在战争中的作用是不能低估的。朱元璋接受了朱升的这个建议，不仅把应天的城墙修得很坚固，而且他攻取的城池都如法炮制，所以攻取的地方都能巩固下来，对他夺取全国胜利起了很大作用。

朱升建议中的"广积粮"，就是要朱元璋积极发展农业生产，积存充裕的军粮和民用粮。俗话说，兵马未动，粮草先行。粮草对于军队和战争的重要意义不言而喻。另外，使农民有足够的粮食吃，他们才能拥护战争、支援战争。朱元璋接受朱升这条建议，任命康茂才为营田使，负责屯田和兴修水利，发展农业生产，既解决了军粮的急需，又为日后战胜群雄增强了经济实力。

朱升建议中的"缓称王"，就是要朱元璋务求实效，不图虚名，缩小目标，避免过早地成为众矢之的。如果说朱升的前两条建议都很切合实用，"缓称王"则更表现出朱升这位大谋略家的眼光。在我国历史上的动乱时代，群雄割据，谁先称王就成了众矢之的。如秦朝末年的农民大起义中，项羽自称西楚霸王，号令天下，最后被他封的汉王刘邦打败。所以凡是高明的政治家都是缓称王，甚至自己不称王，让他的儿孙称王。东汉末年的曹操为汉献帝丞相，"挟天子以令诸侯"，已有称王称霸的实力，但他就是不称王，也不取献帝而代之。孙权劝他当皇帝，他说，孙权是"要把他放在炉火上烤"。但曹操一死，他的儿子曹丕便篡汉自立，建立魏国。

所以，朱升"缓称王"的建议，是朱升对历史经验的总结，也是根据朱元璋当时面临的客观形势提出来的。当时东方的张士诚攻克平江（今江苏苏州），建其为国都；西方徐寿辉的蕲黄红巾军也东山再起，迁都于汉阳，后陈友谅取而代之；北方有刘福通、韩林儿的红巾军；而南方有元朝的军队分守镇江、宁国、扬州、徽州、处州、衢州等地，紧紧地包围着朱元璋的地盘。这几支军队哪一支都比朱元势力大，所以朱元璋面临着张士诚、陈友谅及元朝军队三面夹攻的局面，形势十分危急。

（二）朱元璋如何应对

此时，朱元璋应该怎样面对呢？从战略和策略上来看，必须"缓称王"。红巾军农民起义的领袖是韩山童，元至正十一年（1351）聚众三千人，在家乡栾城（今属河北）杀白马黑牛为誓，以红巾为号，宣布起义，他被推为明王，从而点燃了元末农民大起义的烈火。韩山童死后，至正十五年（1355）春，其子韩林儿被刘福通迎至亳州（今安徽亳州），拥立为小明王，国号宋，年号龙凤。不久，移驻安丰（今安徽寿县）。龙凤四年（1358）夏攻取汴梁（今河南开封）为都城。次年秋，兵败退还安丰。龙凤九年（1363）春，张士诚部将吕珍来攻，韩林儿被朱元璋率军挟至滁州（今安徽滁州）。

当时朱元璋臣属于韩林儿政权，不敢独树一帜，以免树大招风，四面受敌。其实，这就是"缓称王"的一个具体措施。这一策略对朱元璋势力的生存和发展起了很大作用。韩林儿是当时红巾军中力量最大的一支，他在朱元璋的北边，不但挡住了元朝军队的巨大压力，使朱元璋减少元军的打击，而且朱元璋可乘机发展生产，积聚力量，从而对付东、西两边与他为敌的张士诚和陈友谅政权。

在"缓称王"的大前提下，朱元璋冷静地分析了形势，制定了正确的策略。他首先把军事打击的目标指向元军驻守的浙西地区，到至正十九年（1359）浙江省西部的元统治区都为朱元璋所有，成为朱元璋补充兵员和军需物资的基地。而与此同时，张士诚占有浙西富庶之地，却不思进取而怠于政事；徐寿辉部则由于陈友谅杀徐寿辉自立及陈的骄横跋扈，内部不和，从而削弱了势力。对于这种情况，朱元璋作了正确的分析："友谅志骄，士诚器小，志骄则好生事，器小则无远图，……向使先攻士诚，浙西负固坚守，友谅必空国而来，吾腹背受敌矣。……故先攻友谅，……陈士灭，张氏囊中物矣。"

事态的发展果如朱元璋所预料的那样，当朱元璋和陈友谅在鄱阳湖大战时，张士诚却袖手旁观。朱元璋因而能全力对付陈友谅。陈友谅原为徐寿辉部将，至正十九年（1359）迎徐寿辉迁都江州（今江西九江），自称汉王。至正二十年夏，杀害徐寿辉，称帝，建都江州，国号汉，年号大义。当时，陈友谅并没有把朱元璋放在眼里，他恃强自傲，妄图一举消灭朱元璋。朱元璋抓住敌人的弱点，采取正确的战略战术，沉着应战，最终打败了陈友谅。陈友谅在九江口中箭而死。其子陈理继位，次年即向朱元璋投降。

随后，朱元璋又打败了另一个劲敌张士诚。张士诚是盐贩出身，至正十三年（1353）起兵，攻下高邮（江苏省中部）等地。次年称诚王，国号周，年号天佑。渡江攻下常熟、湖州、松江、常州等地，至正十六年定都平江（今江苏苏州），次年降元。后继续扩占土地，割据范围南到浙江绍兴，北到山东济宁，西到安徽北部，东到大海。至正二十三年（1363）攻安丰，杀红巾军领袖刘福通，自称吴王。后被朱元璋击败，至正二十七年（1367）平江城被朱元璋军攻破，张士诚被俘至集庆（今江苏南京），自缢而死。

朱元璋在小明王韩林儿称帝时任左副元帅，龙凤二年（1356）攻下集庆，称吴国公，击败陈友谅后改称吴王。龙凤十二年（1366）发布文告，咒骂红巾军为"妖"。另外，还指使廖永忠以迎韩林儿赴应天为名，把韩林儿沉死于瓜州江中。次年消灭张士诚的割据势力，随后挥师北伐中原，势如破竹，至正二十八（1368）正月，朱元璋在应天登上皇帝宝座，国号明，年号洪武。同年攻克大都（今北京），推翻了元朝的统治，以后逐步统一了全国。

三、"我们要'深挖洞，广积粮，不称霸'"

借助历史故事或古人的言论来阐释一个道理和观点，是毛泽东常用的一种方式。在批注国务院关于粮食问题的报告中讲述朱升的历史故事，发出"我们要'深挖洞，广积粮，不称霸'"的号召，是毛泽东根据新的世界政治格局和中国所处的国际地位和外部环境，明确地提出的当前和今后工作的一个重要指导原则。

20世纪70年代初，我国还处于"文化大革命"时期，几年的动乱，生产遭到严重破坏，使国民经济和军事力量遭到严重削弱；盘踞在台湾的蒋介石叫嚣"反攻大陆"，在东南沿海不断派遣特务袭扰；在国际上，美国总统尼克松虽然开始和我国进行外交谈判，但并没有放弃颠覆我国的图谋；中苏意识形态领域的论战进而影响到国家关系，前苏联在中苏边境陈兵百万，摆出随时对我国发动侵略战争的态势；中印边境发生战争，我国被迫自卫反击。我国一时处于四面受敌之势。在这种情况下，毛泽东和中共中央对外敌入侵的严重性和危险性，提出了"备战、备荒"的方针和在这一方针的指导下的"三线建设"任务。

"备战、备荒"的思想和"三线建设"的计划，是1968年5月中旬到6月中旬在北京举行的中共中央工作会议上提出来的。会议期间，毛泽东从存在着新的世界战争严重危险性的估计出发，指出：在原子弹时期，没有后方不行。他把全国划为一、二、三线，下决心搞好三线建设。

1965年6月16日，毛泽东在听取编制第三个五年计划和长远规划的问题汇报时指出：第一是老百姓，不要丧失民心；第二是打仗；第三是灾荒。计划要考虑这三个因素。11月中旬，毛泽东在华东视察谈到战备问题时指出：要争取快一点把后方建设起来。打起仗来，不要靠中央，要靠地方自力更生，粮食和棉花都要储备一些，要自己搞点钢，制造武器。要修工事、设防，多挖防空洞。

　　1966 年 3 月 12 日，毛泽东在关于各省发展农业机械化问题给刘少奇的信中，对"备战、备荒、为人民"这一战略口号作了具体解释："第一是备战，人民和军队总得先有饭吃有衣穿，才能打仗，否则虽有枪炮，无所用之。第二是备荒，遇了荒年，地方无粮棉油等储蓄，仰赖外省接济，总不是长久之计。一遇战争，困难更大。而局部地区的荒年，无论哪一个省常常是不可避免的。几个省合起来看，就更加不可避免。第三是国家积累不可太多，要为一部分人至今口粮还不够吃、衣被甚少着想；再则要为全体人民分散储备以为备战备荒之用着想；三则更加要为地方积累资金用之于扩大再生产着想。"从毛泽东这封信中可以看出，备战也好，备荒也好，一切都是为了人民。

　　"文化大革命"开始以后，这些工作实际上便停顿下来了。到 1969 年 3 月苏联军队入侵黑龙江珍宝岛地区，中苏关系进一步恶化。在这种背景下，毛泽东在中共中央九届一中全会上的讲话中，提出了"要准备打仗"的要求。而后，中共中央发布《中国共产党中央委员会命令》，要求各省、市、自治区各级革命委员会，各族革命人民，中国人民解放军驻防边疆全体指战员，充分做好反侵略战争的准备，防止敌人突然袭击。在当年 9 月 17 日，《人民日报》刊登庆祝中华人民共和国成立 20 周年的口号中，虽然已有"备战、备荒、为人民"和"提高警惕，保卫祖国！随时准备歼灭入侵之敌"的内容，但毛泽东却又亲自加上了一条口号是："全世界人民团结起来，反对帝国主义对社会主义发动的侵略战争，特别是要反对以原子弹为武器的侵略战争！如果这种战争发生，全世界人民就应该以革命战争消灭侵略战争，从现在起就应有所准备！"

　　1970 年 5 月 20 日，毛泽东在《全世界人民团结起来，打败美国侵略者及其一切走狗！》的声明中指出："新的世界大战的危险依然存在，各国人民必须有所准备。"1972 年 12 月 10 日，中共中央转发国务院《关于粮食问题的报告》时，传达的毛泽东关于"深挖洞，广积粮，不称霸"的指示，不仅使"备战、备荒、为人民"伟大战略方针更加具体化了，而且对我国以后的内外政策有深远影响。

　　"深挖洞"就是"备战"，特别是准备打核战争，当时全国大中城市挖了很多防空洞，即"人防工程"。"广积粮"，既是"备战"，也是"备荒"，其宗旨都是"为人民"。"不称霸"则是我国对外政策的一种新表述，它至少包含这样两层含义：当时前苏联与美国两个超级大国争夺世界霸权，我们提出"不称霸"，就是反对美苏称霸；再一层意思是，中国在世界上不谋求霸权，不仅当时如此，就是将来强大了也不称霸，中国坚持大小国家一律平等，世界上的事由各国商量着办，而不是由一两个大国决定。这种平等态度，使我国赢得了很多朋友。

1971年10月25日，第26届联合国大会以压倒多数票通过了恢复中华人民共和国在联合国的一切合法权利、驱逐台湾蒋介石集团的驻联合国机构和人员的决议。从此，中国以一个负责任的大国形象出现在世界舞台上。

1972年，面对风云变幻的国际形势，毛泽东和周恩来审时度势，运筹帷幄，作出了一系列重要决策，取得了中美关系正常化和中日建交等举世瞩目的巨大成就，开启了中国外交的新局面。

1974年2月22日，毛泽东在和赞比亚总统卡翁达谈话时，又提出关于三个世界的划分问题，说："我看美国、苏联是第一世界。中间派，日本、欧洲、澳大利亚、加拿大，是第二世界。咱们是第三世界。"又说："亚洲除了日本，都是第三世界。整个非洲都是第三世界，拉丁美洲也是第三世界。"（《关于三个世界的划分》，《毛泽东外交文选》，中央文献出版社、世界知识出版社1994年12月版，第600—601页）

毛泽东关于三个世界的划分，最大限度地孤立了苏、美两个超级大国，是他的"不称霸"思想的具体化。

在20世纪80年代后期，随着东欧社会主义国家的蜕变，苏联的解体，出现了美国独霸世界的局面。邓小平同志提出了"冷静观察，稳住阵脚，沉着应对，韬光养晦，善于守拙，决不当头，有所作为"的战略方针（转引自《江泽民论有中国特色社会主义》，中央文献出版社2002年8月版，第527页），其核心要义就是"决不当头"和"有所作为"。其实，"不当头"就是"不称霸"的另一表述方法。以后，随着世界多极化格局的形成，江泽民、胡锦涛、习近平同志更进一步提出，在和平共处五项原则的基础上，建立国际政治经济新秩序，进一步加强同发展中国家的团结与合作，努力发展大国间长期稳定的友好合作关系，为建立和谐世界而奋斗。显而易见，这些主张都是毛泽东"不称霸"思想的创造性的新发展。

总之，毛泽东从《明史·朱升传》得到了启示，就是要避开当时的国际矛盾，搞好应对世界大战的准备，提出了"深挖洞，广积粮，不称霸"的主张，可以说是古为今用的一个典范。为了使全党同志对这一策略有深一层次理解，他还于1972年12月下达了注释《明史·朱升传》的任务。因而，"深挖洞，广积粮，不称霸"很快成为一种政治口号，影响极大，在当时可以说是家喻户晓。它不仅是推动国内"备战、备荒、为人民"运动的一个口号，而且也成为指导我国对外政策的长远方针。

后　记

　　本书是集体创作，在选目、体例由本人确定后，把撰写初稿的任务分解给各位执笔者，初稿写成后再交由本人最后修改定稿。具体协调工作则由副主编毕国民负责。这是一个很好的创作班子，大家都挚爱这一工作，工作努力，合作愉快，在短短的几个月中，如期完成了任务。这是令人欣慰的。参加本书写作的有：毕国民、毕晓莹、东民、刘磊、毕英男、孙瑾、李会平、张瑞华、袁湜、赵悦、赵建华、赵玉玲、许娜、朱东方、范登高、范冬冬、阎青、王汇涓、韩鸣英、毕富林等同志。

毕桂发

2023 年冬